JN296554

北部九州における
弥生時代墓制の研究

髙木暢亮 著

九州大学出版会

まえがき

　墳墓にはさまざまな情報が含まれている。墳墓自体の構造から遺体の処理の仕方や埋葬儀礼が明らかになる場合があるし，埋葬施設の作り方，標示物や外部構造の有無といった墳墓間の構造上の差異は階層差を示していることが多い。墳墓間の階層差は墳墓から出土する副葬品にも明瞭にあらわれる。また墳墓の構造上の差異と副葬品のセット関係の間にはっきりとした相関関係がみられる。墳墓に含まれる情報はしばしば社会関係や集団構造を投影していることから，考古学において墓制研究は主要な研究領域の一つである。その内容は多岐にわたりさまざまな研究が存在するが，親族構造や集団間の政治的関係といった社会構造を論じたもの(小林，1957: 高倉，1973，1975，1980，1981: 春成，1984: 田中，1995: 田中・土肥，1988 など)，階層性を論じたもの(高倉，1973b，1976: 寺沢，1990: 下條，1991: O'shea，1984 など)があげられる。

　本書が考察の対象とするのは，弥生時代の北部九州の墓制である。異なる文化間の交流による文化要素の伝播・受容と変容という問題を考えるうえで，弥生時代の北部九州という地域は格好の対象である。墓制を素材として文化の受容とそれにともなう変容を考察するのが本書の目的である。また全体的な方針として，可能な限り定量的な分析をおこなうことを目指した。具体的な構成は以下の通りである。

　第1章では甕棺墓が成立する過程を甕棺の型式学的な分析を通して明らかにし，弥生時代開始期の壺形土器を祖型とする甕棺から，埋葬専用の大型棺へと変化するプロセスについて詳細に論じることを試みた。第2章では，弥生時代開始期の壺形土器の製作技法にみられる地域差について考察をおこなった。そしてこの考察を通じて，文化変容のプロセスについて言及した。第3章では日本における支石墓の出現とその展開について論じ，また支石墓の下部構造の地域間比較をおこなっている。第4章では区画墓・墳丘墓と列埋葬墓を対象とした，墓地の空間構造を分析することによって，弥生時代の社会構造の変遷について考察することを試みた。第5章では墳墓から出土する副葬品について論じ，そこから弥生時代社会の階層性について論じた。そして第6章で弥生時代の社会・文化変化の動態について，社会進化論やシステム論の視点から解釈をおこなった。

　本書は2000年度に東北大学大学院文学研究科に提出した博士学位論文をまとめ直したもので，日本学術振興会の平成14年度科学研究費補助金(研究成果公開促進費)の助成を受けて刊行されるものである。第1章の一部は「甕棺葬の成立過程」として1998年に『歴史』第90輯に，第4章の一部は「埋葬に示された社会的関係」として1999年に『人類史研究』第11号に，第6章の一部は「考古学の理論的枠組みとしてのシステム理論の可能性」として2002年に『人類史研究』第13号に発表し

ている。

　博士学位論文の提出に際して，東北大学考古学研究室の須藤隆先生，阿子島香先生，東北大学総合学術博物館の柳田俊雄先生には懇切なご指導とご教示を賜った。また鹿児島国際大学の中園聡先生，岡山大学の松本直子先生には筆者が学部生のころから現在に至るまで，さまざまなアドバイスをいただいている。先生方のご指導とご助言なしに本書をまとめるのは不可能であった。深くお礼を申し上げます。九州大学出版会の永山俊二氏には，筆者の遅々として進まない執筆作業のため，多大なご迷惑をかけた。根気強く編集作業に携わっていただいたことに感謝いたします。

　資料の収集や実見にあたっては，以下の方々・機関にご協力いただいた。末尾ながら感謝の意を表します。

　石木秀啓，内田孔明，岡田裕之，片岡宏二，鐘ケ江賢二，白木原宜，常松幹雄，時津裕子，徳本洋一，中間研志，橋口達也，速水信也，森田孝志，吉留秀敏

　大野城市教育委員会，小郡市教育委員会，小郡市埋蔵文化財調査センター，唐津市教育委員会，九州大学考古学研究室，九州歴史資料館，佐賀県教育委員会，筑紫野市教育委員会，福岡県教育委員会，福岡市教育委員会，福岡市博物館，福岡市埋蔵文化財センター(五十音順，敬称略)。

2002年11月

髙木暢亮

目　次

はしがき i

第1章　甕棺葬の成立過程 1

第1節　甕棺型式の設定 2
第2節　甕棺型式と日常土器型式との並行関係について 7
　1. 土器編年の現状 7
　2. 出土状況の検討 8
　3. 型式設定 25
　4. 甕棺型式との並行関係 29
第3節　甕棺の型式学的分析 33
　1. 法量の分析 33
　2. 甕棺形状の分析 36
　3. 属性分析 41
第4節　結　語 71

第2章　壺形土器の製作技法にみられる地域性 73

はじめに 73
第1節　分析の対象と方法 74
　1. 縦方向ミガキの出現頻度（小型壺） 75
　2. ミガキの方向と丹塗りの相関（小型壺） 76
　3. ミガキの方向と黒色磨研の相関（小型壺） 79
　4. 縦方向ミガキの出現頻度（大型壺） 83
　5. ミガキの方向と丹塗り磨研の相関（大型壺） 84
　6. ミガキの方向と黒色磨研の相関（大型壺） 87
第2節　解　釈 91
　1. 地域性のもつ意味 91
　2. 地域性が生じる過程のモデル化 92
第3節　結　語 96

第 3 章　支石墓の出現と展開 99

第 1 節　支石墓研究の流れ 99
第 2 節　日本における支石墓の分布 103
  1. 佐賀平野の支石墓 103
  2. 糸島地方の支石墓 109
  3. 唐津地方の支石墓 115
  4. 長崎県の支石墓 123
  5. 熊本県の支石墓 131
第 3 節　支石墓の下部構造にみられる地域差 134
第 4 節　結　　語 136

第 4 章　墓地空間構造の検討 139

第 1 節　区画墓・墳丘墓 139
  1. 区　画　墓 140
  2. 墳　丘　墓 148
  3. 小　　結 155
第 2 節　列埋葬墓地 156
  1. 研　究　史 156
  2. 墓地空間構造の分析 158
  3. 二列埋葬墓地に示される社会的関係の解釈 170
  4. 戦略的行為としての埋葬 173
第 3 節　結　　語 175

第 5 章　副葬品の検討 177

第 1 節　副葬品構成の変遷 178
  1. 突　帯　文　期 178
  2. 弥生時代前期前半 179
  3. 弥生時代前期後半 181
  4. 弥生時代前期末～中期初頭 182
  5. 弥生時代中期初頭 183
  6. 弥生時代中期前半 184
  7. 弥生時代中期中葉 185
  8. 弥生時代中期後半 186
  9. 弥生時代後期初頭 187
  10. 弥生時代後期前半 188

| 11. 弥生時代後期後半 190
  第 2 節　副葬品構成の多変量解析による分析 202
    1. 全時期の墳墓を対象とした副葬品の多変量解析による分析 203
    2. 中期の墳墓を対象とした副葬品の多変量解析による分析 208
    3. 小　　括 209
  第 3 節　副葬品にみられる階層性 210
    1. 副葬品のセット関係にみられる墳墓間の階層差 210
    2. 外部構造との関係 214
    3. 散布物との関係 219
  第 4 節　副葬品からみた首長墓の展開 222
    1. 弥生時代前期末〜中期初頭 222
    2. 弥生時代中期前半 223
    3. 弥生時代中期後半 223
    4. 弥生時代後期前半 224
    5. 弥生時代後期後半 225
  第 5 節　結　　語 226

第 6 章　社会・文化変化の解釈 237
  第 1 節　社会進化論の視座 237
  第 2 節　文化生態学とシステム論による解釈 240
    1. 開放系動的平衡システム 241
    2. 自己組織化の問題 242
    3. オートポイエーシス・システム 243
    4. ルーマンの社会システム論 245
    5. 小　　括 248
  第 3 節　弥生時代の社会変動の様相 249

あとがき 253

文　　献 255

索　　引 261

第1章

甕棺葬の成立過程

　甕棺墓は北部九州の弥生時代に特徴的な墓制である。この甕棺墓のなかには、銅剣・銅矛や鏡をはじめとする豊富な副葬品を出土するものがあるために、古くから注目されていた。また土器を棺体としていることから、多くの研究者によって編年研究の対象とされてきた。

　これらの研究のうち、現在甕棺編年の最も基本となっている見解は、森貞次郎によって設定された編年体系である。森は弥生時代前期中葉から、甕棺葬が終焉する後期までの過程を、9つの型式に区分した(森, 1968: 表1)。森の甕棺型式はその後の研究にも受け継がれ、基本的に森編年を細分することで研究が進んできたといえる。

　橋口達也は森編年をさらに細分化し、前期中葉 KIa 式から後期の KVf 式までの18型式に分類した(橋口, 1979: 表1)。このなかで橋口は甕棺の上甕として使用された土器に基づいて、甕棺型式

表1　甕棺型式の対応関係

	森（68）	橋口（79, 92）
弥生早期		曲り田(古)式 曲り田(新)式 夜臼式
弥生前期	伯玄式 金海式	板付I式 KIa 式 KIb 式 KIc 式
弥生中期	城ノ越式 汲田式 須玖式 立岩式	KIIa 式 KIIb 式 KIIc 式 KIIIa 式 KIIIb 式 KIIIc 式
弥生後期	桜馬場式 三津式 日佐原式	KIVa 式 KIVb 式 KIVc 式 KVa 式 KVb 式 KVc 式 KVd 式 (KVe 式) KVf 式

と土器型式との並行関係について論じ，また甕棺から出土した副葬品などをもとにして甕棺編年におおよその実年代を与えている。またその後 KIa 式以前の段階の甕棺についても編年を行い，曲り田(古)式 → 曲り田(新)式 → 夜臼式 → 板付 I 式という変遷案を提示している(橋口，1992a)。

この橋口編年に対しては，KIc 式，すなわち森編年の金海式の位置付けを中心に批判が加えられている。橋口は森編年を継承し，KIc 式を前期末に位置付けるのに対して，柳田康雄は KIc 式の時期は中期初頭であるとの見解を示している(柳田，1981c)。

このように甕棺墓研究にはすでに多くの研究者による蓄積があるが，従来の研究は大型甕棺の成立以降を主な対象としたものが主流であり，甕棺墓の成立期である弥生時代早期から前期前半にかけての研究は十分であるとはいいがたい面があった。

そこで第1章ではこれらの先行研究をふまえたうえで，甕棺の属性を抽出・分類して数量的な分析を行うことにする。さらにこのような分析を通して弥生時代早期から中期初頭に至る甕棺葬の成立過程の考察を行うこととする。

第 1 節 甕棺型式の設定

突帯文(古)式

福岡県前原市長野宮ノ前遺跡1号甕棺，佐賀県佐賀市久保泉丸山遺跡 SA001 号支石墓の甕棺，佐賀県佐賀郡大和町礫石 A 遺跡 SJ44 号甕棺などに代表される(図1–① の 1, 2, 3)。橋口編年の曲り田

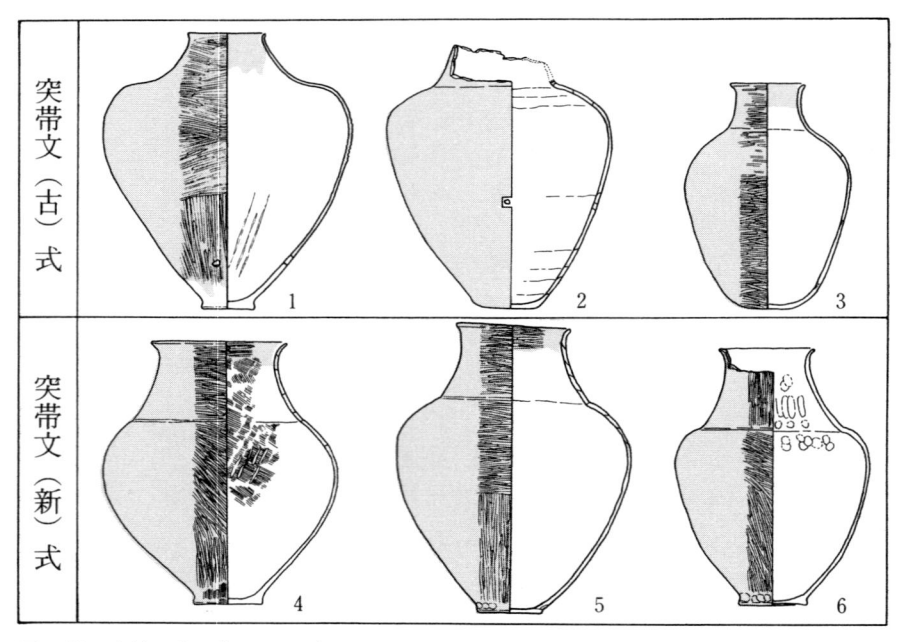

図1–① 甕棺の変遷(縮尺 1/16)
  1. 長野宮ノ前1号   2. 久保泉丸山 SA001   3. 礫石 A SJ44
  4. 新町 18 号   5. 新町 20 号   6. 礫石 B SA35

(古)式と曲り田(新)式に相当する。この型式の甕棺は頸部が短く内傾し，口縁端部がわずかに外反する。底部は丸底に近い平底，あるいはわずかに立ち上がる平底である。

　甕棺として使用されるのは丹塗りの大型壺がほとんどで，支石墓の下部構造として用いられる例が多い。また甕棺の組み合わせとしては，上甕に大型壺の上半を打ち欠いたものや，甕形土器，鉢などを用い，下甕に大型壺を用いる場合が多くみられるが，甕形土器同士を組み合わせたものもみられる。

突帯文(新)式

　福岡県糸島郡新町遺跡18号，20号甕棺や佐賀県礫石B遺跡SA35号支石墓の甕棺があげられる(図1-①の4,5,6)。橋口編年の夜臼式に相当する。

　型式学的な特徴は口縁が外反し，頸部と胴部の境に沈線や段をもつこと，小さく立ち上がりやや外反する平底の底部などである。

　突帯文(古)式と同様甕棺として使用されるのは丹塗磨研の大型壺である場合がほとんどである。

板付I式

　福岡市田村遺跡 SX117号甕棺，福岡県小郡市三国の鼻遺跡20号，21号甕棺などに代表される(図1-②の1,2,3)。一般の土器型式との関係では板付I式に並行する。

　突帯文(新)式と比較して，口縁が大きく外反し外面が肥厚する点，胴部最大径が下位にある点，

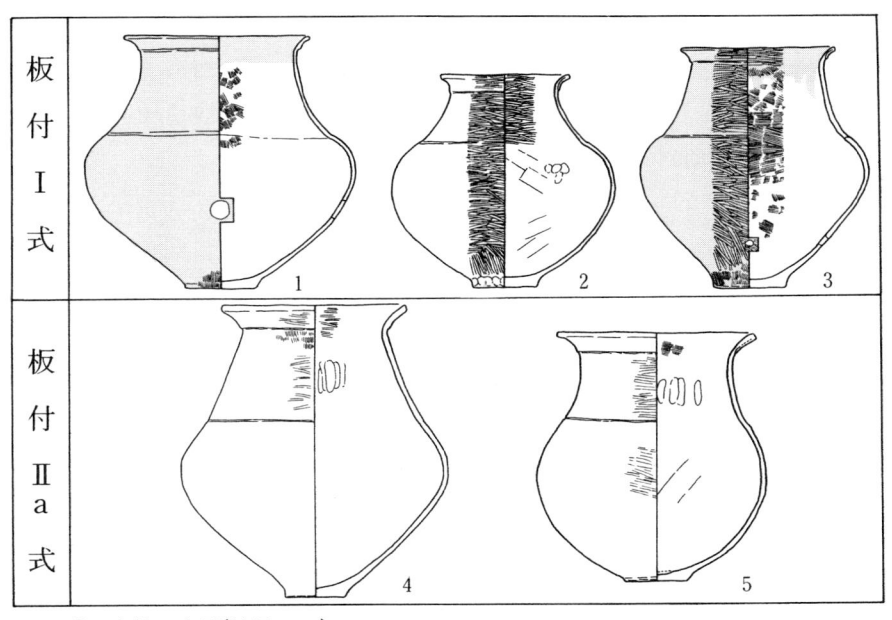

図1-②　甕棺の変遷(縮尺1/16)
1. 田村SX117　　2. 三国の鼻20号　　3. 三国の鼻21号
4. 下月隈天神森12号　　5. 下月隈天神森40号

底部が明瞭に立ち上がる点などが特徴として指摘できる。上述した2型式と同じく，大型壺を甕棺として用いている。外面は丹塗磨研のものが多く，器表に山形文などの文様を施すものもみられる。

この板付I式の段階から甕棺が支石墓の下部構造としてではなく，独立した埋葬施設として使用される例がしだいに増加してくる。

板付IIa式

福岡市下月隈天神森遺跡12号，40号が典型としてあげられる（図1-②の4, 5）。一般の土器型式の板付IIa式に並行する。

型式学的な特徴は板付I式と類似するが，頸部・胴部境の段が明瞭でない点，底部がほとんど立ち上がらない点などで違いがみられる。また口縁内面に粘土帯を貼りつけて肥厚させ，口縁端部に刻目を施すものもある。

一般の大型壺とまったく同じ形態であり，埋葬専用に作られたものではない。下月隈天神森遺跡や三国の鼻遺跡では木棺に付属するような形で埋設されている点が注目される。

板付I・IIa式並行（佐賀平野）

佐賀平野では基本的に板付系の土器は分布せず，弥生時代前期以降も突帯文土器の系譜をもつ土器が存在する。そのため甕棺も玄界灘沿岸地域のような板付式の大型壺ではなく，突帯文土器系の大型壺が用いられる。

佐賀平野のこの段階の甕棺は，甕棺に供献された小型壺の形態からみて，板付I式から板付IIa式にかけての段階に相当すると考えられる。

これらの甕棺の形態的特徴は突帯文（新）式の甕棺とほとんど同じであるといえるが，突帯文（新）式の甕棺と比較すると胴部の張りが強い点に差異がみられる。久保泉丸山遺跡SA003号支石墓，SA049号支石墓の甕棺に代表される（図1-③の1, 2）。

KIa式

福岡県筑紫野市剣塚遺跡7号，14号，15号甕棺に代表される（図1-③の3, 4, 5）。土器型式との関係では板付IIa式に並行する。

この型式の特徴としては，口縁内・外面に粘土帯を張りつけて肥厚させる点，口縁端部の上下に刻目を施す点，頸・胴部境がなだらかに屈曲してほとんど段を有しない点，板付I式・IIa式に比較して口縁の外反の度合が少なく頸部のすぼまりが小さい点などがあげられる。

KIb式

福岡県大野城市中・寺尾遺跡の2号甕棺が典型としてあげられる（図1-③の6）。板付IIb式と並行すると考えられる。形態に大型壺の要素を残すものの，全体的なプロポーションは中期以降の「甕棺」に近づいてきており，一般の土器と埋葬専用土器としての甕棺との分離が明確になりつつある。

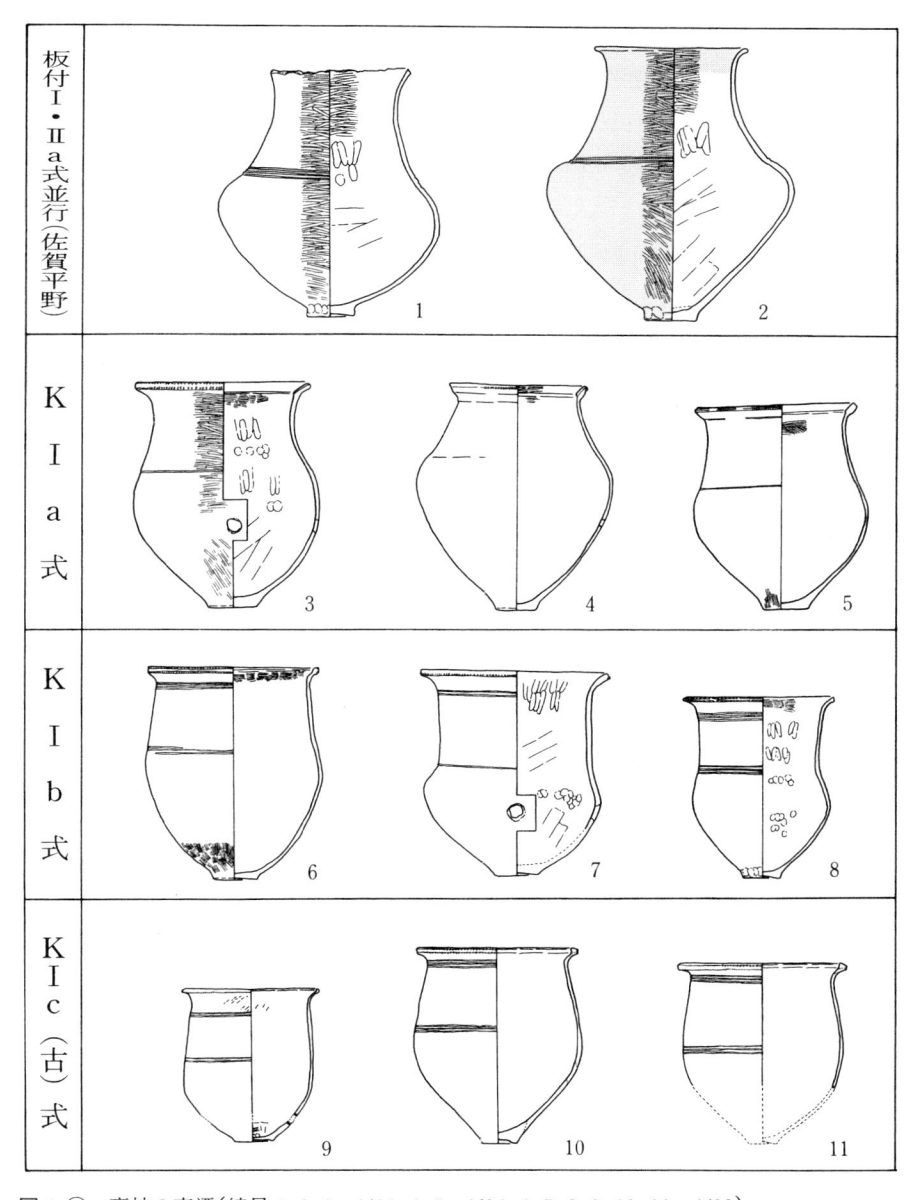

図1-③ 甕棺の変遷（縮尺 1, 2, 3 = 1/16; 4, 5 = 1/24; 6, 7, 8, 9, 10, 11 = 1/32）
1. 久保泉丸山 SA003 2. 久保泉丸山 SA049 3. 剣塚 7 号 4. 剣塚 14 号
5. 剣塚 15 号 6. 中・寺尾 2 号 7. 礫石 A SJ27 8. 礫石 A SJ33
9. 飯氏 II 区 16 号 10. 吉武大石 60 号 11. 吉武大石 81 号

　型式学的な特徴としては，頸部・胴部の境の屈曲がなくなる点，口縁の外反の度合が弱い点があげられる。板付 IIa 式，KIa 式を通じて一般的だった口縁内・外面の肥厚は，内・外面ともに肥厚しないもの，内・外面ともに肥厚するもの，内面のみを肥厚させるものなど様々な類型がみられる。

器表には口縁・頸部の境と頸・胴部境に相当する部分に2～3条の沈線をめぐらす場合が多いが，頸部・胴部境にあたる部分に突帯をめぐらす例もある。佐賀平野では，礫石A遺跡SJ27号やSJ33号甕棺に代表されるような，大型壺の特徴を強く残した地域色の強い甕棺がみられる（図1-③の7，8）。

KIc（古）式

森が設定した金海式，橋口が設定したKIc式に相当する。福岡市飯氏遺跡II区16号甕棺，福岡市吉武大石遺跡60号，81号甕棺などに代表される（図1-③の9, 10, 11）。土器型式との並行関係は，KIc（古）式である福岡市有田遺跡86次調査3号甕棺の供献小壺（図2の1）の型式からみて，弥生時代前期末の土器様式と並行すると考えられる。

型式学的な特徴としては口縁が小さく外反する点，口縁内面を肥厚させる点，口縁端部の上下に刻目を施す点があげられる。形態的には頸部のすぼまりがなくなり胴部最大径の位置が低いことなどを特徴とする。また口縁・頸部境に相当する部分と，頸部・胴部の境に相当する部分に2～3本の沈線をめぐらせることが多い。

KIc（新）式

森編年の金海式，橋口編年のKIc式に含まれるが，そのなかでも比較的新しい特徴をもつものをKIc（新）式とする。福岡市吉武高木遺跡100号甕棺，吉武大石遺跡1号，67号甕棺などが典型例である（図1-④の1, 2, 3）。土器型式との関係は，KIc（新）式である吉武高木遺跡116号甕棺の供

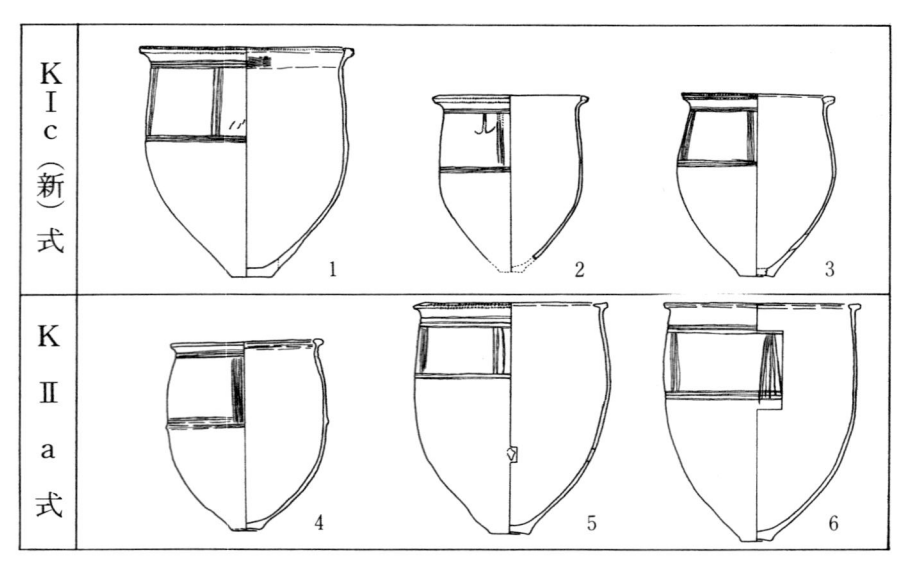

図1-④ 甕棺の変遷（縮尺 1, 2, 3, 4 = 1/32; 5, 6 = 1/24）
1. 吉武高木100号　2. 吉武大石1号　3. 吉武大石67号
4. 飯氏II区26号　5. 西石動SJ067　6. 西石動SJ070

第1章　甕棺葬の成立過程

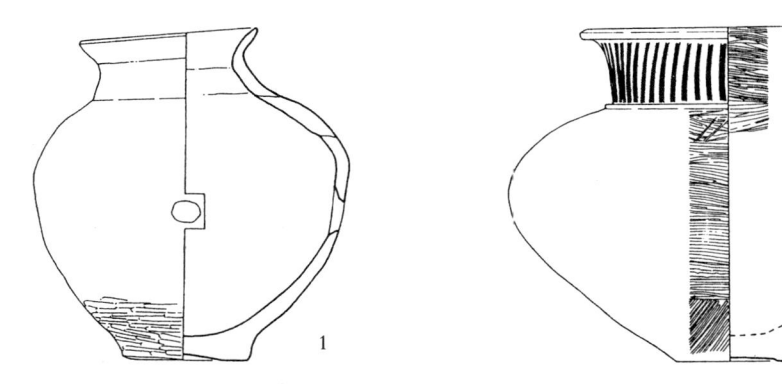

図2　甕棺供献土器(1.有田86次3号甕棺供献小壺，2.吉武高木116号甕棺供献小壺)

献小壺(図2-2)の特徴から，弥生時代中期初頭城ノ越式と並行すると考えられる。

　KIc（古）式と比較して，胴部最大径の位置が高く重心が高い印象を与える。KIc（古）式と同様に口縁・頸部境にあたる位置と頸・胴部境にあたる位置に2～3条の沈線をめぐらすが，沈線間に2～3条の縦方向の沈線を3～4単位描く例が多くみられる。また釣針状の文様を沈線で描いたものもある。

KIIa式

　森編年の城ノ越式，橋口編年のKIIa式に相当する。飯氏遺跡II区26号甕棺，佐賀県神﨑郡西石動遺跡SJ067号，SJ070号甕棺(図1-④の4, 5, 6)などに代表される。土器型式との関係は城ノ越式に並行する。

　全体的な形態は砲弾形を呈し，完全な甕形となる。口縁下と胴部に2～3条の沈線を施し，沈線間に縦位の沈線を配する例が多くみられる。また沈線のかわりに突帯をめぐらせたものもある。口縁の形態は，口縁部が内面に張り出してT字状もしくは逆L字状を呈する点が特徴的である。

第2節　甕棺型式と日常土器型式との並行関係について

1. 土器編年の現状

　北部九州の弥生時代前期の土器編年研究は，1932年に中山平次郎が北部九州の弥生土器を無文で口縁断面形が鍬形をなす「第一系土器」と，有文で口縁断面形が外反し如意形を成す「第二系土器」に分類し，第一系から第二系へと変化したとの案を示したことによって本格的に始まった(中山, 1932)。その後小林行雄は大阪府安満遺跡のB類土器や兵庫県吉田遺跡の土器の分析を通して，これらの土器が中山の第二系土器にあたり，弥生土器の変遷は中山の編年とは逆の第二系土器から第一系土器という序列であることを明らかにした(小林, 1932a)。また西日本各地に広く分布し共通した要素をもつ第二系土器を「遠賀川式」と呼ぶことを提唱した(小林, 1932b)。

1951年から1954年にわたって実施された福岡市板付遺跡の発掘調査によって，縄文時代晩期最終末の刻目突帯文土器と弥生時代前期初頭の遠賀川式土器が共伴することが明らかになり，その結果から縄文時代最終末の土器として夜臼式が，弥生時代最初の土器として板付I式が設定された（森・岡崎，1961）。その後森貞次郎（森，1966）や岡崎敬（岡崎，1971）によって示された編年案が，現在の北部九州の土器編年の基礎となっている。

　1979年の板付遺跡の調査では縄文晩期後半と位置付けられていた夜臼式単純層から水田跡が発見され，従来の定説に見直しをせまることになった。この発掘調査の結果をうけ，山崎純男は縄文晩期後半の土器を夜臼I式，夜臼IIa式に編年している（山崎，1980）。山崎編年の夜臼I式は従来の山ノ寺式にあたるが，山ノ寺式については器種組成などの型式内容が不明確であり，また玄界灘沿岸地域と山ノ寺遺跡が所在する有明海沿岸地域の土器様式の間には地域差がみられることから，山ノ寺式の名称を使用するのは避けたほうがよいと思われる。

　現在最も一般的な土器編年はこの山崎編年を基礎とした，夜臼I式 → 夜臼IIa式 → 板付I式・夜臼IIb式 → 板付IIa式 → 板付IIb式 → 弥生時代前期末の土器型式（板付IIc式）というものである。前期末の土器型式は正式には設定されておらず単に前期末段階の土器と呼ばれているが，近年板付IIc式という型式名を使う研究者が増えてきている。弥生前期の土器編年で問題になっているのは，前期末（板付IIc式）と中期初頭の城ノ越式との関係である。前期末の土器型式と城ノ越式については，それぞれの型式内容について研究者間での考え方の相違が目立ってきている。すでに述べたように三雲柿木遺跡の3号甕棺墓の墓壙内から出土した甕について橋口達也は前期末のものであるとするのに対して，柳田康雄は城ノ越式であると主張している。一方藤尾慎一郎は前期末の土器と中期初頭の城ノ越式との型式学的分類の困難さを指摘している（藤尾，1984，1990）。このような土器編年の混乱の一因として，北部九州では当該期，特に弥生時代前期後半から中期初頭の良好な層位的資料に恵まれていないことがあげられる。

　また北部九州のこの時期の土器編年を考えるとき，時代区分の問題は避けて通ることはできない。学史的には突帯文土器は縄文時代晩期後半から最終末の土器として位置付けられ，板付I式の成立をもって弥生時代の開始としてきた。しかしながら板付遺跡や菜畑遺跡の夜臼式単純層での水田跡の発見や，大陸系磨製石器，木製農耕具の存在から，突帯文土器の段階は弥生時代として考えるべきであるとの意見が主流をしめつつある。現在多くの研究者が夜臼I式の段階からを弥生時代として考えており，弥生早期の呼称が定着しつつある（佐原，1983，橋口，1983，春成，1990ほか）。この問題はどのような基準で文化や時代を区分するのかという視点で論じられる必要があるが，ここでは突帯文土器の時期をとりあえず突帯文土器期，あるいは突帯文期と呼ぶことにする。

2. 出土状況の検討

　北部九州の突帯文土器期から弥生時代前期にかけての土器では，甕形土器，浅鉢・鉢形土器，壺形土器，高坏，蓋などの器種がみられる。これらの器種のなかで甕と浅鉢・鉢は縄文時代後晩期の深鉢，浅鉢の系統にあり，突帯文土器の成立とともに出現した器種は壺，高坏，蓋である。ここで

はこれらの器種のうち比較的多くの出土量がある甕，浅鉢・鉢，壺，高坏の器種類型を分類したうえで，それぞれの器種類型の出土状況を検討することにする。

2.1. 器種類型の分類

甕形土器(図3)

A1類: 口縁部から底部へと直線的にすぼまり胴部に屈曲を持たない。
A2類: A1類と同様の形態であるが，口縁端部に刻目が施される。
A3類: 胴部に屈曲をもたず，口縁部付近に一条の突帯を有する。突帯には刻目が施される場合がほとんどである。
B1類: 胴部上半が「くの字」状に屈曲する形態のもの。

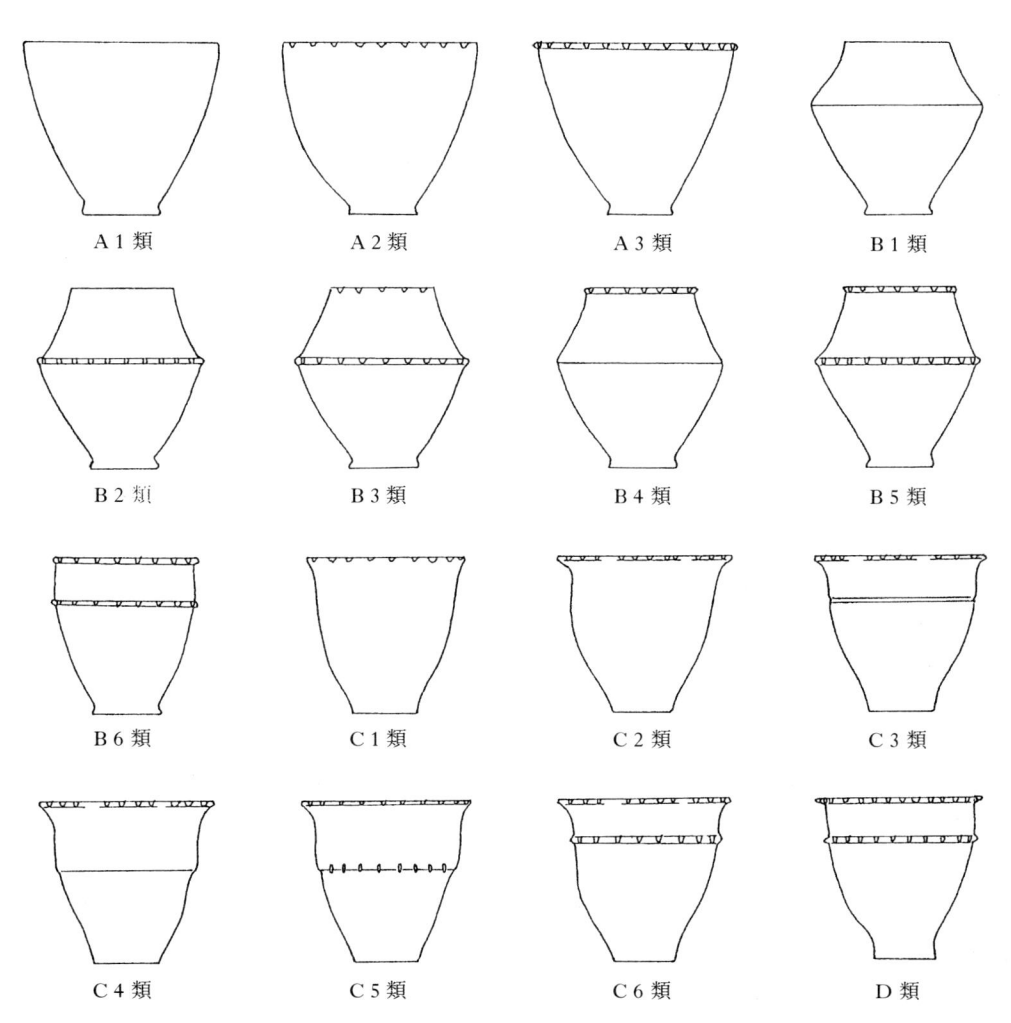

図3 甕形土器の器種類型

B2類： B1類と同様の形態で，屈曲部に突帯を有するもの。突帯には刻目を施す場合と施さない場合がある。

B3類： B2類のなかで口縁端部に刻目を施したもの。

B4類： B1類と同様の形態で，口縁部付近に突帯を有するもの。突帯には刻目を施す場合と施さない場合がある。

B5類： 胴部上半が屈曲し口縁部付近と屈曲部に突帯を有するもの。突帯には刻目を施すのが普通である。藤尾慎一郎のいう「二条甕」に相当する（藤尾，1990）。

B6類： 胴部上半がほとんど屈曲せず，口縁部付近と胴部上半に二条の突帯を有するもの。突帯には刻目を施すのが一般的である。

C1類： 胴部上半は屈曲がみられずA類に類似した形態を示すが，口縁部がわずかに外反する。口縁端部には刻目を施す。一般に「板付祖型甕」（山崎，1980，中島，1982など）と呼ばれるものに相当する。

C2類： 全体的な形態はC1類に類似するが，口縁部が大きく外反し，口縁端部に刻目が施される。

C3類： C2類と同様の形態で口縁下に1～2条の沈線を有するもの。

C4類： C2類と同様の形態で口縁下が肥厚して段を形成するもの。

C5類： C4類のうち口縁下の段に刻目を施すもの。

C6類： C2類と同様の形態であるが，胴部上半に突帯を有するもの。突帯には刻目が施される場合がほとんどである。

D類： 口縁部から底部へと直線的にすぼまって砲弾状を呈し，口縁部と胴部上半に二条の突帯を有する。突帯には刻目を施す場合と施さない場合がある。口縁部の突帯は口縁端部と一体化し，断面が三角形である場合が多い。底部は高く立ち上がり上げ底のものもみられる。

浅鉢・鉢形土器(図4)

E類： 口縁から底部へと直線的にすぼまり，胴部に屈曲をもたない。

F類： 底部が丸底で椀のような形態を呈する。

G類： 胴部が「くの字」状に屈曲するもの。

H類： 波状口縁を呈するもの。

I1類： 胴部に屈曲をもたず，口縁が短く外反する。

I2類： I1類と同様の形態で胴部に沈線を有するもの。

I3類： I1類と同様の形態で胴部に段を有するもの。段に刻目が施される例もみられる。

I4類： I1類と同様の形態で胴部に突帯を有するもの。突帯には通常刻目は施されない。

J類： 胴部に屈曲をもたず，口縁部の突帯が口縁端部と一体化し口縁部の断面が逆L字状を呈する。底部が高く立ち上がり，上げ底のものもみられる。また胴部に突帯をもつ場合もある。

図4 浅鉢・鉢の器種類型

図5 小型壺の器種類型

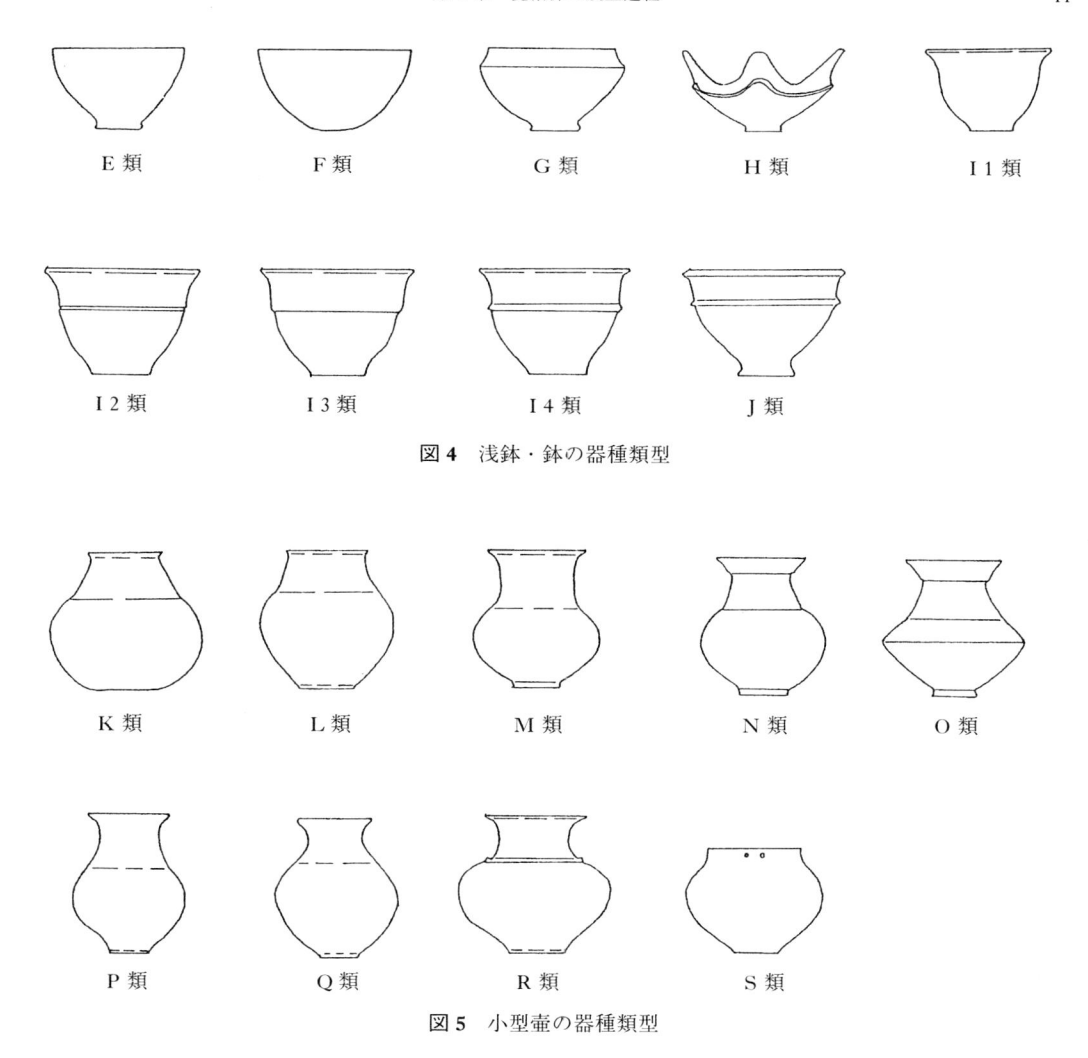

小型壺(図5)

K類： 口頸部が短く立ち上がり，口縁端部がわずかに外反する。底部は丸底あるいは丸底にちかい平底状を呈する。

L類： 口縁部が小さく外反し，底部は平底状を呈する。

M類： 口縁部が大きく外反し，底部が明瞭に立ち上がる。口縁外面は肥厚しない。

N類： 口縁部が大きく外反し，口縁外面が肥厚し段を形成する。また頸部・胴部境にも段がみられる。底部はいわゆる「円盤貼りつけ」状を呈し明瞭に立ち上がる。

O類： N類と同様に，口縁部が大きく外反し口縁下と頸部・胴部境に段を形成して底部が円盤貼りつけ状を呈するが，胴部が屈曲する。

P類： 口縁外面が肥厚せず，口縁下や頸部・胴部境に段を形成しない。また底部の立ち上がりも小さい。

```
        T類            U類           V1類          V2類
```
図6　高坏の器種類型

- Q類：　P類同様口縁下や頸部・胴部境に段をもたず，底部の立ち上がりも小さい。また胴部の張りが小さく，全体的に下膨れの印象を与える。
- R類：　口縁が非常に大きく外反し，胴部の張りが強い。頸部・胴部境に突帯を有するものが多い。
- S類：　いわゆる無頸壺である。口縁部に穿孔した例が多くみられる。

高坏(図6)
- T類：　浅鉢G類にそのまま脚部を付けた形態を取る。脚部は短く，坏部との境に刻目が施された突帯をめぐらすのが普通である。
- U類：　坏部が屈曲するがT類ほど強いものではなく，脚部もT類に比較して長い。T類同様坏部と脚部との間には突帯をめぐらす。
- V1類：　口縁が大きく外反する。通常坏部と脚部との間に突帯を有するが，刻目を施さないものも多くみられる。
- V2類：　V1類と同様の形態であるが，口縁部と脚部が肥厚し段を有する。

2.2. 出土状況

　以上のように分類した器種類型の出土状況の検討を行う。対象とするのは層序による比較検討が可能なものとするが，すでに述べたように北部九州の弥生前期後半の土器資料には良好な層位的資料がほとんどみられない。したがって弥生前期後半の土器については，資料の一括性が比較的高いと考えられる貯蔵穴出土の資料のなかから，ある程度の資料数と器種のバリエーションがあるものを用いることにする。

　該当する時期の層位的資料として，佐賀県唐津市の菜畑遺跡と福岡市雀居遺跡出土の土器を用いる。福岡平野の層位的資料としては板付遺跡G7a・7b区出土の資料(山崎，1980)も当然取り扱うべきであろうが，この資料は現在未報告であり，分析に十分な資料数が得られなかったのでここでは取りあげないことにする。弥生前期後半の資料としては資料数，器種のバリエーションともにある程度豊富であることから，福岡市比恵遺跡の貯蔵穴から出土した土器を分析の対象とする。

菜畑遺跡

　遺跡は現在の佐賀県唐津市の松浦杵島丘陵地から東側に派出した丘陵の先端に位置し，突帯文土

第 1 章　甕棺葬の成立過程

表 2　菜畑遺跡における土器器種類型(大別)の出土状況

	A	B	C	D	E	F	G	H	I	J	K	L	M	N	O	P	Q	R	S	T	U	V
9〜12層	125	52				25	35	33			38								5			
8下層	50	54				8	25	3				6	9						6			
8上層	41	73	101		1	6	37	1	7			10	7	46					2	13		20
7下層			75						7				5		12						1	2

表 3　菜畑遺跡における土器器種類型(細別)の出土状況

	A1	A2	A3	B1	B2	B3	B4	B5	B6	C1	C2	C3	C4	C5	C6	D	E	F	G
9〜12層	103	9	13	9	6		4	13	4									25	35
8下層	22	8	20	3	6			42	3									8	25
8上層	3	17	21	3	4	8		21	21	8	91					2	1	6	37
7下層											70	3	1		1				

	H	I1	I2	I3	I4	J	K	L	M	N	O	P	Q	R	S	T	U	V1	V2
	33						38								5				
	3						6	9							6				
	1		1		6			10	7	46					2	13		12	8
		3	1	2	1				5		12					1		1	1

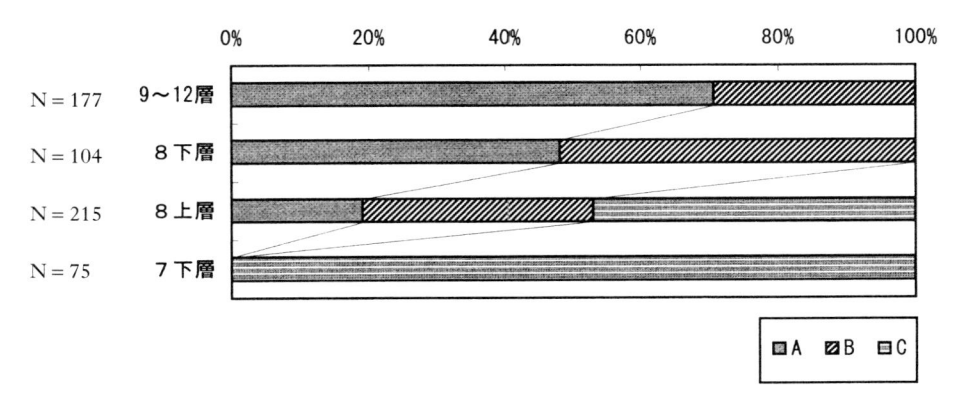

図 7　菜畑遺跡における甕の器種構成(大別)

器期の水田跡が発見されている。1980 年から 81 年にかけて実施された調査で，16 層から 7 上層までの遺物包含層が検出されている。このなかで突帯文土器期から弥生前期後半の遺物包含層は 12 層から 7 下層までである。それぞれの層の時期は中島直幸によって 9〜12 層が山ノ寺式期に，8 下層が夜臼式単純期に，8 上層が夜臼式・板付 I 式期に，7 下層が板付 II 式期に比定されている(中島，1982)。したがってここでは 9 層から 12 層出土の資料を一括して扱い，8 下層，8 上層，7 下層出土の資料とともに器種構成をみてみることにする(表 2，表 3，図 7〜図 13)。

① 9〜12 層

9〜12 層では甕では A 1 類が，浅鉢・鉢では H 類の比率が高いことが注目される。口縁から底

図8 菜畑遺跡における甕の器種構成(細別)

図9 菜畑遺跡における浅鉢・鉢の器種構成(大別)

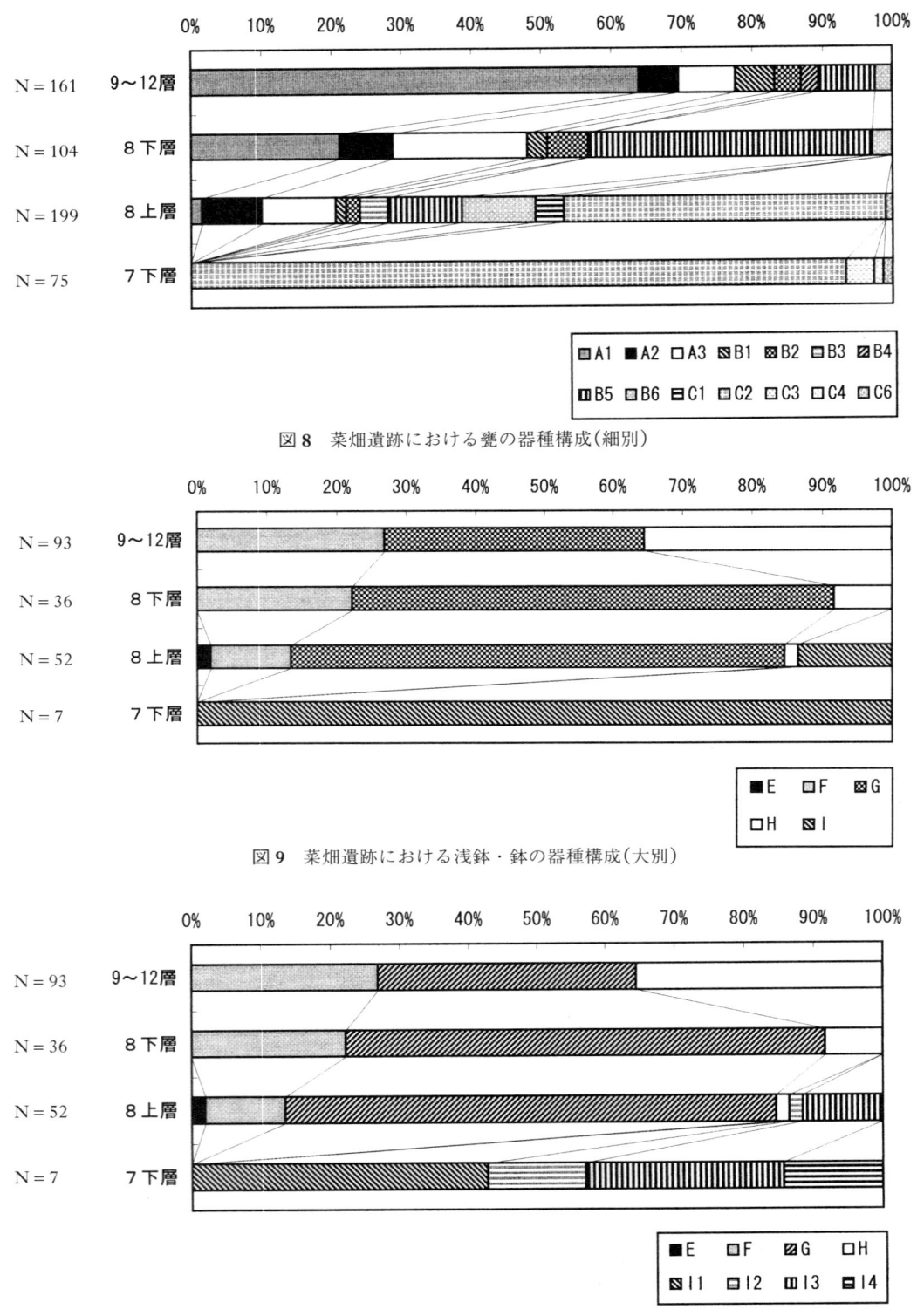

図10 菜畑遺跡における浅鉢・鉢の器種構成(細別)

第 1 章　甕棺葬の成立過程

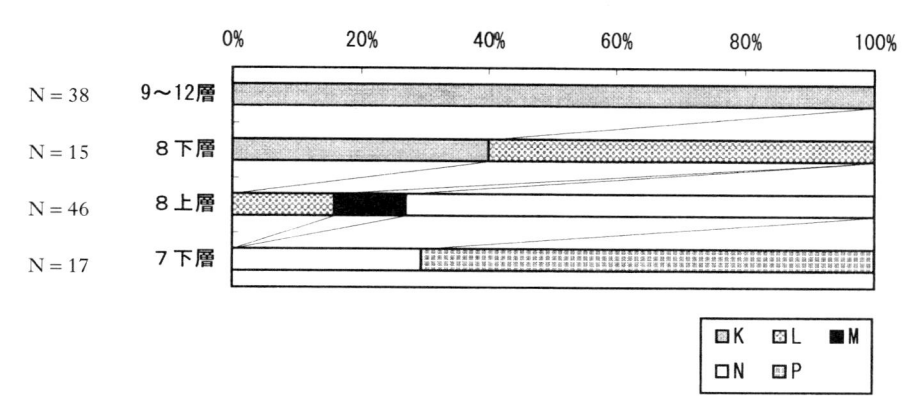

図 11　菜畑遺跡における壺の器種構成

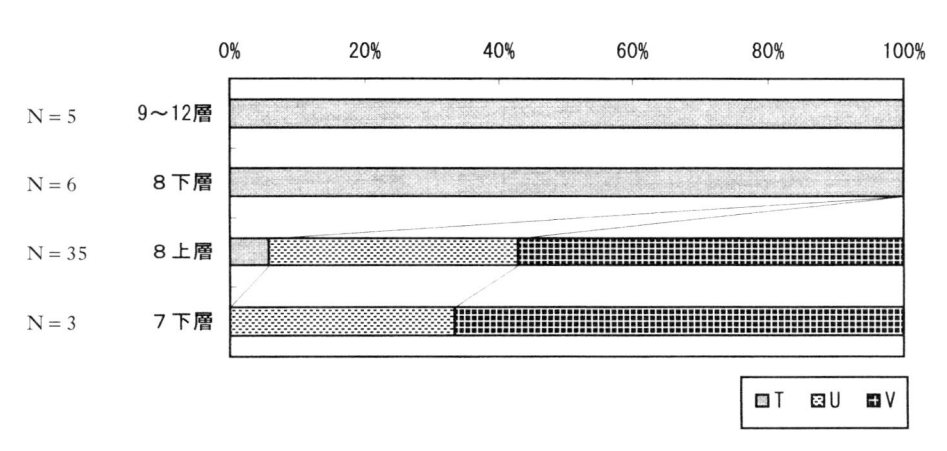

図 12　菜畑遺跡における高坏の器種構成（大別）

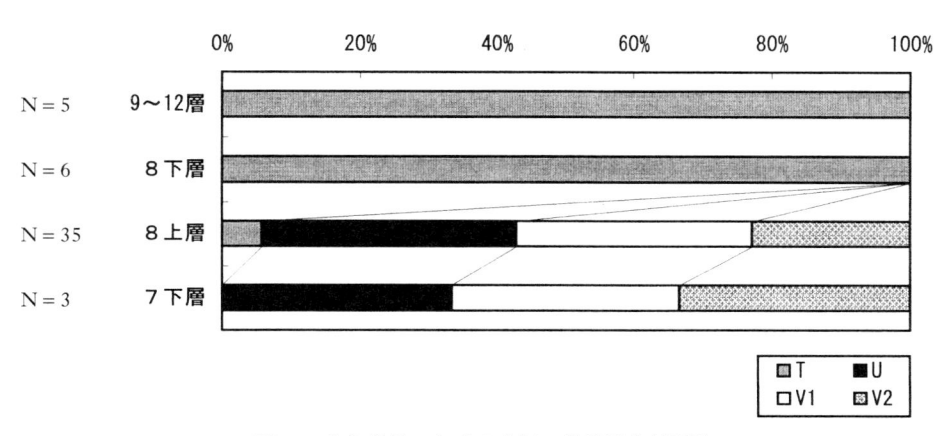

図 13　菜畑遺跡における高坏の器種構成（細別）

部に向かって直線的にすぼまる甕 A1 類，口縁部が大きな波状を呈する浅鉢 H 類は突帯文土器が成立する以前の縄文晩期の土器様式から連続するものであり，これらの類型を含む 9〜12 層の土器群は突帯文土器様式のなかでも古い様相を示しているといえる。また甕形土器内での比率をみても A3 類，B2 類，B4 類，B5 類，B6 類といった突帯文土器系の類型よりも A1 類，A2 類といった縄文晩期の粗製深鉢の系統につながる類型が甕形土器のなかで高い比率をしめており，突帯文土器が成立した段階の特徴を示しているといえるだろう。縄文晩期の土器様式の影響が強く残るこの段階の土器型式は，中島の指摘する通り従来の山ノ寺式とほぼ並行するものであるが，すでに述べたように細かい器種構成などの山ノ寺式自体の型式内容がはっきりしないことと，玄界灘沿岸地域と有明海沿岸地域の土器型式の間に地域差があることから，菜畑遺跡 9〜12 層の資料に山ノ寺式という名称を与えるのは妥当ではないと考える。

② 8 下層

8 下層では甕形土器で A1 類，A2 類がかなり減少し，A3 類，B2 類，B5 類，B6 類の突帯文土器の類型が主体をしめている。特に胴部で屈曲する二条甕のしめる割合が高いことが目を引く。

また浅鉢・鉢の器種構成についてみてみると，縄文晩期の浅鉢の系統につながる浅鉢 H 類が大幅に減少しているのに対して，夜臼式に特徴的な類型である G 類が増加している。8 下層の資料には板付 I 式系の土器は含まれず，夜臼式単純期，あるいは山崎純男編年の夜臼 IIa 式に相当する。

③ 8 上層

8 上層の甕形土器では，板付 I 式に特徴的な類型である C2 類が出現し，甕形土器の 50% 近くをしめるようになる。また浅鉢・鉢や壺形土器，高坏でも I 類，N 類，V 類といった板付 I 式に特徴的な器種類型がこの段階で出現している。その一方で甕形土器の A3 類，B5 類，鉢 G 類，壺形土器 L 類などの突帯文土器系の器種も存在していることから，8 上層の資料は山崎編年の板付 I 式・夜臼 IIb 式に比定することができる。

④ 7 下層

7 下層の段階では甕形土器，鉢，壺形土器，高坏のいずれについても突帯文土器系の類型がみられなくなる。これに対して，壺形土器で口縁下や頸部・胴部境の段が不明瞭な P 類が増加するなどの様相がみられる。したがってこれらの土器群は，従来の編年における板付 II 式の古段階あるいは板付 IIa 式に比定することができる。

以上の器種類型の検討結果は，中島が行った分析結果(中島, 1982)と一致するものであり，ここでは 9〜12 層の土器群を山ノ寺式と呼ばない点以外では大きな相違点はない。

雀居遺跡

福岡平野を流れる御笠川東岸の沖積地に位置し，現在ではその大部分が福岡空港の滑走路の下になっている。1992 年から 93 年にかけて実施された第 4 次調査と 1993 年から 94 年にかけて実施された第 5 次調査で，溝 SD003 から突帯文期から弥生前期後半にかけての土器が出土している。ま

第 1 章 甕棺葬の成立過程

表 4 雀居遺跡における土器器種類型(大別)の出土状況

	A	B	C	D	E	F	G	H	I	J	K	L	M	N	O	P	Q	R	S	T	U	V
4次 SD003 下層	19	14	4		2	11	20	4			6					1			2			
4次 SD003 中層	11	10	41	7		1	6	2	1		1					1	3					
4次 SD003 上層	12	5	24	2			2				2									1	1	
5次 SD003 下層	30	16	5		6		16				7	1		1				1				
5次 SD003 上層	24	6	4				6				2									1		
SX13	4	1	28	1		1			1					1	3	1						

表 5 雀居遺跡における土器器種類型(細別)の出土状況

	A1	A2	A3	B1	B2	B3	B4	B5	B6	C1	C2	C3	C4	C5	C6	D	E	F	G
4次 SD003 下層	7		12			1	6				2			1		2	2	11	20
4次 SD003 中層	2		9				5	4			13	6		8	7			1	6
4次 SD003 上層	0		12			1		1	2		7	1		2		1	2		2
5次 SD003 下層	12		18	1		2	13			1	1						6		16
5次 SD003 上層		1	23					6			1				1				6
SX13	4							1		1	7	8						1	

	H	I1	I2	I3	I4	J	K	L	M	N	O	P	Q	R	S	T	U	V1	V2
4次 SD003 下層	4						6					1			2				
4次 SD003 中層	2	1					1					1	3						
4次 SD003 上層			2													1	1		
5次 SD003 下層							7	1		1				1					
5次 SD003 上層							2									1			
SX13						1				1	3	1							

た SX13 からは弥生前期後半の土器が出土している。SD003 は 4 次調査区内では弥生時代後期の環濠 SD002 とほぼ重複しているが，5 次調査区内で南側へ大きく屈曲し台地縁を蛇行することから自然流路と考えられる。

SD003 の層序は 4 次調査区の I 区では 1 層，2 層が上層，3a 層，3b 層が中層，4a 層，4b 層，4c 層，4d 層，4e 層が下層として，II 区では 1 層が上層下部，2 層と 3 層が中層，4 層と 5 層が下層に区分されている。5 次調査区では 1 層，2 層，3 層が上層に，4 層，5 層，6 層，7 層が下層に区分されている。ここでは 4 次調査区 SD003 下層，中層，上層出土の資料，5 次調査区 SD003 下層，上層出土の資料，SX13 出土の資料を対象として分析を行う(表 4，表 5，図 14～図 19)。

① 4 次調査区 SD003 下層

甕形土器で主体を成すのは A3 類，B4 類，B5 類，などの突帯文土器の類型であるが，A1 類も 24.1%（7 例）と比較的高い比率を示している。壺形土器や浅鉢・鉢の器種組成は壺 K 類，壺 L 類，鉢 F 類，鉢 G 類などの突帯文土器に特徴的な類型で構成されている。甕形土器 C3 類，C6 類などの上層からの混入がみられるので，単純な比較には若干問題があるが，菜畑遺跡出土の資料の器種組成と対比した場合，4 次調査区 SD003 下層の資料は菜畑遺跡 8 下層の資料に相当すると考えることができる。

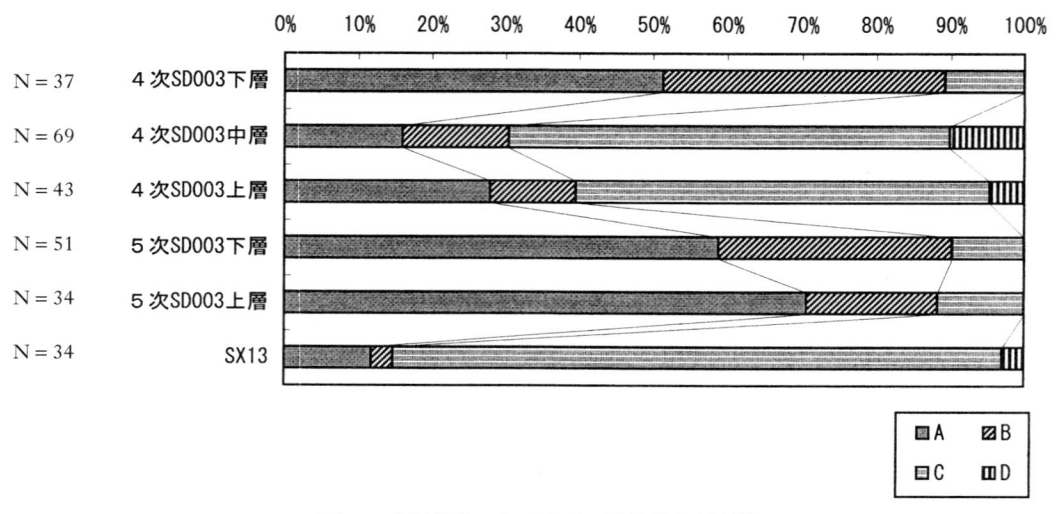

図14 雀居遺跡における甕の器種構成（大別）

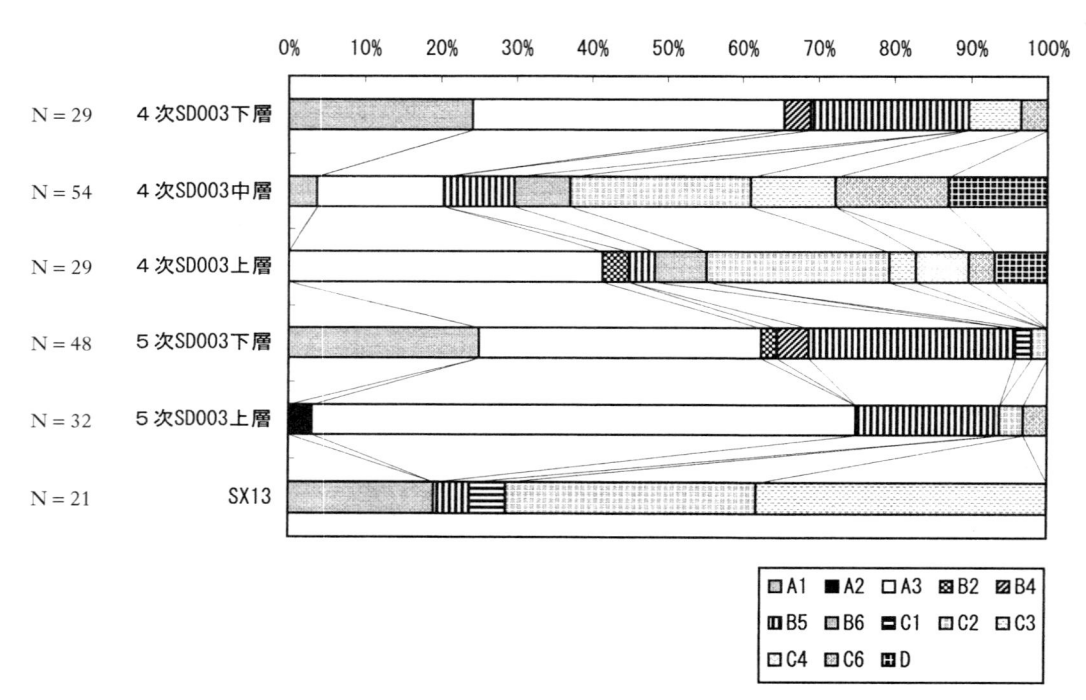

図15 雀居遺跡における甕の器種構成（細別）

② 4次調査区 SD003 中層

　甕形土器では C2 類，C3 類といった板付式の類型が出現し，A3 類，B5 類，B6 類などの突帯文土器の類型と共存している。このような，突帯文土器と板付式土器が共存するという現象は浅鉢・鉢や壺形土器でもみられる。したがって，4次調査区 SD003 中層の資料は菜畑遺跡の資料と対比すると，8上層の土器群に相当すると思われる。ただし4次調査区 SD003 中層の資料には甕

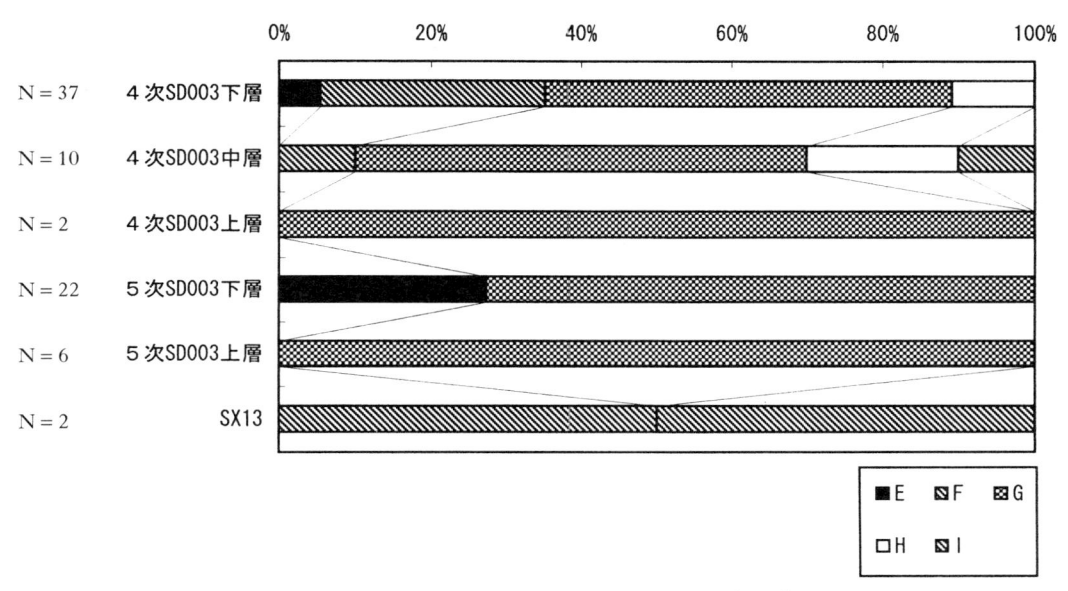

図16　雀居遺跡における浅鉢・鉢の器種構成（大別）

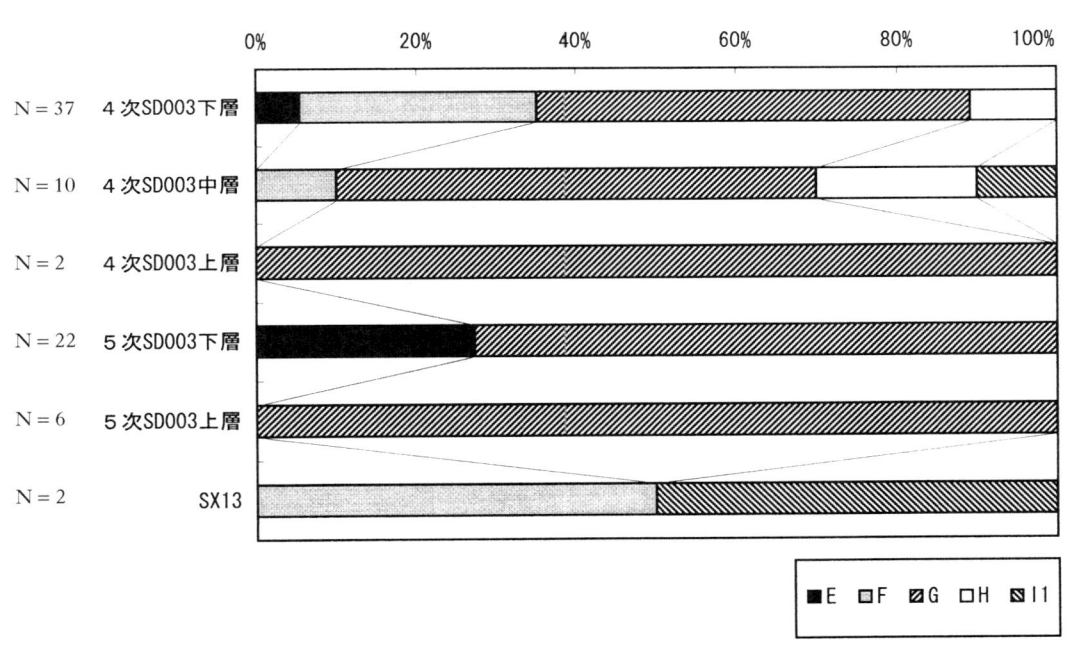

図17　雀居遺跡における浅鉢・鉢の器種構成（細別）

C6類，甕D類や壺P類，壺Q類などの弥生前期後半の器種類型がみられるが，基本的に上層からの混入と考えられる。

③　4次調査区 SD003 上層

甕形土器については中層と同じような傾向を示している。鉢は出土した資料は2点とも鉢G類

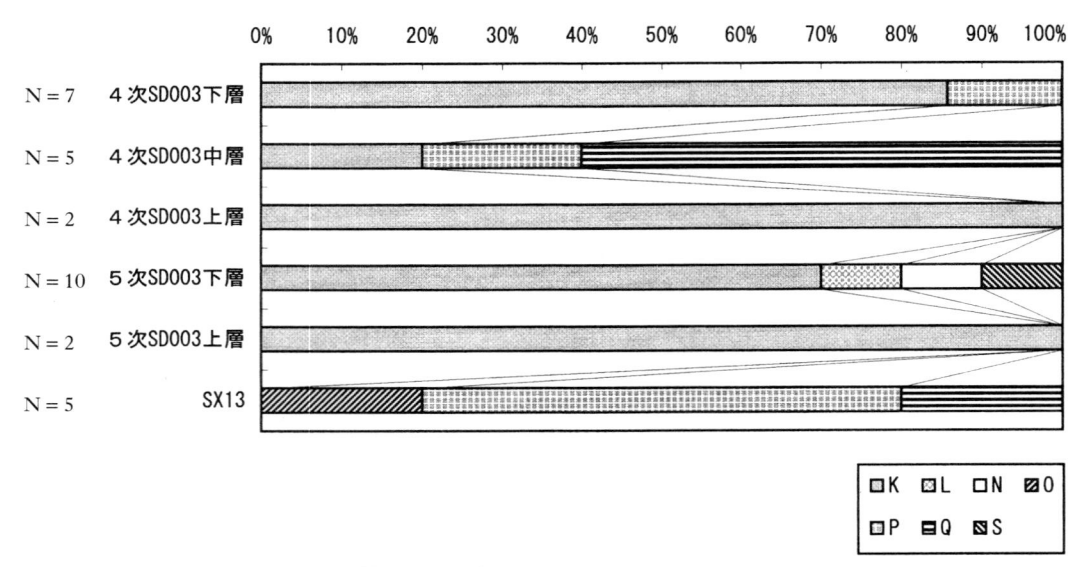

図 18　雀居遺跡における壺の器種構成

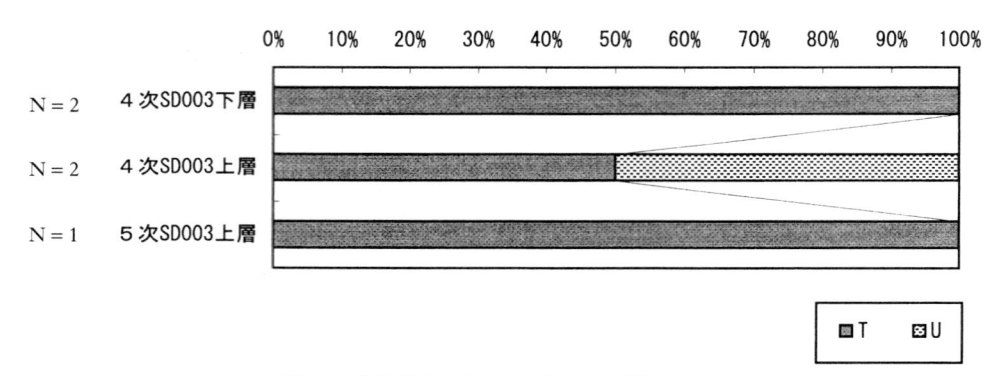

図 19　雀居遺跡における高坏の器種構成（大別）

である。壺形土器は出土した2点はいずれも壺K類である。このように，板付式の類型に加えて突帯文土器の類型もかなりの比率で存在する器種組成からみて，4次調査区SD003上層の土器群は基本的に中層のものと同じ様相を示しているといえるが，中層に混入した資料の存在を考慮すると，上層の土器群は菜畑遺跡8上層の土器群よりもやや新しい段階に相当する可能性がある。

④　5次調査区 SD003 下層

甕形土器は4次調査区SD003下層と類似した器種組成を示し，A1類が甕形土器全体の25.0%（12例），A3類，B2類，B4類，B5類の突帯文土器の類型が70.8%（34例）をしめている。また浅鉢・鉢，壺形土器についてみると，鉢E類，鉢G類，壺K類などの突帯文土器に特徴的な類型が器種組成の中心を成している。したがって，5次調査区SD003下層出土の土器群は，菜畑遺跡8下層の資料，山崎編年の夜臼IIa式に相当するとみることができる。

⑤ 5次調査区 SD003 上層

甕形土器では A1 類がみられず，A3 類，B5 類が器種組成の中心となっている．特に一条甕である A3 類の大幅な増加が目に付く．浅鉢・鉢や壺形土器は出土量は少ないものの，突帯文土器の類型のみが認められ，下層の資料との間に大きな相違はみられない．したがって上層の資料は夜臼式単純期の土器群と考えて問題ないだろう．下層との比較をした場合，縄文晩期以来の器種類型である甕 A1 類，A2 類の比率が少ない点に新しい様相をみて取ることもできるが，基本的に 5 次調査区 SD003 上層の土器群も菜畑遺跡 8 下層の土器群，山崎編年の夜臼 IIa 式に比定することができよう．

⑥ SX13

甕形土器では C2 類(7 例)，C6 類(8 例)が甕形土器全体のなかで 71.4% をしめている．鉢では F 類と I1 類がそれぞれ 1 点ずつ出土している．また壺形土器では O 類，P 類，Q 類が認められる．SX13 出土の土器群には甕形土器の一部に A1 類や B5 類，C1 類などの古い様相を示す類型が含まれるが，器種組成の中心をなす C3 類や壺 P 類，壺 Q 類は弥生前期中葉以降の土器様式にみられる器種類型である．したがって SX13 出土の資料は板付 IIa 式から板付 IIb 式にかけての時期に属するものであるといえる．

比恵遺跡

遺跡は御笠川，那珂川の 2 つの河川にはさまれた春日丘陵から北に延びてくる洪積丘陵の北端に位置する．比恵遺跡では弥生前期から後期を中心とする時期の数多くの遺構が調査されているが，ここでは弥生前期後半の遺構が調査された第 30 次と第 37 次調査の資料を取りあげる(表 6，表 7，図 20~24)．1990 年に実施された 30 次調査では弥生時代前期の貯蔵穴 29 基が検出されている．貯蔵穴からは弥生前期中葉(板付 IIa 式)から前期末の土器が出土している．ここではこれらの貯蔵穴のなかで比較的多くの器種を含んでいる SU010，SU012，SU016，SU019，SU021 の 5 基から出土した土器について検討を加えることにする．1991 年に実施された 37 次調査の調査区は 30 次調査区の北西部に隣接している．したがって 30 次調査区の遺構と 37 次調査区の遺構は一連のものであるといえる．37 次調査では 5 基の貯蔵穴が検出されている．これらの貯蔵穴からは 30 次調査と同様弥生前期中葉から前期末にかけての土器が出土している．これらの貯蔵穴出土の資料から土器の出土

表6 比恵遺跡における土器器種類型(大別)の出土状況

	A	B	C	D	E	F	G	H	I	J	K	L	M	N	O	P	Q	R	S	T	U	V
30次 SU010			14	2	1				9	2				1			1		1			
30次 SU012			24	3	1				15					18	1	4	1		1			
30次 SU016			20	1					4					6		7						
30次 SU019			15		2				3					1		4						
30次 SU021			8	1					4					5		1	4					
37次 SU037			7	4													1	1				
37次 SU039			16	2					5					3	3							

表7 比恵遺跡における土器器種類型(細別)の出土状況

	A1	A2	A3	B1	B2	B3	B4	B5	B6	C1	C2	C3	C4	C5	C6	D	E	F	G
30次SU010											11	1		2	2	1			
30次SU012											18	4	2		3	1			
30次SU016											12	1	5		2	1			
30次SU019											11		3	1			2		
30次SU021											3	2					1		
37次SU037												1			3	2			
37次SU039											10	1			3	2			

	H	I1	I2	I3	I4	J	K	L	M	N	O	P	Q	R	S	T	U	V1	V2
30次SU010	9					2				1			1		1				
30次SU012	15									18	1	4	1		1				
30次SU016	3		1							6	7								
30次SU019	2		1							1	4								
30次SU021	4									5	1	4							
37次SU037														1	1				
37次SU039	3			1	1					3	3								

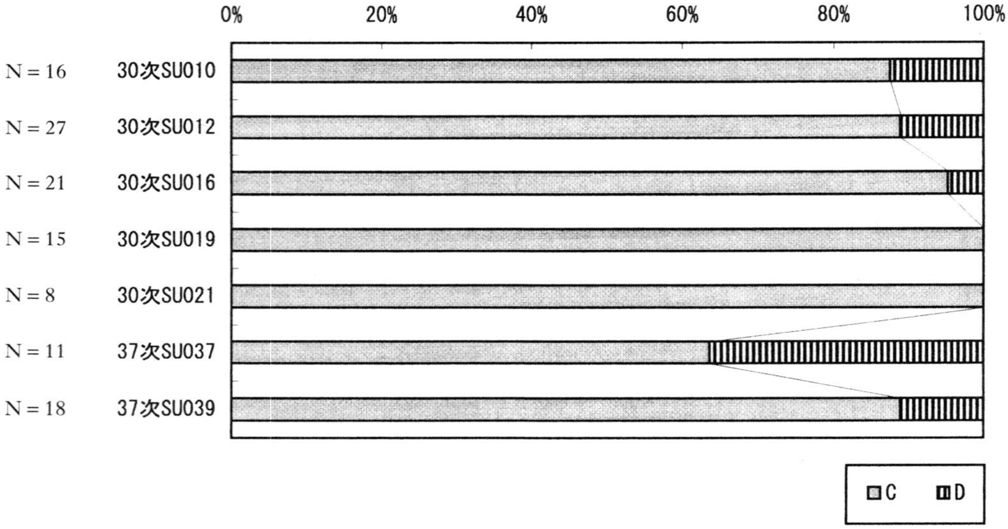

図20 比恵遺跡における甕の器種構成(大別)

量が多い SU037 と SU039 の資料を検討することにする。

① 30次調査区

甕形土器では5つの貯蔵穴すべてで C2 類が高い比率を示し、突帯文土器の類型はまったくみられない。器種構成では資料数が5点と少ない SU021 で C3 類の比率が高いこと以外に顕著な差は認められず、同じような傾向を示している。鉢については SU016、SU019、SU021 の資料数が少ないので単純な比較には問題があるが、SU010 で J 類、SU019 と SU021 で E 類の比率が高いというように若干差異がみられる。しかし5つの貯蔵穴で共通して器種組成の主体を成すのは I 類

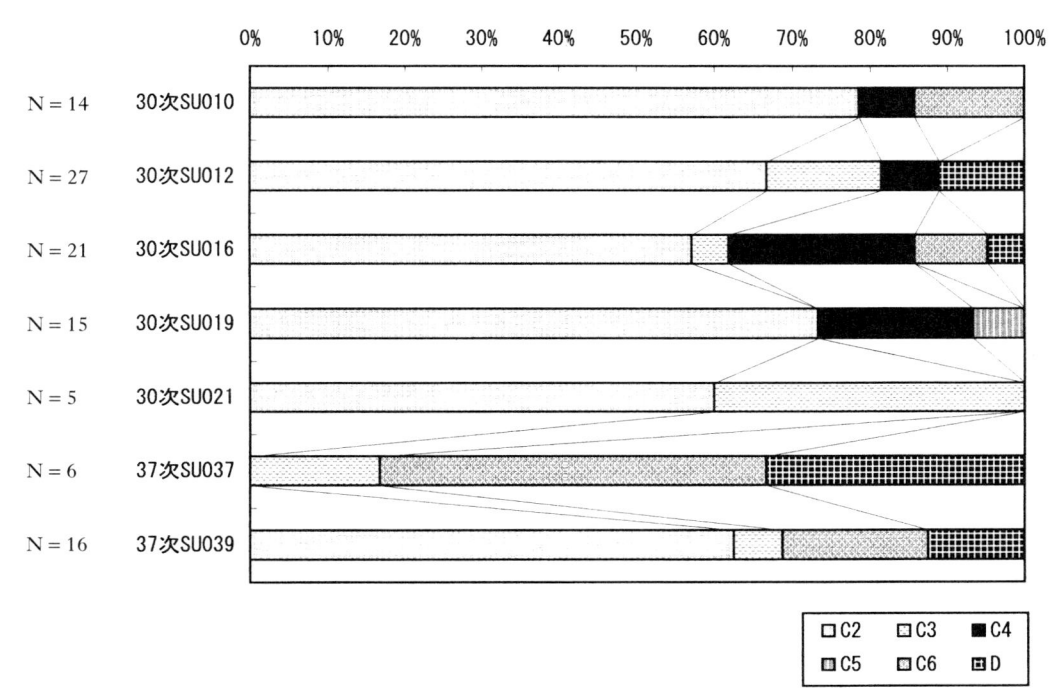

図21 比恵遺跡における甕の器種構成（細別）

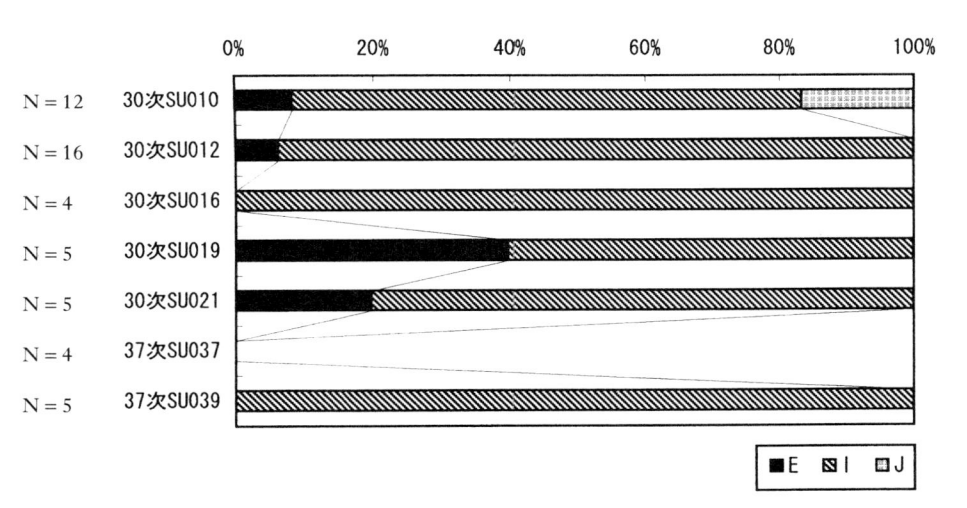

図22 比恵遺跡における鉢の器種構成（大別）

である。壺は貯蔵穴間で資料数のばらつきが大きく器種組成の比較が難しいが，比較的資料数の多いSU012，SU016，SU021の資料を比較するとN類の比率がSU012で72.0%（18例），SU016とSU021で46.2%（6例）と50.0%（5例）と差がみられるが，5つの貯蔵穴のいずれにおいてもP類，Q類，S類などの弥生前期中葉以降の類型が含まれている。このように甕形土器ではC3類，C4類，C5類，C6類，D類，鉢ではJ類，壺形土器ではP類，Q類，S類といった弥生前期後

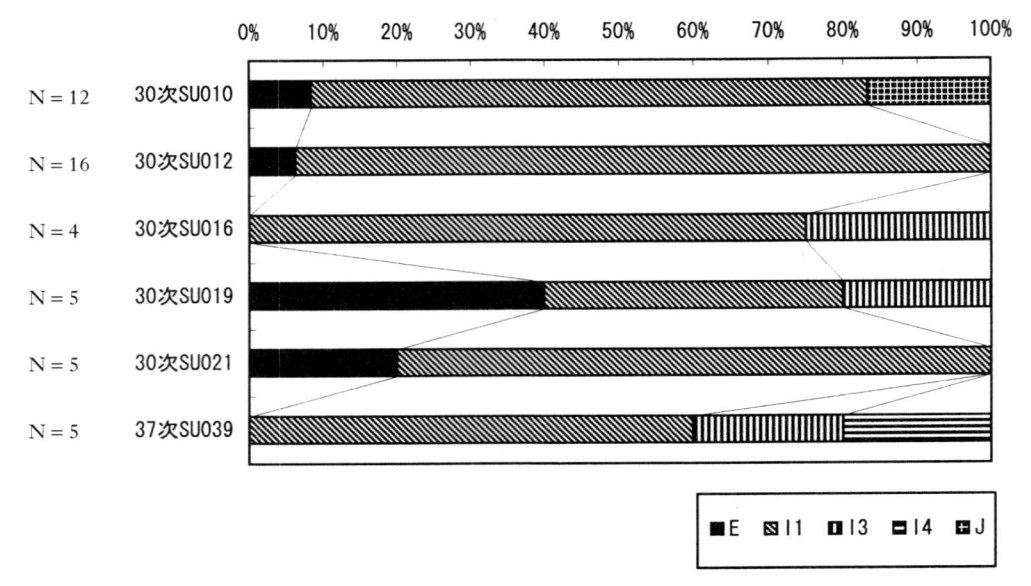

図23 比恵遺跡における鉢の器種構成（細別）

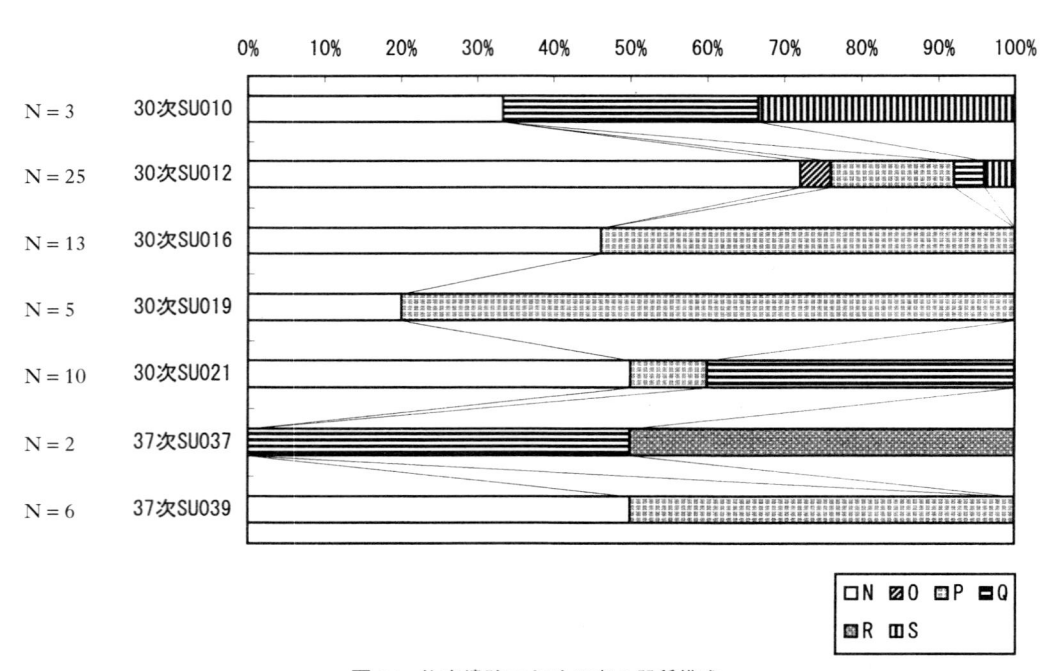

図24 比恵遺跡における壺の器種構成

半以降の類型が含まれることから，30次調査の5つの貯蔵穴の土器群は一部に前期末の土器を含むが，全体として板付IIa式～板付IIb式を中心とするものであるといえよう。

② 37次調査区

甕形土器は SU037 では C3類と C6類が，SU039 では C2類，C3類，C6類が甕形土器全体

の60〜80％台と高い比率を示している点は30次調査区の資料と同様であるが，30次調査区の資料と比較するとD類の比率が10〜30％台とやや高い。鉢はSU039でのみ出土している。確認できた5点すべてがI類であるが，I類のなかでも口縁下に突帯をもつという新しい様相の器種類型であるI4類が1例みられる。壺形土器はSU037で2点，SU039で6点と出土量が少ないが，SU037ではQ類とR類が出土しているのに対してSU039ではN類とP類が出土しており，SU039の方がやや古い傾向がみて取れる。以上から37次調査区のSU037，SU039出土の土器群は弥生時代前期後半（板付IIb式）から前期末にかけての時期に比定することができる。

3. 型式設定

以上のような器種類型の出土状況の検討結果を考慮したうえで，土器型式の設定を行い，各型式で主体をしめる器種類型や器種組成などの型式内容について説明する（表8，図25）。

突帯文（古）式

菜畑遺跡9〜12層出土の土器群に相当する。従来の山ノ寺式，山崎編年の夜臼I式に比定される。型式を構成する器種の内容は甕形土器では縄文後晩期以来連続的にみられるA1類が全体の半数以上をしめるが，A3類，B1類，B2類，B4類，B5類，B6類などの突帯文土器の類型もみられ，突帯文土器が成立した段階の様相を示している。このような傾向は浅鉢・鉢についても，縄文晩期以来の類型であるH類が高い比率で存在するという形で認められる。小型壺は，初期の支石墓に供献された小型壺と共通した形態のK類のみがみられる。高坏は鉢G類に短い脚部が付いた形態のT類のみがみられる。

表8 菜畑遺跡・雀居遺跡・比恵遺跡における土器の器種構成

	甕	浅鉢・鉢	壺	高坏
菜畑9〜12層	177	114	38	5
菜畑8下層	104	42	33	6
菜畑8上層	261	52	97	38
菜畑7下層	75	7	17	3
雀居4次SD003下層	37	37	26	2
雀居4次SD003中層	69	10	73	0
雀居4次SD003上層	43	2	46	2
雀居5次SD003下層	68	26	23	0
雀居5次SD003上層	60	6	15	1
雀居SX13	34	2	12	0
比恵30次SU010	18	13	3	0
比恵30次SU012	38	16	34	0
比恵30次SU016	34	4	29	0
比恵30次SU019	19	5	10	1
比恵30次SU021	8	5	15	0
比恵37次SU037	11	0	5	0
比恵37次SU039	18	5	16	0

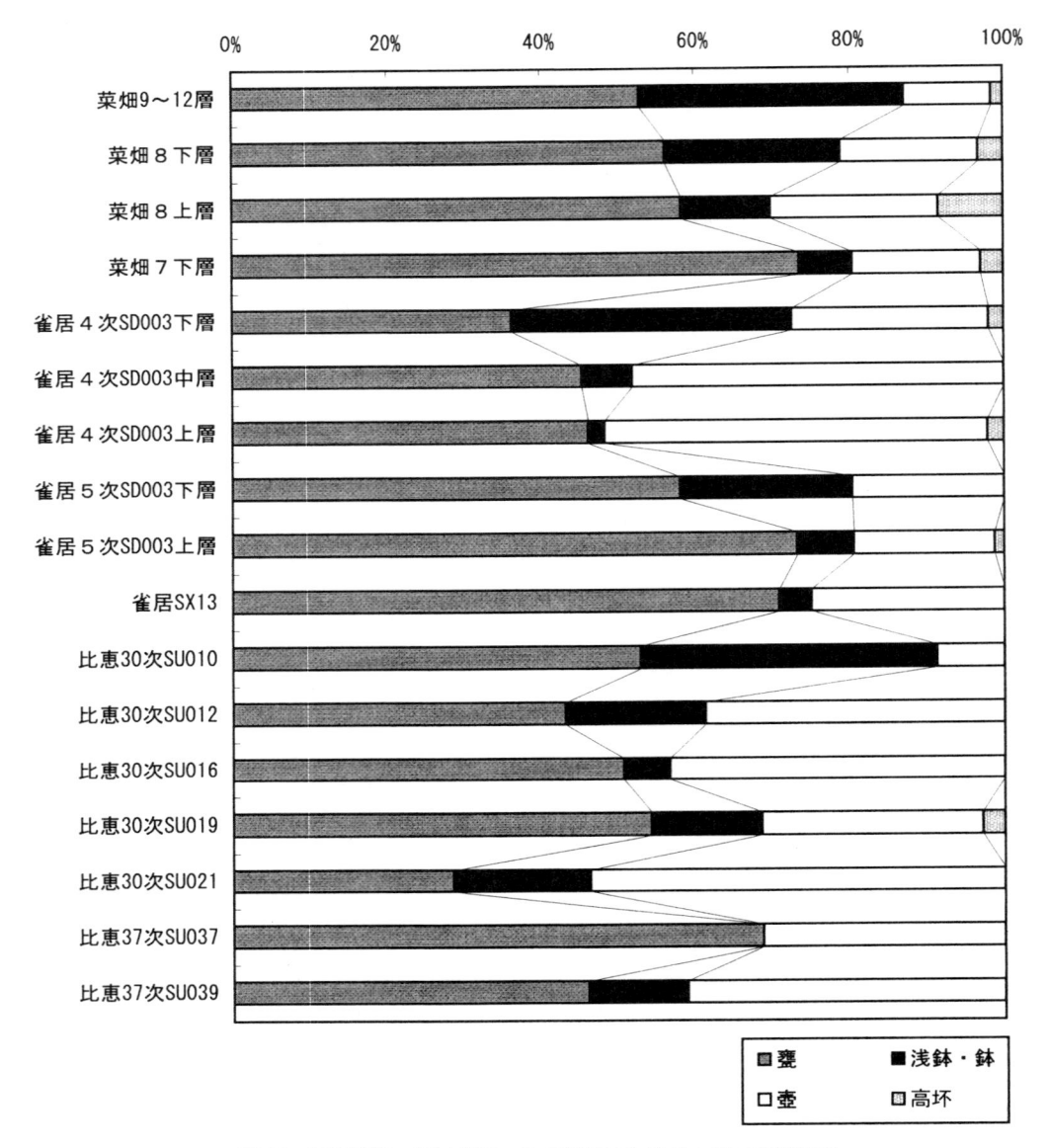

図 25　菜畑遺跡・雀居遺跡・比恵遺跡における土器の器種構成

　器種組成は甕形土器が全体の 53.0%，浅鉢・鉢が 34.1%，小型壺が 11.4%，高坏が 1.5% である。縄文晩期の深鉢と浅鉢の組みあわせという器種組成に壺，高坏といった新しい器種が加わる段階であり，浅鉢・鉢の比率が高いことが指摘できる。ただし鉢 G 類と高坏 T 類の杯部は形態的には区別が困難なので，鉢 G 類と判断した資料のなかには脚部が欠損した高坏 T 類が含まれていると考えられる。したがって本来の器種組成では浅鉢・鉢の比率がここで示されているものよりも少なく，逆に高坏の比率が高いと考えるのが妥当であろう。このような器種組成から，壺，高坏などの新たな器種の出現がみられ縄文晩期の土器様式との間に明確な差が存在しながらも，依然として縄文的

突帯文（新）式

　菜畑遺跡 8 下層，雀居遺跡 4 次調査区 SD003 下層，雀居遺跡 5 次調査区 SD003 下層・上層出土の土器群に相当する。山崎編年の夜臼 IIa 式に比定できる。型式内容は突帯文土器の類型である甕 A3 類，甕 B2 類，甕 B4 類，甕 B5 類，甕 B6 類，鉢 E 類，鉢 F 類，鉢 G 類が増加するのに対して，縄文後晩期の粗製深鉢系の類型である甕 A1 類，甕 A2 類，浅鉢 H 類が減少している。また壺形土器では丸底の K 類に加えて平底の L 類がみられるようになる。高坏は突帯文（古）式と同様に T 類のみがみられる。小型壺には単線山形文を描いた例がみられる。

　器種組成は甕形土器が菜畑遺跡 8 下層で 56.2%，雀居遺跡 4 次調査区 SD003 下層で 36.3%，雀居遺跡 5 次調査区 SD003 下層で 58.1%，上層で 73.2% である。雀居遺跡 4 次調査区 SD003 下層で 30% 台，5 次調査区 SD003 上層で 70% 台とばらつきもあるが甕形土器の比率はおおむね 50% 台であると考えられ，突帯文（古）式とほとんど差がみられない。浅鉢・鉢は雀居遺跡 4 次調査区 SD003 下層で 36.3%，5 次調査区 SD003 上層で 7.3% と極端な数値を示しているが，その他は 20% 台であり突帯文（古）式の段階と比較すると減少しているといえるだろう。一方で小型壺は 20% 近くまで増加している。また高坏もわずかではあるが増加傾向をみて取れる。このような器種組成から，しだいに縄文的な器種組成から脱却しつつある段階の様相をうかがうことができる。

板付 I 式

　菜畑遺跡 8 上層，雀居遺跡 4 次調査区 SD003 中層出土の土器群に相当する。雀居遺跡 4 次調査区 SD003 上層出土の土器群の一部も含まれる。山崎編年の夜臼 IIb 式・板付 I 式に比定できる。突帯文土器の器種類型である甕 A3 類，甕 B 類，鉢 E 類，鉢 F 類，鉢 G 類，壺 K 類，壺 L 類，壺 M 類，高坏 T 類，高坏 U 類と，板付式の器種類型である甕 C 類，鉢 I 類，壺 N 類，高坏 V 類が共伴しているのが認められる。小型壺には複線山形文や山形重弧文が描かれる例がみられる。

　器種組成は甕形土器が菜畑 8 上層で 58.3%，雀居遺跡 4 次調査区 SD003 中層で全体の約半数が甕であるという点は，突帯文（新）式の段階と同様である。鉢は菜畑遺跡 8 上層で 11.6%，雀居遺跡 4 次調査区 SD003 中層で 6.6% と突帯文（新）式の段階からさらに減少しているのに対して，小型壺は菜畑遺跡 8 上層で 21.7%，雀居遺跡 4 次調査区 SD003 中層で 48.0% と増加し，鉢と小型壺の比率が完全に逆転する。また高杯も菜畑遺跡 8 上層で 8.5% と増加をみせる。この段階で縄文後晩期以来続いてきた精製浅鉢はみられなくなり，土器様式内での主要な精製土器の器種が従来の浅鉢から壺へと転換し，突帯文土器期との間に画期をみて取ることができる。

板付 IIa 式

　菜畑遺跡 7 下層，雀居遺跡 4 次調査区 SD003 上層出土の土器群と雀居遺跡 SX13 出土の土器群の一部，比恵遺跡 30 次調査区 SU010，SU012，SU016，SU019，SU021 出土の土器群のなかの古

い様相を示すものが相当する。型式内容は甕C2類，甕C3類，甕C4類，甕C6類，鉢I1類，鉢I2類，鉢I3類，鉢I4類，小型壺N類，小型壺O類，小型壺P類，小型壺S類，高坏V1類，高坏V2類が中心である。すべての器種で突帯文土器系の器種類型がほとんどみられなくなり，板付系の器種類型が主体をしめるようになる。小型壺には連弧文や有軸羽状文，格子文が描かれる場合がある。

　器種組成は甕形土器が菜畑遺跡7下層で73.5%，雀居遺跡4次調査区 SD003上層で46.2%である。菜畑遺跡では極端な数値が示されているが，基本的に全体のほぼ半数が甕であるとみて問題ないだろう。鉢は菜畑遺跡7下層で6.8%，雀居遺跡4次調査区 SD003上層で2.2%とともにかなり低い数値を示している。これらの比率は明らかに低すぎるものであり実態を反映しているとは考えにくい。板付IIa式のみではなく板付IIb式の資料も含まれるが，比恵遺跡30次調査の貯蔵穴の資料を参考にしてみると，SU010の38.2%，SU016の6.0%を除けば14～19%台の数値を示している。菜畑遺跡8上層の鉢の比率が11.6%であることからみても，この段階の鉢の比率は10%台と考えるのが妥当であろう。小型壺は菜畑遺跡7下層で16.7%，雀居遺跡4次調査区 SD003上層で49.5%である。雀居遺跡では全体の半分近くと高い比率を示しているが，基本的には板付I式の段階と大きな差はないと考えられる。高坏の比率は菜畑遺跡7下層，雀居遺跡4次調査区 SD003上層のいずれにおいても2%台で，板付I式段階と比較するとやや減少している。器種組成は遺跡間でのばらつきが大きく極端な比率が示されているが，全体的な傾向は板付I式段階と類似しているといえるだろう。ただし甕C3類，甕C4類，甕C6類や壺P類などの新しい様相を示す器種類型は増加している。

板付IIb式

　雀居遺跡SX13出土の土器群と比恵遺跡30次調査区 SU010，SU012，SU016，SU019，SU021出土の土器群のなかの新しい様相を示すもの，比恵遺跡37次調査区 SU039出土の土器群が相当する。甕形土器ではC2類，C3類，C4類，C5類，C6類が，鉢ではI1類，I3類，I4類が，小型壺ではP類，Q類が主体をしめる。小型壺には無軸羽状文が描かれる場合がある。

　器種組成は甕形土器が雀居遺跡SX13で70.8%である。比恵遺跡30次調査区の貯蔵穴出土の資料は板付IIa式のものを含んでいるが，SU010で52.9%，SU012で43.2%，SU016で50.7%，SU019で54.3%，SU021で28.6%である。比恵遺跡37次調査区 SU039では46.2%である。雀居遺跡SX13と比恵遺跡30次調査区SU021でやや極端な比率が示されているが，その他をみる限り甕形土器の比率は全体の40～50%であるといえよう。鉢の比率は雀居遺跡SX13で4.2%，比恵遺跡30次調査区 SU010で38.2%，SU012で18.2%，SU016で6.0%，SU019で14.3%，SU021で17.9%，比恵遺跡37次調査区 SU039で12.8%である。遺跡間である程度のばらつきはみられるが，鉢の比率は10%台とみてよいだろう。小型壺の比率は雀居遺跡SX13で25.0%，比恵遺跡30次調査区 SU010で8.8%，SU012で38.6%，SU016で43.3%，SU019で28.6%，SU021で53.6%，比恵遺跡37次調査区 SU039で41.0%である。貯蔵穴出土の資料では高い比率を示す傾向があるが，小型壺の比率

は 20〜30% 台であると考えられる。したがって器種組成については板付 I 式，板付 IIa 式と比較して大きな変化はみられないといえる。しかしながら器種類型では板付 IIa 式の段階で出現した甕 C3 類，甕 C4 類，甕 C5 類，甕 C6 類や鉢 I3 類，鉢 I4 類，壺 P 類，壺 S 類などが引き続いてみられ，その比率が増加している。

弥生時代前期末（板付 IIc 式）

比恵遺跡 37 次調査区 SU037 出土の土器群が相当する。比恵遺跡 30 次調査区 SU010 出土の鉢の一部も含まれる。また資料数と器種のバリエーションは少ないが，福岡市浄泉寺遺跡 51 号ピット出土の土器もあげられる。甕形土器では D 類，鉢では J 類，小型壺では Q 類，R 類が主体を成す。高坏については良好な資料が存在せず詳細は不明である。小型壺には無軸羽状文が描かれる場合がある。器種組成は資料数，器種のバリエーションがともに不十分であるので参考とするにとどめたいが，比恵遺跡 37 次調査区 SU037 出土の資料では甕形土器が 68.6%，小型壺が 31.3% である。

この段階では甕形土器の主体を構成する器種類型は，板付式系の C 類から亀ノ甲式系の D 類へと変化する。D 類は板付 IIa 式（弥生時代前期中葉）で一度減少した突帯文系の器種類型が板付式の器種類型と折衷・融合することによって生じたものであり，その成立過程については藤尾慎一郎が分析を行っている（藤尾，1984）。同様の亀ノ甲式系の影響は鉢についても，口縁部に断面三角形の突帯を貼りつけるといった要素にみることができる。また小型壺では弥生中期の小型壺につながるプロポーションをもった R 類がみられるなど，板付 IIa 式，板付 IIb 式の段階とは異なった様相をみて取ることができる。

城ノ越式

もともと弥生時代前期後半以降の土器については，定量的な分析が可能な資料があまりみられないが，特に城ノ越式については十分な資料数，器種類型のバリエーションをもつ資料がほとんどないといえる。この段階の資料としては型式内容の全容をうかがうには不十分であるが，浄泉寺遺跡 53 号ピット出土の土器群をあげることができる。甕形土器は前期末の土器型式と同様 D 類が主体をなすが，浄泉寺 53 号ピット出土の資料にみられるように口縁部の形態が逆 L 字状を呈し，胴部の突帯に刻目を施さないなどの新しい要素が認められる。小型壺については住居址や貯蔵穴からの出土ではないが吉武高木遺跡 K116 号甕棺に副葬された小型壺があげられる。鉢は甕，小型壺とのセット関係が分かる資料はあまりないが，福岡県小郡市北牟田遺跡の 61 号貯蔵穴出土のものをあげることができる。高坏については出土例がほとんどなく詳細は不明である。

4. 甕棺型式との並行関係

甕棺墓には小型壺をはじめとする供献土器がみられる場合がある。また甕棺の上甕として通常の土器の甕や鉢を用いることも多い。これらの供献土器や上甕として用いられた通常の土器によって甕棺型式と一般の土器型式との並行関係を知ることが可能である。ここではこのような甕棺と一般

表9 甕棺と日常土器との共伴関係

	突帯文(古)式	突帯文(新)式	板付I式	板付IIa式	板付IIb式	板付IIc式	城ノ越式
長野宮ノ前1号(突帯文(古)式)	○						
長野宮ノ前39号(突帯文(古)式)	○?						
新町20号(突帯文(新)式)		○					
新町25号(突帯文(新)式)		○?					
下月隈天神森27号(板付I式)			○				
下月隈天神森30号(板付I式)				○			
三国の鼻21号(板付I式)			○				
礫石B SA27(板付I・IIa式並行)				○			
礫石B SA30(板付I・IIa式並行)				○			
下月隈天神森7号(板付IIa式)				○			
下月隈天神森16号(板付IIa式)				○			
下月隈天神森33号(板付IIa式)				○			
御陵前ノ椽SJ05(板付IIa式)			○	○			
御陵前ノ椽SJ07(板付IIa式)			○				
御陵前ノ椽SJ09(板付IIa式)			○				
御陵前ノ椽SJ15(板付IIa式)				○			
剣塚1号(KIa式)					○		
剣塚14号(KIa式)				○			
剣塚15号(KIa式)				○			
剣塚16号(KIa式)				○			
宇久松原5号(KIa式)				○			
中・寺尾2号(KIb式)					○		
中・寺尾13号(KIb式)					○		
中・寺尾17号(KIb式)						○	
有田86次3号(KIc(古)式)						○	
吉武高木116号(KIc(新)式)							○
飯氏馬場1号(KIc(新)式)							○
篠原新建13号(KIa式)							○

の土器との共伴関係を確認することによって，土器の型式と甕棺型式との並行関係を検討する(表9)。

突帯文(古)式

長野宮ノ前遺跡1号墓では組み合わせ式の甕棺墓の上甕に，突帯文(古)式のA1類の甕が用いられている。また墓に供献された土器も突帯文(古)式のA2類の甕である。同じく突帯文(古)式段階の長野宮ノ前遺跡39号墓では供献小壺が出土している。口縁部のみなので断定することはできないが，突帯文(古)式段階の小型壺である可能性が高い。

突帯文(新)式

新町遺跡20号墓，25号墓の供献小壺から共伴関係をうかがうことができる。20号墓の供献土器は胴部に単線山形文が描かれたL類の小型壺である。25号墓の供献土器は胴部上半と底部が欠失

しているが，L類かM類の小型壺であると考えられる。これらの供献小壺は口縁部が肥厚しない，底部の立ち上がりが弱いという形態的特徴から，いずれも突帯文(新)式に比定することができる。

板付I式

下月隈天神森遺跡の27号，30号甕棺，三国の鼻遺跡21号甕棺で供献小壺がみられる。下月隈天神森27号甕棺の供献小壺は板付I式の小型壺N類である。30号甕棺の供献小壺も小型壺N類であるが，頸部・胴部境の段が不明瞭であり，底部の厚さが薄いなど27号供献小壺に比べてやや新しい要素をもつことから板付IIa式であると考えられる。三国の鼻21号甕棺の供献小壺は，底部が平底状を呈し，口縁部の外反が弱く外面が肥厚しないなど，古い要素もつ小型壺L類である。形態的な特徴は突帯文土器の小型壺そのものであるが，突帯文系の土器と板付系の土器が共存する板付I式段階の突帯文系の小型壺であると考えるのが妥当であろう。

板付IIa式

下月隈天神森遺跡7号，16号，33号甕棺，御陵前ノ橡遺跡SJ05，SJ07，SJ09，SJ15で供献小壺がみられる。下月隈天神森7号甕棺の供献土器は胴部が屈曲する小型壺O類である。口縁下の段が不明瞭であることや底部の厚さが薄いことから板付IIa式の小型壺であると判断される。16号甕棺供献小壺もやはり胴部が屈曲するO類である。胴部上半が欠失しているが，底部の特徴などから板付IIa式に属するといえる。33号甕棺の供献小壺はN類である。口縁部が欠失しているが頸部・胴部境の段や底部の形態から，7号甕棺，16号甕棺供献小壺と同様に板付IIa式に属すると判断される。御陵前ノ橡SJ05には2点の小壺が供献されており，そのうちの1点は小型壺N類で，頸部・胴部境に段がみられないことや底部の特徴から板付IIa式に比定できる。もう1点は胴部に複線山形文が描かれた小型壺M類で板付I式に比定できる。SJ07の供献小壺は胴部に複線山形文が描かれており，底部は平底状を呈し小型壺K類に近い形状を示す。形態的特徴からみて板付I式段階の突帯文土器系の小型壺と考えられる。SJ09には胴部に山形重弧文が描かれた小型壺N類が供献されている。口縁下と頸部・胴部境に明瞭な段を有するなどの特徴から板付I式に比定される。SJ15の供献小壺は口縁下，頸部・胴部境の段や底部の形態的特徴から板付IIa式に比定される。

板付I・IIa式並行(佐賀平野)

礫石B遺跡SA27，SA30で供献小壺がみられる。SA27の供献小壺は小型壺M類である。頸部・胴部境に描かれた3条の沈線文は板付式の壺の頸部・胴部境の段を意識しているものと考えられる。また胴部に描かれた連弧文は玄界灘沿岸の地域では板付IIa式期の壺に描かれることが多いことからみて，この供献小壺は玄界灘沿岸地域の板付I式から板付IIa式にかけての時期に並行すると考えられる。SA30の供献小壺は小型壺L類あるいはM類で，SA27供献小壺と同様胴部に連弧文が描かれている。したがってSA30供献小壺も板付I・IIa式並行期のものといえる。

KIa 式

　剣塚遺跡1号甕棺，14号甕棺，15号甕棺，16号甕棺，宇久松原遺跡5号甕棺墓で供献小壺がみられる。剣塚1号甕棺の供献小壺は胴部最大径の位置が下位にあり全体的なプロポーションが下膨れの印象を与える。小型壺Q類で板付IIb式に比定しうる。14号甕棺供献小壺は胴部上半が欠失しており全容はうかがえないが，胴部に格子状の沈線文が描かれていることから判断して板付IIa式に属すると考えられる。15号甕棺供献小壺は頸部・胴部境の段や底部の形態では板付I式の特徴を有しているが，胴部に彩文で有軸羽状文が描かれていることからみて板付IIa式に比定できる。16号甕棺供献小壺も15号甕棺供献小壺と同様の形態的特徴をもち，彩文で描かれた文様も有軸羽状文である。したがって16号甕棺に供献された小型壺も板付IIa式であるといえる。宇久松原5号甕棺に供献された小壺は口縁下の段が不明瞭であることから板付IIa式に比定できる。

KIb 式

　中・寺尾遺跡2号甕棺，13号甕棺，17号甕棺で供献小壺がみられる。2号甕棺の供献小壺は小型壺P類である。胴部に貝殻によって無軸羽状文が施文されている。形態的特徴と文様からみて板付IIb式であるといえる。13号甕棺供献小壺も小型壺P類である。2号甕棺供献小壺と同様胴部に無軸羽状文が描かれているが，こちらはヘラ状工具による施文である。板付IIb式に比定される。17号甕棺供献小壺は小型壺Q類である。やはり胴部にヘラ状工具で無軸羽状文が施文されているが，頸部・胴部境に突帯を有しており2号甕棺供献小壺，13号甕棺供献小壺よりも新しい要素をもつといえる。全体的な形状と頸部・胴部境に突帯をもつ点から弥生時代前期末，板付IIc式に比定できる。

KIc（古）式

　有田遺跡86次調査の3号甕棺供献小壺から甕棺と土器との並行関係をみることができる。供献小壺は板付IIc式の小型壺Q類である。KIc式の時期に関しては弥生時代前期末とみる説と中期初頭とみる説が対立していたが，この供献小壺から判断する限り，少なくともKIc式のなかで形態的にみて古い特徴をもつKIc（古）式は，前期末の段階で出現していた可能性が高いといえる。

KIc（新）式

　吉武高木遺跡116号甕棺の供献小壺と飯氏馬場遺跡の上甕として用いられた大型壺から甕棺と土器との並行関係がうかがえる。吉武高木116号甕棺の供献小壺は小型壺R類である。胴部が強く張り，頸部・胴部の境に断面三角形の突帯をめぐらすという特徴から弥生時代中期初頭の城ノ越式の小型壺であるといえる。また飯氏馬場1号甕棺の上甕は胴部上半が打ち欠かれているが，強く張った胴部に二条の突帯をもつ点からみて城ノ越式の大型壺であるといえる。このような甕棺と土器との共伴関係から判断すると，KIc式のなかで形態的に新しい特徴をもつKIc（新）式は弥生時代中期初頭の城ノ越式期に属すると考えるのが妥当であろう。

表10 甕棺型式と土器型式の対応関係

時期区分	甕棺型式			土器型式	
	森（1968）	橋口（1979, 92）	本書（甕棺型式）	本書（土器型式）	山崎（1980）
弥生時代早期	—	曲り田（古）式	突帯文（古）	突帯文（古）	夜臼 I
		曲り田（新）式			
		夜臼	突帯文（新）	突帯文（新）	夜臼 IIa
弥生時代前期	伯玄	板付 I	板付 I	板付 I	夜臼 IIb・板付 I
		KIa	板付 IIa	板付 IIa	板付 IIa
			KIa		
		KIb	KIb	板付 IIb	板付 IIb
	金海	KIc	KIc（古）	板付 IIc	（板付 IIc）
弥生時代中期初頭	城ノ越	KIIa	KIc（新）	城ノ越	—
			KIIa		

KIIa 式

篠原新建遺跡 13 号甕棺の上甕として用いられた鉢から甕棺と土器の並行関係を判断することができる。上甕の鉢は口縁の断面が逆 L 字状を呈し，胴部に 1 条の突帯をもつ。これらの特徴からこの上甕は城ノ越式の鉢に比定しうる。したがって KIIa 式は弥生時代中期初頭城ノ越式期に並行するとみて問題ないであろう。

甕棺に供献された小型壺や上甕として使用された土器の型式からみて，甕棺の型式と土器の型式は表 10 に示すような並行関係にあると考えられる。甕棺の板付 IIa 式と KIa 式はともに一般の土器型式の板付 IIa 式に並行するが，下月隈天神森遺跡の 5 号甕棺墓と 6 号甕棺墓の切り合いをみると板付 IIa 式の 6 号甕棺墓が KIa 式の 5 号甕棺墓に切られており，KIa 式が板付 IIa 式よりも若干後出するといえる。

また従来の研究で問題とされてきた KIc 式については，有田 86 次調査の 3 号甕棺の供献小壺からみて，少なくとも弥生時代前期末には出現していたと思われるが，吉武高木遺跡の 116 号甕棺の供献小壺から KIc（新）式は弥生時代中期初頭に属すると考えるのが妥当である。KIc（古）式は KIc（新）式と組み合わさった例がみられ，したがってすべての KIc（古）式が前期末のものであるとはいえないが，基本的に前期末（板付 IIc 式期）に属すると考えたい。

第 3 節　甕棺の型式学的分析

1. 法量の分析

設定した型式ごとに口径，胴部最大径，底径，器高の 4 つの要素を比較した。その結果は表 11〜

19と図26～29に示した。ボックスグラフには各項目の統計値を表示した。ボックスの上に伸びる直線の先端は最大値を，ボックスの上の横線は第三4分位数，中央の横線は中央値，下の横線は第一4分位数を，ボックスの下に伸びる直線の先端は最小値を示している。またボックス内の記号は平均値をあらわすものである。

これら4項目が型式間でどのような差を示すかについて検討する。全体的な傾向としては，型式が新しくなるにつれて法量が大きくなるということが中央値，平均値の推移から判断されるが，口径や器高に明瞭な時期差がみられるのに対して，胴部最大径，底径では全体的な大型化の傾向はうかがえるものの型式間であまり明瞭な差があらわれていない。

特に底径は中央値，平均値が型式間で似通った値を示している。これに対して口径，器高からは型式間の差をはっきりと捉えることができる。このように法量を検討した結果，板付 IIa 式と KIa 式との間に画期が見いだされる。このことは KIa 式段階で成人の甕棺への埋葬が一般化したとの橋口の見解とも一致する（橋口，1992a）。また KIa 式の段階では口径，器高とも前後の段階と比べてばらつきが大きく，このことも成人の甕棺葬が成立する段階の過渡的な様相を示しているといえる。

以上の分析結果から，従来の研究でも指摘されてきたように，甕棺の法量は明瞭に時期差を示していることが明らかになった。したがって法量は甕棺の変遷を考えるうえで重要な手がかりの一つであることがあらためて確認できたといえる。

表11　法量の統計値（突帯文（古）式）

	口径	胴部最大径	底径	器高
最 小 値	13.2	31.8	6.0	44.1
最 大 値	20.4	54.6	11.2	62.2
中 央 値	17.7	42.3	8.95	53.55
標準偏差	3.21	10.97	2.22	8.52

表12　法量の統計値（突帯文（新）式）

	口径	胴部最大径	底径	器高
最 小 値	15.0	31.7	7.9	40.4
最 大 値	32.0	59.8	15.4	70.0
中 央 値	18.8	40.50	11.65	55.65
標準偏差	4.64	7.20	1.80	7.80

表13　法量の統計値（板付 I 式）

	口径	胴部最大径	底径	器高
最 小 値	23.2	28.6	6.6	34.0
最 大 値	39.9	56.1	15.2	62.1
中 央 値	32.4	49.6	13.2	56.4
標準偏差	4.97	7.21	2.22	7.44

表14　法量の統計値(板付 IIa 式)

	口径	胴部最大径	底径	器高
最小値	24.8	37.6	10.2	39.6
最大値	54.8	64.4	16.0	72.4
中央値	32.85	45.35	12.60	53.80
標準偏差	6.91	6.21	1.29	3.19

表15　法量の統計値(KIa 式)

	口径	胴部最大径	底径	器高
最小値	31.9	40.0	9.8	50.7
最大値	73.2	70.9	18.0	92.0
中央値	45.80	53.05	13.55	65.80
標準偏差	11.48	9.53	1.92	11.92

表16　法量の統計値(KIb 式)

	口径	胴部最大径	底径	器高
最小値	41.0	41.2	10.2	52.8
最大値	86.4	77.6	26.0	100.0
中央値	60.15	58.05	14.40	75.30
標準偏差	10.14	8.83	3.05	11.96

表17　法量の統計値(KIc (古)式)

	口径	胴部最大径	底径	器高
最小値	42.0	50.4	10.4	61.2
最大値	75.9	79.1	19.2	101.3
中央値	61.2	59.75	13.70	75.15
標準偏差	7.78	6.78	2.45	8.93

表18　法量の統計値(KIc (新)式)

	口径	胴部最大径	底径	器高
最小値	47.6	49.6	9.6	64.8
最大値	86.5	83.6	22.4	101.4
中央値	65.65	65.10	15.10	81.30
標準偏差	8.91	7.17	3.40	7.75

表19　法量の統計値(KIIa 式)

	口径	胴部最大径	底径	器高
最小値	51.5	55.0	10.2	72.5
最大値	69.6	70.3	13.1	89.0
中央値	62.6	65.4	11.8	79.3
標準偏差	5.63	4.32	0.94	5.11

図 26 型式間での口径の比較

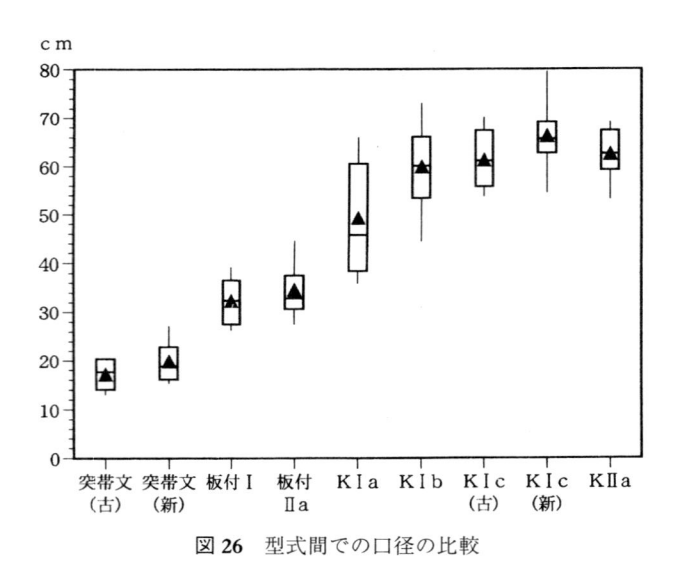

図 27 型式間での胴部最大径の比較

2. 甕棺形状の分析

　甕棺の型式は，全体的なプロポーションや口縁形態，底部形態といった要素に着目して設定されているが，ここではプロポーションの差異，すなわち甕棺の形状について分析を行った。

　甕棺の形状を数値化するために，A～T の 20 ヵ所(図 30)のすべてに欠損がない 190 個体について計測を行った。これらの計測値を多変量解析の一種である主成分分析で分析することにする。主成分分析は，多数の指標を統合し総合的な指標を作成する，観測対象をグループ分けするといった目的で利用されることが多い。形質人類学の人骨の分析などによく使われている。最近では土器や甕棺といった考古学的な資料にも応用がみられる。主成分分析ではいくつの主成分を考慮の対象と

図 28 型式間での底部径の比較

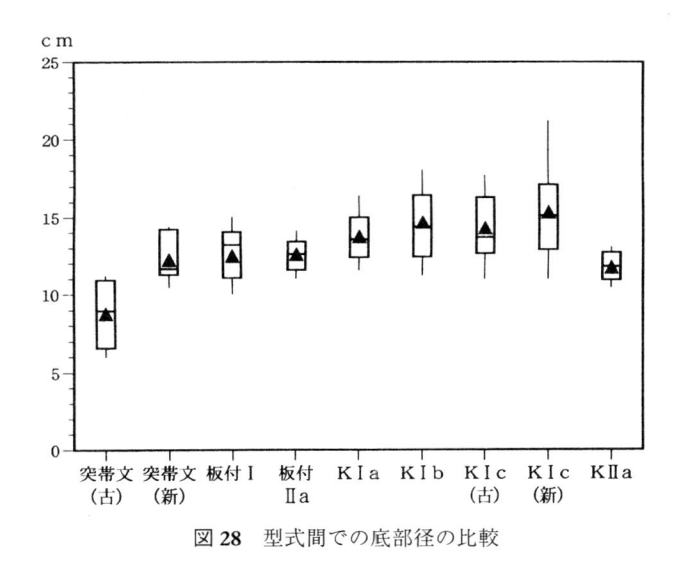

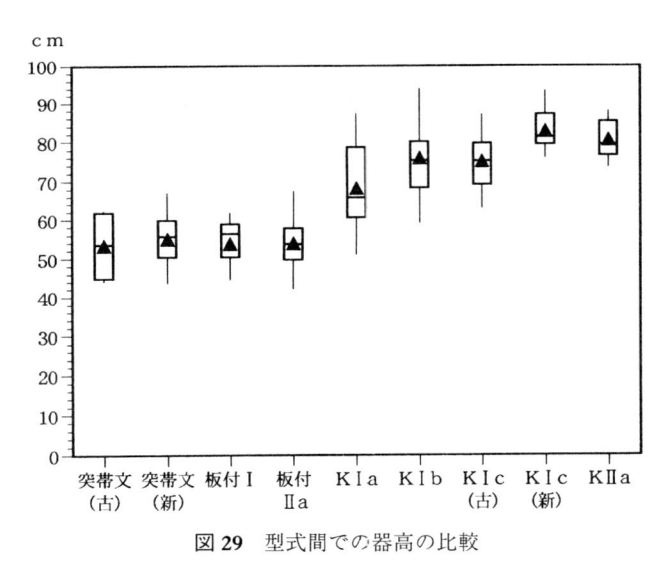

図 29 型式間での器高の比較

するかが問題となるが，一般的にいって，累積寄与率が 70～80% であること，固有値が 1.0 以上であることという基準が用いられるようである。しかしながらこの基準は理論的に定められているというものではなく，あくまでも経験的な指標である。

　A～T の 20 項目の計測値について主成分分析を行い，第 1～10 主成分までを検出した。ここで累積寄与率をみてみると第 4 主成分までで 78.76% に達している。また固有値についてみてみると，第 5 主成分以下は 1.00 未満である(表 20)。上述の主成分を採用するときの基準からみて，考慮の対象となりうる主成分は第 4 主成分までであるといえるだろう。

　つぎに第 1～4 主成分の含む情報の意味について検討を行う。第 1 主成分はほとんどの項目が正の値を示しているが，K, N, O の 3 つの項目は負の値を示している(図 31，表 21)。このことから

図30　計測ポイント

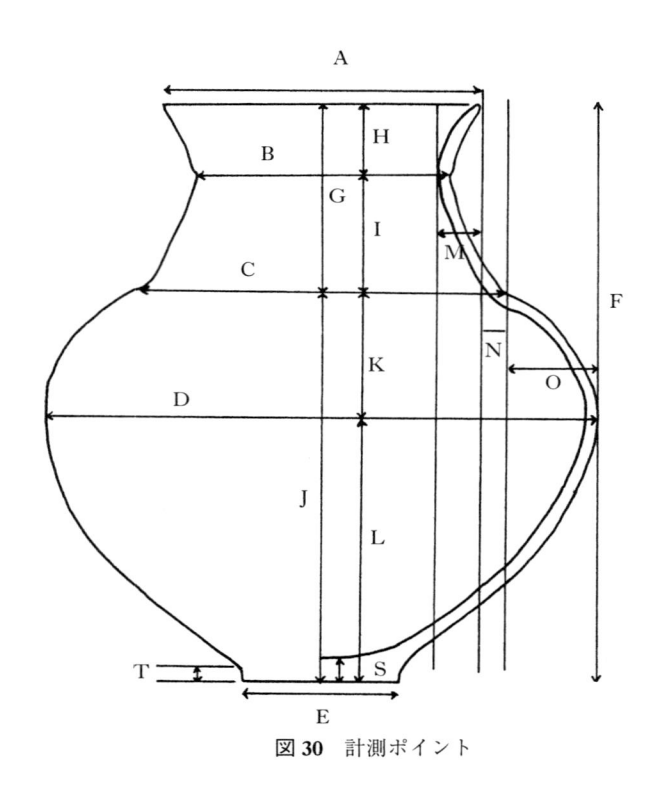

表20　主成分の固有値と寄与率

	固有値	寄与率	累積寄与率
主成分1	11.58899975	0.5795	0.5795
主成分2	1.747635603	0.0874	0.6668
主成分3	1.389552474	0.0695	0.7363
主成分4	1.024945736	0.0512	0.7876
主成分5	0.853691101	0.0427	0.8302
主成分6	0.710381567	0.0355	0.8658
主成分7	0.582537413	0.0291	0.8949
主成分8	0.458549082	0.0229	0.9178
主成分9	0.423910052	0.0212	0.9390
主成分10	0.311067939	0.0156	0.9546

第1主成分は主にサイズに関する情報をあらわしていると考えられる。しかし単純なサイズファクターではなく，一部に胴部最大径の位置，頸部の内傾度，肩の張りといった形態に関する情報を含んでいると思われる。主成分分析を考古資料に応用した他の研究例をみると，ほとんどの場合第1主成分はすべての項目について正の値を示し，また第2主成分の寄与率も20%近くあるようである（今井，1991; 中園，1991b, 1993, 1994; 朴，1991a, 1991b）。したがって，ここで提示された主成分の寄与率と固有ベクトルはやや特異な傾向をもっているともいえるが，これは分析の対象とした資料が

第1章 甕棺葬の成立過程

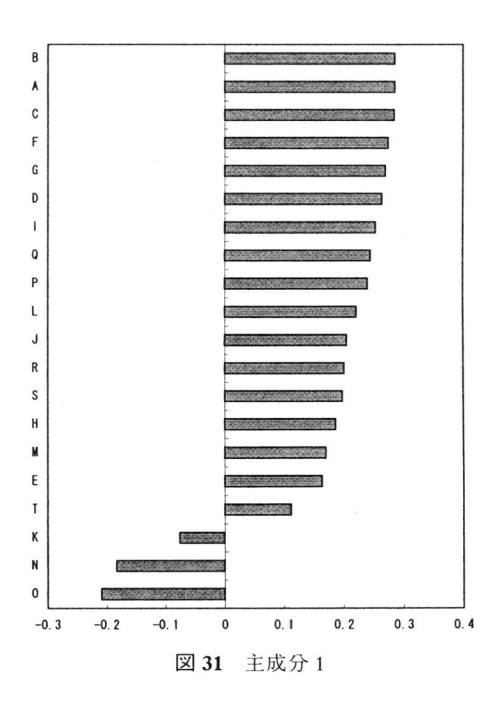

図31 主成分1

表21 主成分ベクトル

	主成分1	主成分2	主成分3	主成分4
A	0.285686246	0.084218235	−0.063779095	−0.048086934
B	0.28584606	0.024143661	−0.075072834	−0.060536352
C	0.28496969	−0.04917006	−0.00067396	−0.054361346
D	0.263958899	0.001278634	0.212234449	−0.159273752
E	0.163926116	0.178793058	0.329081604	0.152505653
F	0.274820609	−0.027335714	0.203419111	−0.1596089
G	0.269925555	−0.008041745	−0.10574073	−0.075215475
H	0.186639874	0.109149448	−0.256047622	−0.30013145
I	0.253259772	−0.050743944	−0.032074277	0.022084999
J	0.204708455	−0.114673278	0.460629077	−0.22342399
K	−0.075812191	0.604394368	0.333726479	−0.107870465
L	0.220946084	−0.376313356	0.234201401	−0.1335094
M	0.170252092	0.451141487	−0.063515154	0.166499856
N	−0.18292199	−0.382125337	0.215026297	0.015347147
O	−0.20917072	0.0939363	0.452652402	−0.182877491
P	0.23963224	0.1164975	−0.115981082	0.020226041
Q	0.244726141	−0.149342937	−0.126059476	0.032896235
R	0.200188119	0.099036394	0.005708702	0.134260405
S	0.197440387	−0.129592169	0.077567354	0.286479117
T	0.111889056	−0.041636629	0.221017478	0.76050927

図 32　主成分 2

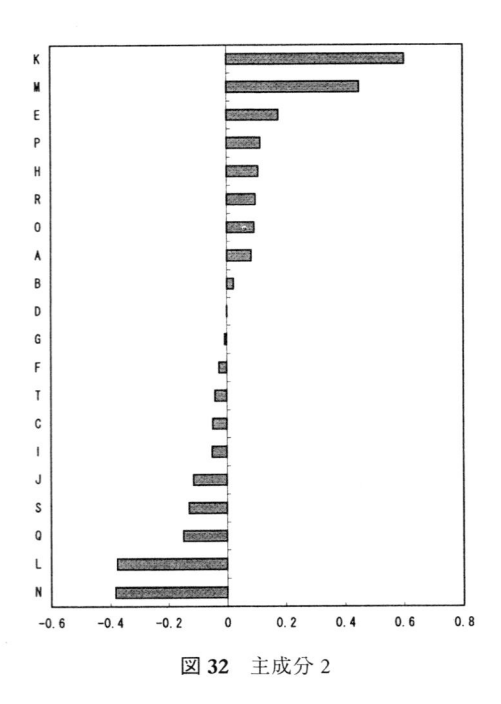

他の研究に用いた資料に比較して，各時期ごとの法量の差が大きいことに関係すると考えられる。
　これに対して第 2，第 3 主成分は項目ごとに正の値と負の値の相関関係がみられ，形態的な特徴に関する情報をあらわしているといえる。第 2 主成分についてみてみると，K と L，M と N，H と I といった項目について相関関係がみられる。具体的にいえば，胴部最大径の位置が高いものと低いもの，頸部がほとんど内傾せず直立し口縁が大きく外反するものと，口縁の外反度に比較して頸部の内傾度が大きいもの，口頸部で口縁の比率が高く頸部の比率が低いものと，逆に口縁の比率が低く頸部の比率が高いものという差異を示している(図 32，表 21)。
　第 3 主成分では J, K, L と G, H, I との間に相関関係がみられる点が目を引く。これは器高に対して口頸部の比率が高く胴部の比率が低いものと，口頸部の比率が低く胴部の比率が高いものという差異を示していると考えることができる(図 33，表 21)。
　第 4 主成分は，サイズに関する情報と形態に関する情報が混在しており意味づけが難しいが，T, S, E などの底部に関する項目が高い正の値を示しているのに対して，D, F, J, G など多くの項目が負の値を示していることから，底部径が大きく底部が厚いものと全体的な法量が小さいものという差異をあらわしていると思われる(図 34，表 21)。
　これらの主成分がもつサイズや形態に関する情報は時期差をあらわしているといえるが，視覚的に判断しやすいように第 1 主成分と第 2 主成分の主成分得点を二次元散布図上にプロットしてみる(図 35)。その結果をみてみると，突帯文(古)式から KIIa 式まで図の左下から右下へと各型式が変化していく様相が比較的良好にあらわれているといえる。各型式間，とくに KIa, KIb, KIc (古)式で分布域が重なるが，分布域が重なりつつも分布の中心は少しずつずれており，このことは

図33　主成分3

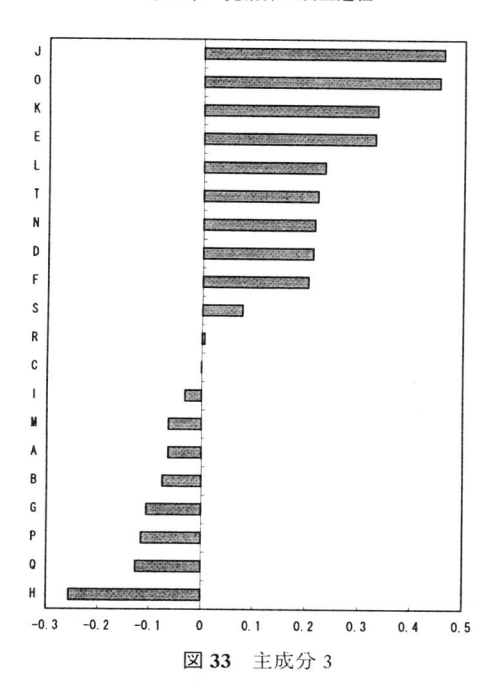

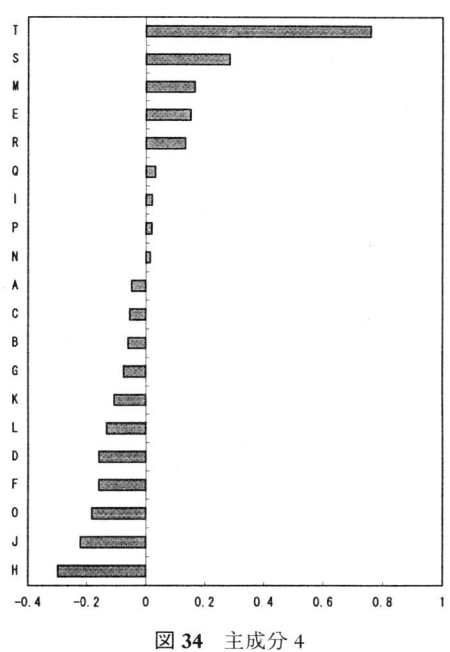

図34　主成分4

型式変化の漸移性を示していると考えられる。

3. 属性分析

ここでは口縁形態，底部形態，文様類型，刻目の形態，打ち欠きの有無とその部位，外/内面の

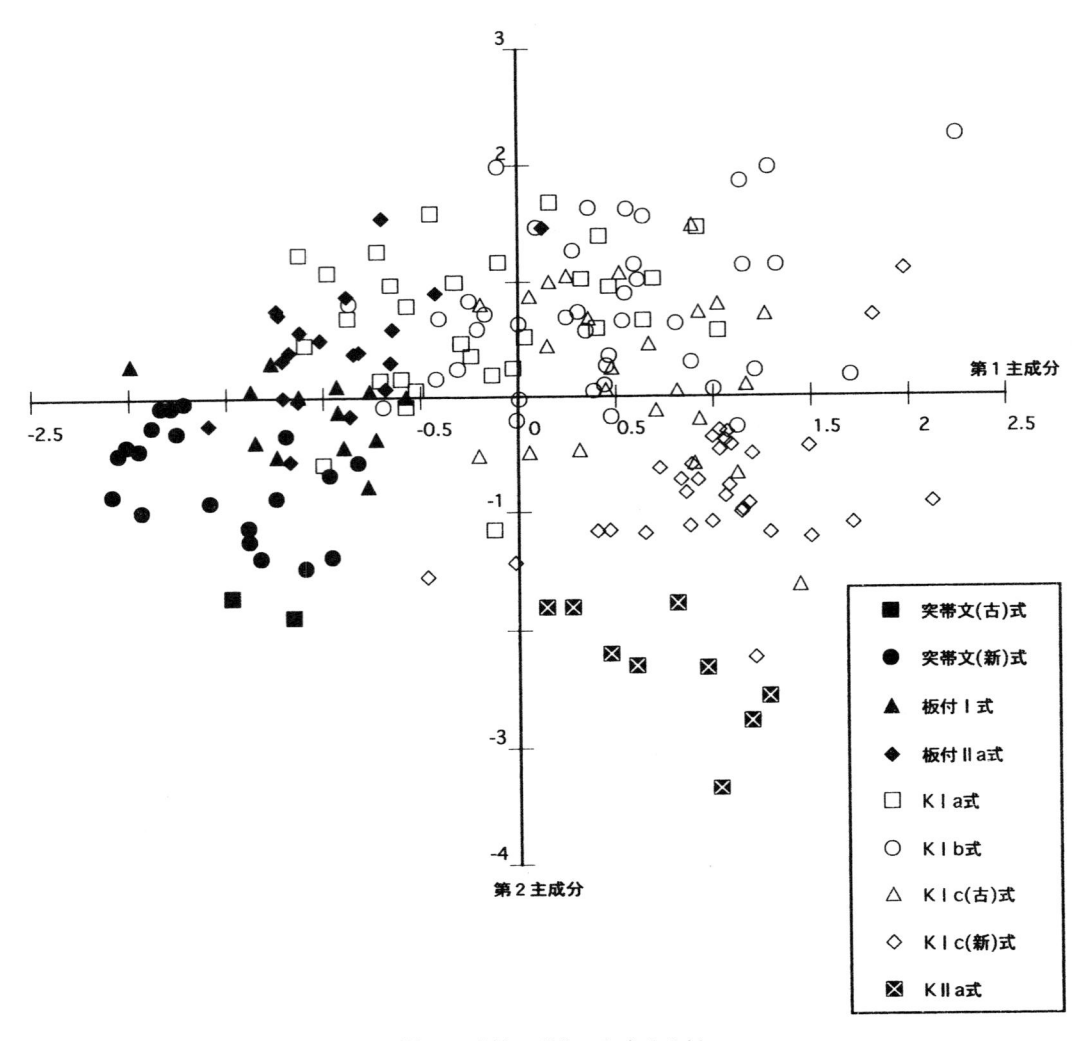

図35 甕棺の形状の主成分分析

調整，穿孔の有無とその位置，塗布物，上甕と下甕の器種，甕棺の組み合わせ方，外部施設の11項目について分析を行う。分析の方法はそれぞれの属性の型式ごとの出現頻度の比較によるものである。

なお以下に示すパーセンテージはすべて小数点第2位で四捨五入したものである。

口縁形態
口縁部の形状を以下に示すA～L2類の21種類に分類した(図36)。
A類：　　内傾して短く立ちあがり，口縁端部がわずかに外反する。
B1類：　ゆるやかに内傾しながら立ちあがり，口縁が小さく外反する。
B2類：　B1類と同様ゆるやかに内傾しながら立ちあがるが，口縁端部が丸く外反する。

第 1 章 甕棺葬の成立過程

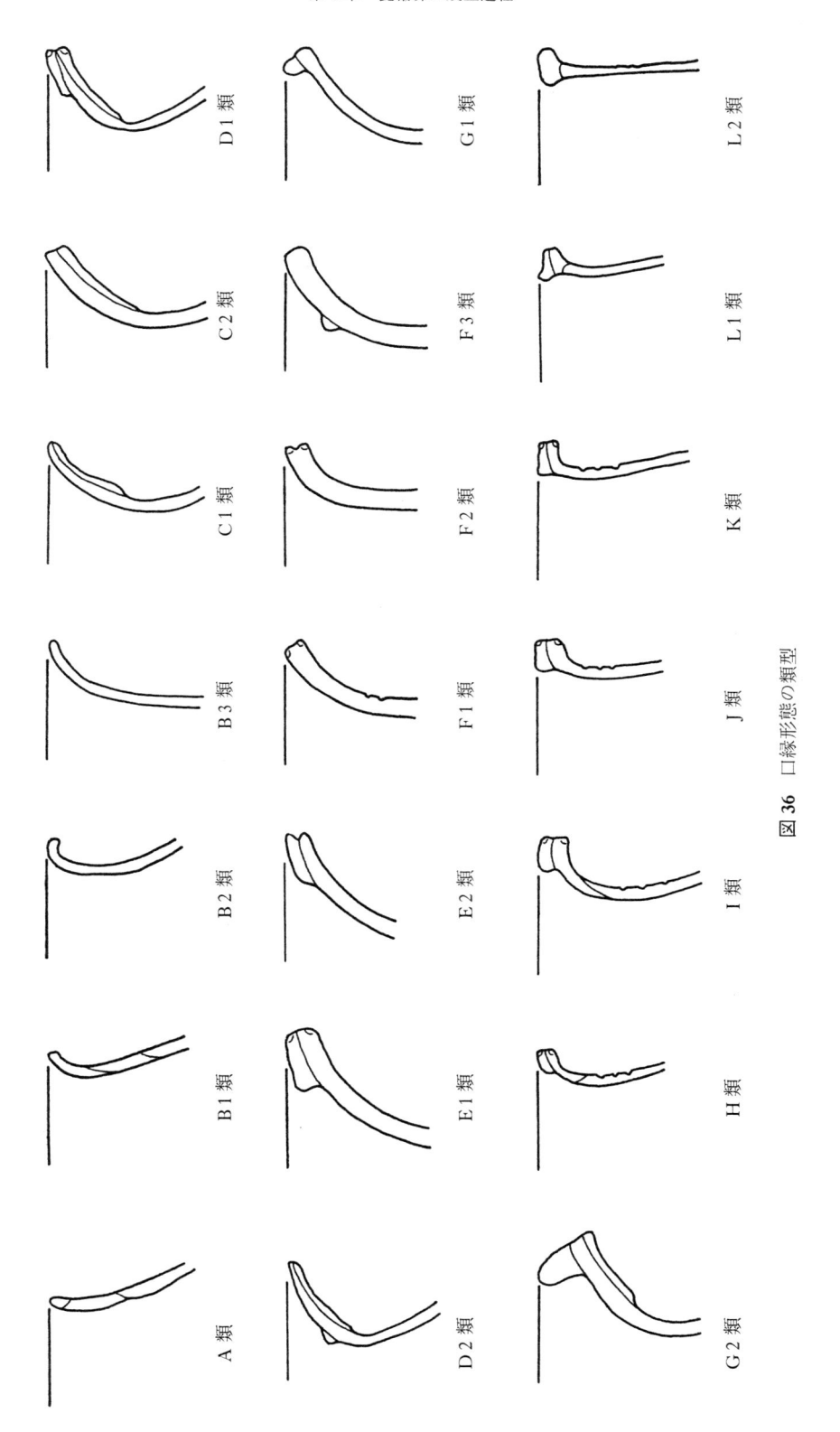

図 36 口縁形態の類型

B3類：　口縁全体が大きく外反する。
C1類：　口縁全体が大きく外反し，口縁外面が肥厚する。C2類に比較して口縁端部が細くなる。
C2類：　C1類と同様に口縁全体が大きく外反し，口縁外面が肥厚するが，口縁端部が平らにちかい形状を示しC1類のように細くならない。
D1類：　口縁全体が大きく外反し，口縁の内外面がともに肥厚する。
D2類：　口縁外面を肥厚させ，内面に突帯を貼りつけたもの。
E1類：　口縁全体が外反するが口縁外面は肥厚せず，口縁内面のみに粘土帯を貼りつけて肥厚させる。
E2類：　E1類とほとんど同じ形状を示すが，E1類と比較して口縁端部が強くくぼむもの。
F1類：　口縁全体が外反し，内外面ともに肥厚しないもの。B類に比べて器厚が厚い。
F2類：　F1類と同様の形状であるが，口縁端部が強くくぼむもの。
F3類：　F1類のうち，内面に突帯を貼りつけたもの。
G1類：　口縁内面の端部付近に大きな突帯を貼りつけたもの。
G2類：　G1類と同じように口縁内面に突帯を貼りつけ，さらに外面を肥厚させたもの。
H類：　口縁全体がゆるやかに外反し，内面に粘土帯を貼りつけて肥厚させたもの。E類と比較して肥厚部の幅が短い。
I類：　H類とほぼ同じ形態であるが，H類よりも外反が強い。
J類：　I類と同じように強く外反するが，外反する部分が短い。
K類：　口縁内面の肥厚部が口縁とほとんど一体化し，逆L字状を呈するもの。
L1類：　口縁内面の肥厚部が内側に張り出しT字状を呈するもの。
L2類：　L1類とほぼ同じような形状を示すが，口縁部と頸部がほとんど一体化するもの。

　これらの口縁部の各類型の出現頻度を型式ごとに検討した結果を表22，23と図37，38に示した。突帯文(古)・(新)式では口縁が大きく外反せず外面が肥厚しないA類とB類がみられる。
　これに対して板付I式では，口縁全体が外反し外面が肥厚するC類だけがみられるようになる。板付IIa式の段階ではC類が全体の半分以上の比率をしめているが，口縁内面に粘土帯を貼りつけて口縁内面を肥厚させたD類，E類も出現する。
　KIa式になると，C類の比率は8.3%とさらに下がる。口縁形態の構成はD類，E類が主体をしめるが，F類，G類，H類もみられ多様になる。つぎのKIb式の段階でも構成の基本的な特徴はKIa式の段階と類似しており，E類が全体の半数以上をしめるのに対して，D類の出現頻度が減少している。一方でF類の比率が20%台と比較的高いことが注目される。
　KIc(古)式では，金海式甕棺の特徴とされてきた，H類，I類，J類が構成の主体をしめるようになる。KIc(新)式も基本的な構成の特徴は同じであるが，K類の出現頻度が12.5%，L類の出現頻度が10.0%とやや高くなる。KIIa式では，中期の甕棺の特徴であるT字型，L字型の口縁のK類，L類が主体をしめる。

第 1 章 甕棺葬の成立過程

表22 口縁形態（細別）の型式別出現頻度

	A類	B1類	B2類	B3類	C1類	C2類	D1類	D2類	E1類	E2類	F1類	F2類	F3類	G1類	G2類	H類	I類	J類	K類	L1類	L2類
突帯文（古）	3		2																		
突帯文（新）	2	14	3																		
板付I					3	9															
板付IIa				1	1	13	4		2	1											
KIa					3	9	1		15	1		1		1	2	3					
KIb					1	4			19	11	8	4	1	2		6					
KIc（古）								2	3		1					15	11	10	3	1	
KIc（新）									1					4		10	16	5	3	1	
KIIa											1						1	3	4		11

表23 口縁形態（大別）の型式別出現頻度

	A類	B類	C類	D類	E類	F類	G類	H類	I類	J類	K類	L類
突帯文（古）	3	2										
突帯文（新）	2	17										
板付I			12									
板付IIa		1	14	4	3							
KIa			3	10	16	1	3	3				
KIb			1	4	30	13	2	6				
KIc（古）					5	1		15	11	10	3	1
KIc（新）					1			4	10	16	5	4
KIIa							1		1	3		15

　口縁部の形状はこれまでの研究でも時期差の基準として取りあげられてきたが，ここでの検討結果もそれを裏付けるものである。A類からL類の各形態が型式ごとに漸移的に推移していく過程がよくうかがえる。

底部形態

底部の形態をI〜VIII類の8種類に分類した（図39）。

I類：　　底部がほとんど立ちあがらず，丸底にちかい平底状を呈する。

II類：　　底部が直立あるいは外反してわずかに立ちあがるもの。

III類：　　底部が直立あるいは外反して明瞭に立ちあがり，いわゆる"円盤貼りつけ"状を呈するもの。

IV類：　　III類と同様底部の立ちあがりは明瞭であるが，立ちあがりが若干短いもの。また底部の立ちあがりは直立あるいはわずかに内傾する。

V類：　　底部がかすかに立ちあがるもの。上げ底状になる例もある。

VI類：　　底部・胴部の境が明瞭でなく一体化したもの。底部はゆるやかにカーブしながら立ちあがる。

VII類：　　VI類と同様底部と胴部が一体化しているが，底部がカーブせずに直線的に立ちあがる

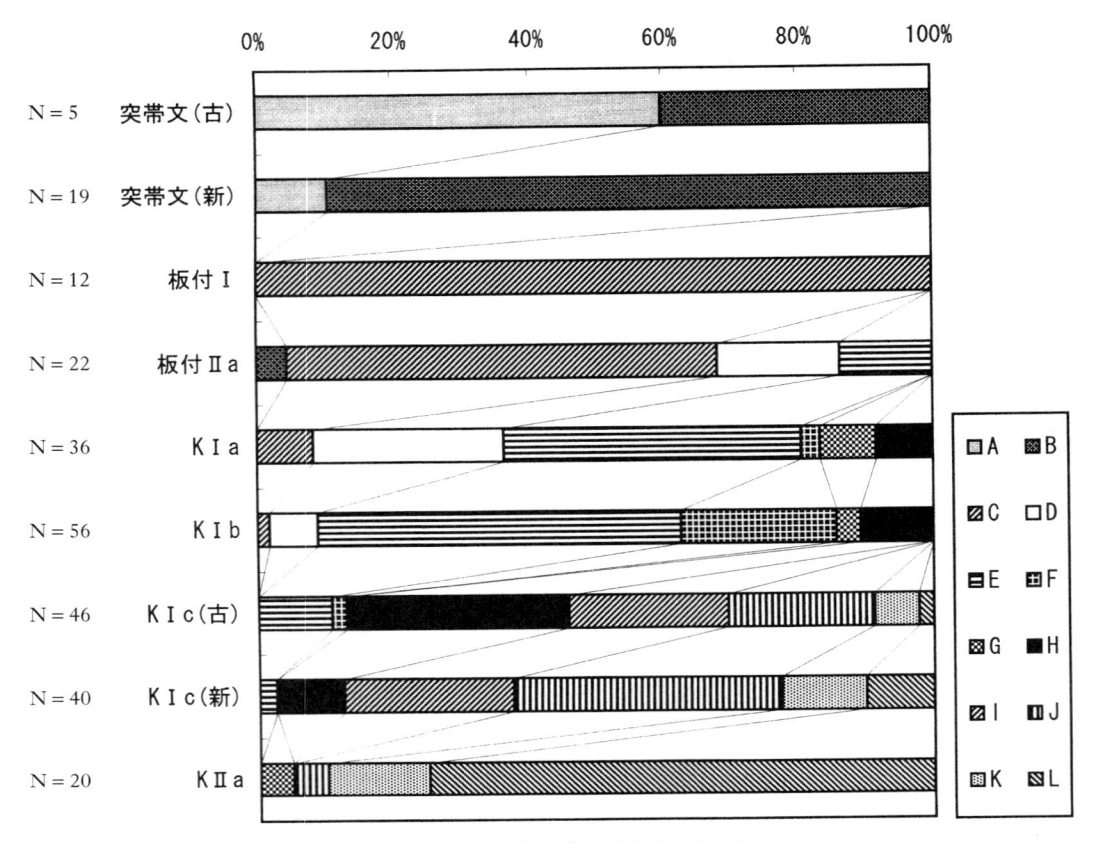

図37 口縁形態(大別)の型式別出現頻度

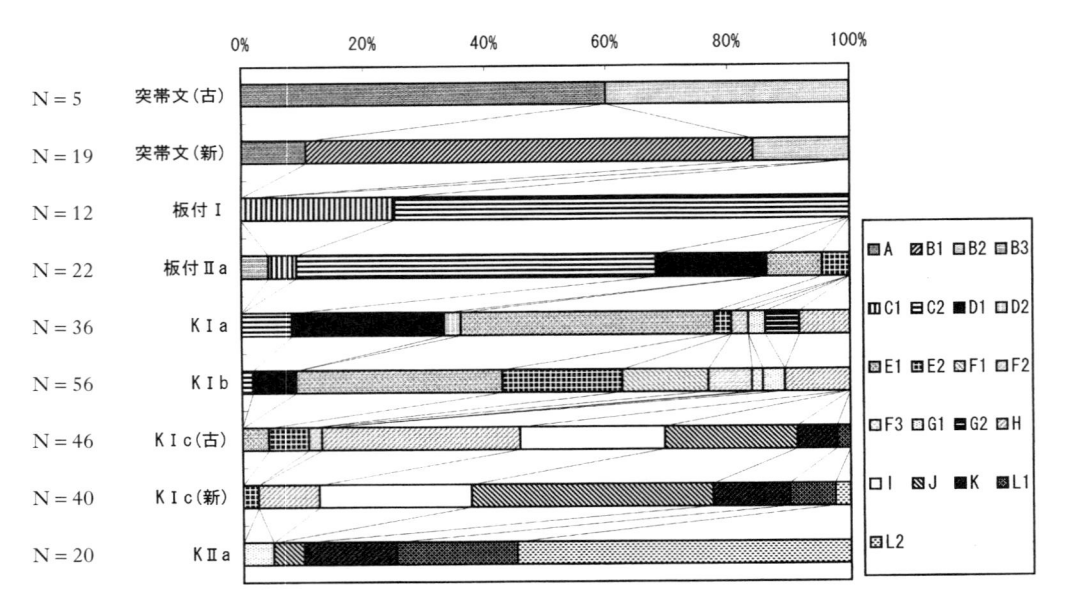

図38 口縁形態(細別)の型式別出現頻度

第 1 章　甕棺葬の成立過程

| I 類 | II 類 | III 類 | IV 類 |
| V 類 | VI 類 | VII 類 | VIII 類 |

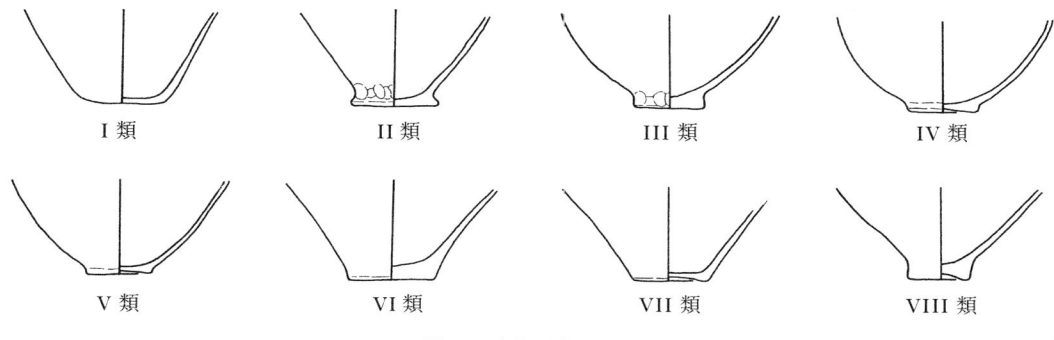

図 39　底部形態の類型

もの。
　VIII 類: 胴部に比較して底径が小さく，底部がすぼまるように立ちあがるもの。

　底部形態の型式別の組成を検討すると，口縁部形態の場合と同じように型式ごとに明瞭な組成の違いが認められる(表 24，図 40)。
　突帯文(古)式では I 類と II 類のみがみられる。I 類の丸底にちかい平底の形状は，小型壺でも一番古い段階にみられるものであり，甕棺に使用されている大型壺と共通する特徴であるといえる。突帯文(新)式でもやはり I 類と II 類のしめる比率が高いが，III 類，IV 類もみられる。
　板付 I 式の段階では III 類と IV 類，いわゆる円盤貼りつけ状の底部が構成の半分以上をしめるようになる。板付 IIa 式では IV 類，V 類，VI 類，VII 類と多様な構成を示す。
　KIa 式の組成では VI 類と VII 類が全体の半分以上をしめるようになり，IV 類と V 類の出現頻度はともに減少している。同じような傾向はつぎの KIb 式にも引き続いて認められ，VI 類だけで全体の半分以上をしめるようになる。
　KIc (古)式では VI 類と VII 類が組成の大半をしめるのに対して，IV 類，V 類の出現頻度はさらに減少する。また VIII 類が認められるようになる。KIc (新)式では IV 類，V 類がみられなくなり，VI 類，VII 類，VIII 類が組成の中心を構成する。KIIa 式の段階では VIII 類の出現頻度はさらに増加し，全体の 25.0% に達する。
　以上から口縁部と同様底部形態の変遷も型式ごとにかなり明瞭な推移を示し，底部形態が甕棺の時期差の重要な指標となることが明らかになった。

文様類型
　甕棺の外面に描かれる文様を以下の 17 種類に分類した(図 41)。ここで分析の対象にしている文様はすべて沈線文であるが，j 類は粘土帯を貼りつけた突帯である。突帯は厳密には文様とはいえないが，甕棺の器表を装飾する要素であることから，ここでは沈線文とともに分析の対象とした。
　a 類:　　器表に文様をもたない無文のもの。

表 24　底部形態の型式別出現頻度

	Ⅰ類	Ⅱ類	Ⅲ類	Ⅳ類	Ⅴ類	Ⅵ類	Ⅶ類	Ⅷ類
突帯文（古）	2	2						
突帯文（新）	8	26	2	1				
板付Ⅰ		1	3	30	20			
板付Ⅱa				23	34	14	9	
KⅠa				5	16	19	9	
KⅠb				2	15	30	7	
KⅠc（古）				1	3	18	11	2
KⅠc（新）						17	10	5
KⅡa						6	9	5

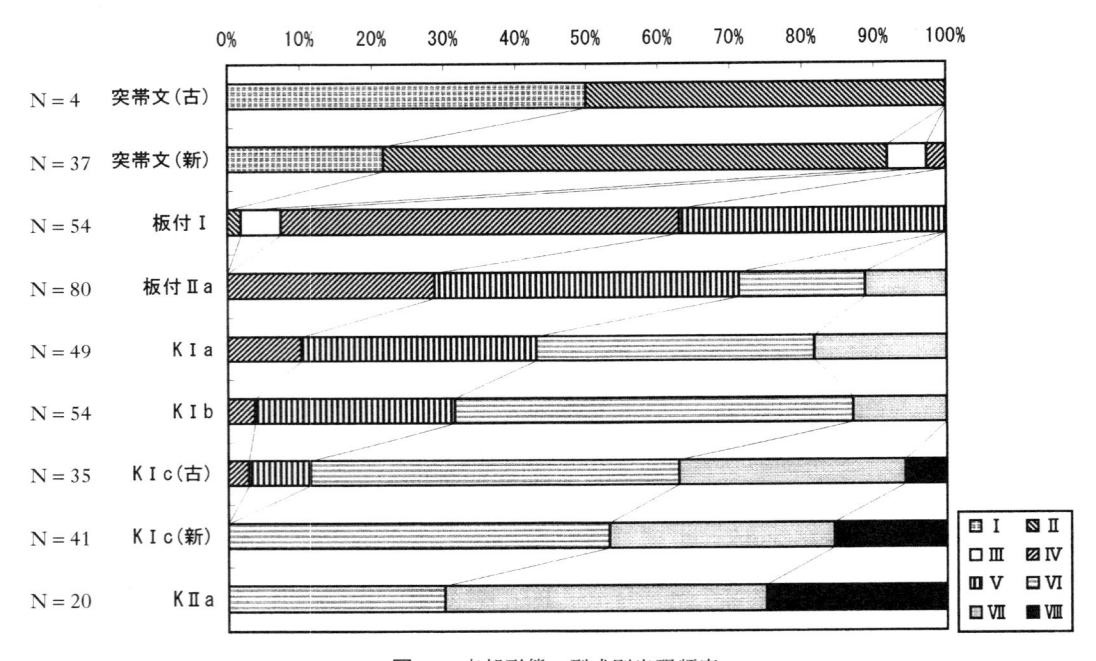

図 40　底部形態の型式別出現頻度

b類：　　頸・胴部境に沈線を1条描くもの。
c1類：　　複線山形文で文様の上部で沈線がつながらないもの。
c2類：　　複線山形文で文様の上部で沈線がつながるもの。
c3類：　　複線山形文で文様の上部で沈線がつながり，全体が丸みをおびて弧状にちかい形状を示すもの。
d類：　　複数の沈線で弧を描いた連弧文。
e1類：　　口縁下と胴部に1〜3条の沈線をめぐらすもの。
e2類：　　口縁下のみに1〜3条の沈線をめぐらすもの。
e3類：　　胴部のみに1〜3条の沈線をめぐらすもの。

第 1 章　甕棺葬の成立過程　　　49

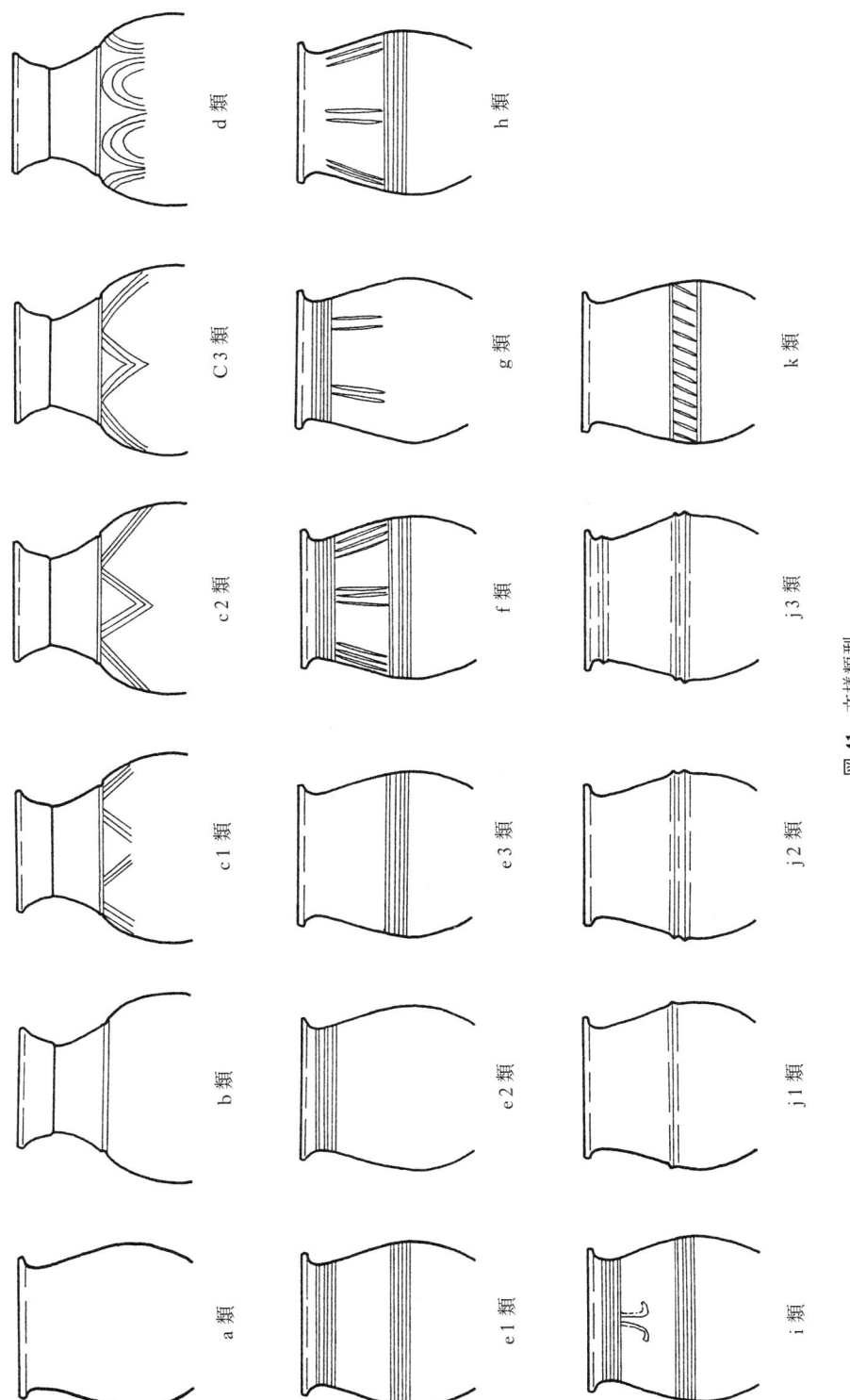

図 41　文様類型

f 類:　　口縁下と胴部に2～3条の沈線をめぐらし，その間に2～3条からなる縦位の沈線を3あるいは4単位配したもの。

g 類:　　口縁下に2～3条の沈線をめぐらせ，その下に1～3条の縦位の沈線を配したもの。

h 類:　　胴部に2～3条の沈線をめぐらせ，その上に1～3条の縦位の沈線を配したもの。

i 類:　　釣針状の文様を沈線で描いたもの。通常他の文様と組み合わせて用いられる。

j1類:　　胴部に1条の突帯をめぐらせるもの。

j2類:　　胴部に2条の突帯をめぐらせるもの。

j3類:　　口縁下と胴部にそれぞれ1～2条の突帯をめぐらせるもの。

k 類:　　2本の沈線間に斜め方向の沈線を配したもの。有軸羽状文の半単位とみることもできる。

分析結果は表25, 26と図42, 43に示す通りである。

突帯文(古)式では文様を施した例はみられない。突帯文(新)式にはb類が5例，e3類が2例みられるが，まだ無文の比率が高い。

板付Ⅰ式の段階になると無文の比率は56.4%にまで減少するのに対して，b類，c2類，c3類，e3類，b類とd類を組み合わせたものと文様を描く例が増加する。板付Ⅱa式では無文の比率は36.2%とさらに減少する一方，文様の構成はb類，c1類，c3類，e1類，e2類，e3類，j1類，k

表25　文様類型(大別)の型式別出現頻度

	a	b	b+d	c	d	e	e+j	e+k	f	f+i	f+j	g	g+j	h	h+j	j	k	不明
突帯文(古)		5																
突帯文(新)	23	5				2												
板付Ⅰ	31	16	1		7													
板付Ⅱa	25	34		2		6										1	1	
KⅠa	13	16			1	14												
KⅠb	15	7				30	1	1								7		
KⅠc(古)	8	1				29			10	1				1		2	2	
KⅠc(新)	3					20			17							3		
KⅡa	5					3			7	1	1	1		1		2		

表26　文様類型(細別)の型式別出現頻度

	a	b	b+d	c1	c2	c3	d	e1	e2	e3	e2+j1	e2+k	f	f+i	f+j1	g	g+j1	h	h+j1	j1	j2	j3	k	不明
突帯文(古)	5																							
突帯文(新)	23	5								2														
板付Ⅰ	31	16	1		3	2				2														
板付Ⅱa	25	34		1		1		1	1	4										1		1		
KⅠa	13	16					1	6		8														
KⅠb	15	7						26	4	1		1								5	1	1		
KⅠc(古)	8	1						27		2	10	1				1				1	1	2		
KⅠc(新)	3							18		2			17							2	1			
KⅡa	5							3					7	1	1	1		1		1	1			

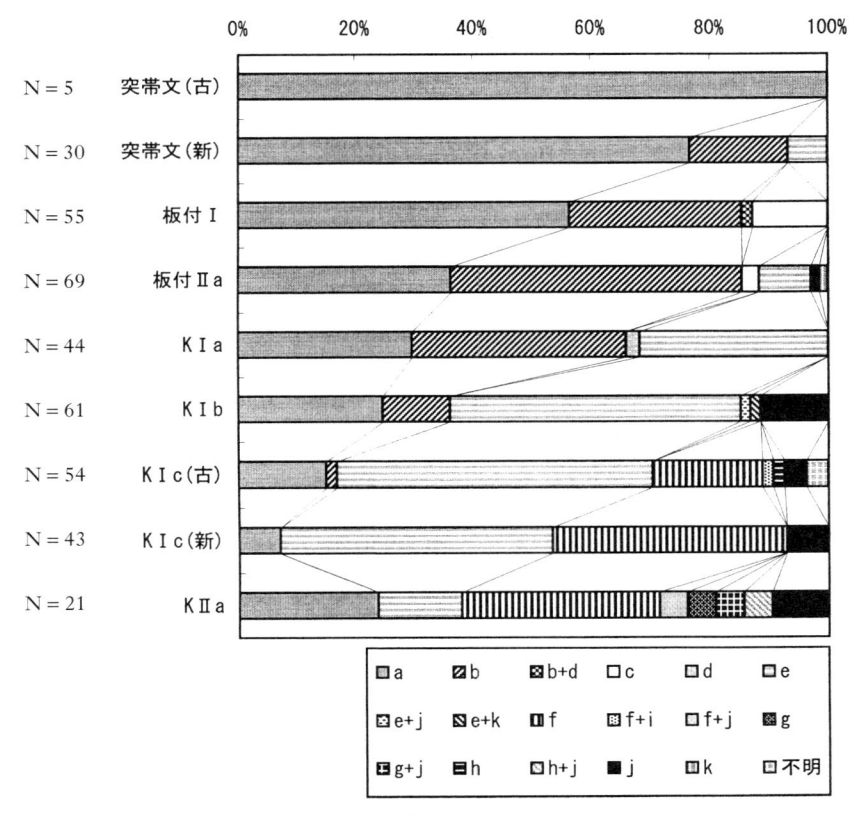

図42 文様類型(大別)の型式別出現頻度

類とより多様性が増す。

　KIa式の段階でも無文の比率は引き続いて減少する(29.5%)。文様はb類，d類，e1類，e3類が認められる。板付I式，板付IIa式の段階でみられたc類が認められないのに対して，e類が増加する。KIb式での無文の比率はKIa式段階とほぼ同程度である。描かれた文様では，b類，e1類，e3類，j1類，j2類，j3類，e2類とj1類を組み合わせたもの，e2類とk類を組み合わせたものがみられ，KIa式の段階と比較してb類の大幅な減少とe類とj類の大幅な増加が指摘できる。

　KIc(古)式では無文の比率はKIa式，KIb式の段階と比較するとさらに減少して14.8%になる。文様には，b類，e1類，e3類，f類，h類，j1類，j3類，f類とi類を組み合わせたものが認められる。この段階でb類はほとんどみられなくなり，e類とf類が組成の中心をしめるようになる。そのなかでも特にe1類は全体の半分をしめている。KIc(新)式の段階になると，無文の比率は7.0%にまで減少する。文様の構成をみてみると，e1類，e3類，f類，j2類，j3類で，f類が増加してe1類とほとんど同じ比率を示している。

　KIIa式では，KIc(新)式に比べて若干無文の比率が増えるが，顕著な変化といえるほどのものではない。文様構成についてみてみると，e1類，f類，g類，j1類，j2類，f類とj1類を組み合

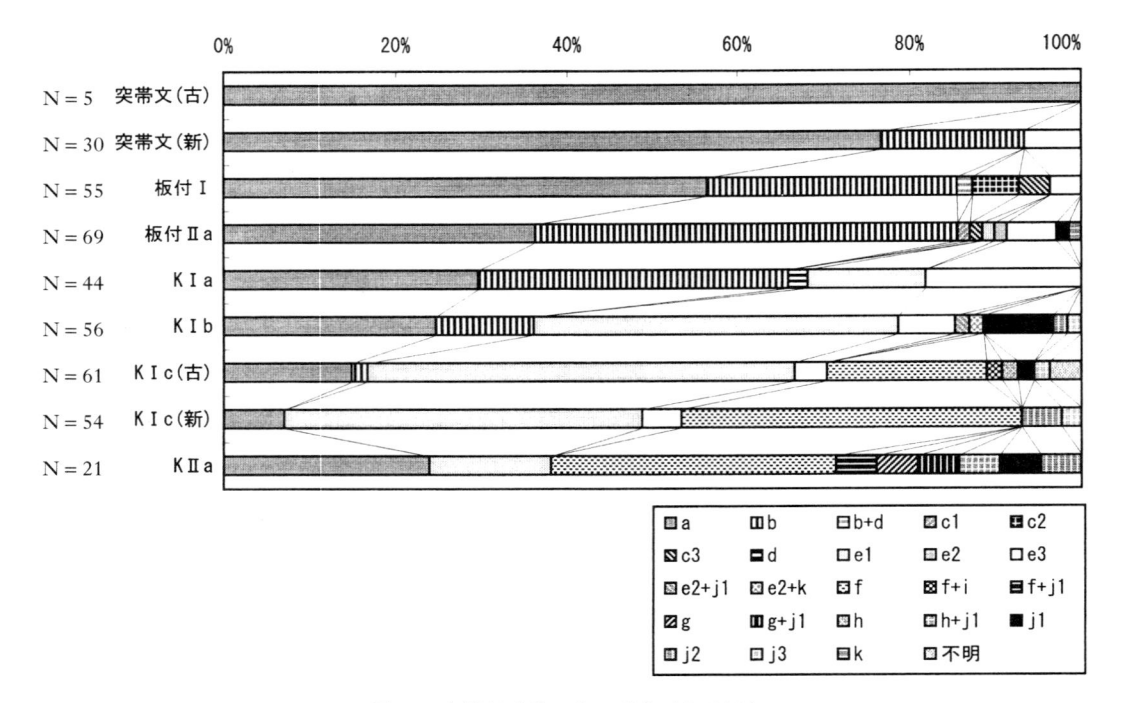

図43 文様類型(細別)の型式別出現頻度

わせたもの，g類とj1類を組み合わせたもの，h類とj1類を組み合わせたものであり，f類が崩れて簡略化された文様であるg類とh類が認められ，突帯であるj類が増加している点が特徴的である。

　以上突帯を含めた甕棺に描かれる文様の検討を行った。突帯文(古)・(新)式では無文の比率が高く，文様をもつものも頸部と胴部の境を区画する沈線が一条描かれているだけで，基本的にこの段階の甕棺は無文であるといえる。板付Ⅰ式以降の段階になると有文のものが増加するが，板付Ⅰ式と板付Ⅱa式ではb類とともにc類が文様構成の特徴となっている。KⅠa式の段階でそれ以降の甕棺にも継続してみられる文様であるe類，特にe1類が増加し始める。この傾向はKⅠb式・KⅠc(古)式にも継続し，特にKⅠc(古)式ではe1類が全体の半数近くに認められる。これに対してKⅠc(新)式段階ではf類が増加している。したがって，文様からある程度KⅠc式の古・新を分類できるといえる。KⅡa式ではf類が崩れた文様であるg類や突帯のしめる比率が高くなることが確認された。

刻目の形態

口縁部に施される刻目を以下のように7種類に分類した(図44)。
1類: 刻目を施さないもの。
2類: 口唇部の上端にのみ刻目を施すもの。
3類: 口唇部の下端にのみ刻目を施すもの。

第 1 章　甕棺葬の成立過程

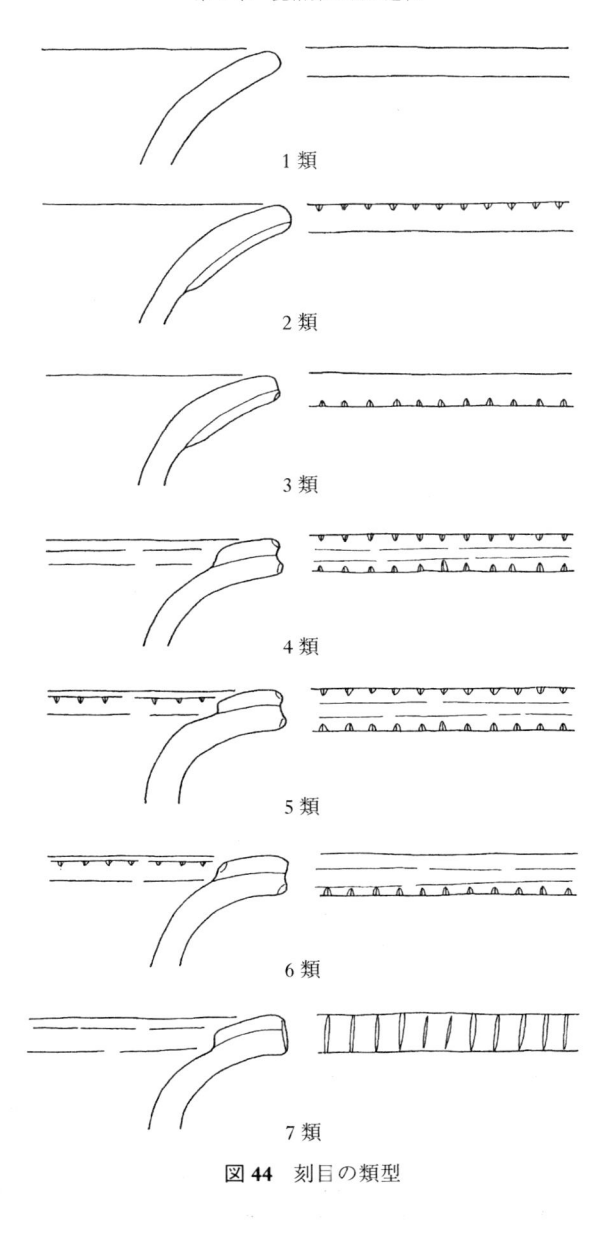

図 44　刻目の類型

4 類: 口唇部の上下両端に刻目を施すもの。
5 類: 口唇部の上下両端および口縁内面の肥厚部に刻目を施すもの。
6 類: 口唇部の下端および口縁内面の肥厚部に刻目を施すもの。
7 類: 口唇部の全面に刻目を施すもの。

口縁部に施された刻目についての分析結果は以下に示す通りである(表27, 図45)。
突帯文(古)式, 突帯文(新)式, 板付 I 式では口縁部に刻目を施したものはみられない。板付 IIa

表27 刻目の類型の型式別出現頻度

	1類	2類	3類	4類	5類	6類	7類
突帯文(古)	5						
突帯文(新)	19						
板付 I	12						
板付 IIa	16		1	4			
KIa	10		7	17		1	
KIb	8	1	7	37	3		
KIc（古）	2		5	36	2		1
KIc（新）	9		1	24	6		
KIIa	10		1	7			2

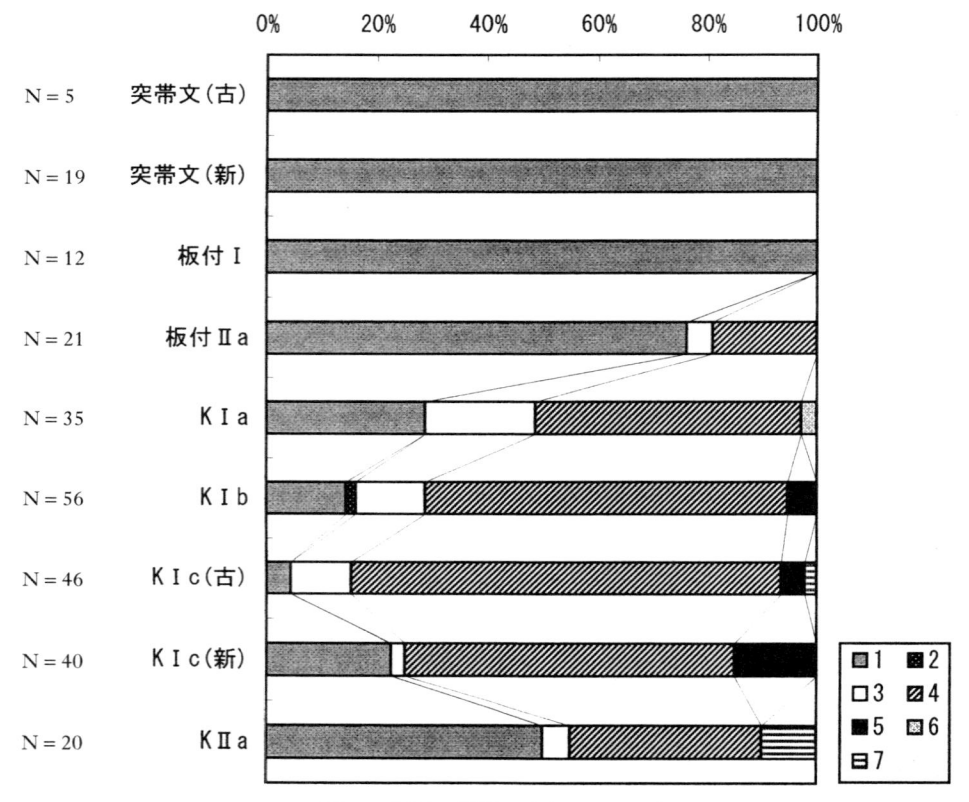

図45 刻目の類型の型式別出現頻度

式の段階になると，口縁端部の下端にのみ刻目を施した3類（1点，4.8%）と口縁端部の上下両端に刻目を施した4類（4点，19.0%）がみられるが，刻目を施さないものが全体の76.2%（16点）をしめる。

つぎのKIa式の段階になると，刻目を施した個体の出現頻度が71.4%（25点）になり，無刻目のものよりも多くなる。刻目の内訳をみてみると，3類が20.0%（7点），4類が48.6%（17点），6類が2.9%（1点）であり，4類が全体からみると50%近く，刻目が施されたもののうちの68.0%をし

めている。KIb 式では刻目の出現頻度はさらに増加して 85.7% に達する（48 点）。刻目の内訳は，2 類が 1.8%（1 点），3 類が 12.5%（7 点），4 類が 66.1%（37 点），5 類が 5.4%（3 点）で，やはり 4 類が組成の大半をしめる。

KIc（古）式でも引き続いて刻目の出現頻度は増加し，95.7%（44 点）と非常に高い数値を示している。刻目についてみてみると，3 類が 10.9%（5 点），4 類が 78.3%（36 点），5 類が 4.3%（2 点），7 類が 2.2%（1 点）で KIa 式，KIb 式と同様 4 類が中心をなす。KIc（新）式では，刻目の出現頻度は 77.5%（31 点）と KIc（古）式よりも減少するが，やはり高い値を示している。刻目の内容は 3 類が 2.5%（1 点），4 類が 60.0%（24 点），5 類が 15.0%（6 点）で，ここでも 4 類が刻目の 77.4% をしめ中心をなしている。

KIIa 式の段階では，刻目の出現頻度は 50.0%（10 点）にまで減少する。刻目の内容は 3 類が 5.0%（1 点），4 類が 35.0%（7 点），7 類が 10.0%（2 点）で，依然として 4 類の刻目のなかにしめる比率は 70.0% と高い。

以上の刻目についての分析からみると，刻目は KIa 式，KIb 式，KIc（古）・（新）式の弥生前期後半から中期初頭の甕棺で顕著にみられる属性であり，成人の甕棺埋葬が本格化する以前の段階，特に突帯文（古）式から板付 I 式にかけてはまったく認められないことが指摘できる。

打ち欠きの有無とその部位

甕棺には口縁部や胴部上半，底部などを意識的に打ち欠いた例がみられるが，ここでは打ち欠きの有無と打ち欠かれた部位について検討する。打ち欠かれた部位の区分は口縁端部，口縁部，口頸部（口縁部と頸部），胴部上半（胴部最大径よりも上位），底部である。分析結果は表 28 と図 46 に示す通りである。

突帯文（古）式では，底部が打ち欠かれているものが 1 例（20.0%）みられるが，その他の個体には打ち欠きはみられない。突帯文（新）式では，20 例（48.8%）に打ち欠きが認められる。打ち欠かれた部位は，口縁部，口頸部，胴部上半，底部である。

板付 I 式では，打ち欠きの比率が 81.5%（53 例）と高くなる。打ち欠かれた部位は，口縁部，口

表 28　打ち欠きの部位の型式別出現頻度

	口縁部	口頸部	口縁端部	胴部上半	底部	なし	不明
突帯文（古）					1	4	
突帯文（新）	9	1		8	2	17	4
板付 I	27	22		4		12	
板付 IIa	38	21		8		22	3
KIa	16	7	1	2		28	
KIb	13	1		1		56	
KIc（古）	12		1	1		47	
KIc（新）	3		1			39	
KIIa	2					20	

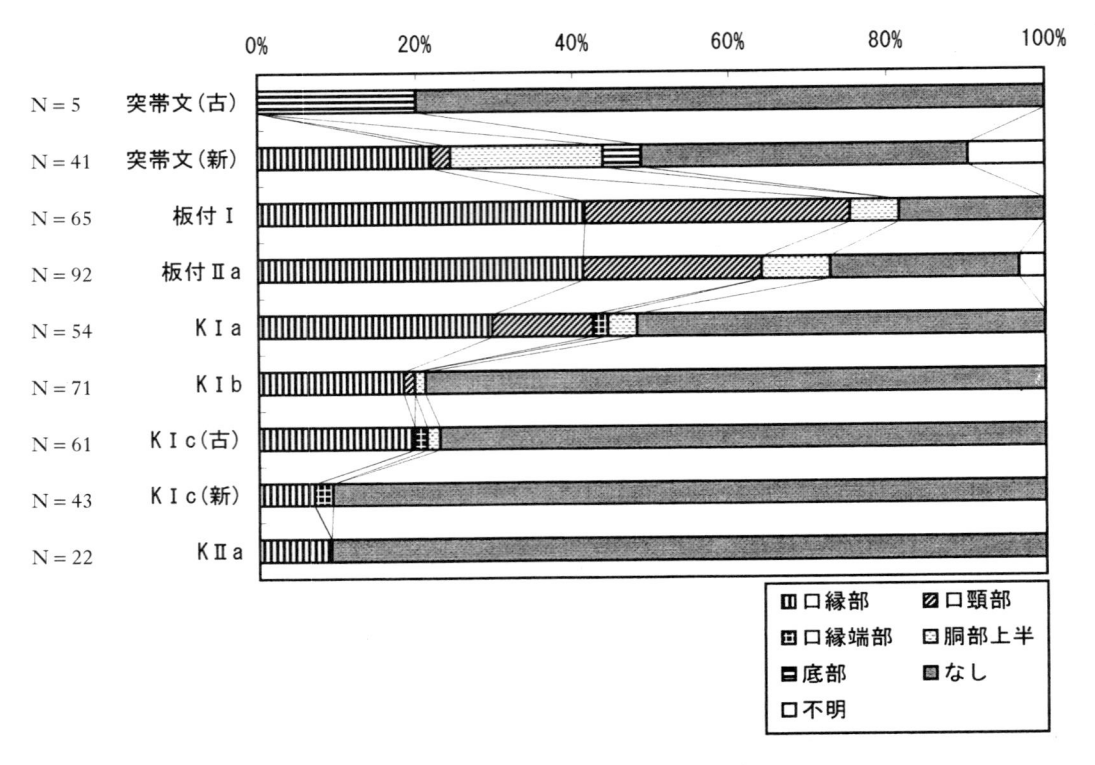

図46 打ち欠きの部位の型式別出現頻度

頸部，胴部上半であり，口縁部と口頸部，すなわち頸部と胴部の境から上を打ち欠いた例がほとんどであることが指摘できる。板付 IIa 式でも打ち欠きの出現頻度は高い（67 例，72.8%）。打ち欠かれた部位は，口縁部，口頸部，胴部上半で，板付 I 式と同様に口縁部と口頸部を打ち欠いた例がほとんどである。

KIa 式の段階になると打ち欠きの出現頻度は 48.1%（26 例）に減少し，突帯文（新）式の段階と同程度になる。打ち欠かれた部位の内訳は，口縁端部，口縁部，口頸部，胴部上半であり，やはり口縁部，口頸部を打ち欠いたものがほとんどである。一方で胴部上半の打ち欠きが減少している。KIb 式では打ち欠きの比率はさらに減少し 21.1%（15 例）になる。打ち欠かれた部位は，口縁部，口頸部，胴部上半で，ことに口縁部が盛んに打ち欠かれている。

KIc（古）式では，打ち欠きの出現頻度は 22.9%（14 例）で KIb 式の段階からほとんど変化しない。打ち欠かれた部位は口縁端部，口縁部，胴部上半で KIb 式と同じような傾向を示し，口縁部を打ち欠いたものがほとんどである。KIc（新）式での打ち欠きの出現頻度は 9.3%（4 例）とさらに減少する。打ち欠かれた部位は口縁端部と口縁部である。

KIIa 式の段階では，打ち欠きの出現頻度（2 例，10.0%），打ち欠きの部位（口縁部の打ち欠きが 2 例）のいずれの点でも KIc（新）式と大きな差異はみられない。

打ち欠きの有無とその部位についての分析結果には，型式間ではっきりとした差異が認められる。

全体的な傾向からいえば，新しい型式の甕棺よりも古い型式の甕棺に打ち欠きが多くみられる。そのなかでも特に板付Ⅰ式と板付Ⅱa式では打ち欠かれたものが全体の70〜80%と高い出現頻度を示し，他の型式との間に際立った違いをみせている。また打ち欠く部位は，基本的には口縁部と口頸部がほとんどである。しかし突帯文(新)式や板付Ⅰ式，板付Ⅱa式では他の型式よりも胴部上半を打ち欠いたものが多くみられる。

　このような型式間の顕著な差異は，甕棺の形状に基づく機能的な要因に由来していると考えられる。KⅠa式以前の甕棺は一般の大型壺を用いたもので，頸部が強くくびれた形態をしており，甕棺として使用する場合，口頸部を打ち欠く必要がある。一方，埋葬のための甕棺として発達するKⅠa式以降の段階では，口径が大きくなり頸部も広がった形態へと変化しており，口頸部を打ち欠く必要がなくなったと思われる。

　したがって，打ち欠きの施し方の変化は「壺形」から「甕形」への甕棺の形状の変化を反映しているといえる。

外/内面の調整

　甕棺の外面と内面に施された調整について検討を行う。甕棺の器表の調整にはミガキ，ナデ，擦過，ハケ目があるが，これらの調整はハケ目の後にナデを施すというように複数の調整が用いられることが多い。このように複数の調整が施されている場合は，最終的に施された調整に基づいて分析を行うことにする。また調整の方向(横ミガキ，縦ミガキ，横ナデなど)については，分類があまりにも細かくなり全体的な傾向や特色を検出するのが困難であると思われるので，ここでは分析の対象に含めないことにした。分析結果は表29，30と図47，図48に示す通りである。

　① 外面の調整

　突帯文(古)式では5例すべてがミガキである。突帯文(新)式，板付Ⅰ式でも擦過とナデが突帯文(新)式で1例(2.4%)みられるだけで，ミガキのしめる比率が圧倒的に高い(突帯文(新)式で39例，95.1%，板付Ⅰ式で59例，92.2%)。板付Ⅱa式の段階ではハケ目とナデ，ナデがそれぞれ1例(1.1%)ずつみられるが，基本的な傾向は変化せずミガキが主体をしめている(70例，79.5%)。

表29 外面調整の類型の型式別出現頻度

	ミガキ	ミガキとナデ	ミガキと擦過	擦過とナデ	ハケ目とナデ	ナデ	ハケ目	不明
突帯文(古)	5							
突帯文(新)	39			1				1
板付Ⅰ	59							5
板付Ⅱa	70				1	1		16
KⅠa	42		1	1		8	1	1
KⅠb	12	6				44		7
KⅠc (古)	8	4			1	41		7
KⅠc (新)	2	4			4	28	1	3
KⅡa					2	15	2	3

表30　内面調整の型式別出現頻度

	ナデ	ミガキとナデ	ミガキと擦過	ミガキ	ナデとハケ目	ハケ目	ハケ目とナデとミガキ	不明
突帯文(古)	2	2		1				
突帯文(新)	24	10	1	2	2	1		1
板付 I	43	9			4	6		7
板付 IIa	49	11			7			18
K Ia	27	11			13			2
K Ib	41	1		2	18		1	6
K Ic (古)	37	1			16			6
K Ic (新)	22	1			14			3
K IIa	19							3

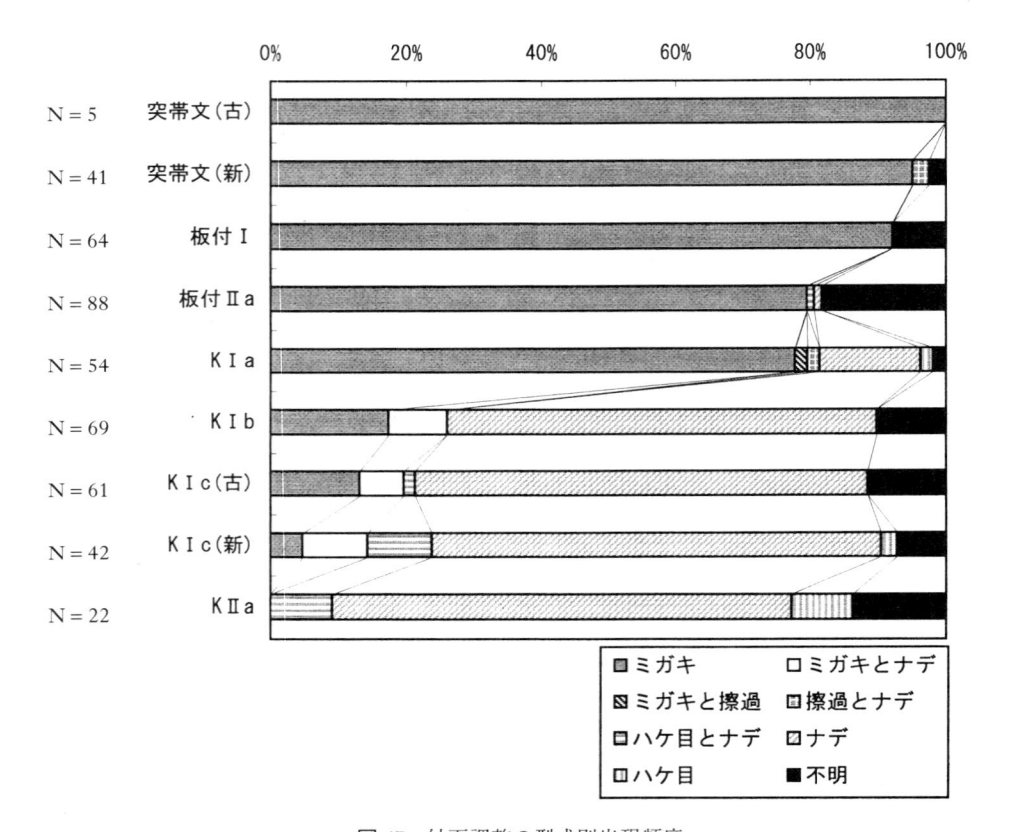

図47　外面調整の型式別出現頻度

　K Ia 式ではミガキの比率は変わらないものの（42例，77.8％），ナデの出現頻度に増加がみられる（8例，14.8％）。K Ib 式の段階になると外面調整の組成に大きな変化が生じる。ミガキの出現頻度が激減し（12例，17.4％），ナデが主体をしめるようになる（44例，63.8％）。
　K Ic (古) 式でもこの傾向が継続し，ミガキは全体の13.1％（8例）であるのに対して，ナデの出現頻度は67.2％（41例）と高い数値を示している。K Ic (新) 式ではさらにミガキの出現頻度が減少す

第1章　甕棺葬の成立過程

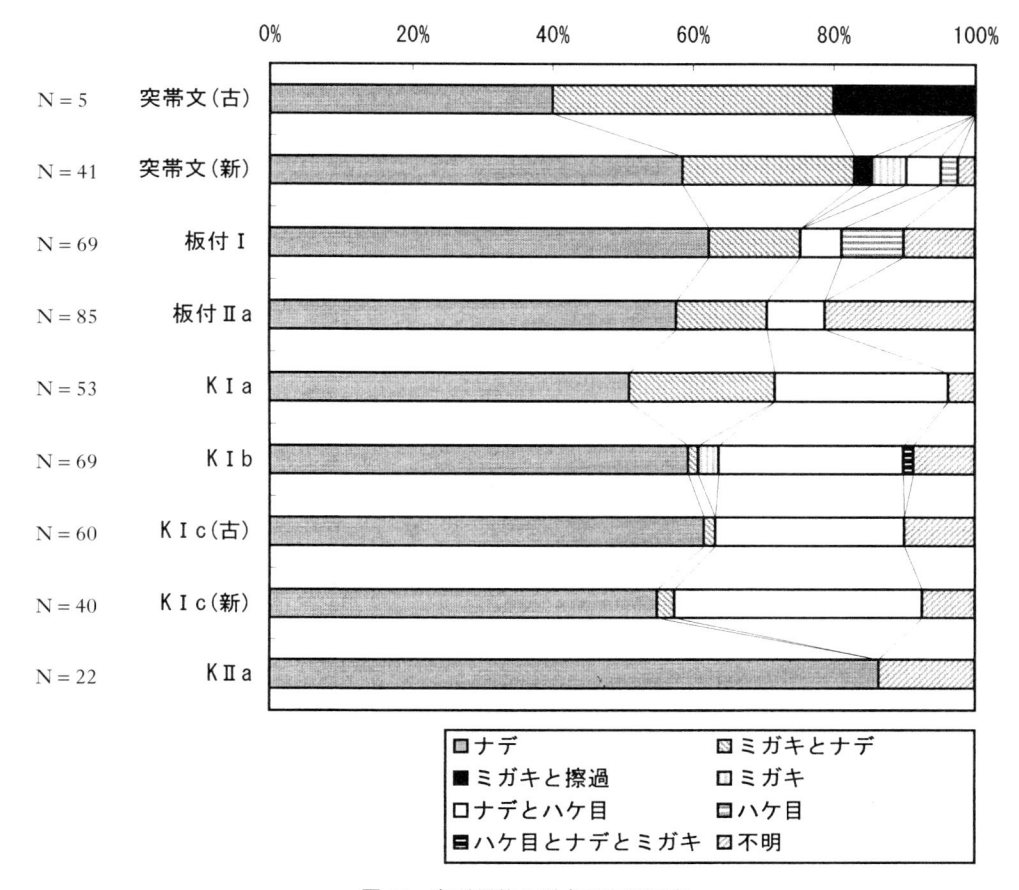

図48　内面調整の型式別出現頻度

るが（2例，4.8%），ナデの出現頻度はほとんど変化せず（28例，66.7%）ハケ目とナデが増加する（4例，9.5%）。

KⅡa式ではミガキはみられず，ナデが組成の中心をしめる点はKⅠb式，KⅠc（古）式，KⅠc（新）式と同様であるが（15例，68.2%），ハケ目（2例，9.1%），ハケ目とナデ（2例，9.1%）といったハケ目に関わる調整が増加している。

②　内面の調整

突帯文（古）式ではナデの出現頻度が40.0%（2例），ミガキとナデの出現頻度が40.0%（2例），ミガキと擦過の出現頻度が20.0%（1例）である。突帯文（新）式ではナデが24例（58.5%），ミガキとナデが10例（24.4%），ミガキと擦過が1例（2.4%），ミガキが2例（4.9%），ナデとハケ目が2例（4.9%），ハケ目1例（2.4%）で，ナデが全体の半数以上をしめるが，組成はバリエーションに富んでいる。

板付Ⅰ式ではナデが43例（62.3%），ミガキとナデが9例（13.0%），ナデとハケ目が4例（5.8%），ハケ目が6例（8.7%）みられる。やはりナデが組成の中心をしめており，その他の調整についても

大きな変化はみられない。板付IIa式でもナデが49例（57.6%）と全体の半分以上をしめ，その他のものはミガキとナデが11例（12.9%），ナデとハケ目が7例（8.2%）で大きな変化はみられないが，組成のバリエーションが少なくなる。

KIa式になるとナデとハケ目の出現頻度が24.5%（13例）とかなり増加する。その他の調整はナデが27例（50.9%），ミガキとナデが11例（20.8%）とあまり変化していない。KIb式ではミガキとナデの出現頻度が1.4%（1例）と大幅に減少する。その他の調整はナデが41例（59.4%），ミガキが2例（2.9%），ナデとハケ目が18例（26.1%），ハケ目とナデとミガキが1例（1.4%）である。

KIc（古）式ではナデが37例（61.7%），ミガキとナデが1例（1.7%），ナデとハケ目が16例（26.7%），KIc（新）式ではナデが22例（55.0%），ミガキとナデが1例（2.5%），ナデとハケ目が14例（35.0%）であり，KIb式とほとんど同じ傾向を示す。

KIIa式では内面の調整が確認できた19例（86.4%）すべてがナデである。

このような検討を通して，外面調整では古い型式でミガキが，新しい型式でナデやハケ目が多くみられるという傾向があることが明らかになった。この画期はKIa式とKIb式の間にあり，成人用の大型甕棺が成立する時期とほぼ一致する。突帯文（古）式から板付IIa式にかけての時期では，甕棺は日常土器の壺をそのまま使用しており，そのため外面調整も壺形土器で一般的なミガキが多くみられるのであるが，埋葬専用の甕棺として発達するKIa式以降の段階になるとナデやハケ目が多くなってくる。甕棺の形状のみならず外面調整の点からも"壺棺"から"甕棺"への変化をみて取ることができるといえる。

内面調整はすべての型式でナデが組成の主体をしめており，外面調整のようにはっきりした型式間の差異をみいだすことはできないが，ここでも古い型式ではミガキとナデのようなミガキに関係する調整が多くみられるのに対して，新しい型式になるにしたがってナデとハケ目のようなナデあるいはハケ目に関係する調整が多くみられるという特徴が指摘できる。またその画期もやはりKIa式，KIb式期であり，埋葬専用の大型甕棺が成立する時期と一致する点が注目される。

穿孔の有無，穿孔の位置

穿孔の有無とその位置について検討を行う。穿孔が施された部位の区分は胴部中位（胴部最大径付近），胴部下半（胴部最大径よりも下位），底部である。結果は次の通りである（表31，図49）。

突帯文（古）・（新）式では，穿孔の出現頻度はともに20%台でほとんど同じである。穿孔が施された部位は，突帯文（古）式は胴部下半が1例（20.0%），突帯文（新）式は胴部中位が1例（2.4%）と胴部下半が8例（19.5%）である。

板付I式の段階になると穿孔の出現頻度が35.3%（24例）とやや増加する。穿孔された部位についてみてみると，胴部中位が6例（8.8%），胴部下半が18例（26.5%）で突帯文（古）・（新）式段階と比較して大きな差はみられない。板付IIa式では，穿孔の出現頻度は22.8%（21例）と再び20%台に減少する。穿孔された部位は胴部中位が4例（4.3%），胴部下半が17例（18.5%）で板付I式以前と同様の傾向を示し，大きな変化はみられない。

表 31 穿孔の有無と位置の型式別出現頻度

	なし	胴部上半	胴部中位	胴部中位, 下半	胴部下半	胴部下半, 底部	底部	不明
突帯文(古)	4				1			
突帯文(新)	29		1		8			3
板付 I	37		6		18			7
板付 IIa	63		4		17			8
KIa	26		2		16	1	3	5
KIb	25	1	6	2	21			11
KIc(古)	36				9			15
KIc(新)	34		2		2			6
KIIa	18				3			1

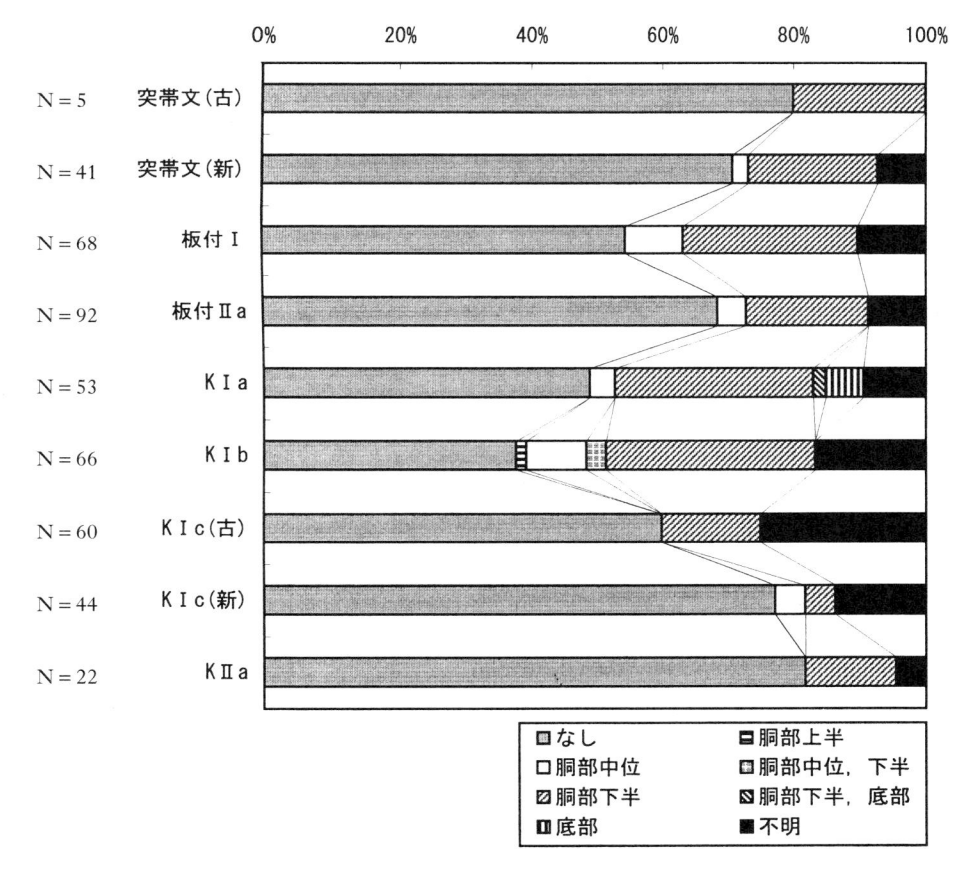

図 49 穿孔の有無とその位置の型式別出現頻度

 KIa 式の段階で穿孔の出現頻度は 41.5%(22 例)と大きな増加をみせる。穿孔が施された部位は，胴部中位が 2 例(3.8%)，胴部下半が 16 例(30.2%)，胴部下半と底部の 2 ヵ所に穿孔されたものが 1 例(1.9%)，底部が 3 例(5.7%)である。胴部下半に穿孔されたものが大半をしめるが，胴部下半とともに穿孔されたものも含めると底部に穿孔された例が 4 例(7.5%)みられる。KIb 式では

穿孔の出現頻度は 45.5%（30 例）に達し，全体の半数近くに穿孔が認められる。穿孔された部位は，胴部上半が 1 例（1.5%），胴部中位が 6 例（9.1%），胴部中位と胴部下半の 2 ヵ所に穿孔されたものが 2 例（3.0%），胴部下半が 21 例（31.8%）であり，やはり胴部下半に穿孔されたものが中心をなす。

　KIc（古）式の段階になると穿孔の出現頻度は 15.0%（9 例）と大幅に減少する。穿孔された部位は 9 例すべてが胴部下半である。KIc（新）式では穿孔の出現頻度はさらに減少して 9.1%（4 例）になる。穿孔された部位は胴部中位が 2 例（4.5%），胴部下半が 2 例（4.5%）である。

　KIIa 式の段階では，穿孔の出現頻度はやや増加して 13.6%（3 例）になるものの，KIc（新）式との間に有意差がみられるほどの増加ではない。穿孔部位は 3 例すべてが胴部下半である。

　以上の穿孔の有無と穿孔部位についての検討の結果，つぎのことが明らかになった。穿孔の出現頻度についてみてみると，突帯文(古)式から板付 IIa 式，すなわち突帯文期から弥生前期中葉の時期までは出現頻度はおおむね 20% 台で大きな変動はみられない。ところが KIa 式と KIb 式，前期中葉から後半の時期になると出現頻度が 40% 台と急増する。その後 KIc（古）式から KIIa 式，前期末から中期初頭にかけての時期になると出現頻度は 9〜15% 台と再び減少する。したがって，KIa 式と KIb 式の段階に他の時期との明確な相違がみられるといえるだろう。

　穿孔部位については，各型式とも胴部下半に穿孔したものが多数を占め，型式間にはっきりした違いをみいだすことはできないが，穿孔の出現頻度が増加する KIa 式，KIb 式には胴部上半や底部，あるいは胴部と底部のように 2 ヵ所に穿孔した例がみられ，穿孔部位のバリエーションが増えることが指摘できる。

塗布物

　甕棺は器表を丹塗りや黒塗りで，赤色，黒色に彩色する場合がある。ここでは甕棺の内・外面に塗られた顔料，また棺内に散布された顔料を 5 種類に分類した（表 32）。

　分析結果は表 33 と図 50 に示す通りである。甕棺の塗布物は時期ごとにはっきりした違いを示している。突帯文(古)式では，対象にした資料自体が少ないもののそのすべてに丹塗りが施されている。突帯文(新)式でも 70% 以上の個体に丹塗りがみられ，板付 I 式以降の段階と比べて丹塗りの出現頻度が際立って高い。また両方の型式で，認められる塗布物のすべてが丹塗りであることも注目される。

　板付 I 式の段階では何らかの塗布物が認められるものが全体の 40% 程度と急激に減少し，塗布

表 32　各種の塗布物

丹塗り	器表に赤色顔料を塗布したもの
黒塗り	器表に黒色顔料を塗布したもの。丹塗りのように全面に塗る場合と，縞状に塗る場合がある。
赤色顔料	ベンガラや水銀朱。棺内に散布する例がみられる。
彩文	器表に赤色顔料や黒色顔料で文様を描いたもの。
なし	器表への赤色顔料，黒色顔料の塗布がみられないもの。

第1章 甕棺葬の成立過程

表33 塗布物の型式別出現頻度

	丹塗り	黒塗り	丹塗り→黒塗り	表:丹塗り,内:黒塗り	彩文	赤色顔料	黒塗り・赤色顔料	なし	不明
突帯文(古)	5								
突帯文(新)	29							12	
板付 I	30	1			1			37	
板付 IIa	17	3						67	4
KIa	2	5						47	
KIb		19						49	3
KIc(古)		13				1		42	5
KIc(新)		2	1		3		2	35	
KIIa				1				20	1

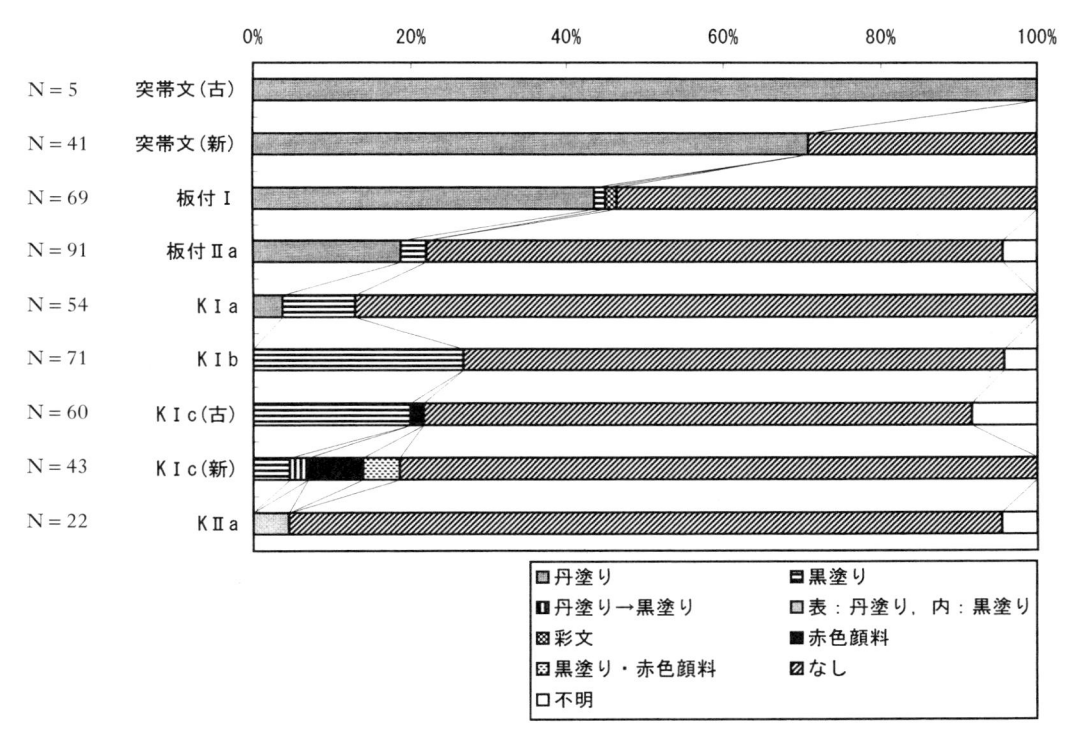

図50 塗布物の型式別出現頻度

物がみられないものが全体の半分以上をしめるようになる。塗布物はそのほとんどが丹塗りであるが，黒塗りや彩文もわずかに認められる。板付 IIa 式ではさらに塗布物の出現頻度が減少し 20% 台になる。塗布物の内容をみると，板付 I 式と同様そのほとんどが丹塗りであるが，黒塗りの比率が若干増加している。

KIa 式の段階でも塗布物の出現頻度は板付 IIa 式の段階と大差はないが（7 例，13.0%），塗布物の内容をみてみると，板付 I 式，板付 IIa 式と異なり，丹塗りよりも黒塗りの比率の方が高くなっている。KIb 式ではやや塗布物の出現頻度が増加するが（19 例，26.8%），基本的な傾向は KIa 式

から変わらないとみてよいだろう。

KIc（古）式も塗布物の出現頻度（13例，21.7%）にみられる基本的な傾向は KIb 式からほとんど変化しないといえる。また塗布物の内容にも大きな変化はみられず黒塗りが主体をしめるが，赤色顔料が1例認められる。KIc（新）式では塗布物の出現頻度（8例，18.6%）には KIa 式，KIb 式，KIc（古）式に比較して明確な差異は認められないが，塗布物の内容をみてみると黒塗り，黒塗り＋赤色顔料，赤色顔料，丹塗りの後に黒塗りを施したものと多様である。

KIIa 式の段階では，塗布物の出現頻度はさらに低くなり，外面が丹塗り，内面が黒塗りのものが一例みられるのみである。

以上甕棺の塗布物に対する検討を行ったが，まず塗布物の出現頻度からみると突帯文（新）式と板付Ⅰ式の間，板付Ⅰ式と板付Ⅱa 式の間，板付Ⅱa 式と KIa 式との間の3つの段階に画期が認められる。また塗布物の内容をみると突帯文（新）式と板付Ⅰ式の間，板付Ⅱa 式と KIa 式の間，KIc（古）式と KIc（新）式との間の3つの段階で画期がみられる。

したがって，全体的な傾向としては塗布物自体の減少が，また塗布物のなかでは丹塗りの減少と黒塗り，赤色顔料の増加が指摘できる。

上甕と下甕の器種

甕棺の上甕と下甕の器種の組み合わせには，壺＋壺，甕＋壺，鉢＋壺，甕棺＋甕棺，鉢＋甕棺，壺＋甕棺，単棺などのパターンがみられる。甕棺の器種分類は，埋葬専用の大型土器が成立する以前は，日常的に用いられる壺形土器が使用されているので壺，それ以降の段階のものは甕棺とする。これらの器種の組み合わせの出現頻度を型式ごとに検討した。その結果を表34と図51に示した。

突帯文（古）式では，組み合わせの形態には壺＋壺，甕＋壺，甕＋壺＋壺がみられる。突帯文（新）式では，壺＋壺，甕＋壺，甕＋壺＋壺，単棺が認められる。突帯文（古）式では，壺と壺の組み合わせ，甕と壺の組み合わせがそれぞれ1例ずつみられるが，突帯文（新）式では，甕と壺の組み合わせが全体の半数以上と高い比率をしめている。

板付Ⅰ式では，壺＋壺，甕＋壺，鉢＋壺，単棺がみられる。板付Ⅱa 式では，壺＋壺，甕＋壺，

表34 上甕と下甕の器種の型式別出現頻度

	壺＋壺	甕＋壺	鉢＋壺	甕＋壺＋壺	甕棺＋甕棺	鉢＋甕棺	壺＋甕棺	単棺	不明
突帯文（古）	1	1		1					2
突帯文（新）	10	18		1				2	
板付Ⅰ	23	1	10					2	7
板付Ⅱa	32	5	15					3	12
KIa					19	2	2	14	3
KIb					35	4		6	2
KIc（古）					33	1	2	4	1
KIc（新）					24		2	3	2
KIIa					13	1		1	

第1章 甕棺葬の成立過程

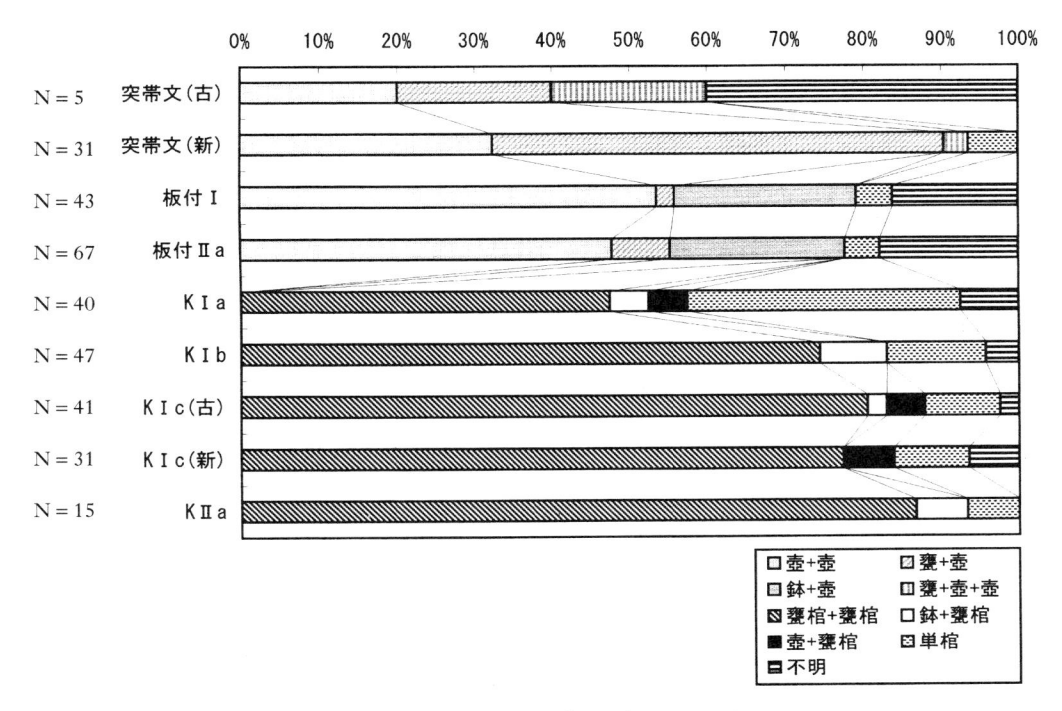

図51 上甕と下甕の器種の型式別出現頻度

鉢＋壺，単棺である。突帯文（新）式の段階と比較すると，甕と壺の組み合わせが減少し，鉢と壺の組み合わせが増加していることが指摘できる。

　KIa式で認められる器種の組み合わせは，甕棺＋甕棺，鉢＋甕棺，壺＋甕棺，単棺である。ここでは特に単棺の比率が高いことが注目される。KIb式での器種の組み合わせでは，甕棺＋甕棺，鉢＋甕棺，単棺がみられる。KIa式の段階と比較すると，単棺の比率が減少し甕棺同士の組み合わせが増加している。

　KIc（古）式でみられる上甕と下甕の器種は，甕棺＋甕棺，鉢＋甕棺，壺＋甕棺，単棺である。KIb式の段階との間に大きな変化はみられない。KIc（新）式の器種の組み合わせでは，甕棺＋甕棺，壺＋甕棺，単棺が確認できる。KIb式，KIc（古）式と同様の傾向を示す。

　KIIa式でみられる器種の組み合わせは，甕棺＋甕棺，鉢＋甕棺，単棺である。甕棺同士の組み合わせが全体の大半をしめている。

　このような甕棺の上甕と下甕の器種の検討から，以下のことが明らかになった。突帯文（古）式から板付IIa式の段階では，上甕と下甕の器種に壺，甕，鉢と様々な組み合わせがみられ，また三個体の土器の組み合わせも突帯文（古）式，突帯文（新）式でそれぞれ一例ずつ認められるなど，上甕と下甕の器種の組み合わせがそれほど定型化していない様子がうかがえる。KIa式では単棺の出現頻度が高いことが特徴的である。KIb式からKIIa式の段階では，甕棺同士の組み合わせの出現頻度が70〜80％台を示すのに対して，鉢や壺などの一般の土器と甕棺の組み合わせはあまりみられ

なくなる。

したがって成人用の甕棺が成立するKIa式以降の段階で，上甕，下甕ともに埋葬専用の土器である甕棺の使用が定着し，一般の土器である鉢や壺の上甕としての使用や単棺の比率が減少していったと思われる。

甕棺の組み合わせ方

甕棺の上甕，下甕の組み合わせ方には上甕が下甕に覆いかぶさる覆口式，上甕の口縁と下甕の口縁が接する形で組み合わされる接口式，上甕が下甕のなかに差し込まれる形で組み合わされる挿入式の三つの形態がある(図52)。ここでは甕棺の組み合わせ方が，各型式間でどのように変化していくのかを検討することにする(表35，図53)。

突帯文(古)・(新)式では組み合わせ方が判別できるものはすべて覆口式である。板付I式では組み合わせ方のほとんどは覆口式であるが(29例，76.3%)，接口式が1例みられる。後続する板付IIa式の段階でも覆口式と接口式がみられ，その比率は板付I式とほぼ同じである。

KIa式では覆口式の出現頻度は板付I式，板付IIa式とあまり変わらないが，接口式に加えて挿入式が認められる。KIb式の段階になると組み合わせ方の組成に変化があらわれる。覆口式の出現頻度が48.8%(20例)と大きく減少するのに対して，接口式，挿入式の出現頻度が増加する。

同様の傾向は続くKIc(古)式にも認められ，覆口式の出現頻度が45.7%，接口式の出現頻度が20.0%，挿入式の出現頻度が17.1%である。KIc(新)式では覆口式の出現頻度はほとんど変化しないが，接口式の出現頻度が増加し，挿入式はみられない。

KIIa式の段階でも基本的な傾向はKIc(新)式と同様で，覆口式の出現頻度が64.3%，接口式の出現頻度が35.7%である。

以上の分析結果から古い段階から新しい段階にかけて徐々に覆口式が減少し，挿入式，接口式が増加するという全体的な傾向がみられる。このような甕棺の組み合わせ方の変遷は，先に述べた甕棺の上甕と下甕の器種の変遷に関係していると考えられる。

古い型式で覆口式が多いのは，頸部のくびれが強い壺形土器を甕棺として使用するため，口頸部を打ち欠いて上甕を下甕に覆いかぶせるのが一般的であったことによると思われる。また鉢や甕などの一般の土器を上甕として使用することが多かったのも覆口式が多いことの一因であろう。これに対して新しい型式では，上甕，下甕ともに埋葬専用土器として発達した甕棺を使用することが一般的となり，さらに古い段階に比べて上甕の口径と下甕の口径がほぼ同じものを使用することが多くなるために接口式が増加すると思われる。

したがって甕棺の組み合わせ方の時期的な変遷は，上甕と下甕の器種の分析でも述べたように，甕棺がしだいに定型化していく過程を示しているといえるだろう。

外部施設

甕棺墓にともなう施設や構造としては支石墓，台石，石蓋，木蓋，標石があげられる(図54)。こ

第 1 章　甕棺葬の成立過程

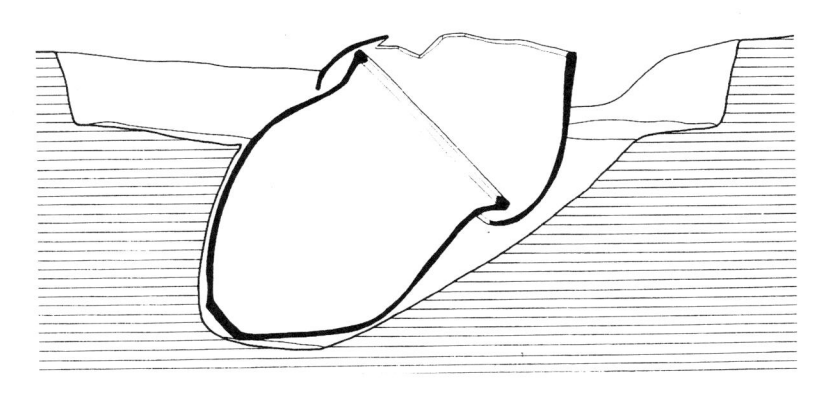

覆口式

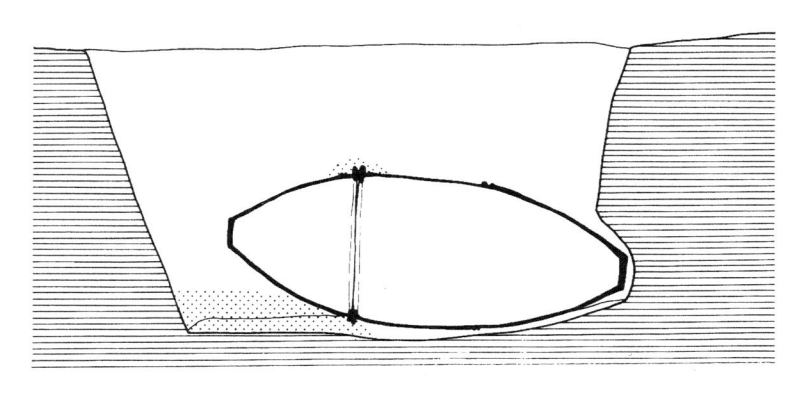

接口式

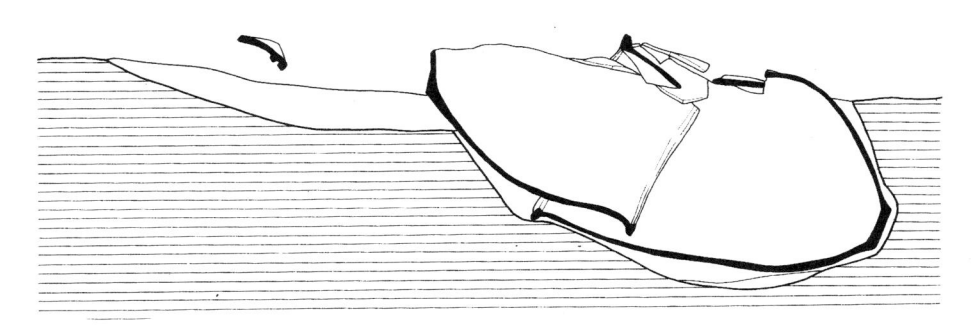

挿入式

図 52　甕棺の組み合わせ方

表35 甕棺の組み合わせ方の型式別出現頻度

	覆口式	接口式	挿入式	不明
突帯文(古)	3			2
突帯文(新)	26			3
板付 I	29	1		8
板付 IIa	46	2		15
KIa	20	1	2	3
KIb	20	7	9	5
KIc(古)	16	7	6	6
KIc(新)	13	13		2
KIIa	9	5		

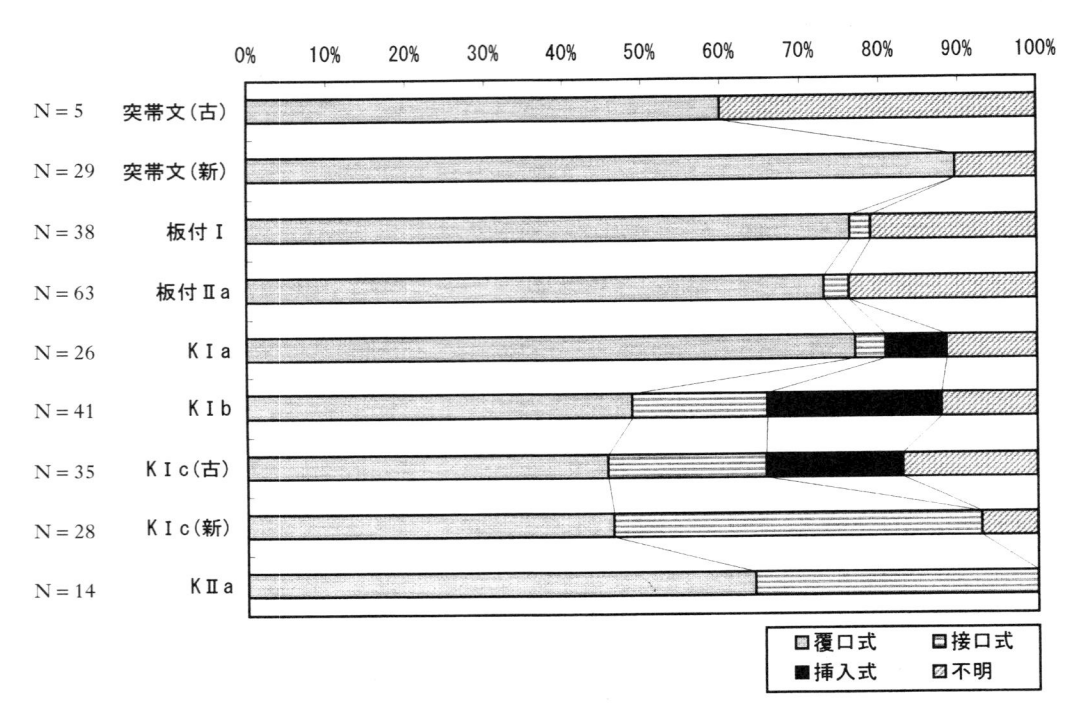

図53 甕棺の組み合わせ方の型式別出現頻度

こではこれらの外部施設を検討する。

　支石墓は弥生時代開始期に朝鮮半島から伝わった墓制であり，基本的には上石を4～6個の支石で支える構造をとる。また下部構造としては土壙，木棺，甕棺，箱式石棺などがみられる。出現当初の甕棺は単独で甕棺墓を構成することはあまりなく，支石墓の下部構造として用いられるのが一般的である。

　台石は甕棺墓の墓壙内に甕棺を安定させるために石を配置した構造を示す。「台石」という呼称については，必ずしも適切なものではなく当然異論もあるかと思われるが，このような構造について現在のところ定まった名称が与えられていないようなので，とりあえずこのように呼んでおく。

第1章　甕棺葬の成立過程　　　　　　　　　　　　　　　　　　　　69

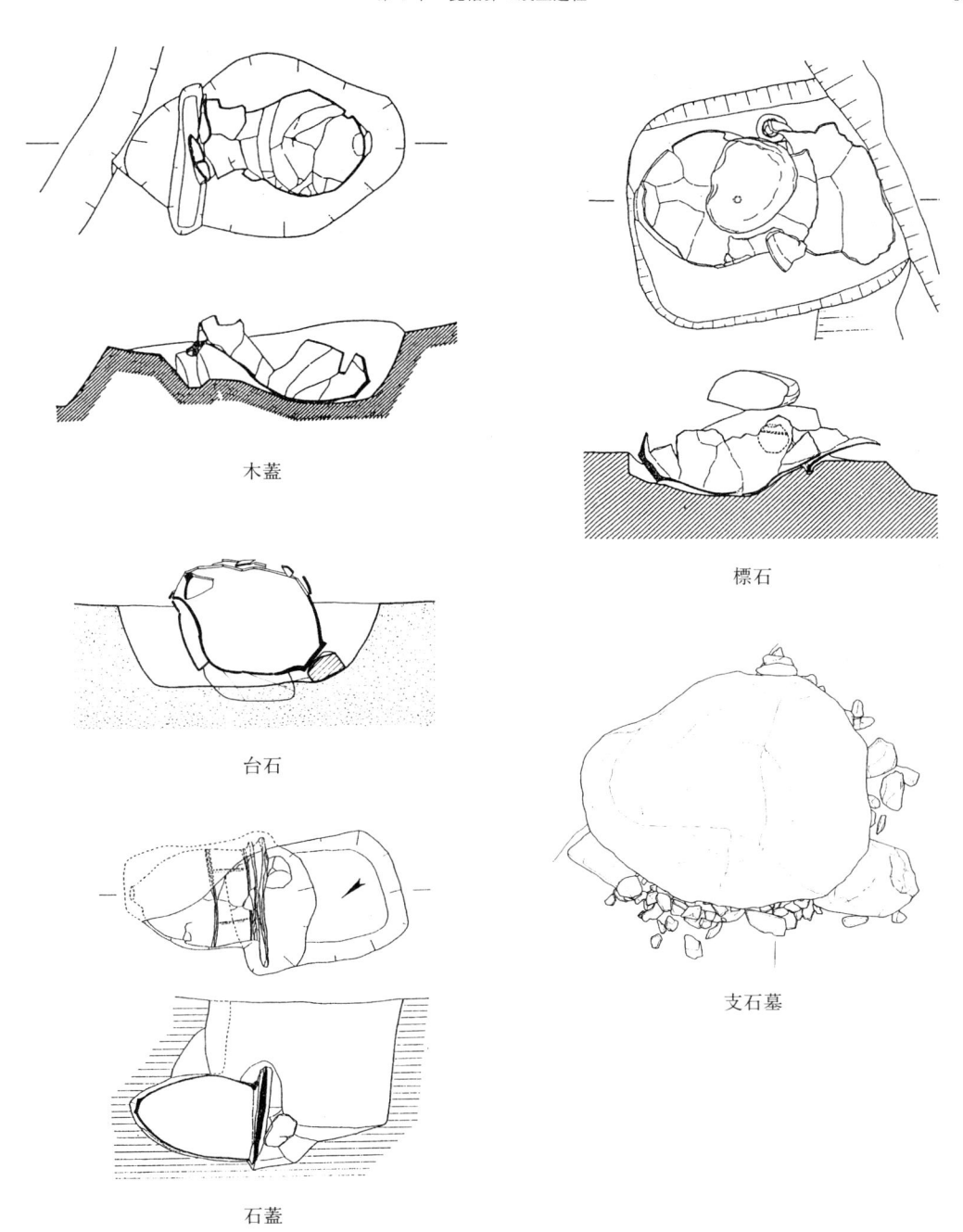

木蓋

標石

台石

石蓋

支石墓

図54　甕棺墓の外部施設

表36 外部施設の型式別出現頻度

	支石墓	台石	木蓋	石蓋	標石	底板	なし	不明
突帯文(古)	1	1					1	2
突帯文(新)	24	6					8	3
板付 I	1						52	15
板付 IIa		10					67	9
K Ia	3	8		2	2	1	32	2
K Ib		9			2		58	1
K Ic (古)		1	1		1		52	4
K Ic (新)					1		38	5
K IIa				1			19	2

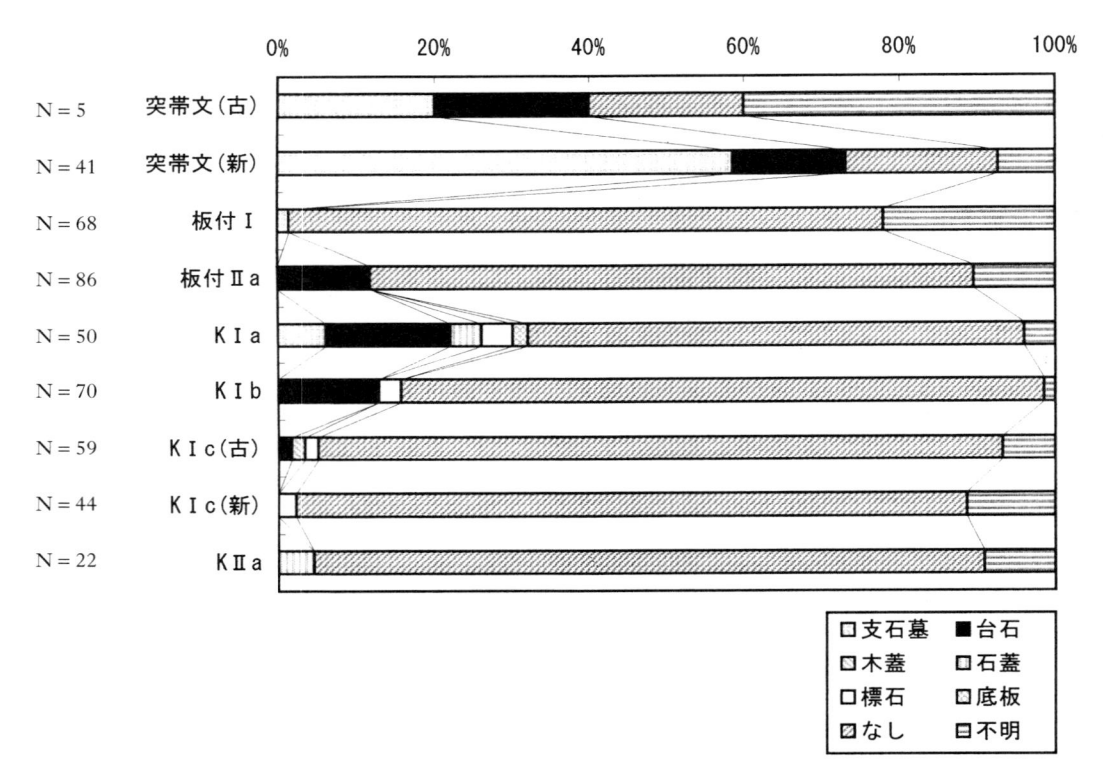

図55 外部施設の型式別出現頻度

　石蓋，木蓋は単棺の甕棺に石板や木の板で蓋をしたものである。本来単棺のほとんどが石蓋もしくは木蓋をともなっていたと考えられるが，木蓋については墓壙内に蓋を落とし込む掘込みが認められるもののみを分析の対象とした。標石は甕棺墓の墓標と考えられる石である。
　これらの外部施設の型式別の出現頻度を表36，図55に示した。
　突帯文(古)式では支石墓，台石がそれぞれ1例（20.0%）ずつみられる。突帯文(新)式では支石墓の出現率が58.5%と顕著である。台石の比率はあまり変化していない。板付I式では外部施設

は支石墓がわずかに1例（1.5%）認められるのみで，外部施設が確認できないものがほとんどをしめるようになる。この傾向は板付IIa式の段階でもみられ，台石が10例（11.6%）みられる以外は外部施設が認められない。

　KIa式でも板付I式，板付IIa式と同様外部施設をもたないものが大半をしめるが，支石墓，台石，石蓋，標石と確認できる外部施設のバリエーションが増す。また特殊な例であるが福岡県糸島郡大坪遺跡の13号甕棺墓では，倒置甕棺の底板として扉板が使用されている。KIb式では外部施設が存在しないものが全体の80%以上をしめるのに対して，台石の比率が12.9%，標石の比率が2.9%と外部施設の出現頻度が再び減少する。

　KIc（古）・（新）式，KIIa式でもこの傾向は変化せず，外部施設が存在しないものが全体の80%以上と高い比率を示す。確認された外部施設はKIc（古）式では台石，木蓋，標石がそれぞれ1例ずつ（1.7%），KIc（新）式では標石が1例（2.3%），KIIa式では石蓋が1例（4.5%）である。

　外部施設についての分析からはつぎのようなことが明らかになった。突帯文（古）・（新）式の段階を除くと，全体的に外部施設の存在を確認できるものが少ない。この傾向は新しい型式で特に顕著で，KIb式以降は外部施設をもたないものの比率が80%台と高い数値を示すようになる。

　しかし発掘によって外部施設が確認できなかった甕棺墓も，本来は何らかの外部施設をもっていた可能性が高いことを考慮する必要がある。例えば支石墓の上石や甕棺墓の標石は後世に動かされてなくなっていることが多いと考えられ，また木蓋はそのほとんどが腐朽してしまうので，墓壙内に掘込みが残っているというような場合でしかその存在を確定できない。したがって，本来はここで示された比率よりも高い割合で外部施設をもった甕棺墓が存在したと考えるべきであろう。

　しかしながら，確認された外部施設からもある程度の全体的な傾向を指摘することは可能である。特に突帯文（古）・（新）式で，支石墓の比率が高いことが注目される。このことは出現期の甕棺が基本的に支石墓の下部構造として使用されたことを示している。上石が除去されて支石墓とみなされていない甕棺墓の存在を考慮すると，この段階の甕棺の大多数が支石墓の下部構造であった可能性が強いといえる。

　弥生早期から前期中葉にかけて支石墓の分布の中心地域であった唐津，糸島地方，佐賀平野では，弥生前期後半になると支石墓はしだいにみられなくなり，甕棺葬が墓制の中心となる。それにともなって甕棺墓の外部施設は標石や石蓋，木蓋が多くなる。したがって外部施設のあり方からも，大型甕棺の成立と成人の甕棺への埋葬の一般化が認められる。

第4節　結　語

　以上の甕棺の型式学的分析を通してつぎのようなことが明らかになった。まず甕棺の法量についてみると突帯文（古）式の段階から一貫して大型化する傾向が認められる。

　甕棺の属性分析ではこれまでの編年研究でも甕棺の時期差の指標として用いられてきた口縁形態，底部形態，文様といった要素について型式間ではっきりとした差異を捉えることができ，これらの

属性の時期的変遷をあらためて確認することができた。

　さらに従来の研究ではあまり取りあげられることがなかった，打ち欠きの有無とその部位，塗布物についても数量的な分析を行った。打ち欠きについては古い段階，特に板付I式，板付IIa式で多くみられることが指摘できる。また塗布物については発生期の甕棺，とりわけ突帯文(古)・(新)式においては丹塗りの出現頻度が非常に高いのに対して，新しい型式の甕棺では黒塗りが増加し，また塗布物自体があまりみられなくなるという傾向を明らかにすることができた。

　これらの甕棺そのものの分析に加えて，甕棺の上甕・下甕の器種やその組み合わせ方，甕棺墓にともなう外部構造について検討を行った。その結果，甕棺の上甕・下甕の器種に関しては，新しい型式になるにしたがって鉢形土器や壺形土器のように異なった器種を使用することがしだいに減少し，埋葬専用の土器である甕棺同士を組み合わせるのが一般化する。

　また組み合わせ方についてみると覆口式が減少し，接口式，挿入式が増加するという変化をみることができ，甕棺葬の定型化と定着がうかがえる。このような甕棺の属性の分析結果を総合するとKIa式前後の段階に大きな画期を認めることができ，KIa式段階で成人の甕棺への埋葬が開始されるという橋口の指摘(橋口，1992a)を裏づける結果が得られた。

　甕棺の発生の問題を考える場合，埋葬に土器棺を使用するという習慣自体は縄文時代後晩期の埋甕に起源を求めることができる(坂本，1994)。ただし弥生中期以降に北部九州に広まる大型甕棺は，埋甕で一般的であった深鉢にかわって，新しく朝鮮半島から導入された器種である壺形土器から連続的に変化してきたものである。つまり甕棺の発生は，縄文晩期の墓制と朝鮮半島から渡来した文化要素の複合によるものとみることができる(松本，1997，2000)。

　弥生時代早期から前期中葉にかけての段階では，乳幼児は甕棺墓，成人は土壙墓・木棺墓という埋葬施設の区分が一般的であった。しかしながらこのような埋葬施設の区分は，KIa式段階以降，成人の甕棺への埋葬が開始されるようになるとはっきりしなくなるといえる。したがって，大型甕棺の成立過程は，甕棺発生以来の乳幼児と成人との埋葬施設の区分が一体化していく過程と捉えることもできるだろう。

第2章

壺形土器の製作技法にみられる地域性

はじめに

　土器はもっとも普遍的な出土遺物でありまた時間的，空間的な差異を明瞭に示すことから，考古学では頻繁に研究対象としてとりあげられてきた。日本における土器研究では編年研究とともに土器にあらわれる空間的な差異，すなわち地域性の抽出も盛んに行われている。近年では地域性の抽出は様式レベル，型式レベルから属性レベルへとさらに微細なものになりつつあり，それにともなって土器の地域性に付随するさまざまな問題のより詳細な議論も可能になってきている。土器の地域性の研究には大きく分けて，地域性の背景として直接的な人や土器の移動を想定した研究と，人や土器の移動を含めた情報の伝播を想定した研究の2つの大きな系統があるといえる。前者の代表的な研究例としては，土器の地域性の背景として"通婚圏"を想定した都出比呂志の研究が(都出，1983，1989)，後者の代表的な研究例としては上野佳也の研究(上野，1980，1983)や田中良之(田中，1982，田中・松永，1984)，山本典幸の研究(山本，2000)があげられる。北部九州の弥生時代開始期の土器については，春成秀爾(春成，1973，1990)，家根祥多(家根，1984，1993)，藤尾慎一郎(藤尾，1987a，1987b，1990)，橋口達也(橋口，1985)などが弥生土器の成立過程や地域性について議論しているが，その議論は渡来集団の影響を強調する見解と，縄文集団の主体性を強調する見解の2つの見解に分かれている。前者の見解をとる代表的な研究者は春成，家根であり，後者の見解をとる代表的な研究者は橋口である。春成，家根は板付I式の成立に朝鮮半島の無文土器の影響があると指摘し，それに対して橋口は板付I式は縄文時代晩期以来の縄文土器の系統に連なると考えることができるとしている。

　両者の見解は対立的なものであるが，この見解の相違は弥生土器の属性のうち無文土器から影響を受けているものと，縄文土器から影響を受けているもののどちらを重視するかという違いであるともいえる。しかしながら土器型式あるいは土器の属性の背景に縄文人あるいは渡来人という特定の集団を想定している点では両者とも共通している。

　このような土器の型式や属性の伝播の背景として人や土器の移動を考えている研究では，ある特定の土器型式または属性は特定の集団をあらわすと考えられ，土器の型式や属性の分布から人や土器の移動が復元可能であるという前提が，暗黙のうちになされたうえで議論が進められている。そしてこれらの研究ではこの前提の是非は問題にされずに，土器の属性の分布と集団の分布を重ね合

わせて議論を進めているのである。そしてこのような前提が問われることなしに，土器の地域性が直接的に具体的な集団の存在や移動に結び付けられている点が，現在の土器研究の問題点であると思われる。

　第2章では北部九州を中心とする地域の弥生時代開始期の土器，特に壺形土器にみられる地域性を分析対象として，土器の地域性が生じる過程をモデル化し考察を行うことにする。

　以下では土器の地域性から具体的な人の移動や集団関係を復元するよりは，むしろ地域性が生じる過程や地域性の様相が意味するものについての一般化を行いたい。

第1節　分析の対象と方法

　分析の対象にするのは，壺形土器の頸部の縦方向ミガキの出現頻度，壺形土器の頸部のミガキの方向と丹塗り，黒色磨研との相関についてである。壺形土器は器高と口径との関係をみると器高が30 cm，口径が20 cmを境にして小型と大型の2つのカテゴリーに分かれるといえる(図56)。対象とする地域は福岡・早良平野，唐津・糸島，佐賀平野である。弥生時代開始期の壺形土器のミガキの方向が，朝鮮半島の土器では縦方向，九州の土器では横方向と異なるということについては後藤直(後藤，1991)，中園聡(中園，1994)，平井勝(平井，1995)らが指摘しているが，小型壺，大型壺のそれぞれに対して上記の項目について検討し，地域性を抽出することを分析の目的とする。分析の対

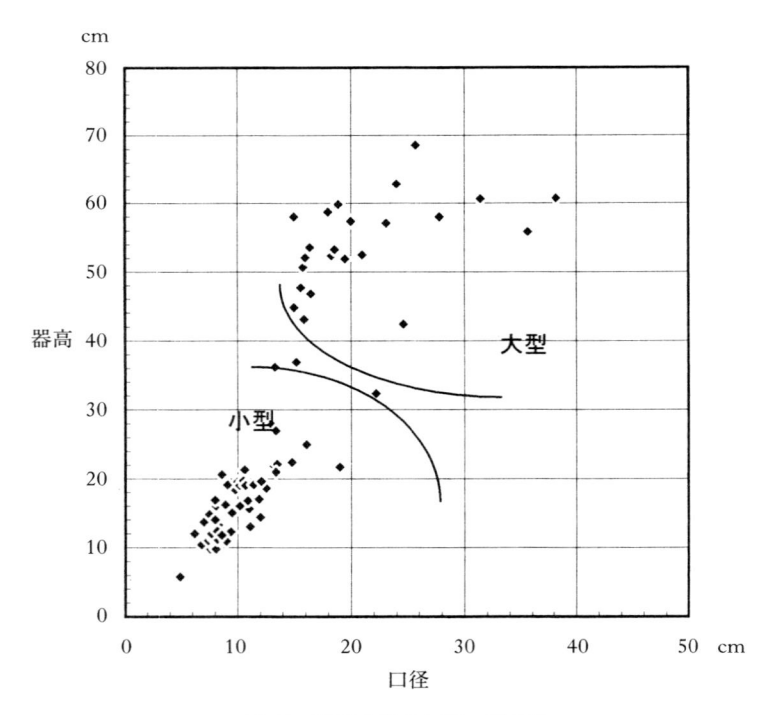

図56　壺形土器の口径・器高比

第 2 章　壺形土器の製作技法にみられる地域性

象にする壺形土器は福岡・早良平野では小型壺 82 点，大型壺 77 点，唐津・糸島では小型壺 77 点，大型壺 52 点，佐賀平野では小型壺 71 点，大型壺 35 点の計 394 点(小型壺 230 点，大型壺 164 点)である。

分析は小型壺，大型壺それぞれに対して，縦方向ミガキの出現頻度，縦方向ミガキと丹塗り磨研との相関，縦方向ミガキと黒色磨研との相関について行う。

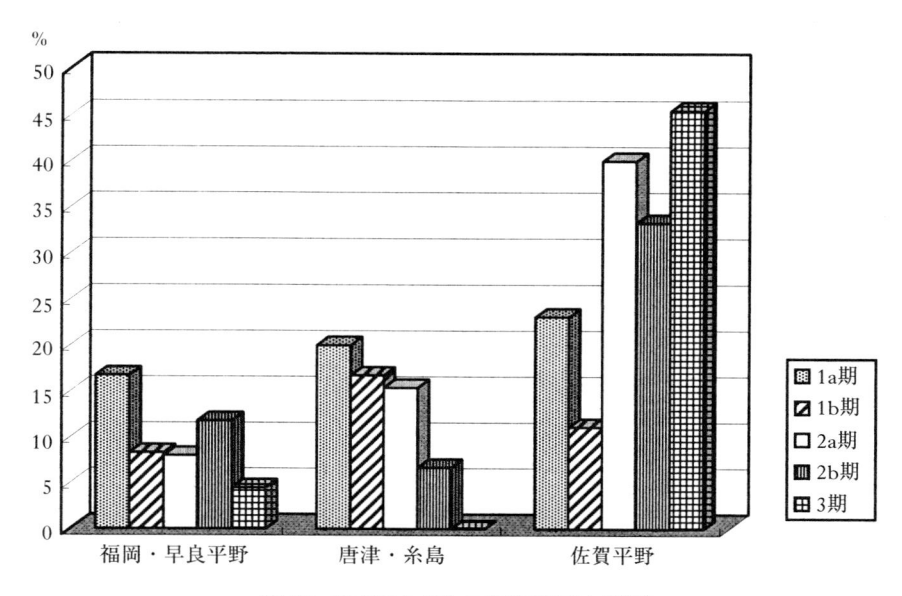

1. 縦方向ミガキの出現頻度(小型壺)

1a 期，1b 期，2a 期，2b 期，3 期の 5 段階で小型壺の縦方向ミガキの出現頻度が福岡・早良平野，唐津・糸島，佐賀平野の 3 地域でどのように変化するのかを確認することにする(表 37，図 57)。1 章で設定した土器型式との関係は，1a 期と 1b 期が突帯文(古)式に，2a 期と 2b 期が突帯文(新)式に，3 期が板付 I 式に相当する。

① 1a 期

縦方向ミガキの出現頻度は 3 つの地域すべてで 20% 前後であり，この段階では 3 地域間に明確

表 37　縦方向ミガキの出現頻度(小型壺)

	福岡・早良平野	唐津・糸島	佐賀平野
1a 期	1（ 6）16.7%	3（15）20.0%	3（13）23.1%
1b 期	1（12） 8.7%	2（12）16.7%	1（ 9）11.1%
2a 期	2（25） 8.0%	4（26）15.4%	6（15）40.0%
2b 期	2（17） 8.7%	1（15） 6.7%	4（12）33.3%
3 期	1（22） 4.5%	0（ 9） 0.0%	10（22）45.5%

図 57　縦方向ミガキの出現頻度(小型壺)

な地域差は生じていない。

② 1b期

3つの地域すべてで1a期よりも縦方向ミガキの出現頻度は低くなっている。また出現頻度には，地域間でいくらか差がみられるが，有意差が認められるほどのものではない。

③ 2a期

福岡・早良平野，唐津・糸島の玄界灘沿岸の2地域では1a期，1b期に引き続いて縦方向ミガキの出現頻度は低くなっているが，佐賀平野では出現頻度が40％に達し，1a期，1b期とはまったく異なる様相を示している。

④ 2b期

2a期と比較して縦方向ミガキの出現頻度は唐津・糸島，佐賀平野で低く，福岡・早良平野で高くなっている。ただし縦方向ミガキの出現頻度自体は佐賀平野が30％台であるのに対して，福岡・早良平野，唐津・糸島の2地域では6～11％台であり，玄界灘沿岸と佐賀平野との間に明確な地域差がみられる点は2a期と共通しており，全体的な傾向は変わらないといえる。

⑤ 3期

福岡・早良平野，唐津・糸島では2b期に比べて縦方向ミガキの出現頻度は低下しているが，佐賀平野では高くなり，ほぼ半数に縦方向ミガキが認められる。

以上の縦方向ミガキの出現頻度についての分析結果をまとめてみたい。福岡・早良平野，唐津・糸島の玄界灘沿岸の2地域では1a期～3期を通じて，多少の増減はあるものの縦方向ミガキの出現頻度はしだいに低下していく。つまりこの2地域では，出現期の壺にもっとも高い割合で縦方向ミガキがみられるということになる。それに対して佐賀平野では1a期，1b期は玄界灘沿岸の地域と同様の傾向を示すが，2a期以降は玄界灘沿岸地域とは逆に縦方向ミガキの出現頻度は高くなる傾向を示す。したがって縦方向ミガキの出現頻度からみた場合，この3地域間に地域差があらわれる画期は2a期にあるといえるだろう。

2. ミガキの方向と丹塗りの相関（小型壺）

2.1 縦方向ミガキと丹塗りの相関

① 1a期

唐津・糸島，佐賀平野では丹塗りで縦方向ミガキが施されたものがそれぞれ1個体ずつ存在し，両地域の間には縦方向ミガキと丹塗り磨研との関係に差はみられないが，福岡・早良平野では丹塗りで縦方向ミガキが施されているものが存在せず他の2地域とは異なった様相を示している。丹塗りの出現頻度には3地域間で顕著な差はないといえる。

② 1b期

唐津・糸島には丹塗りで縦方向ミガキを施したものが存在するが，福岡・早良平野，佐賀平野の2地域には存在しない。丹塗りの割合については1a期と同様3地域間で差はみられない。

③ 2a期

唐津・糸島，佐賀平野に丹塗りで縦方向ミガキが施されたものが存在し，福岡・早良平野には存在しないというパターンは1a期と同様である。丹塗りの出現頻度は佐賀平野で高く，唐津・糸島で低くなっている。

④ 2b期

2a期までの傾向とは異なって，福岡・早良平野，唐津・糸島の2地域では丹塗りで縦方向ミガキのものはみられないが，佐賀平野には存在するというパターンを示す。丹塗りの出現頻度は福岡・早良平野ではほぼ半減し，佐賀平野でも低くなっているが，唐津・糸島では高くなっている。

⑤ 3期

福岡・早良平野，唐津・糸島では丹塗りで縦方向ミガキのものはみられず，佐賀平野ではみられるという2b期と同じパターンを示す。丹塗りの出現頻度は3つの地域すべてで低くなっている。

以上の縦方向ミガキと丹塗りとの関係を検討した結果をまとめるならば，2b期以前と以降とで

表38　縦方向ミガキと丹塗りの相関(小型壺)

	福岡・早良平野		唐津・糸島		佐賀平野	
	縦ミガキ	縦ミガキで丹塗りのもの	縦ミガキ	縦ミガキで丹塗りのもの	縦ミガキ	縦ミガキで丹塗りのもの
1a期	1 (6)	0 (1) 0.0%	3 (15)	1 (3) 33.3%	3 (13)	1 (3) 33.3%
1b期	1 (12)	0 (1) 0.0%	2 (12)	2 (2) 100.0%	1 (9)	0 (1) 0.0%
2a期	2 (25)	0 (2) 0.0%	4 (26)	1 (4) 25.0%	6 (15)	1 (6) 16.7%
2b期	1 (17)	0 (1) 0.0%	1 (15)	0 (1) 0.0%	4 (12)	1 (4) 25.0%
3期	1 (22)	0 (1) 0.0%	0 (9)	0 (0) 0.0%	10 (22)	3 (10) 30.0%

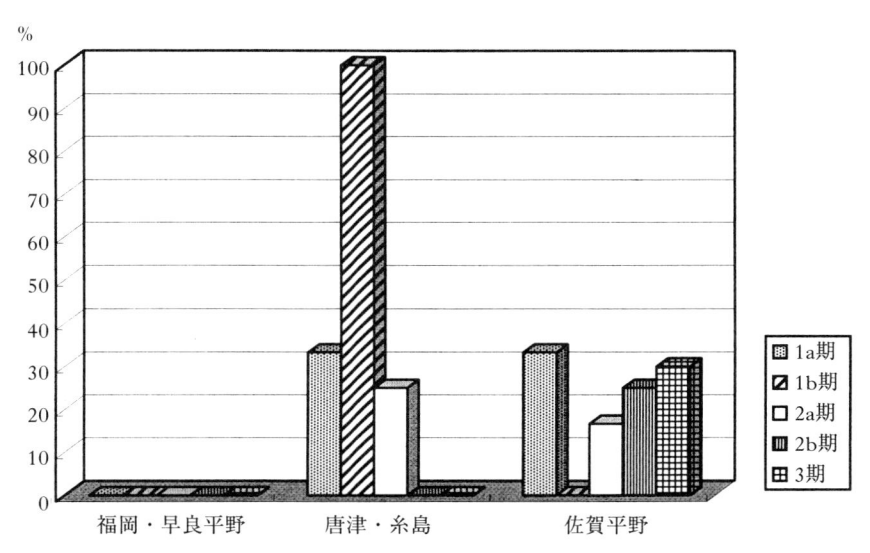

表58　縦方向ミガキと丹塗りの相関(小型壺)

縦方向ミガキと丹塗りとの関係が変化することが指摘できよう(表38, 図58)。佐賀平野の1b期が例外になるものの，おおまかにいって2b期以前は丹塗りで縦方向ミガキがみられないのは福岡・早良平野だけであったのが，2b期以降は唐津・糸島でも丹塗りで縦方向ミガキを施したものがみられなくなるという傾向がある。

したがって，縦方向ミガキと丹塗り磨研との関係でみた場合，2a期と2b期を境として玄界灘沿岸の2地域と佐賀平野との違いが明瞭化するといえる。

2.2 横方向ミガキと丹塗りの相関

① 1a期

横方向ミガキと丹塗りが組み合わせになる比率は，3地域のなかでは佐賀平野が一番高いが，他の2地域との間に有意差が認められるほどではなく，3地域の間に地域差はみられないといえる。

② 1b期

1a期と比較して福岡・早良平野，佐賀平野と唐津・糸島との間で横方向ミガキと丹塗りが組み

表39 横方向ミガキと丹塗りの相関(小型壺)

	福岡・早良平野		唐津・糸島		佐賀平野	
	横ミガキ	横ミガキで丹塗りのもの	横ミガキ	横ミガキで丹塗りのもの	横ミガキ	横ミガキで丹塗りのもの
1a期	6 (6)	2 (6) 33.3%	11 (15)	3 (11) 27.3%	10 (13)	4 (10) 40.0%
1b期	10 (12)	4 (10) 40.0%	10 (12)	2 (10) 20.0%	8 (9)	3 (8) 37.5%
2a期	23 (25)	7 (23) 30.4%	21 (26)	4 (21) 19.0%	9 (15)	6 (9) 66.7%
2b期	15 (17)	3 (15) 20.0%	14 (15)	4 (14) 28.6%	8 (12)	4 (8) 50.0%
3期	21 (22)	3 (21) 14.3%	9 (9)	1 (9) 11.1%	10 (22)	2 (10) 20.0%

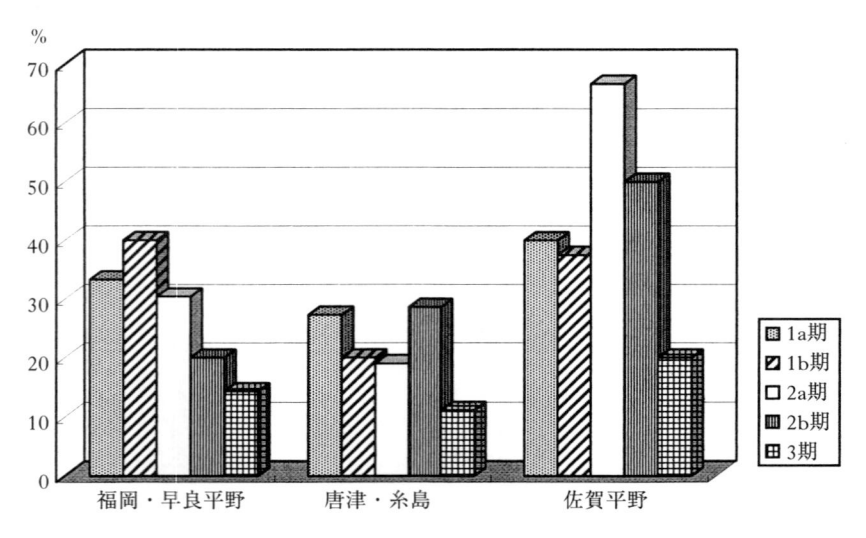

図59 横方向ミガキと丹塗りの相関(小型壺)

第 2 章 壺形土器の製作技法にみられる地域性

合わせになる比率に差がみられ，唐津・糸島と他の2地域の間にいくらか地域差がある。

③ 2a 期

横方向ミガキと丹塗りが組み合わせになる比率は福岡・早良平野，唐津・糸島では低下するか1b期とほぼ同じであるが，佐賀平野では激増しており，玄界灘沿岸の2地域と佐賀平野との間に地域差がみられる。

④ 2b 期

横方向ミガキと丹塗りが組み合わせになる比率は，福岡・早良平野と佐賀平野では低下するのに対して唐津・糸島では増加しているが，組み合わせの比率からみると，2a 期と同様に玄界灘沿岸の地域と佐賀平野との間に地域差を認めることができる。

⑤ 3 期

3地域すべてで横方向ミガキと丹塗りが組み合わせになる比率は低下しており，顕著な差はみられない。したがって3地域間に地域差はみられないといえる。

横方向ミガキと丹塗りの相関について検討した結果，地域性が生じる画期は，佐賀平野で横方向ミガキと丹塗りが組み合う割合が増加する2a期と，すべての地域でその比率が低下する3期にあることが明らかになった(表39，図59)。ミガキの方向と丹塗りの相関では，丹塗りは縦方向ミガキよりも横方向ミガキと組み合わせになる傾向が強く，1a期の段階ですでにプロトタイプの丹塗り磨研小壺に変容が加えられているといえる。また3期になると丹塗り自体が少なくなる傾向が認められる。

3. ミガキの方向と黒色磨研の相関（小型壺）

3.1 縦方向ミガキと黒色磨研の相関

① 1a 期

唐津・糸島では黒色磨研で縦方向ミガキを施したものは存在しないが，佐賀平野には存在する。福岡・早良平野には黒色磨研，縦ミガキ自体が存在しない。黒色磨研の出現頻度は唐津・糸島で高いことが注目される。

② 1b 期

唐津・糸島，佐賀平野の両地域で黒色磨研で縦方向ミガキを施したものは存在しない。福岡・早良平野には黒色磨研，縦ミガキのいずれも存在しないという点は1a期と同様である。

③ 2a 期

唐津・糸島，佐賀平野では黒色磨研で縦方向ミガキを施したものがみられるが，福岡・早良平野ではみられない。唐津・糸島で黒色磨研の出現頻度が大幅に高くなっている点が注目される。

④ 2b 期

福岡・早良平野，佐賀平野の両地域では黒色磨研で縦方向ミガキのものはみられず，唐津・糸島でのみ認められる。

表40　縦方向ミガキと黒色磨研の相関(小型壺)

	福岡・早良平野		唐津・糸島		佐賀平野	
	縦ミガキ	縦ミガキで黒色磨研のもの	縦ミガキ	縦ミガキで黒色磨研のもの	縦ミガキ	縦ミガキで黒色磨研のもの
1a期	0 (6)	0 (0)　0.0%	3 (15)	0 (3)　　0.0%	3 (13)	1 (3) 33.3%
1b期	0 (12)	0 (0)　0.0%	2 (12)	0 (2)　　0.0%	1 (9)	0 (1)　0.0%
2a期	2 (25)	0 (2)　0.0%	4 (26)	3 (4)　 75.0%	6 (15)	1 (6) 16.7%
2b期	1 (17)	0 (1)　0.0%	1 (15)	1 (1) 100.0%	4 (12)	0 (4)　0.0%
3期	1 (22)	0 (1)　0.0%	0 (9)	0 (0)　　0.0%	10 (22)	1 (10) 10.0%

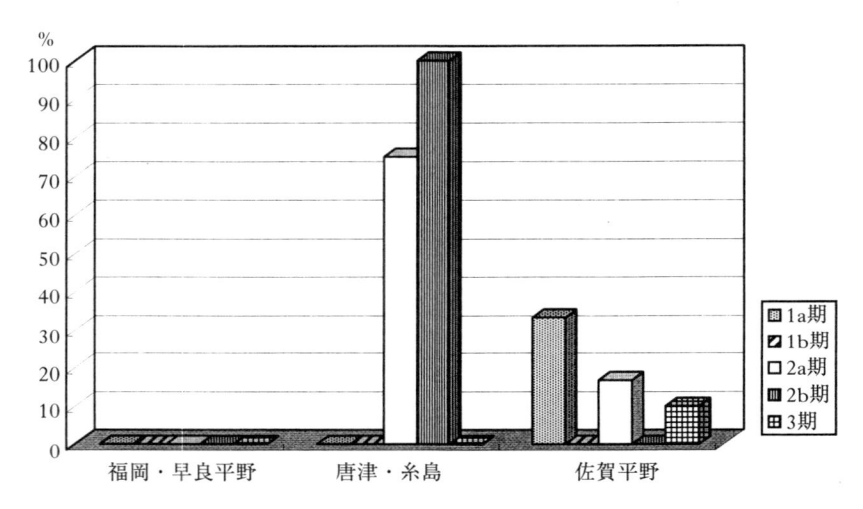

図60　縦方向ミガキと黒色磨研の相関(小型壺)

⑤　3期

　福岡・早良平野，唐津・糸島では黒色磨研で縦方向ミガキのものはみられず，佐賀平野でのみみられる。

　縦方向ミガキと黒色磨研との関係について検討した結果(表40，図60)をまとめるならば，福岡・早良平野では黒色磨研と縦方向ミガキが組み合わせになることはない。それに対して唐津・糸島，佐賀平野では縦方向ミガキと黒色磨研の組み合わせが存在する。とくに2a，2b期の唐津・糸島はかなり高い頻度で縦方向ミガキと黒色磨研が組み合わせになっており，唐津・糸島と他の2地域の間に地域差がみられるが，2a，2b期以外の時期にははっきりとした地域差を抽出することはできない。唐津・糸島は黒色磨研の比率が他の地域と比較してかなり高く，このことが唐津・糸島と他の2地域の間に地域差が生じる原因になっていると考えられる(表41，図61)。

第 2 章　壺形土器の製作技法にみられる地域性　　　　　　　　　　　　　　　　　　　　81

表 41　黒色磨研の比率(小型壺)

	福岡・早良平野	唐津・糸島	佐賀平野
1a 期	0（ 6）　0.0%	5（15）33.3%	2（13）15.4%
1b 期	0（12）　0.0%	3（12）25.0%	1（ 9）11.1%
2a 期	1（25）　4.0%	14（26）53.8%	2（15）13.3%
2b 期	3（17）17.6%	4（15）26.7%	0（12）　0.0%
3 期	1（22）　4.5%	3（ 9）33.3%	1（22）　4.5%

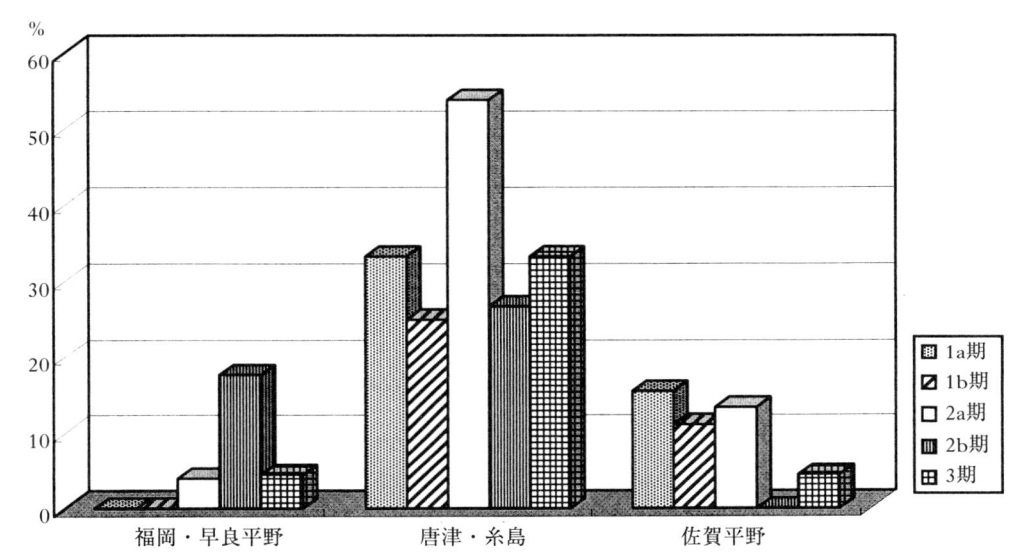

図 61　黒色磨研の比率(小型壺)

3.2　横方向ミガキと黒色磨研の相関

① 1a 期

　福岡・早良平野，佐賀平野では横方向ミガキと黒色磨研が組み合わせになる割合は低いが唐津・糸島ではかなり高く，唐津・糸島とそれ以外の 2 地域の間にはっきりとした地域差があらわれている。

② 1b 期

　1a 期と同じように横方向ミガキと黒色磨研が組み合わせになる比率に，福岡・早良平野および佐賀平野と唐津・糸島との間に地域差がみられる。

③ 2a 期

　福岡・早良平野，佐賀平野と唐津・糸島との間に地域差がある点は 1a，1b 期と変わらないが，唐津・糸島で横方向ミガキと黒色磨研が組み合わせになる比率はさらに高くなる。

④ 2b 期

　福岡・早良平野で横方向ミガキと黒色磨研が組み合わせになる比率が高くなるのに対して，唐津・糸島では低くなりこの 2 地域での比率は同程度になる。一方佐賀平野ではこの比率が低くなる

表42 横方向ミガキと黒色磨研の相関(小型壺)

	福岡・早良平野		唐津・糸島		佐賀平野	
	横ミガキ	横ミガキで黒色磨研のもの	横ミガキ	横ミガキで黒色磨研のもの	横ミガキ	横ミガキで黒色磨研のもの
1a期	6(6)	0(6) 0.0%	11(15)	5(11) 45.5%	10(13)	1(10) 10.0%
1b期	10(12)	0(10) 0.0%	10(12)	3(10) 30.0%	8(9)	1(8) 12.5%
2a期	23(25)	1(23) 4.3%	21(26)	11(21) 52.4%	9(15)	1(9) 11.1%
2b期	15(17)	3(15) 20.0%	14(15)	3(14) 21.4%	8(12)	0(8) 0.0%
3期	21(22)	1(21) 4.8%	9(9)	3(9) 33.3%	10(22)	0(10) 0.0%

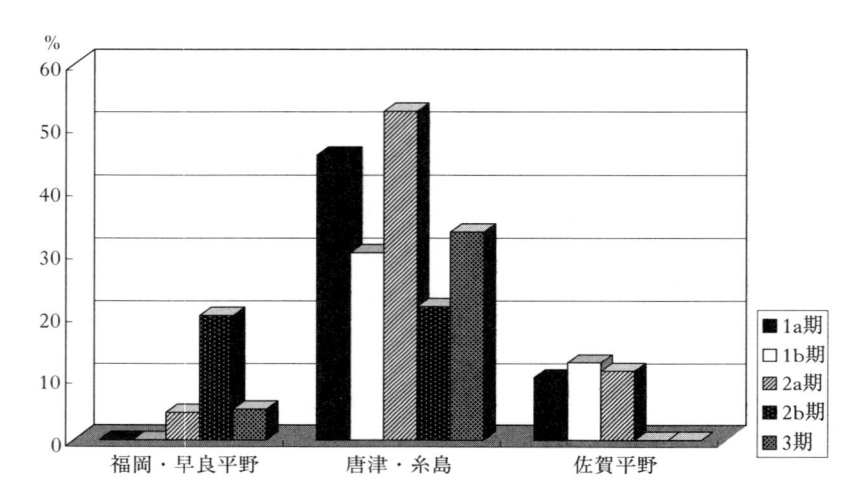

図62 横方向ミガキと黒色磨研の相関(小型壺)

ため,玄界灘沿岸の2地域と佐賀平野との間に地域差がみられる。

⑤ 3期

　福岡・早良平野では横方向ミガキと黒色磨研が組み合わせになる比率が低くなるが,唐津・糸島では高くなり,唐津・糸島と他の2地域の間に地域差がみられるという1a～2a期のパターンに戻る。

　横方向ミガキと黒色磨研との相関についての分析では2b期をのぞいては,唐津・糸島とその他の2地域との間に地域差がみられるということが明らかになった(表42,図62)。これは縦方向ミガキと黒色磨研の相関についての場合と同様に,唐津・糸島ではもともと黒色磨研のしめる割合が高いことが関係していると思われる。しかしながら,横方向ミガキの場合は,縦方向ミガキよりも黒色磨研と組み合わせになる比率が高いという点で違いがみられる。

4. 縦方向ミガキの出現頻度（大型壺）

① 1期

福岡・早良平野での出現頻度が一番高く，唐津・糸島と佐賀平野の間には出現頻度に大きな差はみられない。

② 2a期

福岡・早良平野では出現頻度にそれほどの差はみられないが，唐津・糸島，佐賀平野では出現頻度が高くなる。とくに佐賀平野では出現頻度が急激に高くなっている。

③ 2b期

福岡・早良平野では出現頻度は低くなるものの，唐津・糸島ではやや高くなり，佐賀平野では変化がみられず高い割合を保っている。

④ 3期

福岡・早良平野，唐津・糸島では出現頻度は激減して縦方向ミガキはほとんどみられなくなるが，佐賀平野では逆に出現頻度がさらに高くなる。

表43　縦方向ミガキの出現頻度（大型壺）

	福岡・早良平野	唐津・糸島	佐賀平野
1期	5（21）23.8%	2（18）11.1%	1（ 8）14.3%
2a期	4（20）20.0%	3（17）17.6%	4（ 9）44.4%
2b期	1（ 8）12.5%	2（ 8）25.0%	4（ 6）66.7%
3期	1（28） 3.6%	0（ 9） 0.0%	8（12）66.7%

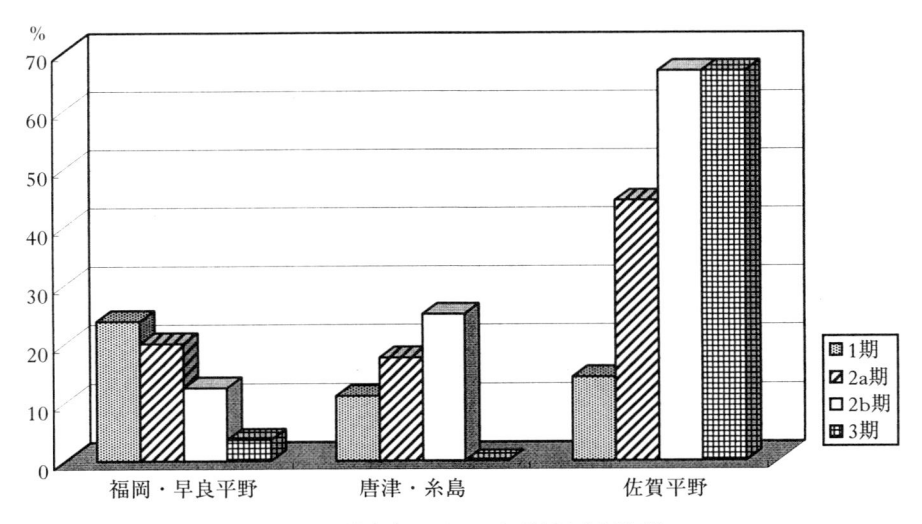

図63　縦方向ミガキの出現頻度（大型壺）

大型壺の縦方向ミガキの出現頻度にも 3 地域間に地域差がみられる(表 43, 図 63)。福岡・早良平野では小型壺の場合と同じように，時間の経過とともに縦方向ミガキの出現頻度は低下していく。佐賀平野も小型壺と同様の傾向，すなわち時間の経過とともに縦方向ミガキの出現頻度が増加していくという福岡・早良平野と逆の傾向を示している。しかしながら唐津・糸島では，1～2b 期までは縦方向ミガキが増加するが 3 期に激減するという小型壺とは異なる傾向を示している。資料数が少ないために単純な比較をするのは問題があるかもしれないが，佐賀平野では 2a 期から縦方向ミガキの割合が急激に高くなっており，玄界灘沿岸の 2 地域ときわだった違いを示している。福岡・早良平野，唐津・糸島で 3 期に縦方向ミガキがまったくみられなくなるのは，板付 I 式の大型壺が出現することによるものであり，大型壺でも小型壺と同様に，縦方向ミガキと板付 I 式は排他的な関係にあるといえる。大型壺の縦方向ミガキの出現頻度では 1～2b 期では福岡・早良平野と唐津・糸島，佐賀平野との間に地域差がみられる。佐賀平野では変化の傾向は唐津・糸島と同じであるが，縦方向ミガキの出現頻度には大きな差がある。唐津・糸島での縦方向ミガキの比率はむしろ福岡・早良平野と同程度である。つまり 1～2b 期には福岡・早良平野，唐津・糸島，佐賀平野の 3 地域間で，それぞれ異なった地域性があらわれているといえる。3 期になると福岡・早良平野，唐津・糸島が同じ様相を示し，佐賀平野と玄界灘沿岸地域との間に小型壺の場合と同様の明瞭な地域差があらわれる。したがって板付 I 式が成立する 3 期に大きな画期が見いだされる。

5. ミガキの方向と丹塗り磨研の相関(大型壺)

5.1 縦方向ミガキと丹塗りの相関

① 1 期

3 つの地域すべてで，縦方向ミガキのものには必ず丹塗りが施されており，地域差はみられない。

② 2a 期

3 地域とも縦方向ミガキと丹塗りは高い比率で組み合わせになっており，1 期と同様に地域間で差はみられない。

③ 2b 期

1 期，2a 期と同様，縦方向ミガキと丹塗りが高い比率で組み合わせになる傾向がみられるが，福岡・早良平野とその他の 2 地域の間には縦方向ミガキと丹塗りが組み合わせになる比率に差がみられる。

④ 3 期

福岡・早良平野，唐津・糸島では縦方向ミガキで丹塗りを施したものはみられない。佐賀平野では高い頻度で縦方向ミガキと丹塗りが組み合わせになり，玄界灘沿岸の地域と佐賀平野との間に地域差がみられる。

以上の大型壺での縦方向ミガキと丹塗りの相関についての分析をまとめると，大型壺では縦方向ミガキと丹塗りが組み合わせになる比率は，小型壺と比較してかなり高い(表 44, 図 64)。1～2b 期

表44 縦方向ミガキと丹塗りの相関(大型壺)

	福岡・早良平野		唐津・糸島		佐賀平野	
	縦ミガキ	縦ミガキで丹塗りのもの	縦ミガキ	縦ミガキで丹塗りのもの	縦ミガキ	縦ミガキで丹塗りのもの
1期	5 (21)	5 (5) 100.0%	2 (18)	2 (2) 100.0%	1 (8)	1 (1) 100.0%
2a期	4 (20)	3 (4) 75.0%	3 (17)	2 (3) 66.7%	4 (9)	2 (4) 50.0%
2b期	1 (8)	1 (1) 100.0%	2 (8)	1 (2) 50.0%	4 (6)	2 (4) 50.0%
3期	1 (28)	0 (1) 0.0%	0 (9)	0 (0) 0.0%	8 (12)	6 (8) 75.0%

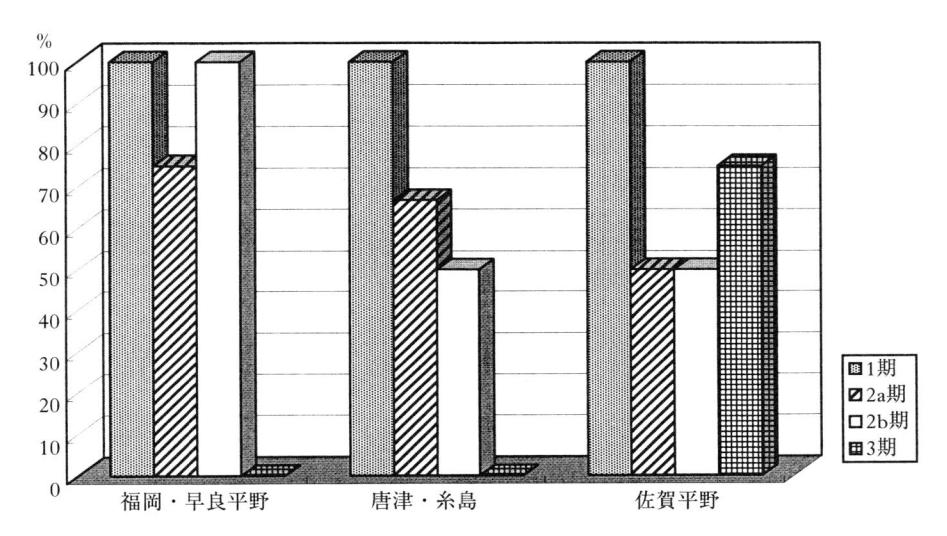

図64 縦方向ミガキと丹塗りの相関(大型壺)

では,縦方向ミガキと丹塗りが組み合わせになる比率で3地域間に明確な差はみられない。はっきりとした地域差があらわれるのは3期からである。3期になると福岡・早良平野,唐津・糸島では縦方向ミガキと丹塗りの組み合わせがみられなくなるのに対して,佐賀平野では3期以前と同様にかなり高い比率で縦方向ミガキと丹塗りが組み合わせになっている。このような地域差は3期の玄界灘沿岸地域には縦方向ミガキがほとんど存在しないことによるものであり,そのため板付Ⅰ式が成立する3期に地域差が生じると考えられる。

5.2 横方向ミガキと丹塗りの相関

① 1期

3つの地域すべてで横方向ミガキと丹塗りは高い比率で組み合わせになり,地域間で差はみられない。

② 2a期

福岡・早良平野,唐津・糸島で横方向ミガキと丹塗りが組み合わせになる比率が低くなるが,佐

賀平野との間に有意差が認められるほどではなく，3地域間に地域差はみられない。

③ 2b期

佐賀平野で横方向ミガキと丹塗りが組み合わせにならなくなるのに対して福岡・早良平野，唐津・糸島ではその比率が高く，玄界灘沿岸の地域と佐賀平野の間に地域差がみられる。

④ 3期

福岡・早良平野，唐津・糸島で横方向ミガキと丹塗りが組み合わせになる比率が低下するのに対して，佐賀平野では組み合わせになる比率は高く，福岡・早良平野，唐津・糸島と佐賀平野との間に地域差がある。

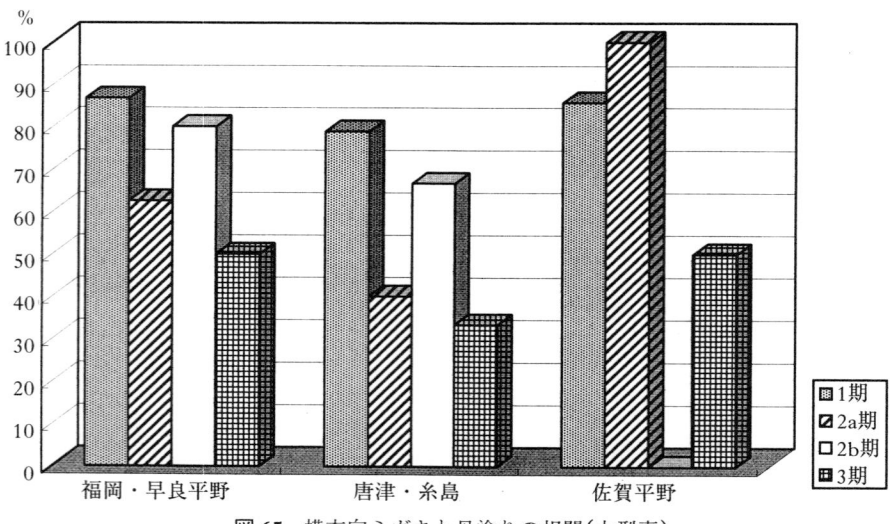

横方向ミガキと丹塗りの相関についての分析では，1期と2a期ではすべての地域で横方向ミガキと丹塗りは高い割合で組み合わせになっており，地域差は生じていない。2b期と3期には地域差がみられるが，全体の傾向として横ミガキと丹塗りは高い比率で組み合わせになっており，縦方向ミガキと同じ傾向を示している（表45，図65）。

表45 横方向ミガキと丹塗りの相関（大型壺）

	福岡・早良平野		唐津・糸島		佐賀平野	
	横ミガキ	横ミガキで丹塗りのもの	横ミガキ	横ミガキで丹塗りのもの	横ミガキ	横ミガキで丹塗りのもの
1期	15（21）	13（15） 86.7%	19（26）	15（19） 78.9%	7（8）	6（7） 85.7%
2a期	10（20）	10（16） 62.5%	5（9）	2（5） 40.0%	3（9）	3（3） 100.0%
2b期	5（8）	4（5） 80.0%	6（8）	4（6） 66.7%	2（6）	0（2） 0.0%
3期	26（28）	13（26） 50.0%	9（9）	3（9） 33.3%	4（12）	2（4） 50.0%

図65 横方向ミガキと丹塗りの相関（大型壺）

表46 丹塗りの比率(大型壺)

	福岡・早良平野	唐津・糸島	佐賀平野
1期	90.5%	69.2%	87.5%
2a期	65.0%	44.4%	66.7%
2b期	87.5%	62.5%	33.3%
3期	46.4%	33.3%	66.7%

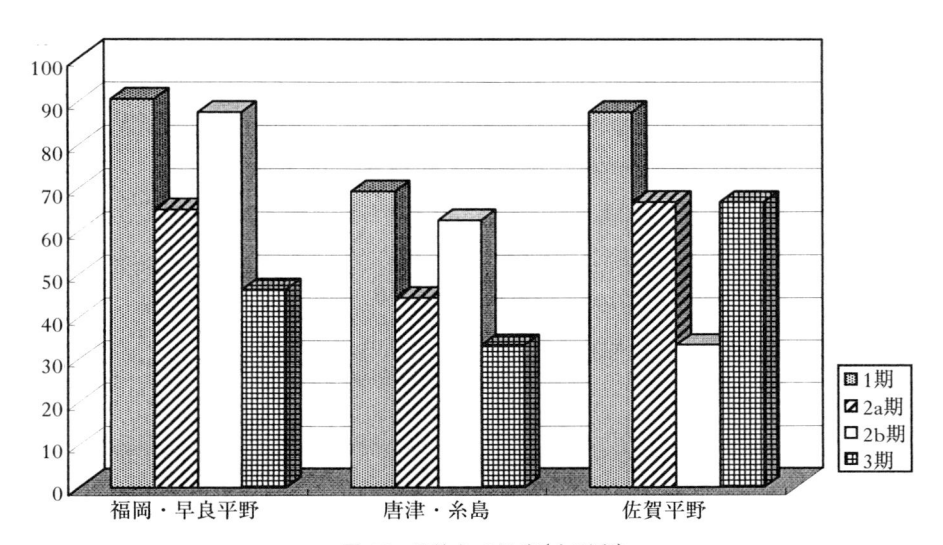

図66 丹塗りの比率(大型壺)

ミガキの方向と丹塗りの有無には相関関係はないといえる。むしろ大型壺,とくに甕棺として用いられる大型壺はそのほとんどに丹塗りが施してある点では地域差がないことが注目される(表46,図66)。

6. ミガキの方向と黒色磨研の相関(大型壺)

6.1 縦方向ミガキと黒色磨研の相関

① 1期
3地域すべてで縦方向ミガキと黒色磨研は組み合わせにならない。

② 2a期
唐津・糸島で縦方向ミガキと黒色磨研が組み合わせになるものが1点あるが,福岡・早良平野,佐賀平野では縦方向ミガキと黒色磨研は組み合わせにならない。

③ 2b期
3地域すべてで縦方向ミガキと黒色磨研は組み合わせにならない。

表47 縦方向ミガキと黒色磨研の相関(大型壺)

	福岡・早良平野		唐津・糸島		佐賀平野	
	縦ミガキ	縦ミガキで黒色磨研のもの	縦ミガキ	縦ミガキで黒色磨研のもの	縦ミガキ	縦ミガキで黒色磨研のもの
1期	5 (21)	0 (5) 0.0%	2 (18)	0 (2) 0.0%	1 (8)	0 (1) 0.0%
2a期	4 (20)	0 (4) 0.0%	3 (17)	1 (3) 33.3%	4 (9)	0 (4) 0.0%
2b期	1 (8)	0 (1) 0.0%	2 (8)	0 (2) 0.0%	4 (6)	0 (4) 0.0%
3期	0 (28)	0 (0) 0.0%	0 (9)	0 (0) 0.0%	8 (12)	0 (8) 0.0%

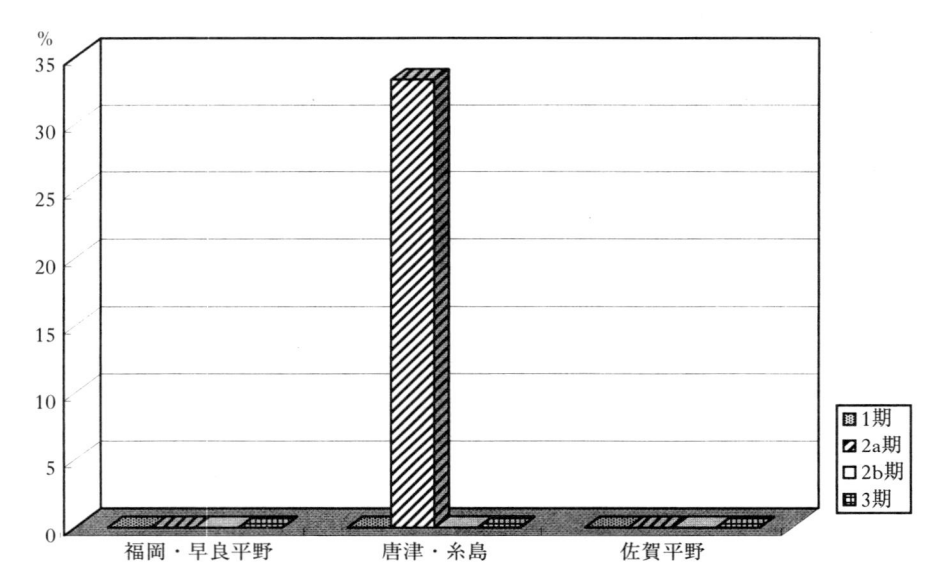

図67 縦方向ミガキと黒色磨研の相関(大型壺)

④ 3期

1期, 2b期と同様に, 3地域すべてで縦方向ミガキと黒色磨研は組み合わせにならない。

縦方向ミガキと黒色磨研の相関について分析した結果, 縦方向ミガキと黒色磨研の相関にははっきりした地域性がみられないということが明らかになった(表47, 図67)。基本的に縦方向ミガキと黒色磨研は組み合わせにならないといえるだろう。この分析では縦方向ミガキは黒色磨研とは組み合わせにならないが, 丹塗りとは高い比率で組み合わせになることが示されている。つまり同一地域内の同じ器種間に丹塗りと黒色磨研という属性ごとに異なった様相があらわれており, 土器の属性レベルでの変異を考えるうえで注目される。

6.2 横方向ミガキと黒色磨研の相関

① 1期

唐津・糸島では横方向ミガキと黒色磨研が組み合わせになるが, その他の2地域では横方向ミガ

第 2 章　壺形土器の製作技法にみられる地域性

キと黒色磨研の組み合わせはみられず，唐津・糸島とそれ以外の地域との間に地域差が存在する。

② 2a 期

　唐津・糸島で横方向ミガキと黒色磨研が組み合わせになる比率が高くなっている。また福岡・早良平野で横方向ミガキと黒色磨研の組み合わせが 1 点みられるが，その比率は唐津・糸島と比較してかなり低く，唐津・糸島とそれ以外の 2 地域の間には地域差があるといえる。

③ 2b 期

　福岡・早良平野，佐賀平野では横方向ミガキと黒色磨研の組み合わせはみられず，唐津・糸島との間に地域差がみられるのは 1 期，2a 期と同様であるが，唐津・糸島での横方向ミガキと黒色磨研が組み合わせになる比率は，2a 期と比べて低くなっている。

④ 3 期

　2b 期と同様に唐津・糸島とその他の 2 地域との間に地域差がみられる。唐津・糸島での横方向ミガキと黒色磨研が組み合わせになる比率は 2b 期と比べてやや低下している。

表 48　横方向ミガキと黒色磨研の相関（大型壺）

	福岡・早良平野		唐津・糸島		佐賀平野	
	横ミガキ	横ミガキで黒色磨研のもの	横ミガキ	横ミガキで黒色磨研のもの	横ミガキ	横ミガキで黒色磨研のもの
1 期	15 (21)	0 (15) 0.0%	19 (26)	3 (19) 15.8%	7 (8)	0 (7) 0.0%
2a 期	16 (20)	1 (16) 6.3%	5 (9)	2 (5) 40.0%	3 (9)	0 (3) 0.0%
2b 期	6 (8)	0 (6) 0.0%	6 (8)	1 (6) 16.7%	2 (6)	0 (2) 0.0%
3 期	26 (28)	0 (26) 0.0%	9 (9)	1 (9) 11.1%	4 (12)	0 (4) 0.0%

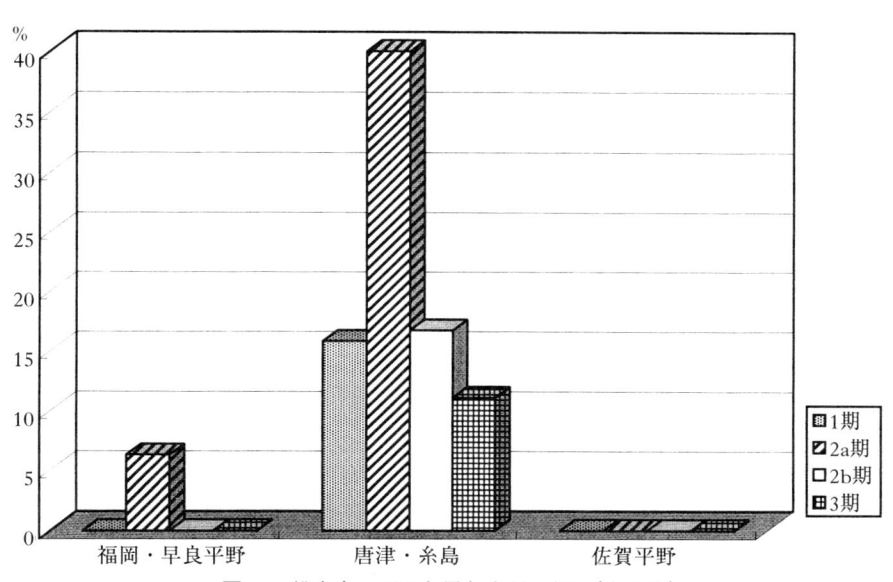

図 68　横方向ミガキと黒色磨研の相関（大型壺）

横方向ミガキと黒色磨研の相関についての分析で明らかになったのは，1～3期を通じて唐津・糸島と福岡・早良平野，佐賀平野との間に地域差がみられるということである（表48，図68）。福岡・早良平野，佐賀平野では横方向ミガキと黒色磨研は組み合わせになることはほとんどないが，これはこの2地域ではもともと黒色磨研の大型壺が非常に少ないことによるものであると考えられる（表49，図69）。また縦方向ミガキと横方向ミガキで，黒色磨研と組み合わせになる比率がまったく異なることは注目される。すなわち，縦方向ミガキは唐津・糸島においても黒色磨研と組み合わせになることはほとんどないが，横方向ミガキは黒色磨研とある程度組み合わせになっているのである。この現象がもつ意味については第2節のなかでふれることにしたい。

　以上小型壺，大型壺について縦方向ミガキの出現頻度，ミガキの方向と丹塗りの相関，ミガキの方向と黒色磨研の相関について分析を行ったが，その結果器種間，属性間での入り組んだ地域性を抽出することができた。具体的には縦方向ミガキの出現頻度では小型壺，大型壺のいずれにおいても玄界灘沿岸の地域と佐賀平野との間に地域差がみられた。ただし縦方向ミガキの出現頻度やその変化の傾向には，小型壺と大型壺の間で差がみられる。すなわち，福岡・早良平野，唐津・糸島で

表49　黒色磨研の比率（大型壺）

	福岡・早良平野	唐津・糸島	佐賀平野
1期	0.0%	11.5%	0.0%
2a期	5.0%	33.3%	0.0%
2b期	0.0%	12.5%	0.0%
3期	0.0%	11.1%	0.0%

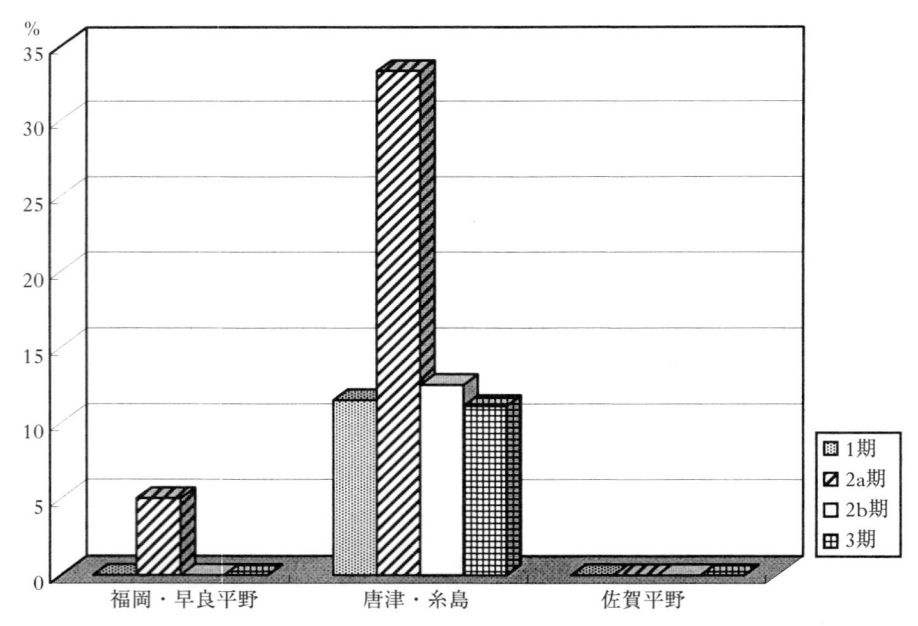

図69　黒色磨研の比率（大型壺）

も小型壺よりも大型壺の方が縦方向ミガキが出現する頻度が高い。また縦方向ミガキの出現頻度の変化の傾向でも，唐津・糸島地域では小型壺は縦方向ミガキが一貫して減少する傾向があるのに対して，大型壺では1～2b期には縦方向ミガキの出現頻度が増加しているが，3期になって激減するという傾向を示している。

したがって，1～2b期の大型壺の場合，縦方向ミガキの出現頻度では玄界灘沿岸地域と佐賀平野の間に地域差が，出現頻度の変化の傾向では福岡・早良平野と唐津・糸島，佐賀平野との間に地域差が存在することになる。3期になると玄界灘沿岸地域では小型壺，大型壺ともに縦方向ミガキはほとんどみられなくなる。これは板付Ⅰ式の成立と関係がある。板付Ⅰ式の壺は今回確認した限りではすべて横方向ミガキである。そのため3期になると玄界灘沿岸地域で縦方向ミガキが激減するのに対して，板付Ⅰ式が分布しない佐賀平野では3期になってもかなり高い頻度で縦方向ミガキがみられるのである。

ミガキの方向と丹塗りの相関では，小型壺の場合，丹塗りは縦方向ミガキよりも横方向ミガキと組み合わせになる比率が高いという意外な結果が得られ，またこれには地域差がみられない。大型壺の場合はミガキの方向と丹塗りの相関に縦方向と横方向の違いはみられない。つまり丹塗りの場合はミガキの方向よりも丹塗りにするという行為自体が重視されているといえる。ミガキの方向と黒色磨研の相関では小型壺，大型壺のいずれにおいても黒色磨研は縦方向ミガキよりも横方向ミガキと組み合わせになる比率が高い。丹塗りの場合と同様にこれには地域性はみられない。したがって黒色磨研の場合は横方向ミガキが明確に意識して施されていると考えられる。

分析を通して抽出した地域性は大型壺と小型壺という器種間と，同一器種内での属性間で異なった様相を示す複雑なものであるが，全体の傾向として玄界灘沿岸の2地域と佐賀平野との間に地域差が存在するということができる。とくに玄界灘沿岸の地域で板付Ⅰ式が成立する3期には，この地域差ははっきりとしたものになる。次節でこのような複雑な地域性が生じる過程をモデル化し，その背景について考えてみたい。

第2節　解　釈

1.　地域性のもつ意味

北部九州の壺形土器は，朝鮮半島南部の支石墓に副葬された丹塗磨研小壺を模倣して成立したものであると考えられる。壺が出現する1a期の段階では北部九州における壺の縦方向ミガキの出現頻度は20%前後で北部九州内に明確な地域差はみられないが，朝鮮半島との間には地域差が存在している。したがって，受容された段階ですでにプロトタイプである無文土器の丹塗磨研小壺は変容を受けているといえる。つまり壺を受容する側が意識しているのは器形や丹塗りをするということ，墓に供献するという用途などの要素であり，製作技法は従来の縄文晩期の土器と共通するものが用いられているのである。

ミガキの方向と丹塗り，黒色磨研の相関をみてみると，丹塗りはミガキの方向とは関係なく施されているのに対して，黒色磨研は横方向ミガキと組み合わせになる場合がほとんどであり，丹塗りをする土器の場合ミガキの方向にはあまり関心が払われなかったのに対して，黒色磨研を施す土器の場合はミガキの方向が強く意識されていたということが示されている。ただし丹塗りの割合は大型壺の方が高く，逆に黒色磨研の割合は小型壺の方が高いというサイズの違いによる差がある。とくに支石墓の下部構造の甕棺として用いられている大型壺のほとんどは丹塗りであり，甕棺として用いるものはより強く朝鮮半島の土器を模倣しようとしているのに対して，副葬品として用いる小型壺には縄文晩期の一般的な精製土器であった黒色磨研土器と共通する黒色磨研技法が多くみられ，土器の用途によって製作者の土器に対する意識の投影の仕方が異なっていたと考えられる。

　分析を通して明らかになった地域性が意味するのは，土器に含まれるさまざまな属性は土器製作者によってすべて同じレベルで認識されているのではなく，そこには土器に対する価値観や，土器のカテゴリー化の違いといった製作者の土器に含まれる情報に対する解釈の違いがある。このような解釈の違いは空間的にも時間的にも一定のものではなく変化するものである。つまり地域性が生じるのは土器に対する認識が，共通の土器製作技法をもつ集団ごとに異なったまとまりをもつためであると考えられる。

2. 地域性が生じる過程のモデル化

　土器に地域性が生じる背景として，土器に含まれる属性が異なる集団間で異なった解釈をされることを想定したが，この想定では空間的な差異を説明することはできるが，同一集団内における時間の経過に伴う土器の変化については十分に説明することができない。そこで地域性が時間の経過とともに生じる過程のモデル化を試みたい。すでに行った分析によって，玄界灘沿岸と佐賀平野の間に最もはっきりした地域差がみられることが明らかであるので，玄界灘沿岸をモデルA，佐賀平野をモデルBとし，小型壺の1a期と1b期，大型壺の1期をステージI，2a期と2b期をステージII，3期をステージIIIとしてモデル化を行うことにする。

　モデルAのステージIでは，小型壺，大型壺のいずれについても福岡・早良平野と唐津・糸島の間に明確な地域差はない。この段階ですでにミガキの大部分は横方向でありプロトタイプとは異なっているが，丹塗りの割合はステージI〜IIIのなかでは最も高く，逆に黒色磨研の割合は低い（表50〜53，図70〜73）。また小型壺の器形も口縁部が未発達で底部は丸底にちかいといった無文土器的な要素をとどめており，受容に伴う変容はあるもののプロトタイプである無文土器の丹塗磨研小壺についての情報は，土器製作者に比較的明確に認識されているといえる。ステージIIでは丹塗りの割合が減少しているのに対して黒色磨研の割合は増加している。また胴部に文様をほどこすようになるなどプロトタイプの丹塗り磨研小壺にはない要素もあらわれ，ステージIに比べてプロトタイプについての情報に変容がみられ不明確なものになっていると考えられる。

　ステージIIIになると丹塗りの割合はさらに減少し，また黒色磨研の割合は増加する。器形は口縁部が発達し底部が円盤貼りつけ状を呈するなどプロトタイプとは大きく異なっており，彩文がほ

第2章 壺形土器の製作技法にみられる地域性

表50 丹塗りの比率(小型壺)

	福岡・早良平野	唐津・糸島	佐賀平野
ステージ I	33.3%	29.6%	36.4%
ステージ II	26.2%	22.0%	51.9%
ステージ III	13.6%	11.1%	22.7%

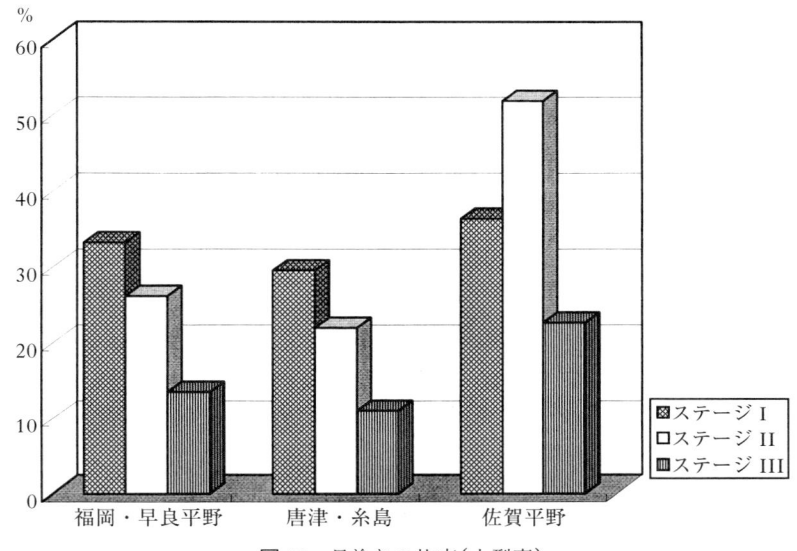

図70 丹塗りの比率(小型壺)

どこされたものが多くみられるなどプロトタイプの情報は土器製作者にほとんど認識されなくなっている。

このようにモデルAではステージIからステージIIIにかけて，壺形土器を受容したときの模倣の対象である，無文土器の丹塗磨研小壺についての情報が変容してしだいに不明確になり，ついには土器製作者にほとんど認識されなくなる過程が示されている。しかしプロトタイプに含まれる情報の変容はすべての属性で同じように生じるわけではなく，土器に含まれる情報の変容のスピードは製作者の土器に含まれる情報に対する認識の相違，土器の用途や地域によって異なったものになる。ここで対象とした場合，丹塗りと黒色磨研の比率の変化からみて，プロトタイプの情報が変容した程度は大型壺よりも小型壺の方が，また福岡・早良平野よりも唐津・糸島地方の方が大きいといえる。大型壺，とくに甕棺として使用されている大型壺には，小型壺にはあまり丹塗りをしない板付I式のものでも丹塗りにされているものが多く，また文様や彩文をもたないなどプロトタイプの情報を比較的とどめていることからも，変容のスピードが器種間で異なっていることがうかがわれる。

つぎにモデルBについて検討をする。モデルBのステージIでは縦方向ミガキ，丹塗りの割合，黒色磨研の割合についてはモデルAのステージIとの間に顕著な差はみられない。しかしながら，ステージIIでは縦方向ミガキ，丹塗りの割合が増加するのに対して黒色磨研の割合は減少

表51　黒色磨研の比率(小型壺)

	福岡・早良平野	唐津・糸島	佐賀平野
ステージ I	0.0%	29.6%	13.6%
ステージ II	9.5%	43.9%	7.4%
ステージ III	4.5%	33.3%	4.5%

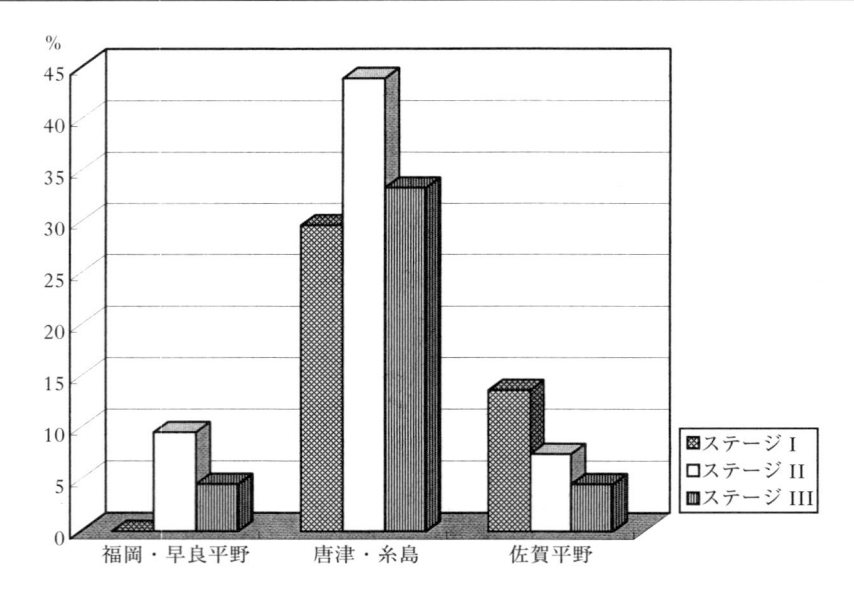

図71　黒色磨研の比率(小型壺)

しており，モデルAとは異なった変化の傾向を示している。モデルBのステージIIではプロトタイプの情報よりも縄文晩期の精製土器の情報，すなわち横方向ミガキで黒色磨研をした土器という情報が変容していると思われる。縄文晩期以来の精製黒色磨研土器についての情報の変容はステージIIIでも継続して起こっている。縦方向ミガキ，丹塗りの割合はステージIIと同様モデルAよりも高いのに対して，黒色磨研の割合は減少している。

このようにモデルBではステージIからステージIIIを通して，縄文晩期以来の精製土器についての情報がしだいに変容していき，最終的には土器製作者に認識されなくなってしまう。しかしながらモデルBでの情報の変容はモデルAでみられるようなステージI～IIIを通じて一定したものではない。丹塗りの割合は小型壺と大型壺でステージIIからステージIIIにかけてそれぞれ逆の動きを示している。またステージIIIでは小型壺の文様に板付I式の影響をみることができ，プロトタイプの情報がまったく変容を受けていないわけではない。ここでも器種間で土器製作者の認識の仕方が異なっていると考えられる。ただしモデルAとモデルBでは土器に含まれる情報の変容の過程が異なっており，そのことが玄界灘沿岸と佐賀平野との間に地域差を生み出しているといえる。

第 2 章　壺形土器の製作技法にみられる地域性

表 52　丹塗りの比率（大型壺）

	福岡・早良平野	唐津・糸島	佐賀平野
ステージ I	90.5%	69.2%	37.5%
ステージ II	71.4%	52.9%	53.3%
ステージ III	46.4%	33.3%	66.7%

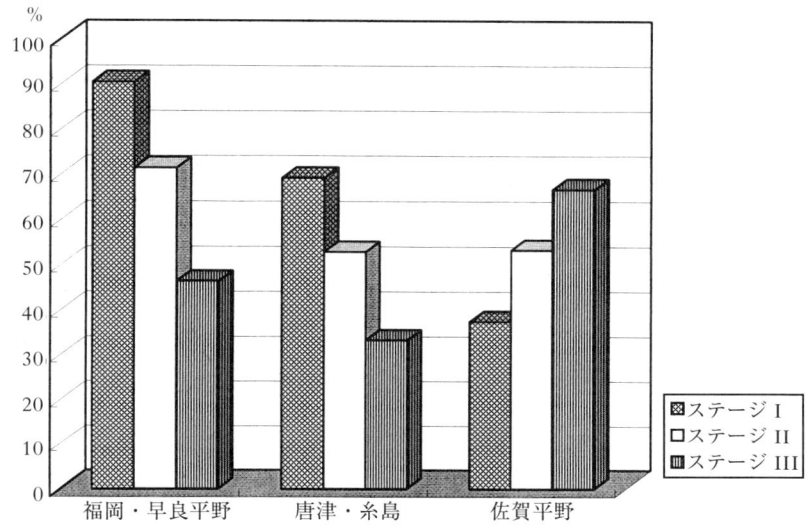

図 72　丹塗りの比率（大型壺）

表 53　黒色磨研の比率（大型壺）

	福岡・早良平野	唐津・糸島	佐賀平野
ステージ I	0.0%	11.5%	0.0%
ステージ II	3.6%	17.6%	0.0%
ステージ III	0.0%	11.1%	0.0%

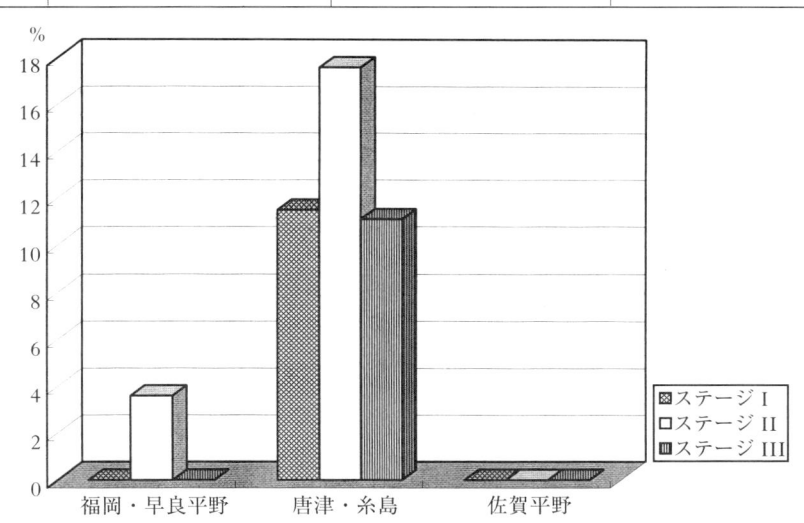

図 73　黒色磨研の比率（大型壺）

第3節　結　語

　モデルA, Bのいずれについてもステージ I からステージ III まで土器に含まれる情報は変容しながら再生産されていき，小型壺では無文土器の丹塗磨研小壺に類似したものから板付 I 式へと変化していく。ただし壺形土器が受容されたステージ I の段階で，横方向ミガキが中心をしめることや，無文土器にはみられない黒色磨研や大型壺が存在するなどプロトタイプに対して変容が加えられている。つまり壺形土器を受容する際に，無文土器の丹塗磨研小壺に含まれている情報は，縄文土器の製作技術を身に付けた人たちによって再構築され変容が加えられているといえる。最初に壺形土器を受容し模倣した人たちは自らの土器に対するコンテクストで，従来の土器組成にはなかった壺という新しい器種を認識し製作したのである。

　これについては中園聡がモーターハビットの概念を用いて説明している(中園, 1994)。中園はモーターハビットとは反復行動によって習得された筋肉運動であり，一度身に付けたモーターハビットは容易に変化するものではなく，北部九州の出現期の小型壺はその多くが横方向ミガキであることから，出現期の小型壺を製作したのは縄文土器の製作技法のモーターハビットを身に付けた人たちであったとしている。中園の指摘のように出現期の壺は横方向ミガキのものが多いが，ここでの分析から佐賀平野では時間の経過にともなって縦方向ミガキが増加し，北部九州内にも地域差が生じることが明らかになっている。この分析結果はモーターハビットが時間の経過にともなって変化することを示しており，したがってモーターハビットを土器の製作技法に当てはめて考えるならば，モーターハビットには変化しにくい個人レベルのものと，時間の経過とともに変化する可能性がある集団レベルのものがあることを考慮する必要があるだろう。

　このような情報の受容とそれにともなう変容は壺形土器だけにみられる現象ではない。具体的な検討は第3章で行うが，同様のことが支石墓についてもいえる。支石墓は壺形土器の受容とほぼ同時期に朝鮮半島南部から北部九州へと伝播するが，朝鮮半島の支石墓と北部九州の支石墓では下部構造に違いがみられるという指摘が森貞次郎，西谷正，岩崎二郎らによってなされている(森, 1969：西谷, 1980：岩崎, 1980, 1987)。このことから，支石墓を受容する側が模倣の対象として意識したのは主として上部構造，すなわち数個の支石の上に上石をのせるという形態であり，下部構造については各地域で縄文晩期から連続する埋葬形態が採用されていることがわかる。支石墓を直接目でみて，あるいは間接的に情報を受容することによって模倣可能な，支石の上に上石をのせるという要素は忠実に模倣しているが，目でみたり情報を聞いたりしただけでは模倣できない埋葬形態については，受容する側のコンテクストによる解釈で変容しているのである。このような情報にともなう模倣しやすい要素と模倣しにくい要素については，林謙作が素山上層式を素材として指摘している。また林は土器型式が世代から世代へと伝承されていく過程で，土器の文様のどの要素を採用しどの要素を捨てるかについては，約束ごとの範囲内で個人の自由な選択が行われたとも述べている(林, 1990)。

つまり土器製作において土器に含まれるさまざまな要素は，土器製作者によって取捨選択されるが，この取捨選択は無秩序に行われるのではなく，ある一定の枠組みのなかで行われるのである。これは小林行雄の"描かれざる設計図"（小林行雄，1933）や小林達雄の"範型"（小林達雄，1977）といった概念とも一致するものであるが，このような枠組みがどのようにして形成されているかを考えるうえで，フランスの社会学者 P. ブルデューのハビトゥス（habitus）の概念は参考になると思われる。

ブルデューは趣味や嗜好が社会階層ごとにある一定の傾向を帯びることを指摘し，このような人間の志向性を規定する構造としてハビトゥスを提示している（Bourdieu, 1979）。このようなブルデューのアプローチについては，機能主義的であるとか社会階層の現状維持を強調しすぎて社会構造の変化に対する視点が欠けているとの批判がある。また澤下孝信は，ブルデューとイギリスの社会学者 A. ギデンズとを比較して，ブルデューの議論ではハビトゥスと自覚的，意識的行為との関係が判然としないのに対して，ギデンズは人間の意識を言説的意識，実践的意識（暗黙知），無意識からなる階層的なものとして認識しており，規則と行為が互いにフィードバックしながら変化することを認める点，人間の行為における意図性の重視，無意識でも言説的意識でもない実践的意識が人間の行為における意図性に関与しているとみなす点で，社会や文化の動態を検討するうえでハビトゥスよりも有効な概念であると述べている（澤下，1995）。

しかしながら，ギデンズ自身はブルデューの理論には行為の自省的な評価が適切に示されていると指摘しており，さらに自省的な評価による再帰性が言説的に明示されえない実践的意識「暗黙知」に基づくものである点に注目している（Giddens, 1979）。また社会学者の宮島喬も「構造主義の内在的批判を通して，ブルデューのハビトゥス ― 慣習行動 ― 構造の理論や，ギデンズの再帰的過程をふくむ行為者 ― 構造化の理論がかたちづくられてきた」と述べているように（宮島，1994），ブルデューとギデンズの理論はともに従来の構造主義とは異なった，人間の行為が構造へとフィードバックされる再帰的，自己言及的な視点をもつ点で共通しているといえる。

以上の点からみて，ブルデューのハビトゥスの概念は社会や文化変動の分析に用いるのに有効であると考える。ここで取りあげている土器の地域性の場合，ハビトゥスの概念は土器製作者による土器に含まれる属性の意識的/無意識的な取捨選択に当てはめることができるだろう。このような選択はそれが個人の嗜好に基づく行為であったとしても，ある一定の傾向を帯びるものである。この選択行為の傾向性はハビトゥスとして理解することができる。個人的な選択が無意識的なものである場合（何らかの規則が存在していて，土器製作者には選択として意識されないような選択）はそこに人間行動を規制する構造の存在を想定することができるが，さらに重要なのは意識的な選択行為にも一定の傾向が見いだされるという点である。後者のような意識的な選択行為を規定するハビトゥスは，実際には文化的な象徴や意味づけとして表象されていると考えることができる。支石墓の下部構造である甕棺として用いられる大型壺はほぼ例外なく丹塗りが施されているが，そこには甕棺として使用する土器は赤くなければならないという規制が，何らかの文化的な意味を付与された形で存在していたと思われる。つまりハビトゥスはある種の「○○は…でなければならない」と

いう文化的な普遍性や正統性を生成するといえる。

　このようなハビトゥスは世代から世代へと再生産されながら伝達していくわけだが，ここで問題にしている土器製作技法の場合には意識的な行為に関するハビトゥス，具体的には土器の色，器形，文様の形態などを規定するハビトゥスと，無意識的な行為を規定するハビトゥス，主にミガキの方向や粘土紐の接合の仕方といった土器の製作技法に関するハビトゥスが再生産されていることになる。これらのハビトゥスは再生産される過程で，人間行動によるフィードバックの作用や外的要因の変化によって変容していくと考えられるが，ハビトゥスの変容は土器には属性の組み合わせの変化としてあらわれることになる。またハビトゥスは同じハビトゥスを共有する集団ごとで，フィードバックのされ方や外的要因の違いのために異なった変容をしていくとも考えられる。このように集団間でハビトゥスの変容の仕方が異なることが，集団間での土器の属性に含まれる情報の解釈の違い，すなわち土器に含まれる情報の変容を生み出すと考えられる。そしてこのことが属性レベルで複雑に入り組んだ土器の地域性を形成する要因になっているのである。

　弥生時代開始期の壺形土器の地域性のもつ意味について考察し，地域性が生じる過程のモデル化をおこなった結果，小型壺，大型壺のような器種間のレベルと丹塗り，黒色磨研，ミガキの方向といった属性レベルの両方について空間的に入り組んだ地域性が存在し，この抽出された地域性は時間の経過とともに変化をみせ，変化の様相は器種間，属性間で異なったものであることが明らかになった。

　第2章では土器の地域性がこのような複雑な生成過程をとる要因として，土器に含まれる器形，文様，色，用途，製作技法といったさまざまな情報が，世代間での再生産を繰り返す過程で変容するというモデルを提示し，この情報の変容を促す背景として，情報の受容の際に行われる取捨選択を規定するハビトゥスの変容を想定した。したがって，従来の土器研究で土器の伝播の主要な要因として指摘される傾向が強かった，具体的な人間の移動をここではあえて議論の対象とはしなかった。しかしながら，ここでの議論は土器の型式や属性の伝播要因として人や土器の移動を考慮の対象外にするべきだと主張しているのではない。弥生時代開始期において朝鮮半島から九州への人の移動があったことは，金関丈夫らが人類学的な資料に基づいて証明している通りである（金関，1955，1971）。

　冒頭で述べたように，前提の是非を問うことなく土器にみられる地域性から直接的に人間集団の動きを復元するのは問題がある。土器の地域性が意味するものについては，むしろ上野佳也（上野，1980，1983）や田中良之ら（田中，1982：田中・松永，1984）が示している人やモノも含めた情報の移動・交流・伝播という視点で捉えるべきだと考える。

　このような視点から弥生時代開始期の北部九州の土器にみられる地域性を考察するとき，そこには，外部からの刺激としての情報が，縄文時代晩期に普遍的であった精製土器についての認識を変容させ，このような認識の変容がさらなる情報の変容を促すという，情報と認知構造の間の双方向的なフィードバックの関係が認められるのである。

第3章

支石墓の出現と展開

第1節 支石墓研究の流れ

　支石墓の研究史については甲元真之(甲元, 1973a, 1973b, 1973c, 1973d, 1980), 田村晃一(田村, 1985, 1990), 乙益重隆(乙益, 1990), 金貞姫(金, 1990)らによってすでに詳しく論じられているが, ここではそれらを参考にしながら支石墓研究の流れについて概観しようと思う。

　東北アジアにおける支石墓の研究は鳥居龍蔵を先駆けとする。鳥居は1895年に遼寧省岫巌県姑嫂石の2基の支石墓について調査を行っている。鳥居はこれらの支石墓をヨーロッパのドルメンに相当するとみなした。2基の支石墓はいずれも現在の分類では, 卓子形支石墓である。

　朝鮮半島の支石墓研究は韓国慶尚北道大邱市大鳳町の支石墓群の調査によって本格化することになった。大鳳洞支石墓群は1927年に小泉顕夫と沢俊一らによって最初の調査が実施され, 1936年には榧本杜人, 藤田亮策によって調査が行われた。この1936年の調査の報告において藤田はそれまでドルメン, 撐石などさまざまな名称で呼ばれていた支石墓について, 支石を有する墳墓全般を支石墓と呼ぶことを提唱し, 以後支石墓という名称が定着して現在に至っている(藤田, 1936)。

　戦後は忠清北道堤川郡清風面黄石里支石墓群, 江原道春城郡岱谷里支石墓群, 江原道楊州郡上紫浦里支石墓群など朝鮮半島南部での支石墓の発掘調査が進展し, 支石墓研究に新たな展開がもたらされた。

　一方日本では中山平次郎が福岡県須玖岡本遺跡D地点の大石や福岡市板付田端遺跡の大石, 福岡県大板井遺跡の大石について注目し(中山, 1917, 1923), これらの大石に共通性があると述べているが, 朝鮮半島や中国東北部の支石墓との関係についてはふれていない。その後北部九州にも支石墓が存在することが鏡山猛によって指摘されているが(鏡山, 1941, 1942), 本格的な調査の開始は戦後を待たなければならなかった。

　戦後になって福岡県前原市志登支石墓群(文化財保護委員会, 1956), 長崎県原山支石墓群(森, 1961, 1962; 森・岡崎, 1960), 佐賀県唐津市葉山尻支石墓群(松尾, 1955)などの調査が行われ, 日本において支石墓は西北九州を中心とする地域に分布することが明らかになった。このような発掘調査の成果を受けて, 松尾禎作は北部九州における支石墓を集成し, 朝鮮半島南部の支石墓との関係や支石墓の編年について論じている(ibid.)。また森貞次郎は日本の初期支石墓の特徴について論じ, 支石墓の下部構造に土壙や石囲いのほかに粗製箱式石棺や石室がみられることを指摘した(森, 1969)。

支石墓の型式分類は卓子式と碁盤式に二分するのが基本となっている。鳥居龍蔵は支石墓には卓子式と碁盤式の2つのタイプがみられること，卓子式が中国東北部から朝鮮半島北部にかけての地域に，碁盤式が朝鮮半島南部に分布することを指摘した。また鳥居は碁盤式が卓子式に先行すると想定した。

　三上次男は支石墓を北方式，南方式に大別した上で，南方式支石墓を下部構造によって次の4類型に細分した(三上，1961)。

A型： 撐石の下に何ら特別の施設もないもの
B型： 扁平の幅広い撐石を使い，これを四つの小支石で支えて下に積石をしたもの
C型： 平らな撐石を積石の上に置いたもの
D型： 塊状の撐石を積石の上に置いたもの

　三上とほぼ同時期に金載元と尹武炳は，1962年からの韓国での支石墓の調査成果をもとに支石墓の分類を行っている。この分類では支石墓は北方式と南方式に大別され，南方式の支石墓は支石のないA類と支石をもつB類に分類された。さらにA類は蓋をもつ第I類ともたない第II類に細分される。また北方式→南方式I類→南方式II類→南方式B類という編年案も示された(金・尹，1967)。

　また任世權は支石墓を上石の形態によってまず地上型と地下型に分類し，さらに地下型を支石を有する揚石型と支石がなく直接地表に上石が置かれる置石型に細分したうえで，下部構造の類型を以下のように設定した。

A型： 長方型石室の内壁が各々1枚の板石でできていて，長辺は長くて厚く短辺は比較的薄い板石で塞ぐもの
B型： 長方型石室で内壁がすべて上手に整えてあり，A型に比べ非常に洗練されていて，地下にあるものは薄い板石2～3枚でできたものが多い
C型： 薄い板石を上石の床面に巡らし，回帰しながら支え積みの多角形または楕円形の石室をなすもの
D型： 太い河原石や板石の破片を積んで囲った長方形の石室
E型： 土壙墓

　任は以上の上石の形態分類と下部構造の形態分類を組み合わせて地上A型，地上B型，地上C型，地上D型，地上E型，揚石B型，揚石D型，揚石E型，置石A型，置石B型，置石C型，置石D型，置石E型の13類型に分類した(任，1976：図74)。さらに支石墓の変遷について，置石E型→半地上型→地上A型→地上B型という変遷と，置石E型→置石A型→置石B型→置石C・D型→揚石D・E型→揚石E型という変遷を想定した(図75)。

　崔夢龍は全羅南道を中心とした地域の支石墓について検討を行っている(崔，1978)。崔は支石墓を北方式，南方式，蓋石式の3タイプに大別したうえで，南方式を3つの類型に，蓋石式を5つの類型に細分した。その細分は以下の通りである。

第3章　支石墓の出現と展開

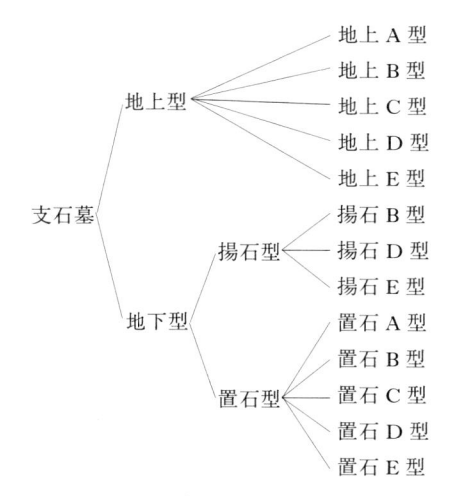

図74　任世権による支石墓の分類

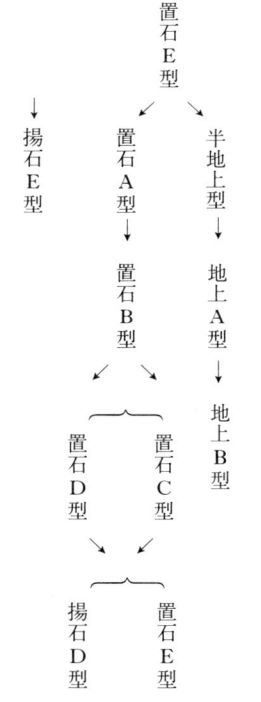

図75　任世権による支石墓の変遷
（甲元1980より引用）

南方式　I　類: 支石が3〜4個で石室と支石が独立したもの
南方式　II　類: 支石が7〜8個またはそれ以上で，一部が石室を構成しているもの
南方式 III 類: II類と同じであるが，一つの上石の下に2個の石室があるもの

蓋石式　I　類: 石室を割石や河原石で築造するもの
蓋石式　II　類: 石室を板石で築造するもの

蓋石式 III 類：二重の蓋石があるもの
蓋石式 IV 類：地下石室に何の施設もない土壙型式のもの
蓋石式 V 類：支石が蓋石の周囲をとりまき一定の形態がない石室をもったもの

　崔は支石墓の分布から内陸地方に蓋石式が多いことを指摘し，海岸部の支石墓が内陸地方に伝播し蓋石式支石墓が成立したと考え，南方式 → 蓋石式という変遷を想定した。

　石光濬は支石墓を沈村型と五徳型に二分し，その上で沈村型を5類型に，五徳型を3類型に細分した。その結果，沈村型第1類型 → 沈村型第2類型 → 沈村型第3類型 → 沈村型第4類型 → 沈村型第5類型という系列，沈村型第3類型 → 五徳型第1類型 → 五徳型第2類型 → 五徳型第3類型という系列の変遷を主張した(石, 1979)。

　甲元真之は朝鮮半島の支石墓の形態分類について検討を行い，沈村里A型を最も古く位置付け，そこから沈村里B型 → 石泉山型という系統，沈村里C型 → 大鳳洞型 → 谷安里型という系統，沈村里C型 → 墨房里型という系統の3系統が分岐するという変遷案を提示した(甲元, 1973a)。その後新たな支石墓研究の結果を考慮に入れて支石墓の形態分類の再検討を行い，沈村里A型を祖形として沈村里B型 → 沈村里D型 → 石泉山型，沈村里C型 → 大鳳洞型 → 谷安里型，沈村里C型 → 墨房里 I 型 → 墨房里 II 型という3系統の変遷を示した(甲元, 1980: 図76)。

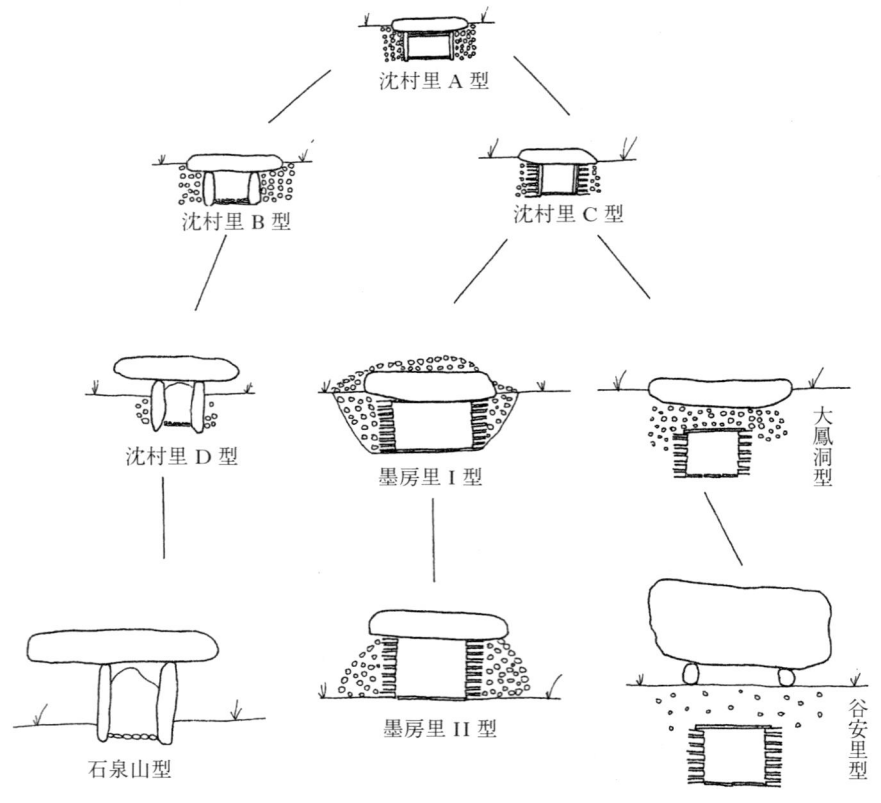

図76　甲元真之による支石墓の変遷(甲元 1980 より引用)

田村晃一はこれらの支石墓の分類を総括し，墓室や上石の位置を分類基準とするのではなく，上石をいかにして支えるかという，支石墓の構造上の変化を分類基準とすべきであると指摘している（田村，1990）。

一方日本の支石墓の分類では森貞次郎は日本の支石墓の祖形は『韓国支石墓研究』での支石墓分類の南方式第 III 類であるとした。そして日本における支石墓の展開について，まず玄界灘沿岸地域に土壙を埋葬主体とする支石墓が出現し，その後の段階で玄界灘沿岸の後背地域に石棺を埋葬主体とする支石墓があらわれたと想定した（森，1969）。

第 2 節　日本における支石墓の分布

1.　佐賀平野の支石墓

久保泉丸山遺跡

佐賀市の久保泉丸山遺跡では弥生早期から弥生前期にかけての支石墓 118 基と弥生早期を中心とする時期の甕棺墓 4 基，時期不明の箱式石棺墓 3 基が調査されている。甕棺墓はいずれも通常の甕形土器を転用したものである。これだけ多数の支石墓が残存している墓地は日本においては他に例がなく，朝鮮半島の墓制を受容した時期の様相を知るうえで貴重な遺跡であるといえる。しかしながら支石墓の上石はほとんどが除去されており，完全な形で上石が残存していたのはわずかに 2 基である。支石墓の下部構造は甕棺，土壙，石蓋土壙である。久保泉丸山遺跡の支石墓は分布状況から報告者によって A～E の 5 群にグルーピングされている（東中川，1986，図 77）。

それによると A 群は墓域の最西端のグループで，支石墓 17 基，甕棺墓 2 基，箱式石棺墓 1 基から構成される。A 群のなかで最も古いと考えられるのは供献小壺から判断して SA060 支石墓であり，突帯文（古）式段階に属する。SA005，SA006 支石墓の下部構造の甕棺や SA022，SA036 支石墓の供献土器も突帯文（古）・（新）式期の特徴をもっており 5 つのグループのなかでは A 群が古い部類に入ると考えられる。

B 群は墓域の中央に位置し支石墓 34 基，甕棺墓 1 基から構成される。B 群の支石墓の時期は SA016，SA017，SA026 の供献小壺からみて突帯文（古）・（新）式期であり，A 群とほぼ同時期のものである。

C 群は B 群の北側に隣接するが，B 群とは支石墓下部の土壙の長軸方向が明らかに異なるため別グループとみなされる。C 群は 7 基の支石墓から構成される。C 群で時期を判断する基準となる供献土器がみられるのは SA092 の 1 基だけである。SA092 の供献土器は突帯文（古）式の小型壺で，A，B 群と同様突帯文（古）式段階に墓域の形成が開始されるといえる。

D 群は墓域の東南端に位置するグループで，支石墓 33 基，箱式石棺墓 1 基から構成される。SA048，SA052，SA067，SA071 支石墓から供献小壺が出土している。これらの供献小壺は胴部に山形文や連弧文が描かれ，また形態的にも板付系の土器にちかいことから，弥生前期前葉から中葉

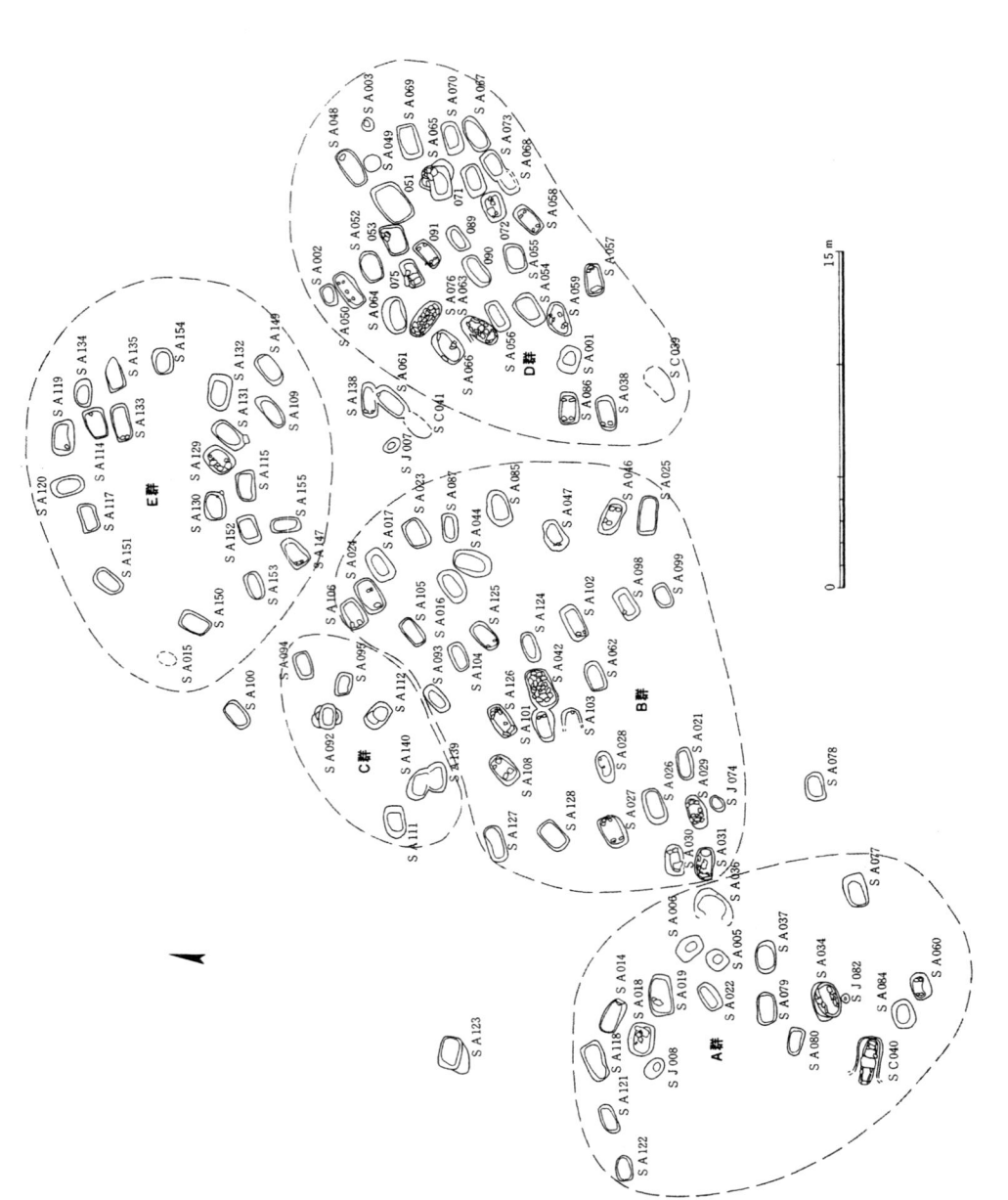

図 77 久保泉丸山遺跡の支石墓群（東中川編 1986 より引用）

第 3 章　支石墓の出現と展開

の板付Ⅰ・Ⅱa式並行期のものであるといえる。したがってD群はA～Cの3群よりも新しい時期に属すると考えられる。

　E群は墓域の最北端に位置するグループで，支石墓22基から構成される。SA109支石墓とSA114支石墓から供献土器が出土している。いずれも弥生前期前葉から中葉の板付Ⅰ・Ⅱa式並行期の小型壺である。このことからD群と同様久保泉丸山遺跡のなかでは一番新しい段階のグループであると思われる（ibid.）。

　久保泉丸山遺跡の支石墓の下部構造は118基中甕棺が6基，粗製箱式石棺が1基，土壙が76基，石蓋土壙が22基，土壙底に棺台状の台石がみられ木棺である可能性が高いものが5基，その他土壙内に側板状の石をもつものなどが8基である。糸島地方や唐津地方では支石墓の下部構造は土壙や木棺，甕棺が中心であるのに対して，久保泉丸山遺跡の支石墓群では石蓋土壙が多くみられる点に相違がある。

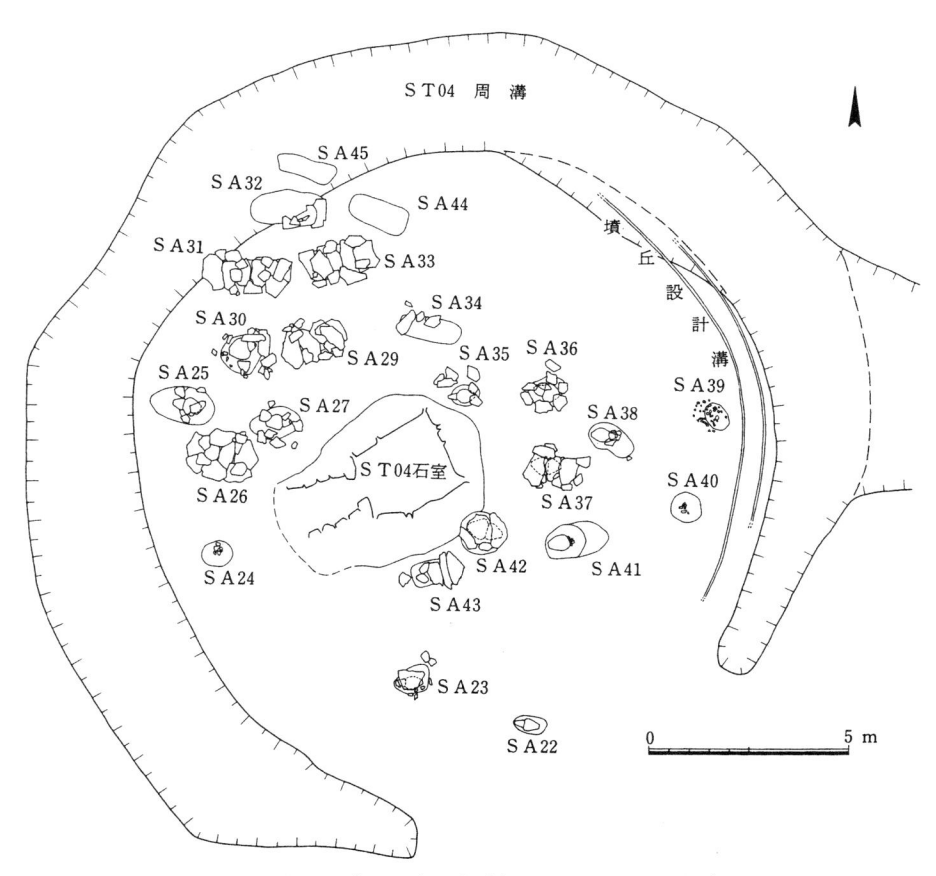

図78　礫石B遺跡の支石墓群（田平編1989より引用）

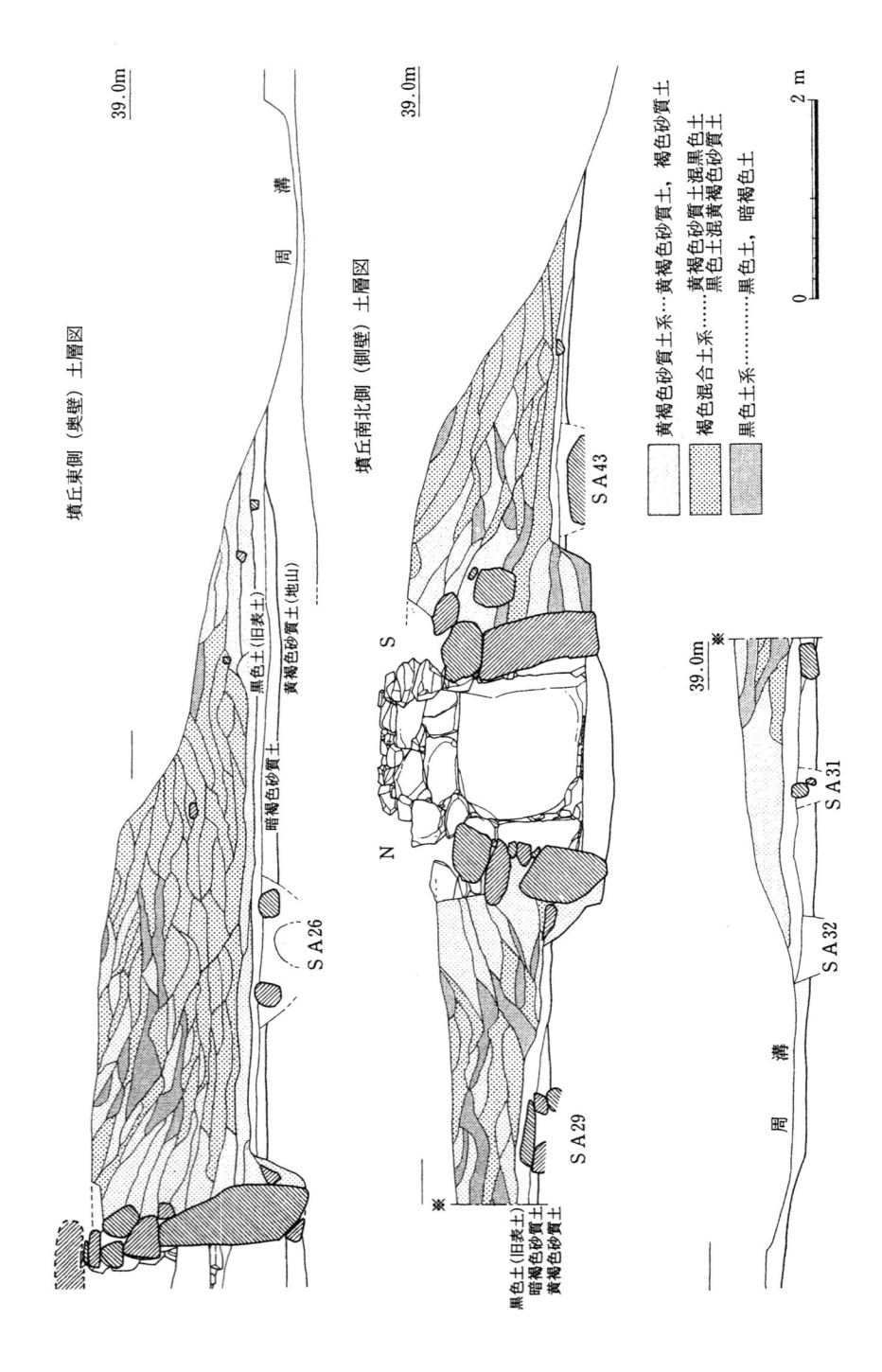

図79 ST04号墳の墳丘断面図(田平編1989より引用)

礫石遺跡

　佐賀県大和町礫石B遺跡では突帯文期から弥生前期前半の支石墓が23基確認されている(田平, 1989)。支石墓の下部構造は甕棺が11基, 石蓋土壙が7基, 甕棺に石蓋が組み合わされたものが3基, 土壙が2基である(図78)。支石墓の上には円墳 (ST04号墳) が築造されており, ほとんどの支石墓の上石が除去され, 上石が残っていたのは1基のみであった。また円墳の盛土から支石墓に供献されていた土器や甕棺が出土しており, かなりの数の支石墓が円墳の築造に際して破壊されたと思われる。このような弥生時代の墓地に重複して古墳が築造される状況は吉武樋渡遺跡でみられる例に類似するものであり, 福岡県剣塚遺跡の甕棺墓や土壙墓・木棺墓と同様, 支石墓が墳丘をともなっていた可能性があることも考えられるが, ST04号墳の墳丘のたち割り断面をみる限りでは弥生時代の墳丘は確認できない(図79)。

　弥生前期中葉(板付IIa式並行期)から前期後半 (KIb式期) にかけての代表的な墓地としては礫

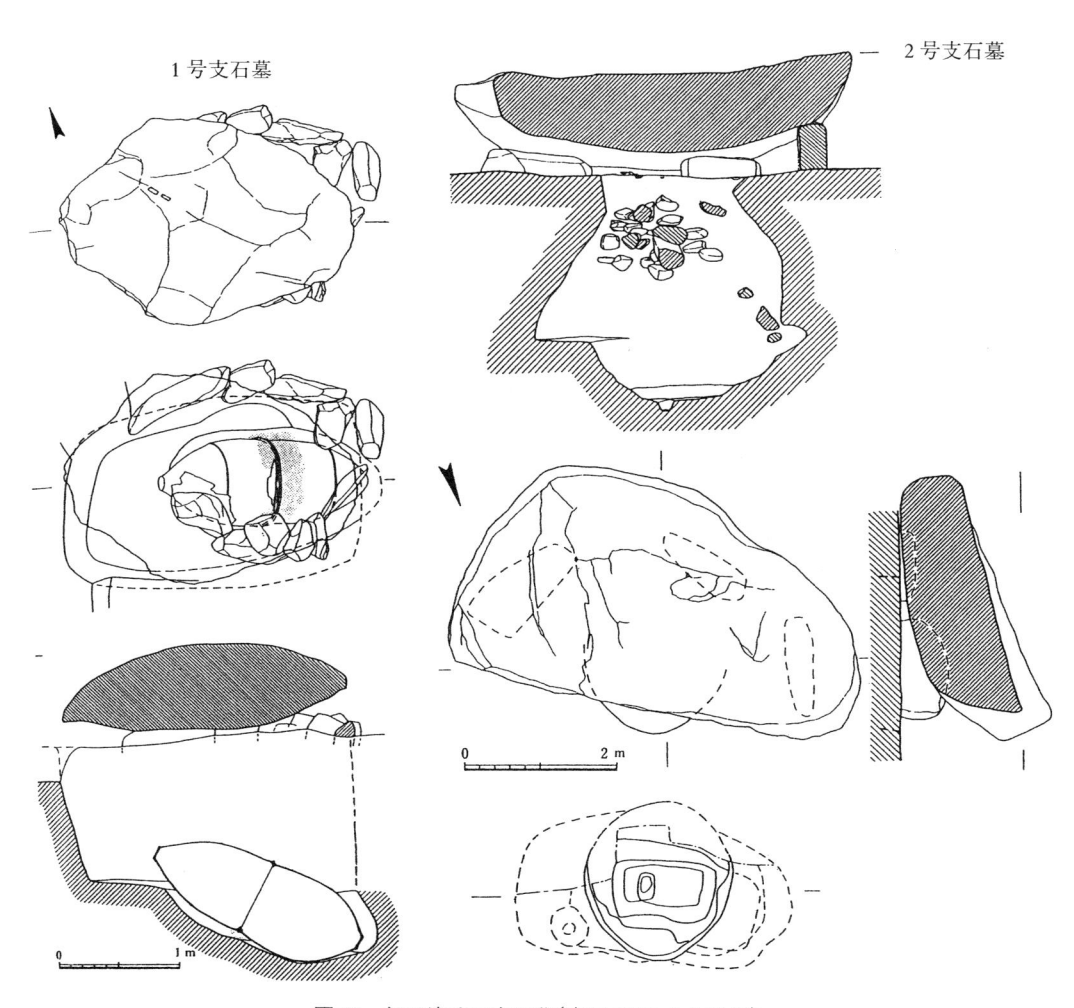

図80　船石遺跡の支石墓(森田1997より引用)

石 A 遺跡があげられる。遺跡は小川により礫石 A 遺跡と B 遺跡に分けられているが，本来同一の遺跡であったと考えられる。礫石 A 遺跡では突帯文期から弥生前期後半にかけての甕棺墓が 17 基，土壙墓が 11 基調査されている。甕棺墓は突帯文期～弥生前期前半のものが 10 基，弥生前期中葉から後半にかけてのものが 7 基で，土壙墓は 11 基のうちの 2 基が石蓋土壙である。

　礫石 A 遺跡でも B 遺跡同様土壙墓や甕棺墓の上に重なって円墳（ST49 号墳）が築造されており，円墳の周溝によって墓域の一部が破壊されている。古墳の周溝から甕棺や土壙墓に供献されていたと思われる土器が出土しており，墳墓の本来の数は現存しているものよりもさらに多かったと推測される。このような状況からみて礫石 A 遺跡の甕棺墓，土壙墓も支石墓であった可能性があるといえるだろう。また円墳に先立って突帯文期から弥生前期の墳丘が存在したかどうかについては，ST49 墳自体の墳丘が完全に削平されており墳丘断面の調査が行われていないので不明である。

船石遺跡

　1982 年に発掘調査が実施され，以前から支石墓の可能性が指摘されていた船石，亀石，鼻血石と呼ばれる 3 つの巨石について調査が行われた。その結果，船石，亀石は支石墓であることが明らかになった。また鼻血石は古墳の石室の天井石であったことが判明した(七田，1983: 図 80)。

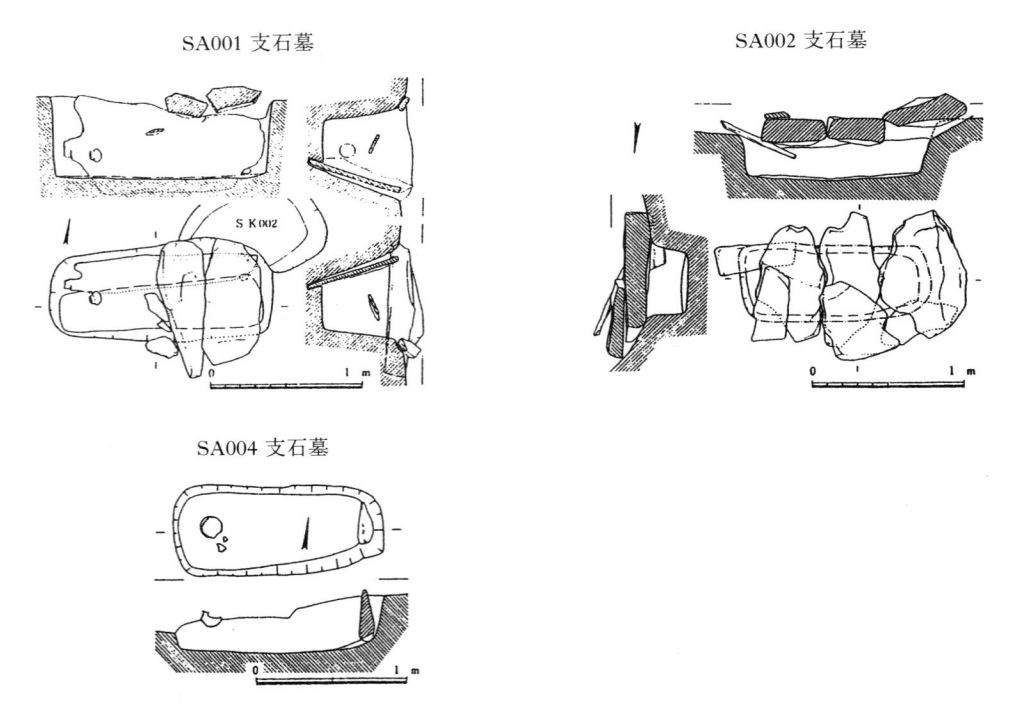

図 81　黒土原遺跡の支石墓(森田 1997 より引用)

1号支石墓(亀石)は破壊をまぬがれて完全な形で残っており，埋葬主体は汲田式の甕棺であった。副葬品や供献土器は出土していない。2号支石墓(船石)の埋葬主体は断面が袋状になる竪穴で埋土からは土器片や鉄鎌が出土しているが，副葬品とは断定できない。

黒土原遺跡

1985年の発掘調査で支石墓8基と甕棺墓6基が調査されている(福田，1986:図81)。礫石遺跡と同様この遺跡でも支石墓に重複して古墳が築造されており，古墳築造によって破壊された支石墓や甕棺墓があると想定される。上石や支石が残存している支石墓はなく，残っているのは下部構造である埋葬主体のみである。埋葬主体は石蓋土壙である。

SA001支石墓からは小型壺2点が，SA004支石墓からは小型壺1点が，SA008支石墓からは管玉2点が出土している。またSK001，SK002，SJ001甕棺墓の棺内からは小型壺1点が出土した。

2. 糸島地方の支石墓

新町遺跡

新町遺跡は福岡県志摩町に所在し，1986年から87年にかけて発掘調査が実施された。その結果，突帯文(新)式期から板付I式期にかけての墳墓が確認されている。検出されたのは支石墓(支石墓の可能性が高いものも含む)が16基，木棺墓が11基，甕棺墓が3基，土壙墓が6基，石囲い墓が1基と多様性に富む埋葬施設の構成となっている(橋口，1987a，1988:図82)。

上石が残存している支石墓は7基で，そのうち9号墓と11号墓は上石を除去し埋葬主体の調査が行われている。9号墓からは抜歯が認められる熟年男性の人骨が出土した。人骨は顔面部がかなり低顔性を示し，鼻根部の陥凹や鼻骨の彎曲が強いという縄文人的な特徴をもつものである。11号墓からは成年男性の人骨が出土している。

19号墓からは人骨2体が出土しており，先に埋葬された19-2号人骨は成年男性である。後から埋葬された19-1号人骨は熟年男性であり，上顎左右の犬歯に抜歯痕が認められた。またこの人骨は低顔で鼻根部の陥凹が強いという縄文人的な特徴を示している。頭部付近には水銀朱が散布されていた。

24号墓からは熟年男性の人骨が出土している。この人骨の腰部付近からは朝鮮系柳葉式磨製石鏃の破片が出土したが，その先端部は大腿骨に嵌入していた。この人骨も9号墓の人骨，19号墓1号人骨と同様低顔，広鼻という縄文的な特徴を示している。頭部には水銀朱が塗布されていた。またこの人骨の足下には竪穴が掘られており，その中から少年から若年にかけてと推定される大臼歯と上顎切歯片が出土した。橋口達也はこの歯は戦闘によって首を取られた犠牲者ものであると推定している(橋口，1987a)。

このように新町遺跡では突帯文(古)・(新)式段階から弥生時代前期初頭段階の墳墓から人骨が出土しているが，これらの人骨が低顔・低身長の縄文人的特徴を有するものである点が注目される。また人骨に嵌入した石鏃片や，首を取って埋納したと考えられる痕跡が認められることから，水田

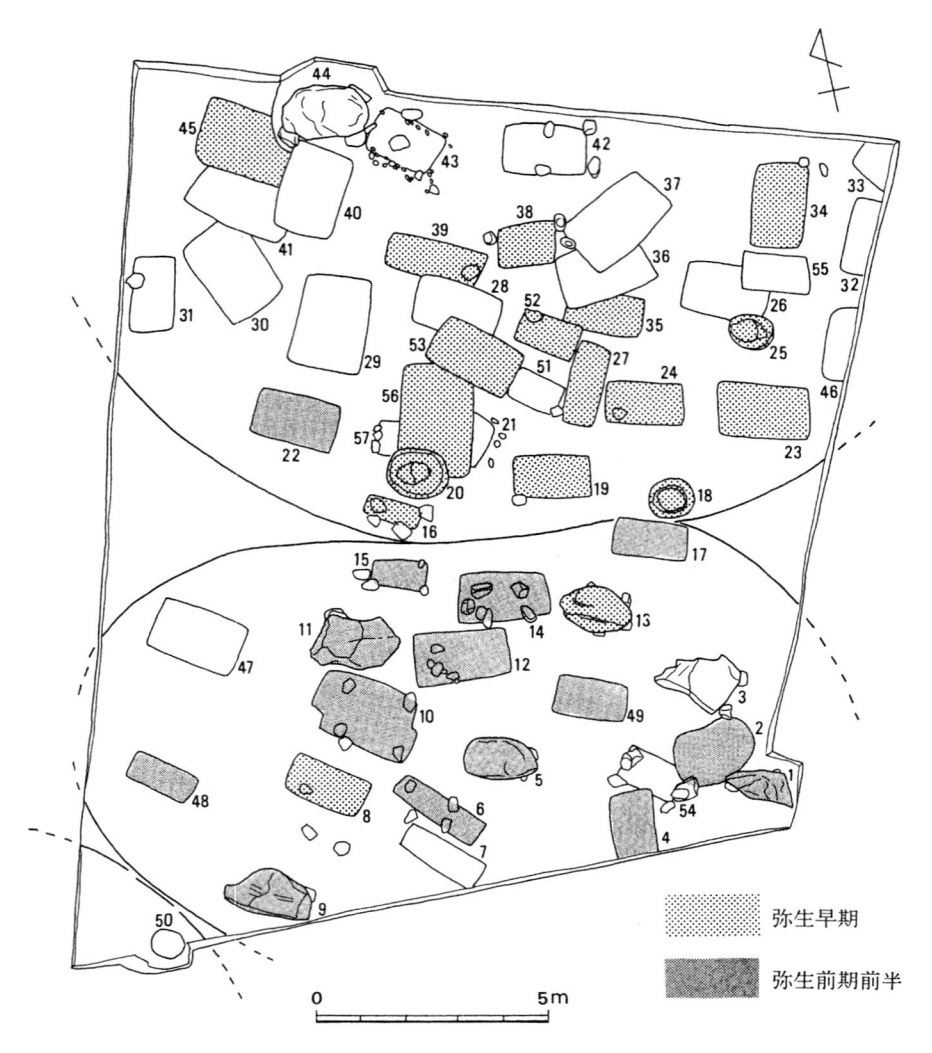

図82　新町遺跡の支石墓群(橋口編 1987a より引用)

による稲作農耕が導入されて間もない段階で集団間での抗争・戦闘が存在したことがうかがわれる。

長野宮ノ前遺跡

　福岡県前原市の長野宮ノ前遺跡では支石墓3基，土壙墓20基，木棺墓16基が確認されている。支石墓の埋葬施設は甕棺が2基（1号墓，39号墓），土壙が1基（38号墓）である（図83）。39号墓付近には支石墓の上石と思われる1号大石と2号大石が残存しているが，いずれも原位置を移動している。本来は5基程度の支石墓が存在したと考えられる。また38号墓，39号墓の周囲には礫が敷き詰められており，墓域を区画している（岡部，1989）。38・39号墓周辺は地形的にも他の墳墓に比較して高まっており，マウンドが存在した可能性も想定できる（図84）。

第 3 章　支石墓の出現と展開

図 83　長野宮ノ前遺跡の支石墓群（岡部編 1989 より引用）

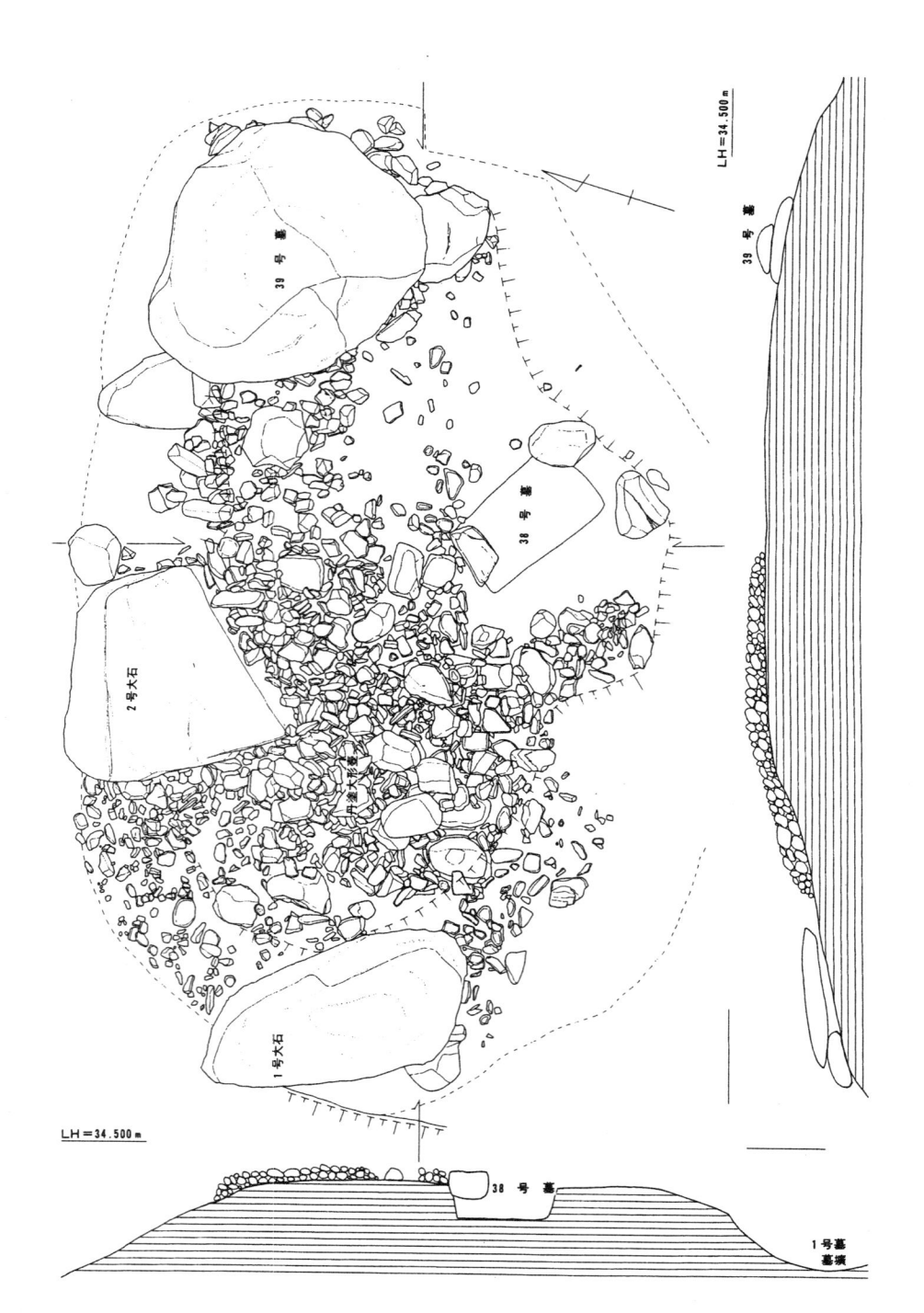

図84 長野宮ノ前遺跡39号墓周辺の状況（岡部編1989より引用）

1号墓は甕と丹塗の大型壺を組み合わせたもので，いずれも突帯文(古)式の土器である。また口縁端部の外面に刻目を施した甕形土器が供献されている。この甕も甕棺墓と同様突帯文(古)式の土器である。39号墓は壺形土器の組み合わせであるが，上甕として使用された大型壺の形状は破壊のためよく分からない。下甕として使用された丹塗の大型壺は1号墓下甕の大型壺とよく類似した形状を示し，突帯文(古)式のものである。39号墓には黒色磨研の小型壺が供献されていた。やはり突帯文(古)式の小型壺である。

　7号墓，15号墓，20号墓からは標石が検出されている。9基の土壙墓，木棺墓からベンガラ・朱が検出されている。この時期の墳墓には，このように赤色顔料を散布した例はあまりみられず注目される。弥生時代前期後半以降の甕棺墓の場合は棺内への赤色顔料の散布が副葬品，特に金属器の副葬品と結び付く傾向が強い。しかし長野宮ノ前遺跡の場合は，5号墓から打製石鏃1点，12号墓から磨製石鏃が2点出土している以外には，赤色顔料が散布された墳墓に副葬品は認められない。12号墓から出土した磨製石鏃はいずれも基部が欠失し，また先端部はつぶれている。さらにそのうちの1点は，刃部が2ヵ所で折れていることから，副葬品というよりは被葬者の体内に打ち込まれて遺存したものである可能性が高い。

　以上のことから，長野宮ノ前遺跡は弥生時代早期を中心とする時期に営まれた，支石墓，木棺墓，土壙墓を中心とする墓地であるといえる。

志登支石墓群

　福岡県前原市の志登支石墓群は1953年に調査が行われ，支石墓10基，甕棺墓8基が存在することが確認されている。10基の支石墓のうち上石が動かされているものが2基で残り8基のうち，上石のみの調査を行ったものが4基，上石を除去して下部構造まで調査したものが4基である。甕棺墓は3基が弥生時代前期前半から中頃にかけてのもので，5基は弥生時代中期のものである(文化財保護委員会, 1956: 図85)。

　下部構造が調査されたのは3号，6号，7号，8号支石墓である。3号支石墓の下部構造は10数個の礫を配置した敷石である。

　6号支石墓は11個の礫がコの字状に配置されており，これらの礫は棺台もしくは裏込め石と考えられることから，下部構造は木棺であった可能性が高い。東側の礫の間には赤色顔料が認められる。また南半部からは無茎の打製石鏃が6点出土しているが，同時に須恵器片や青磁の破片が出土しており撹乱を受けていると思われる。したがってこれらの石鏃が副葬品であると断定はできない。

　7号支石墓の下部では長さ約130 cm，幅約70 cmの長楕円形の凹みがあり，その四隅には凹みの中心に向かって斜めに板石が配置され，西北側の底面には板石が置かれている。これらの板石は棺台や裏込め石と考えられ，埋葬施設は木棺であったと考えられる。

　8号支石墓の下部には東に1個，西に2個の礫が配置されている。これらの礫が棺台だとすれば埋葬施設は木棺であるが，断定はできない。また上石東側の直下からは朝鮮系柳葉式磨製石鏃が4点出土している。

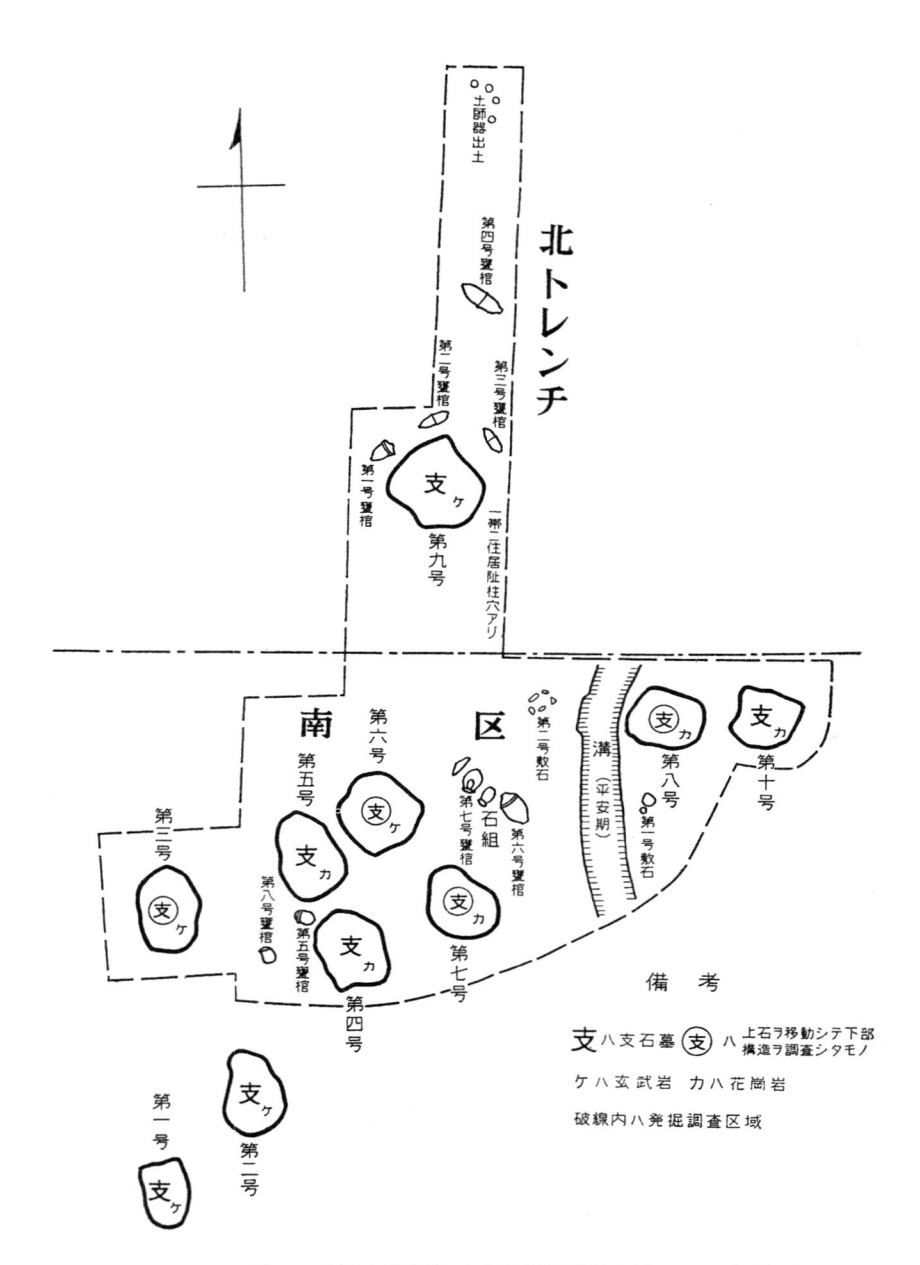

図 85　志登支石墓群（文化財保護委員会編 1956 より引用）

志登支石墓群ではすべての支石墓について下部構造の調査が行われているわけではないが，調査が行われた4基のうちの3基は木棺であると考えられ，同じ糸島地域の長野宮ノ前遺跡や新町遺跡と同様，木棺が埋葬施設の主体をなしていたといえる。支石墓が築造された時期については，小型壺などの時期を特定できる遺物が出土していないのではっきりとは分からないが，8号支石墓から朝鮮系柳葉式磨製石鏃が出土していることから弥生時代前期前半を中心とする時期に形成された支石墓群である可能性が高い。

3. 唐津地方の支石墓

葉山尻支石墓群

葉山尻支石墓群は佐賀県唐津市に所在する。支石墓群は標高20mほどの丘陵の斜面に位置し，1955年までに，支石墓5基と甕棺墓26基の調査が行われている（松尾，1955: 渡辺，1982a: 図86）。ただし後に支石墓に重複して古墳が築造されており，それにともなって破壊された支石墓が何基かあると考えられ，本来はより多くの支石墓が存在したのは確実である。

1号支石墓の下部構造は甕棺であるが，2基の甕棺が上石の下に，2基の甕棺が一部上石の下にかかる状態，さらに2基の甕棺が支石墓に近接して埋設されている。6基の甕棺墓のうち11号甕棺墓をのぞく5基が直立，もしくは倒置状態で埋設されている。甕棺は弥生時代中期前半期のものである。

2号支石墓の埋葬主体も1号支石墓同様甕棺である。甕棺は弥生時代中期前半のものである。3号，4号支石墓の埋葬主体は土壙である。3号支石墓からは夜臼式期の土器片が，4号支石墓からは黒曜石製の打製石鏃1点が出土している。5号支石墓は未発掘であるが，上石直下に板付I式の壺形土器が供献されていた。葉山尻支石墓群のうち調査が行われた1〜5号支石墓はすべて支石を有する碁盤型支石墓である。

甕棺の実測図が公表されていないことなどから，支石墓が築造された時期を明確に比定するのは困難であるが，出土遺物から判断すると葉山尻支石墓群は弥生時代早期から中期前半にかけて営まれた墓地であるといえる。

大友遺跡

遺跡は佐賀県東松浦郡呼子町の標高6〜10mの砂丘上に位置する。1968・70・79・80年の4次にわたる発掘調査で支石墓3基，甕棺墓36基，箱式石棺墓16基，土壙墓29基，配石墓34基，石囲墓17基，敷石墓7基，再葬墓10基の計152基の墳墓が確認されている（呼子町教育委員会，1981）。

3基の支石墓のうち57号墓については下部構造についてまで調査が行われている。57号墓の上石は13個の支石で支えられ，埋葬施設は土壙である。土壙内では仰臥屈葬された人骨が確認された（図87）。頭部付近には赤色顔料が散布されていた痕跡が認められ，人骨の右前腕部にはゴホウラ製貝輪2点，タマキ貝製貝輪1点が装着されていた。この他の遺構からも合計で68点と多量の貝輪が出土している。

116

1号支石墓 2号支石墓

3号支石墓 4号支石墓

0 1 2m

5号支石墓

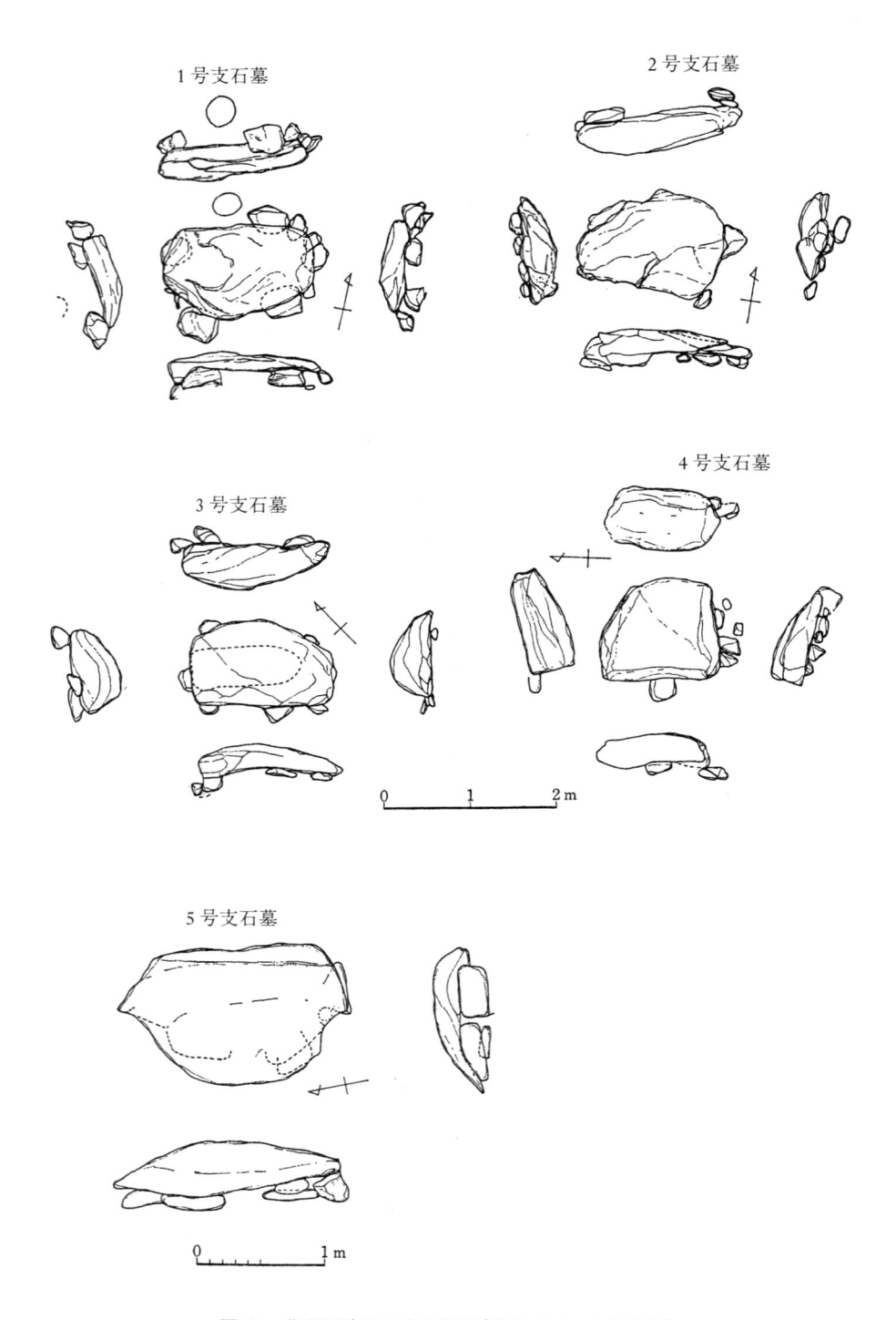

0 1m

図86　葉山尻遺跡の支石墓群(渡辺1982aより引用)

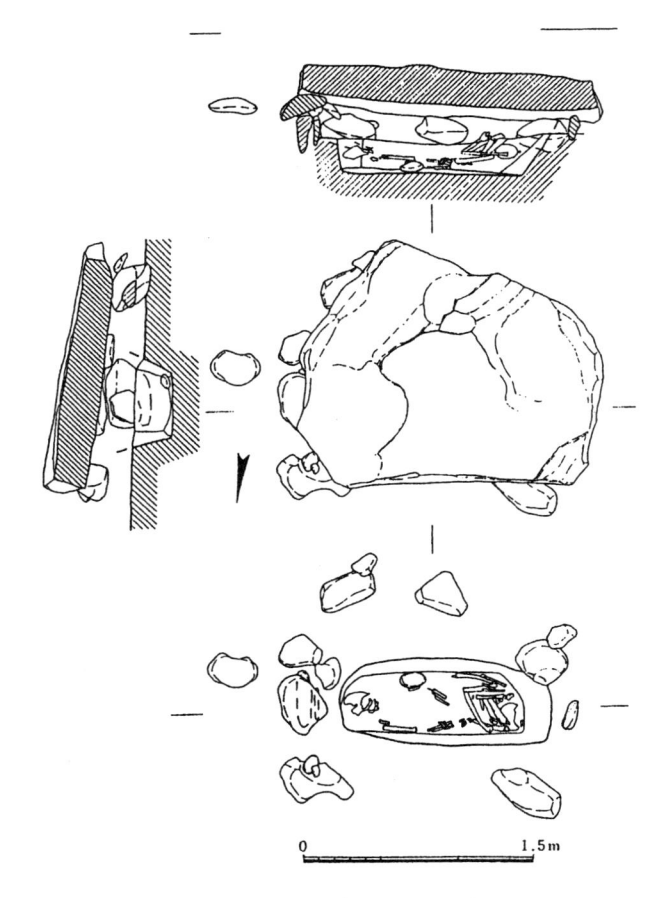

第 3 章　支石墓の出現と展開　　　　　　　　　　　　　　　　　117

図 87　大友遺跡 57 号支石墓(呼子町教育委員会編 1981 より引用)

　大友遺跡では 4 回の調査で合計 130 体近くの弥生時代人骨が出土している。これらの人骨の形質的特徴は西北九州弥生人の特徴(低・広顔で低身長)と類似していることが明らかになっている(松下，1981: pp. 223–53)。

　大友遺跡は弥生時代前期を中心とする時期の墓地であるが，砂丘上という立地条件に恵まれて多量の人骨や貝輪が出土している点が注目される。弥生時代前期の福岡平野は木棺墓を主体とした墓地が形成されるが，大友遺跡では配石墓や石囲墓，敷石墓など縄文的な要素を強く残した埋葬遺構が多いのが特徴的である。

五反田支石墓群

　佐賀県東松浦郡浜玉町五反田遺跡では突帯文期から弥生時代前期の支石墓 4 基と土壙墓 1 基が確認されている(渡辺，1982b: 図 88–1, 2)。支石墓のうち下部構造が明らかになっているのは 2 号支石墓，3 号支石墓，4 号支石墓でいずれも土壙である。4 号支石墓に付随する形で上甕に突帯文(新)式の甕を，下甕に大型壺を用いた覆口式の甕棺墓が検出されている。また 3 号支石墓からは弥生前期

図 88-1　五反田遺跡の支石墓群（渡辺 1982b より引用）

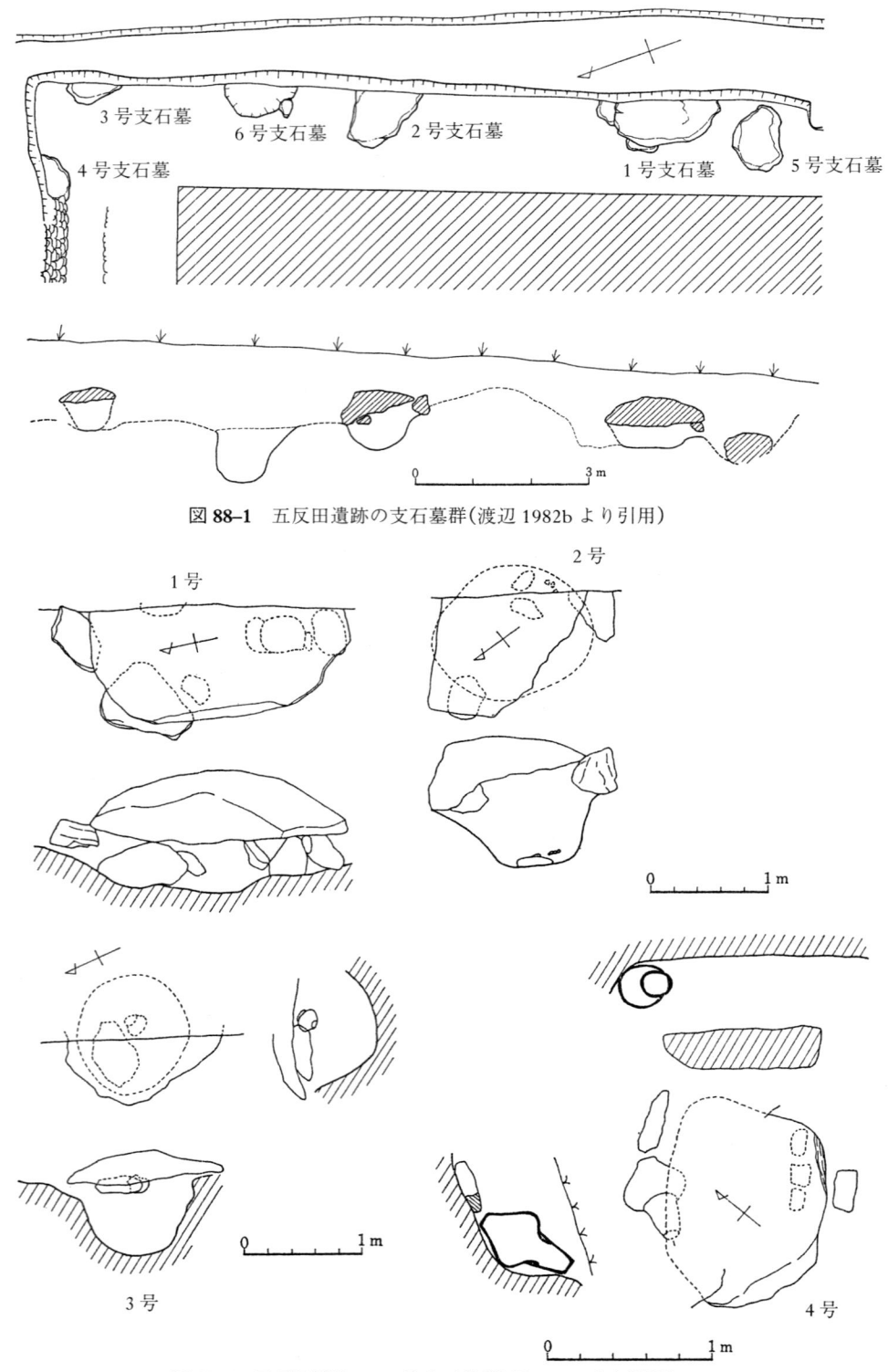

図 88-2　五反田遺跡 1〜4 号支石墓（渡辺 1982b より引用）

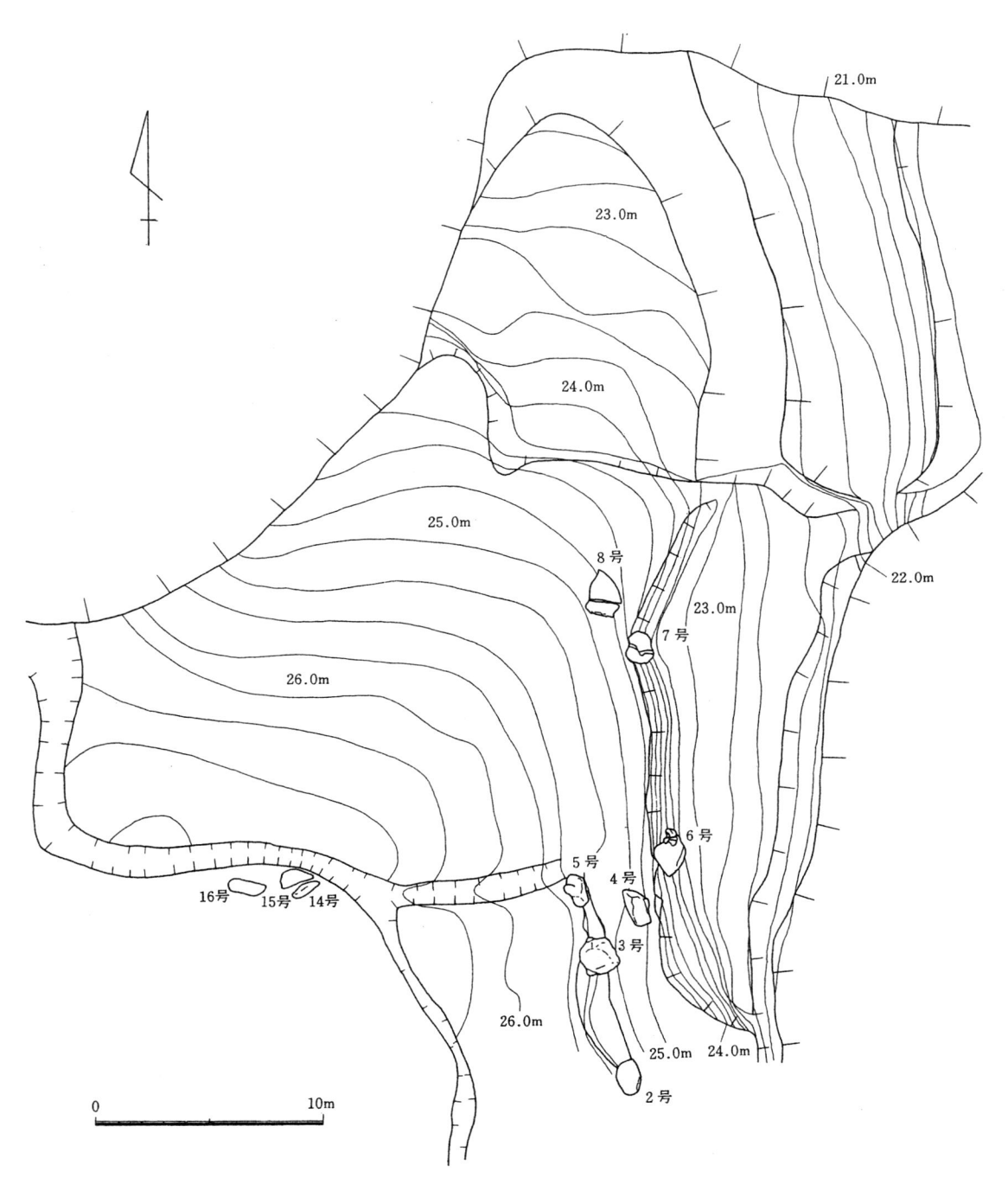

第 3 章　支石墓の出現と展開　　　　　　　　　　　　　　　　　　　　　　　119

図 89　森田支石墓群(九州大学文学部考古学研究室編 1997b より引用)

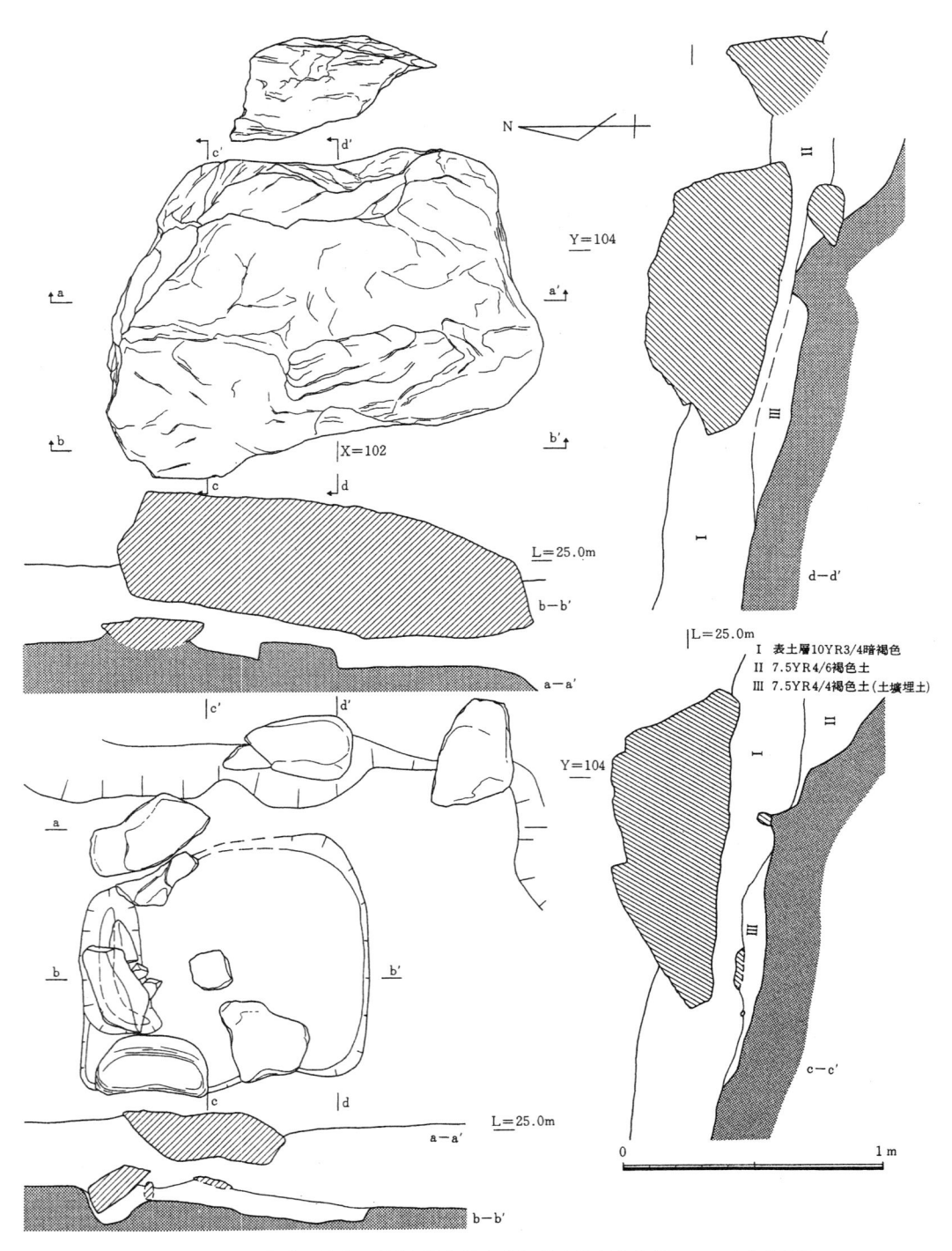

図 90　森田支石墓群 4 号支石墓(九州大学文学部考古学研究室編 1997b より引用)

第 3 章　支石墓の出現と展開

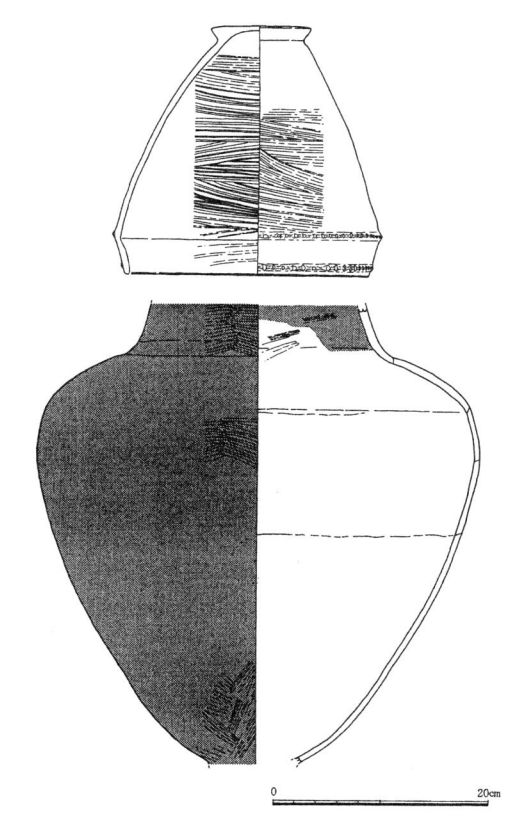

図 91　4 号支石墓に近接する甕棺墓(九州大学文学部考古学研究室編 1997b より引用)

初頭板付 I 式並行の供献小壺が出土した。6 号土壙からも 3 号支石墓と同時期の小型壺が出土しており，弥生前期初頭に比定できる。

森田支石墓

　支石墓群は佐賀県唐津市の南部，夕日山の北東丘陵の端に位置し，付近には宇木汲田遺跡や瀬戸口支石墓群が存在する。

　1965・66 年の九州大学とパリ大学の宇木汲田遺跡の合同調査にともなって，森田支石墓群の調査も実施され，支石墓 16 基と甕棺墓 1 基が確認されている。この調査では 1 号支石墓のみ上石を取り除いて調査が行われ，埋葬主体は土壙であると推測されている。その後 1995 年に九州大学考古学研究室によって 3～8 号支石墓について調査が実施され，そのうち 4 号，8 号支石墓については上石を取り除き埋葬主体の確認が行われた(九州大学考古学研究室，1997b: 図 89)。

　4 号支石墓の埋葬主体は石囲い土壙である(図 90)。また 4 号支石墓に近接して甕棺墓が埋設されていた。上甕は二条の刻目突帯をもつ甕で下甕は丹塗りの大型壺である(図 91)。上甕，下甕ともに夜臼式の古い段階の土器である。4 号支石墓からは副葬品は出土していないが，甕棺墓付近から黒

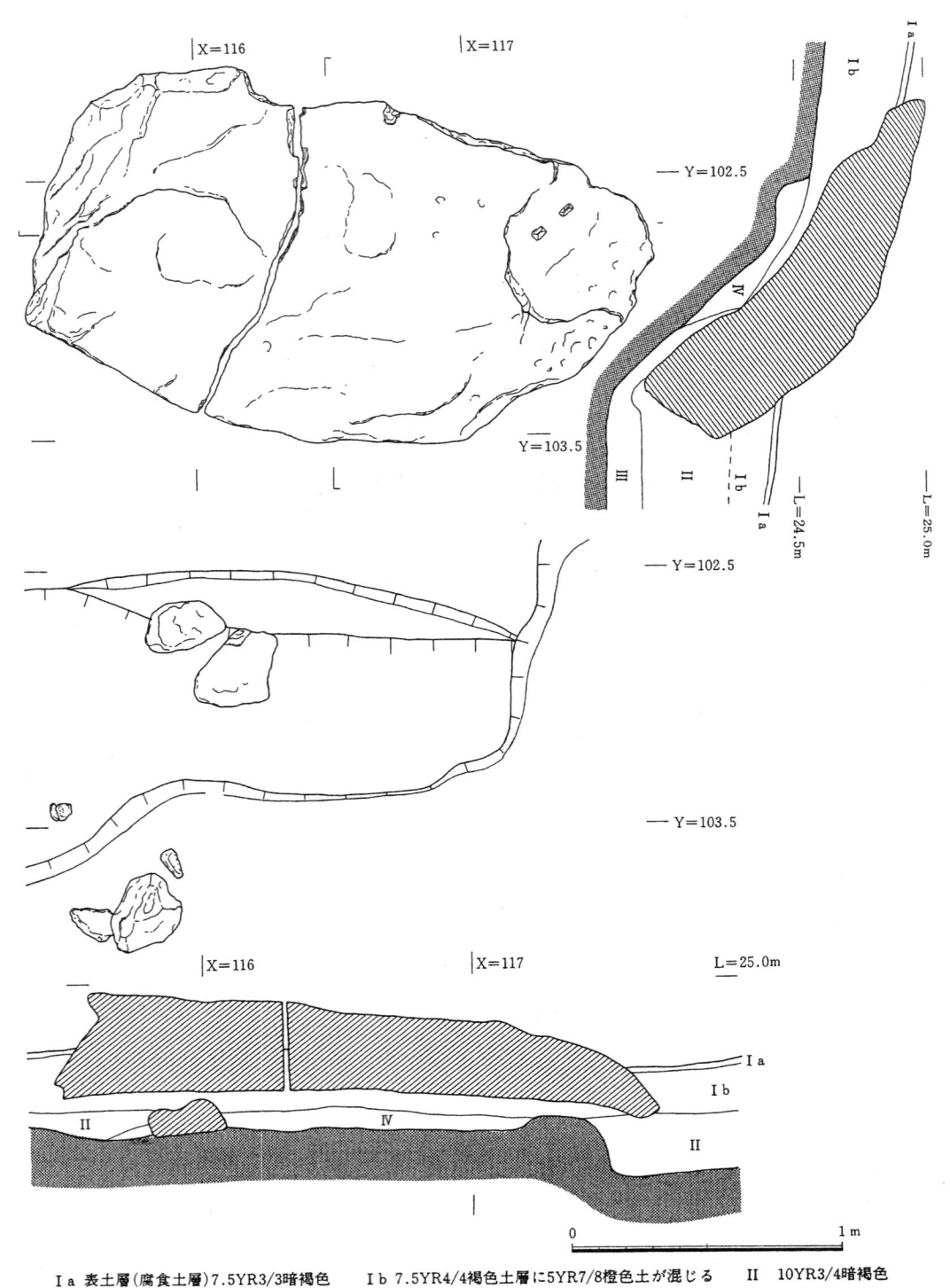

Ⅰa 表土層(腐食土層)7.5YR3/3暗褐色　　Ⅰb 7.5YR4/4褐色土層に5YR7/8橙色土が混じる　　Ⅱ 10YR3/4暗褐色
Ⅲ 10YR5/4にぶい黄褐色　　　　　　　　Ⅳ 7.5YR7/8黄橙色(土壙埋土)

図92　森田支石墓群8号支石墓(九州大学文学部考古学研究室編 1997b より引用)

色磨研の小型壺の破片が出土している。4号支石墓に供献された土器である可能性があるが断定できない。

8号支石墓の埋葬主体は土壙である(図92)。8号支石墓からも副葬品などの遺物は出土していない。

4号支石墓は近接する甕棺墓とほぼ同時期かやや先行する時期に築かれたと考えられる。したがって森田支石墓群は夜臼式古段階期に営まれた墓地である可能性が高い。

4. 長崎県の支石墓

原山遺跡

原山遺跡は島原半島西南部の長崎県南高来郡に所在する。支石墓群は全体でA・C・D、3群の100基以上が存在したと考えられる(森・岡崎, 1960)。A群は開墾によって破壊され現在では1基も

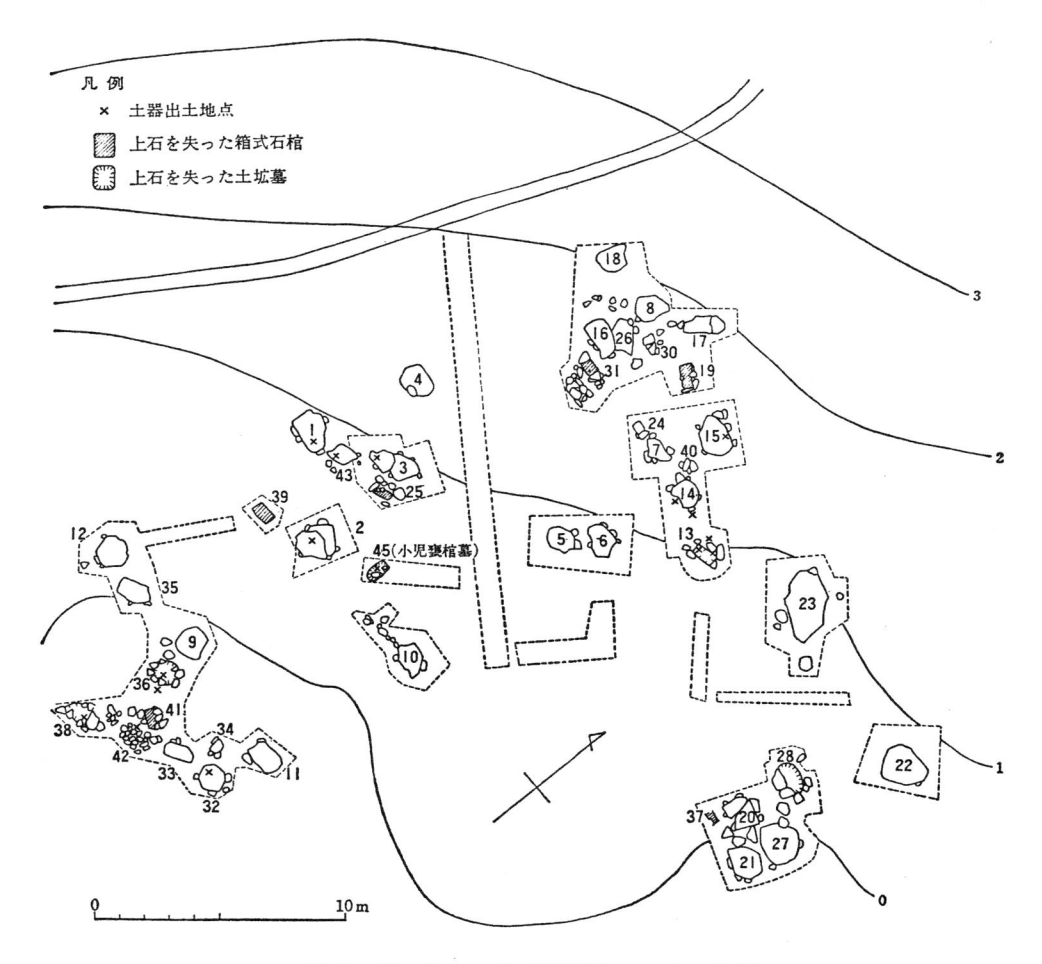

図93 原山遺跡 D群支石墓(森1976より引用)

残存していない。

　C群は1956年に調査が行われ，1号，3号，11号の3基の埋葬遺構が確認された。1号墓は粗製の箱式石棺であり，内部から管玉1点，打製石鏃1点が出土している。3号墓は楕円形の石囲いの土壙で板石によって蓋がされ，蓋の上は礫に覆われていた。墓壙底から打製石鏃が1点出土している。11号墓は石蓋を有する粗製箱式石棺である。1972年に原山遺跡が国の史跡に指定されたときには，6基の支石墓が残存していた。

　D群(地区)は1960年の調査で45基の支石墓が確認されている(図93)。このうち29基で上石が残存していたが，移動しているものがあり，原位置を保っていたのは22基である(森・岡崎，1960)。支石墓の下部構造は箱式石棺が21基，土壙13基，甕棺2基，不明9基で箱式石棺のしめる比率が高い。

宇久松原遺跡

　遺跡は長崎県五島列島最北端の宇久島の砂丘に存在し，1968年，77年，96年に発掘調査が実施されている。

　68年の調査では支石墓2基，甕棺墓7基，箱式石棺墓2基の計11基の埋葬遺構が確認されている。支石墓の下部構造は2基とも土壙である。また両方の支石墓に人骨が残存していた。1号支石墓出土の人骨にはオオツタノハ製貝輪2点，イモガイ製垂飾品1点が装着されていた。また2号支石墓出土の人骨には貝製臼玉66点が装着されていた。7基の甕棺墓のうち4基からは幼・小児の人骨が確認されている。1号箱式石棺墓からは成人と幼児の骨が合葬された状態で出土し，板付I式の小型壺が供献されていた。

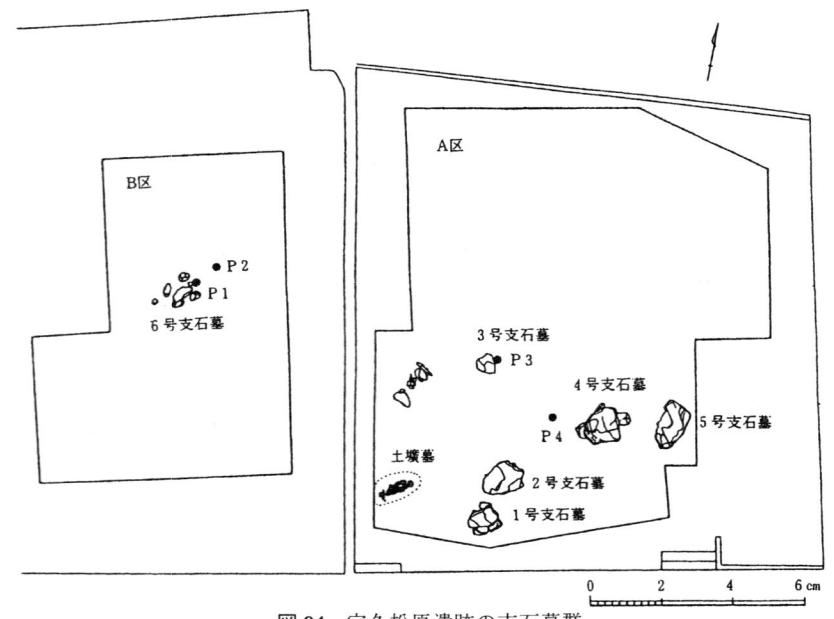

図94　宇久松原遺跡の支石墓群

77年の調査では，甕棺墓20基，石棺墓3基，石蓋土壙墓2基，土壙墓2基が確認されている。甕棺墓は弥生時代前期中頃から後半にかけてのものである。2号石蓋土壙墓には板付IIa式の小型壺が供献されており，弥生時代前期中頃の埋葬遺構であることが明らかである。その他の石蓋土壙墓，土壙墓からは遺構の時期が特定できる副葬品は出土していない。また甕棺墓20基のうちの11基と石棺墓3基，石蓋土壙墓2基，土壙墓2基から人骨あるいは歯が出土しているが，2号石棺墓では幼児1体と成人4体，計5体が合葬されているのが注目される。

96年の調査では支石墓6基と土壙墓3基が確認された(川道，1996: 図94)。1号支石墓の埋葬主体は夜臼式新段階の甕棺である。3号支石墓の埋葬主体は土壙であり，夜臼式期の甕形土器1点が供献されていた。4号支石墓の埋葬主体は土壙である。土壙からは屈葬された人骨が出土し，また支石の間からアワビ貝が出土している。5号支石墓の埋葬主体は土壙であり，屈葬された人骨が出土した。6号支石墓の上石は除去されており，下部構造のみが残存している。埋葬主体は石蓋土壙である。丹塗の小型壺1点と胴部が屈曲した甕形土器1点が供献されていた。いずれも夜臼式古段階の土器であると考えられる。

狸山支石墓

長崎県北松浦郡佐々町に所在する。1957年に森貞次郎と石丸太郎によって7基の支石墓が存在することが確認され，そのうち5号支石墓，6号支石墓について調査が実施された(森，1958: 図95-1, 2)。5号支石墓の埋葬主体は箱式石棺で板石によって蓋がされていた。夜臼式の小型壺の破片が出土している。6号支石墓は上石が取り除かれ，支石と下部構造が残存していた。埋葬主体は5号支石墓と同様箱式石棺である。棺内から翡翠製大珠1点が出土している。

天久保遺跡

1992年に長崎県教育委員会による重要遺跡範囲確認調査によって，夜臼式期から板付IIa式期にかけての貝塚が存在し，この貝塚の北側に支石墓2基と箱式石棺1基，南側に支石墓の上石とみられる巨石2基と石棺2基が存在することが確認された。

1995年に九州大学考古学研究室によって貝塚北側の2号支石墓，3号支石墓と6号石棺の調査が行われている(九州大学考古学研究室，1997a: 図96)。2号支石墓の埋葬主体は箱式石棺である(図97)。石棺内の埋土からは黒色磨研の浅鉢もしくは壺の底部が出土している。3号支石墓の埋葬主体も箱式石棺である(図98)。石棺内の南西隅から碧玉製管玉が15点出土している(図99)。

2号支石墓出土の土器底部と3号支石墓の管玉の形状からみて，2号支石墓，3号支石墓は弥生時代早期に営まれたものと判断される。

小川内支石墓

長崎県北松浦郡江迎町に所在する。1970年に発掘調査が行われ，10基の支石墓が存在することが確認された(坂田，1978: 図100)。支石墓群は標高25～26mの舌状丘陵の先端部に位置する。6号

6号支石墓

5号支石墓

7号支石墓

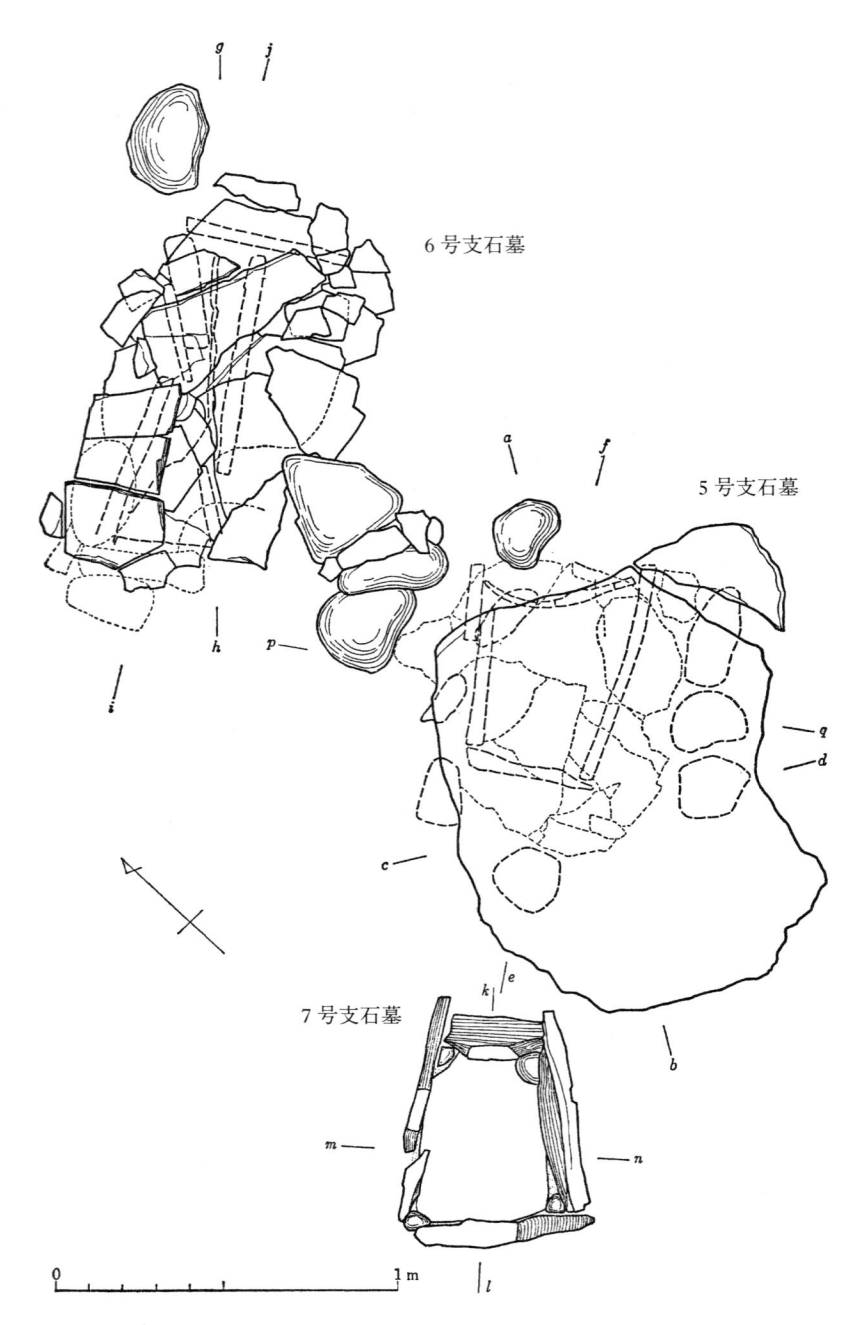

0　　　　　　　　1m

図 95-1　狸山支石墓群 5 号, 6 号, 7 号支石墓平面図 (森 1976 より引用)

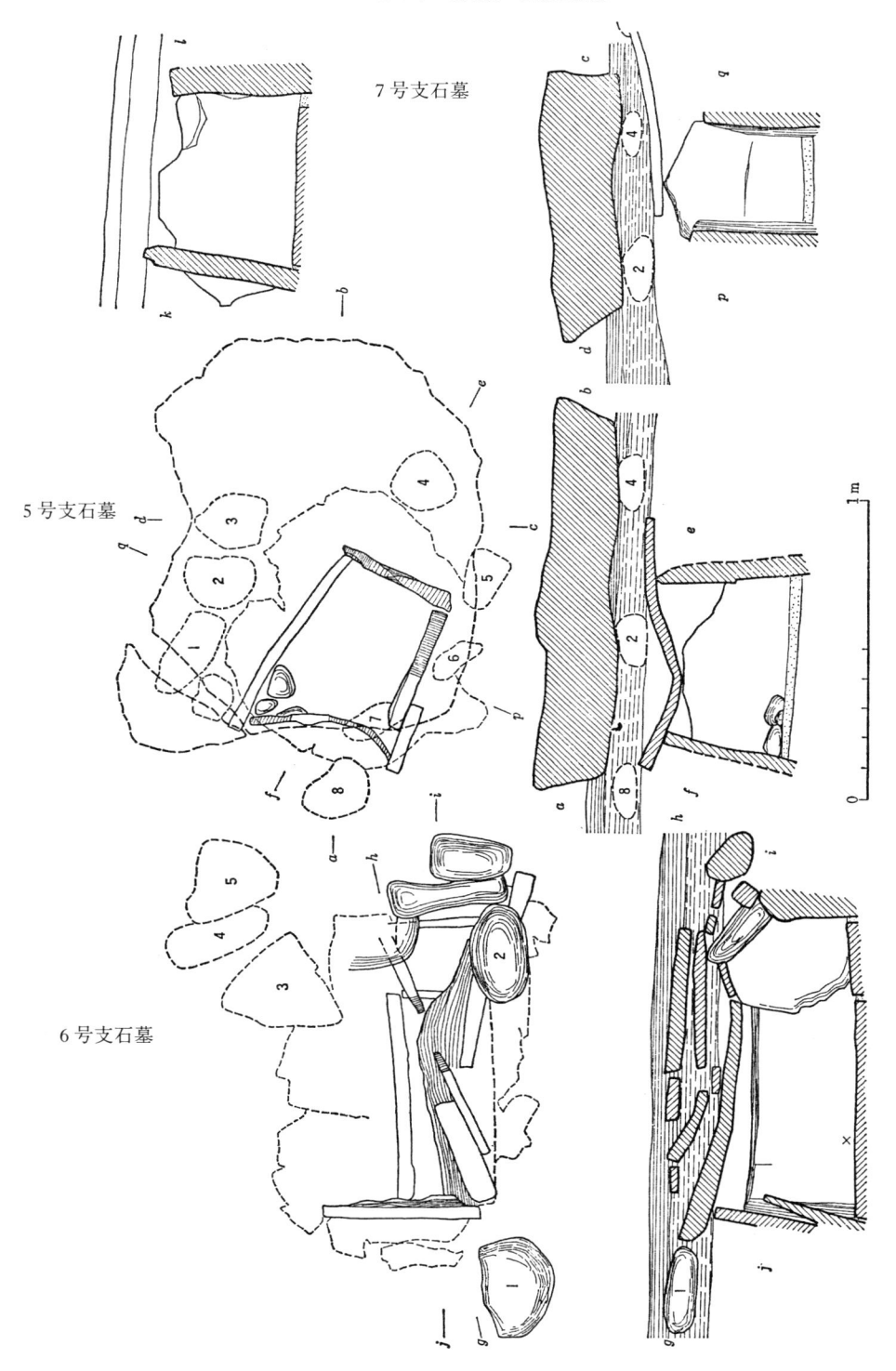

第 3 章 支石墓の出現と展開　　127

図 95–2　狸山支石墓群 5 号, 6 号, 7 号支石墓断面図(森 1976 より引用)

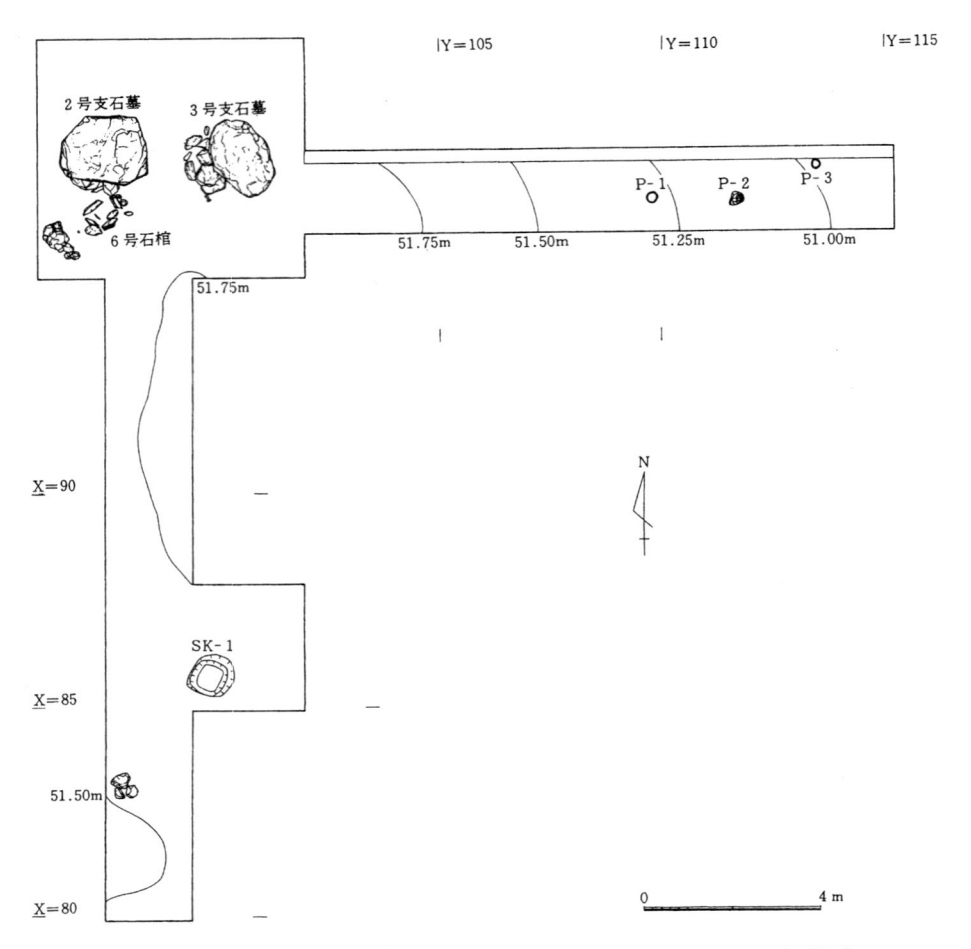

図96 天久保遺跡の支石墓群(九州大学文学部考古学研究室編1997aより引用)

から9号支石墓には上石が残存していたが、1号から5号支石墓と10号支石墓の上石は除去されて6～9号支石墓の上石の上に積み上げられていた。6～9号支石墓の上石の下には支石が配置されていた。

支石墓の埋葬主体は10基すべてが箱式石棺である。箱式石棺の平面プランは方形を呈するもの(1号、8号、10号支石墓)と長方形を呈するもの(2～7号、9号支石墓)がある。また1号、3号、4号、6号、8号支石墓の石棺底面には板石が敷かれている。

3号、4号、6号支石墓からは供献されたと考えられる土器が確認されている。3号支石墓では石棺内の床面付近から甕もしくは鉢形土器の底部破片が、棺外から椀形土器が出土している。4号支石墓では石棺内の床面付近から丹塗りの小型壺が出土している。6号支石墓からもやはり石棺内部の床面付近から鉢形土器が出土している。この他に8号、9号支石墓にも出土土器が認められる。8号支石墓では上石直下の棺内からは底部を欠失した甕形土器が出土している。支石墓に伴っていた供献土器の可能性が高いが断定はできない。9号支石墓の石棺内の埋土からは深鉢の口縁部破片が

第 3 章　支石墓の出現と展開

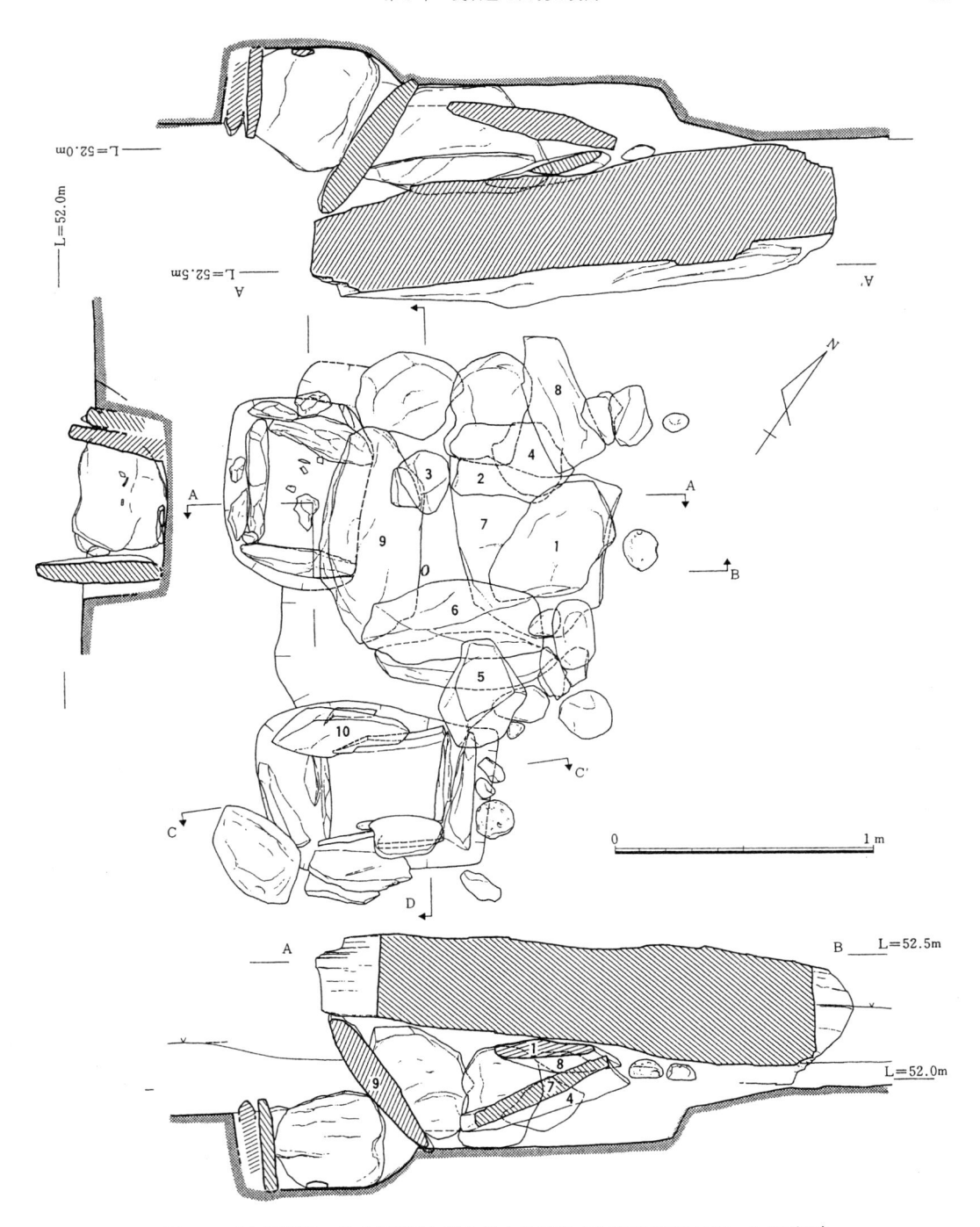

図 97　天久保遺跡 2 号支石墓（九州大学文学部考古学研究室編 1997a より引用）

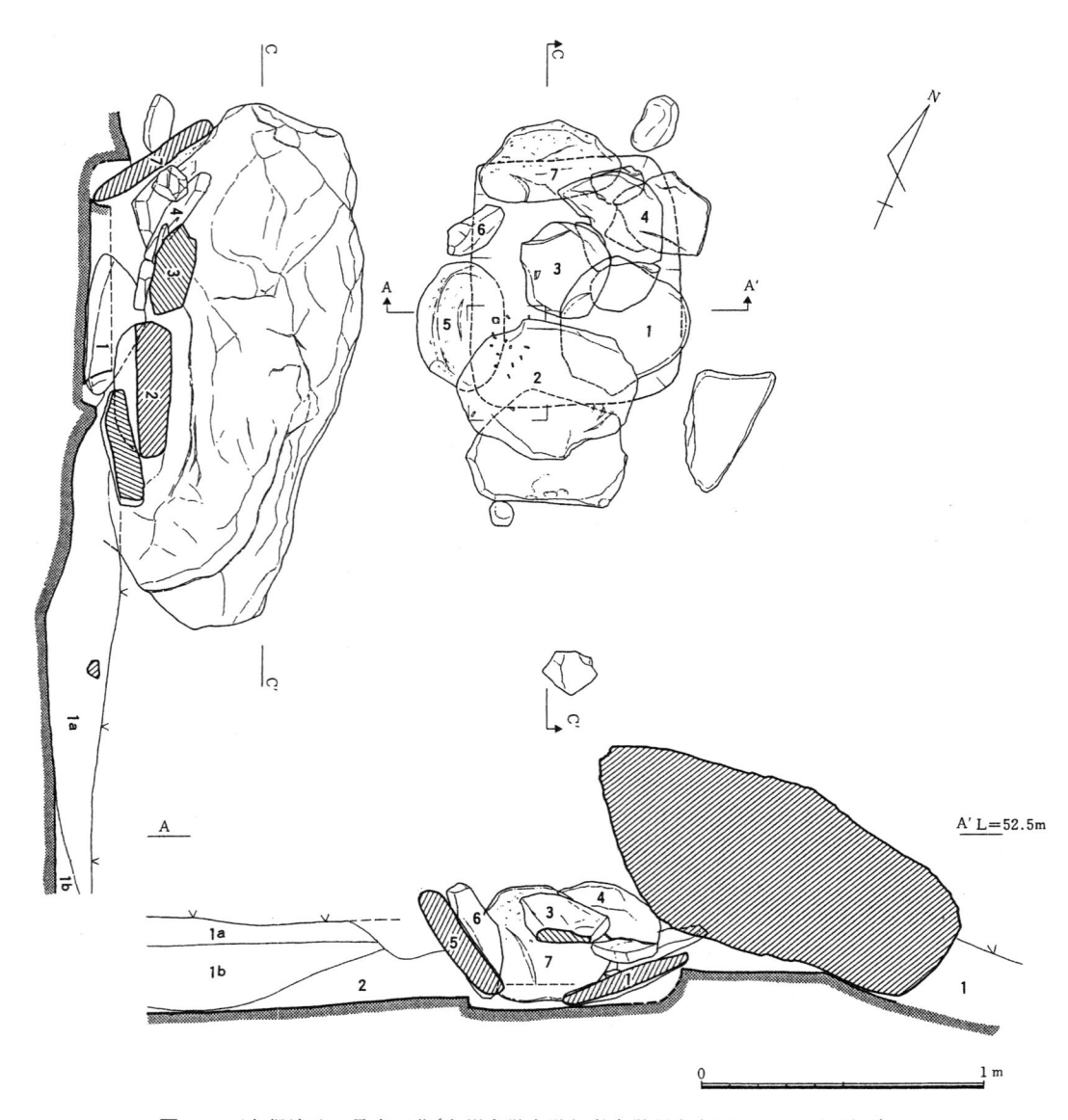

図 98　天久保遺跡 3 号支石墓（九州大学文学部考古学研究室編 1997a より引用）

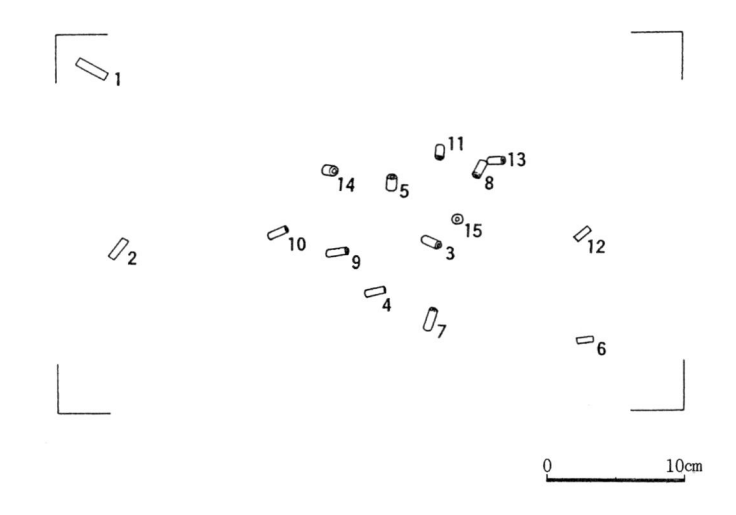

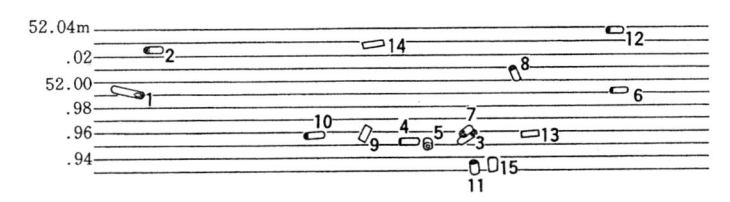

第3章 支石墓の出現と展開   131

図99 3号支石墓石棺内の管玉の出土状況(九州大学文学部考古学研究室編 1997a より引用)

出土している。

　9号支石墓出土の土器片を除く土器はすべて突帯文土器期の古段階の特徴を有しており，小川内支石墓群が形成された時期は突帯文土器期の古段階であると考えられる。9号支石墓出土の口縁部破片は突帯文期に先立つ縄文時代晩期初頭の深鉢の口縁部であり，流れ込みであると考えるのが妥当であろう。

　以上のことから，小川内支石墓群は原山遺跡の支石墓群と同様，日本に支石墓が出現した段階の初現期の支石墓群であると判断される。

5. 熊本県の支石墓

藤尾支石墓群

　熊本県菊池郡旭志村に所在する。1957年に坂本經堯によって調査が行われ支石墓10基，甕棺墓2基，積石墓4基が確認されている(坂本，1959)。支石墓の埋葬主体は石囲いが6基，土壙が3基，甕棺が1基である。甕棺の型式は弥生時代中期後半の黒髪式である(図101)。

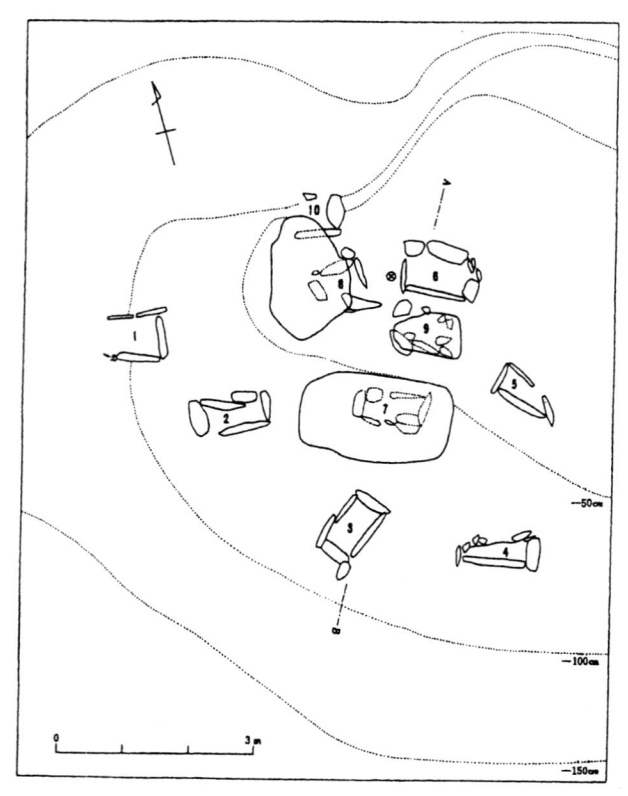

図 100　小川内支石墓群（坂田 1978 より引用）

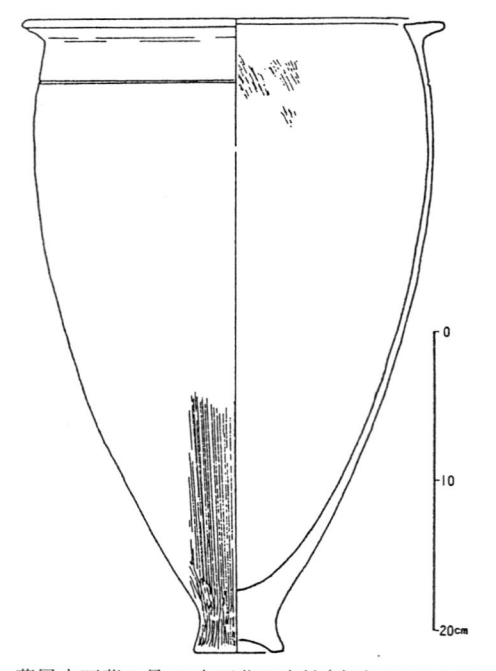

図 101　藤尾支石墓 1 号 B 支石墓の甕棺（島津 1997 より引用）

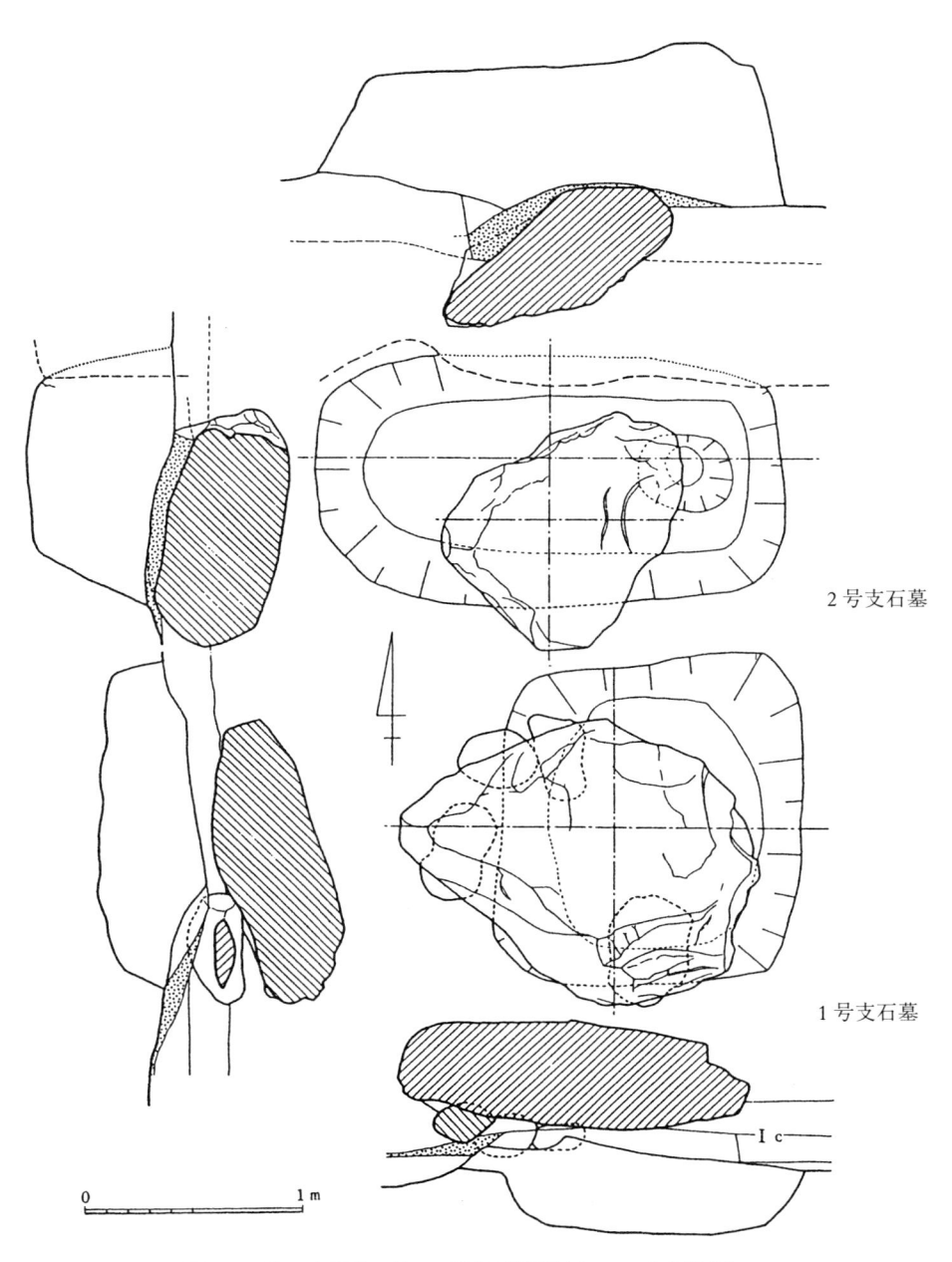

第 3 章　支石墓の出現と展開　　　　　　　　　　　　　　　　　　　　　133

図 102　梅ノ木遺跡 1 号，2 号支石墓（島津 1997 より引用）

梅ノ木支石墓

熊本県菊池郡菊陽町に所在する。1982年に圃場整備事業にともない調査が実施された。

その結果2基の支石墓が確認されている(桑原，1979)。2基の支石墓は隣接しており埋葬主体はともに土壙である(図102)。2号支石墓の土壙内からは歯が出土している。

以上代表的な支石墓について概観してきたが，日本における支石墓の分布は唐津地方，糸島地方，佐賀平野の3地域を主として，長崎県北部の玄界灘沿岸地域，島原半島，熊本県北部の菊池川流域に広がる。したがって支石墓は，福岡県西部，佐賀県，長崎県，熊本県北部の西北九州地域にのみ分布する墓制であるといえる。また支石墓が存続する時期は，糸島地方では弥生時代前期中頃まで，唐津地方や佐賀平野では弥生時代中期前半まで，長崎県北部と島原半島周辺の地域では弥生時代前期前半までであり，基本的には中期中頃以降には消滅するといえる。

つぎに構造について言及すると，日本の支石墓に卓子式はみられず，すべて碁盤式である。大別すると，支石をもつタイプと支石をもたずに埋葬主体の上に直接上石をのせるタイプの2つに分類可能である。次節で具体的な分析を行っているが，長崎県北部や島原半島周辺地域，佐賀平野では埋葬主体である箱式石棺や石蓋土壙の上に直接上石をのせたタイプが多くみられるのに対して，糸島地方では支石の上に上石をのせたタイプが多くみられるという地域差が存在する。

第3節　支石墓の下部構造にみられる地域差

日本の支石墓は朝鮮半島南部の支石墓を祖型とするが，下部構造には大きな相違が認められることが知られている。森貞次郎は日本の支石墓の下部構造に最も普遍的にみられるものは箱式石棺と土壙であるとし，箱式石棺には長方形のものと方形のものとがあるがそのほとんどがきわめて小型であり，縄文文化の屈葬の風習を引き継いでいると指摘した(森，1976: pp. 63-5)。ここでは，時期比定が可能な支石墓の下部構造について検討を加えた。対象とする支石墓は佐賀平野，唐津地方，糸島地方，長崎県北部に分布するものである。対象とする時期は弥生時代開始期から中期までであり，1期(弥生時代開始期)，2期(弥生時代前期)，3期(弥生時代中期)の3期に区分した。

1期の地域ごとの支石墓の下部構造についてまとめたものが表54と図103である。佐賀平野では土壙の上に板石で蓋をした石蓋土壙のしめる割合が非常に高いのに対して，長崎県北部地域では箱式石棺，糸島地方では木棺や甕棺がしめる割合が高いというように，地域間で明瞭な差が認められる。この時期の支石墓が多くみられる地域である島原半島周辺の遺跡では，はっきりとした時期比定が可能な支石墓が少なかったため，ここでの検討に含めていないが，主に弥生時代開始期の支石墓が主体をなすとみられる原山遺跡では下部構造が確認できた54基の支石墓のうち30基が箱式石棺であり(安楽，1997)，長崎県北部地域と同様，箱式石棺が埋葬主体の中心であるのが特徴である。

つぎに2期の地域ごとの支石墓の下部構造についてみてみると(表55，図104)，佐賀地域では1期同様石蓋土壙の比率が高いが，甕棺もみられるようになる。糸島地方でもやはり1期と同様木棺の

第 3 章　支石墓の出現と展開

表 54　支石墓の埋葬主体(1 期)

遺跡名	地域	石蓋土壙	土壙	石囲い土壙	箱式石棺	木棺	甕棺
久保泉丸山	佐賀	27	1				
香田	佐賀	1					
戦場ヶ谷	佐賀	1					
黒土原	佐賀	1					
葉山尻	唐津		1				
五反田	唐津		2				
森田	唐津			1			
長野宮ノ前	糸島		1			4	2
石崎曲り田	糸島		1				
新町	糸島						1
三雲加賀石	糸島		1				
宇久松原	西北九州		2				1
小川内	西北九州				3		
天久保	西北九州				1		

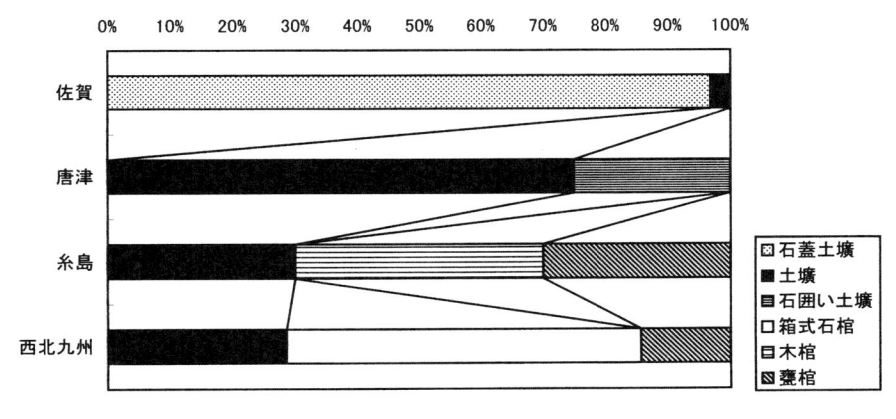

図 103　支石墓の埋葬主体(1 期)

表 55　支石墓の埋葬主体(2 期)

遺跡名	地域	石蓋土壙	土壙	木棺	甕棺
久保泉丸山	佐賀	9	2		
礫石 B	佐賀	5			2
南小路	佐賀				1
新町	糸島			7	
井田用会	糸島		1		
四反田	西北九州				1

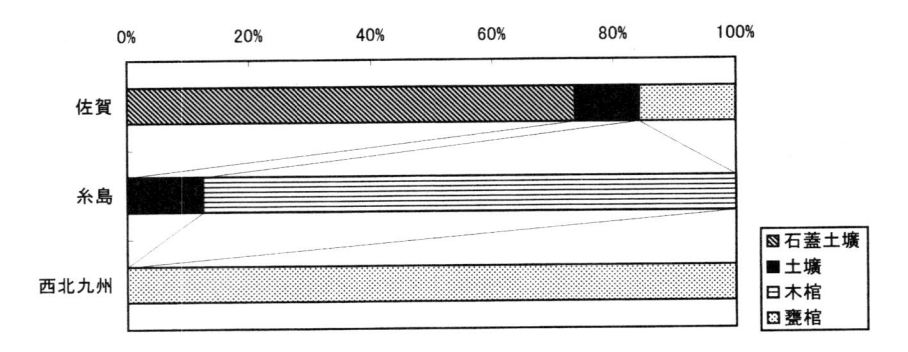

図104 支石墓の埋葬主体(2期)

しめる割合が高い。長崎県北部地域では確実に2期に属すると判断できる支石墓は，佐世保市四反田遺跡の甕棺を埋葬主体とする1基のみである。唐津地方では確実な時期比定が可能な，この段階の支石墓はみられないため，検討に加えていない。佐賀平野，糸島地方では埋葬主体の基本的な傾向は前段階と同じものであるが，2期になると，成人用の大型棺が支石墓の埋葬主体として使用されるようになるという違いがみられる。

　3期になると，それまで支石墓が分布していたほとんどの地域において支石墓が大きく減少し，中期中頃にはほぼ消滅する。そのため対象となる資料が少なくグラフによる図化は行わなかったが，唐津地方の葉山尻遺跡や佐賀平野の南小路遺跡では埋葬主体に甕棺を用いた支石墓が，糸島地方の石ヶ崎遺跡では箱式石棺を用いた支石墓が確認されている(渡辺，1982a：木下，1974：原田，1952)。

　以上支石墓の下部構造の変遷について概観したが，その結果，支石墓の下部構造にみられる地域差は，支石墓が導入された初期の段階ですでに存在していたことが明らかになった。このような地域差が異なる集団による多系的な伝播を示すのか，それとも各地域の在地の集団の選択に基づくものなのかが問題になるが，支石墓から出土した人骨が判断の材料となる。糸島地方の福岡県新町遺跡では9号墓と19号墓，24号墓からこの時期の人骨が出土しているが，9号墓出土の熟年男性の人骨は低顔で鼻根部の陥凹や鼻骨の彎曲が強いという縄文人的な特徴をもっている。19号墓から出土した2体の人骨のうち，後から埋葬された19-1号人骨も低顔で鼻根部の陥凹が強いという縄文人的な特徴を示している。さらに24号墓出土の人骨も低顔，広鼻と縄文的な特徴を示している(中橋・永井，1987)。

　このような人骨の特徴から，支石墓は必ずしも渡来集団の人々が埋葬された墓であるとはいえず，むしろ縄文時代晩期以来の各地域の集団が朝鮮半島の墓制である支石墓を取り入れたと判断するべきであろう。

第4節　結　語

　3章では，支石墓について地域ごとに代表的な遺跡をあげながら論じたが，その結果つぎのよう

なことが明らかになった。

　突帯文(古)式・(新)式段階の墓制は成人用の埋葬施設では支石墓，土壙墓，木棺墓，乳幼児用の埋葬施設は甕棺墓を主体とするものである。支石墓の分布範囲は糸島，唐津，佐賀平野が中心であり，福岡平野，福岡内陸地方には分布しない。早良平野は支石墓の分布範囲に含まれる可能性があるが，現在のところ確実に支石墓であると確認された例はみられない。支石墓の下部構造についてみてみると，糸島，唐津では土壙と木棺が一般的であるのに対して，佐賀平野では土壙，木棺に加えて石蓋土壙が多く認められることが指摘でき，玄界灘沿岸の地域との間に差がみられる。日本の支石墓は朝鮮半島南部の支石墓の影響を受けて成立したものであるが，上石が朝鮮半島のものと比較して小型であること，下部構造である埋葬施設に縄文的な要素がみられることなど相違点がある。

　福岡県新町遺跡や佐賀県大友遺跡では支石墓から縄文人的な形質をもった人骨が出土しており，渡来的な文化要素を在地の縄文集団が受け入れた様子がうかがえる。上述したように，支石墓自体が小型であること，副葬品に階層差がみられないことなど，朝鮮半島南部の支石墓に比較すると細かい点で差異が認められることから，本間元樹が指摘しているように(本間，1991)，日本の支石墓は朝鮮半島の支石墓の上部構造のみを模倣したものであるといえるだろう。埋葬主体である下部構造については，各地域の集団がそれぞれ異なった取捨選択を行ったことにより，地域差が認められると考えられるのである。

第4章

墓地空間構造の検討

　埋葬のもつ第一義的な機能は遺体の物理的な処理であるといえるだろう。それに加えて、埋葬という行為を通じて死の社会的な認知がなされるという側面が存在する。誰が、どのような構造の墓に、どのような方法で埋葬されたのか？　副葬品を伴うのか伴わないのか？　副葬品を伴うとすればどのような種類のものがどれだけ副葬されているのか？　このような墳墓に含まれるさまざまな属性には社会構造や社会関係、そして被葬者の死がいかなる形で社会的に認知されたのかといった問題が何らかの形で投影されている。したがって、埋葬行為は人間が実践する諸行為のなかでもとりわけ社会的な行為であると考えることができる。そして現在にいたるまで、墓制研究が考古学研究において常に重要な位置をしめてきたのは、埋葬行為が有するこのような社会的行為という特徴が多くの研究者に注目されてきたからであろう。このような墳墓自体に含まれるさまざまな属性に加えて、多くの墳墓が集合した墓地の空間構造もまた重要な考古学的データとして数多くの研究に利用され、特に社会構造を復元する大きな拠り所とされてきた。第4章では区画墓・墳丘墓・列埋葬墓を対象として墓地空間構造の検討を行い、そこにどのような社会関係が表示されているかについて論を進めることにする。

第1節　区画墓・墳丘墓

　北部九州の弥生時代の墓地には区画内に墳墓が埋葬される例が知られている。それらの区画の多くは長方形あるいは正方形であり、区画内には少ないもので10基前後、多いものでは60基近くの墳墓が埋葬されている。北部九州にも区画墓・墳丘墓が存在することが認識されるようになったのは1980年代に入ってからであり、したがって本格的な研究の進展も比較的最近のことである。吉留秀敏は区画墓・墳丘墓をその規模によってS（150 m²以下）、M1（200〜500 m²）、M2（500〜1,000 m²）、L（1,000 m²以上）の4類に区分し、前期前葉から存在するS・M1タイプと中期前葉に出現するM2タイプ、中期後葉に出現するLタイプという時期的な変遷を指摘した（吉留, 1989）。さらに各タイプの埋葬主体の数について言及し、埋葬主体が比較的少ないSタイプ、数十基のM1タイプ、中心主体が明確で埋葬主体の数が多いM2タイプ、墓域の中心部に1, 2基の埋葬主体が設けられ特定個人墓としての性格を有するLタイプという相違を指摘した。

　これらの区画墓は墳丘や周溝のように何らかの施設をもつものともたないものがあるが、調査時にははっきりとした墳丘の痕跡が残っていなかった区画墓の多くにも、本来墳丘が存在していたとの

指摘もある(吉留, 1989)。しかしここでは明確に墳丘が確認された墓地のみを墳丘墓として扱い、それ以外は区画墓として論じることにする。

1. 区画墓

長野宮ノ前遺跡

福岡県前原市の長野宮ノ前遺跡では1987年に行われた調査で、弥生時代早期の支石墓3基、土壙墓20基、木棺墓16基の計39基の埋葬遺構が確認されている(岡部, 1989: 図83)。各埋葬遺構の詳細については3章ですでに述べているのでここでは省略する。一部の墳墓に例外がみられるが、基本的に墓の主軸は東西方向であり、これらの埋葬遺構は南北20m、東西15mほどの長方形の区画内に埋葬されている可能性が高いと考えられる。

長野宮ノ前遺跡にこのような墓地の空間構造がみられるということは、弥生前期以降にみられる方形区画の空間構造が弥生時代早期にはすでに存在していた可能性を示している。

剣塚遺跡

遺跡は福岡県筑紫野市に所在し、丘陵の頂部に位置する。弥生時代の墓地の上に前方後円墳が築かれていたため、弥生時代の埋葬遺構の破壊が著しいが、概要をうかがい知ることは可能である。埋葬遺構は木棺墓6基、甕棺墓17基、土壙墓2基が検出されている(中間, 1978: 図105)。後述する吉武樋渡遺跡では弥生時代中期の墳丘を利用して前方後円墳が築造されていることから、剣塚遺跡も墳丘を有していた可能性が高い。墳墓は一辺約15mの方形区画内に埋葬されていることから、墳丘墓であったとするならば、墳丘の規模もこの区画とほぼ同程度でそれを大きく上回ることはないと思われる。

中・寺尾遺跡

福岡県大野城市の中・寺尾遺跡では1970年に1次調査が、1976年に2次・3次調査が行われた。その結果、1次調査地点Ⅰ区で甕棺墓21基、土壙墓12基、Ⅱ区で甕棺墓9基、土壙墓54基が、2次調査地点で甕棺墓26基、土壙墓20基、石棺墓1基が確認されている(浜田・酒井, 1971; 馬田, 1977: 図106・107)。吉留秀敏は1次調査Ⅱ区の墳墓群と2次調査地点の墳墓群に方形区画が認められると指摘している(吉留, 1989)。1次調査Ⅱ区では東西、南北とも20m前後のほぼ正方形の区画内に甕棺墓、土壙墓が埋葬されている。2次調査地点では東西15m、南北16mほどの正方形に近い方形区画内に甕棺墓、土壙墓が埋葬されている。

蒲田遺跡A地区1地点

遺跡は、福岡市東区の多々良川流域に位置する。A地区1地点は3辺を周溝で区画された方形区画の墓域であり、区画内では甕棺墓7基、土壙墓4基が検出されている(図108)。甕棺墓は弥生時代中期中頃から後期初頭にかけてのものである。墓域の中央付近に位置する2号甕棺墓には積石状の

第 4 章　墓地空間構造の検討

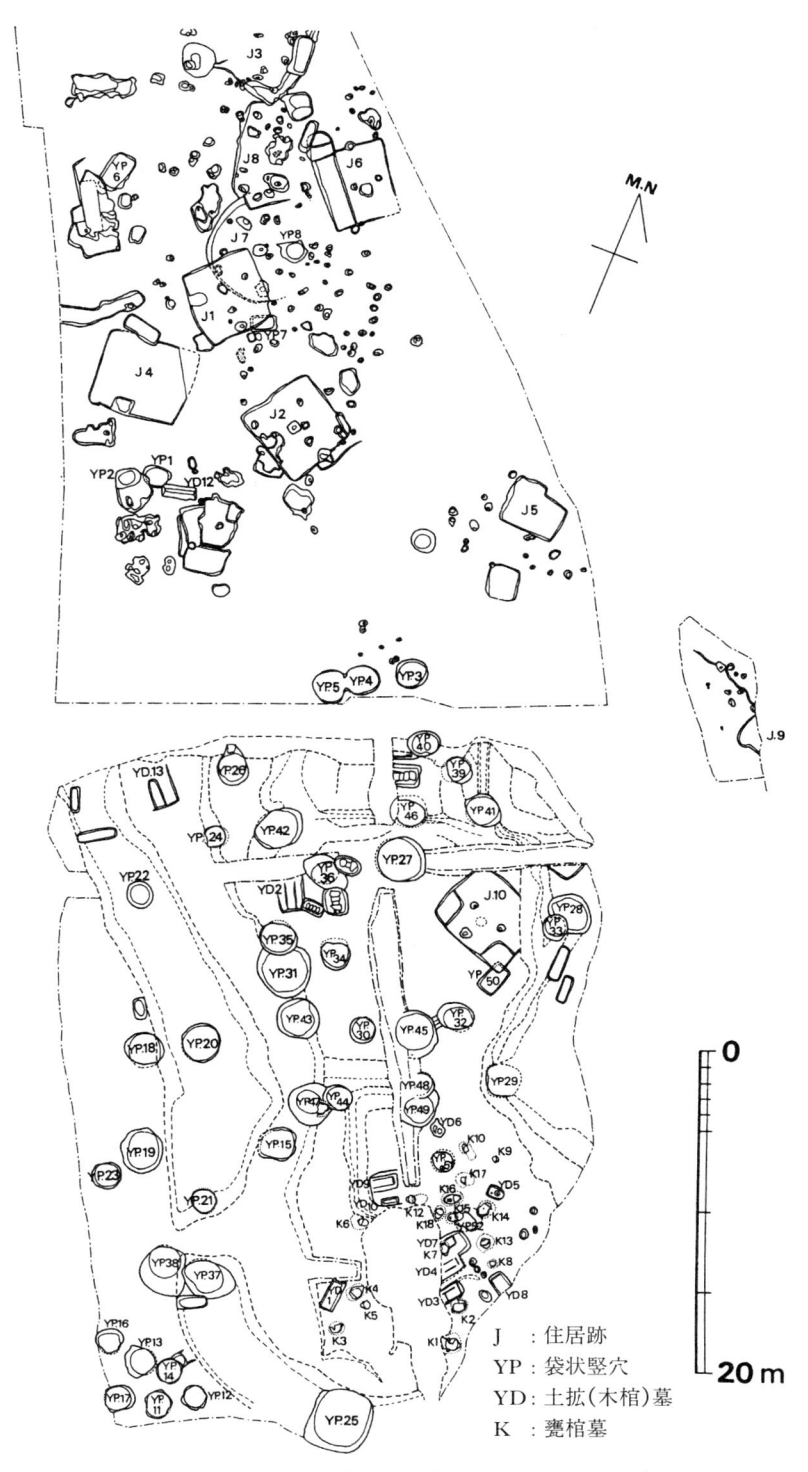

J　：住居跡
YP：袋状竪穴
YD：土拡（木棺）墓
K　：甕棺墓

図 105　剣塚遺跡（中間編 1978 より引用）

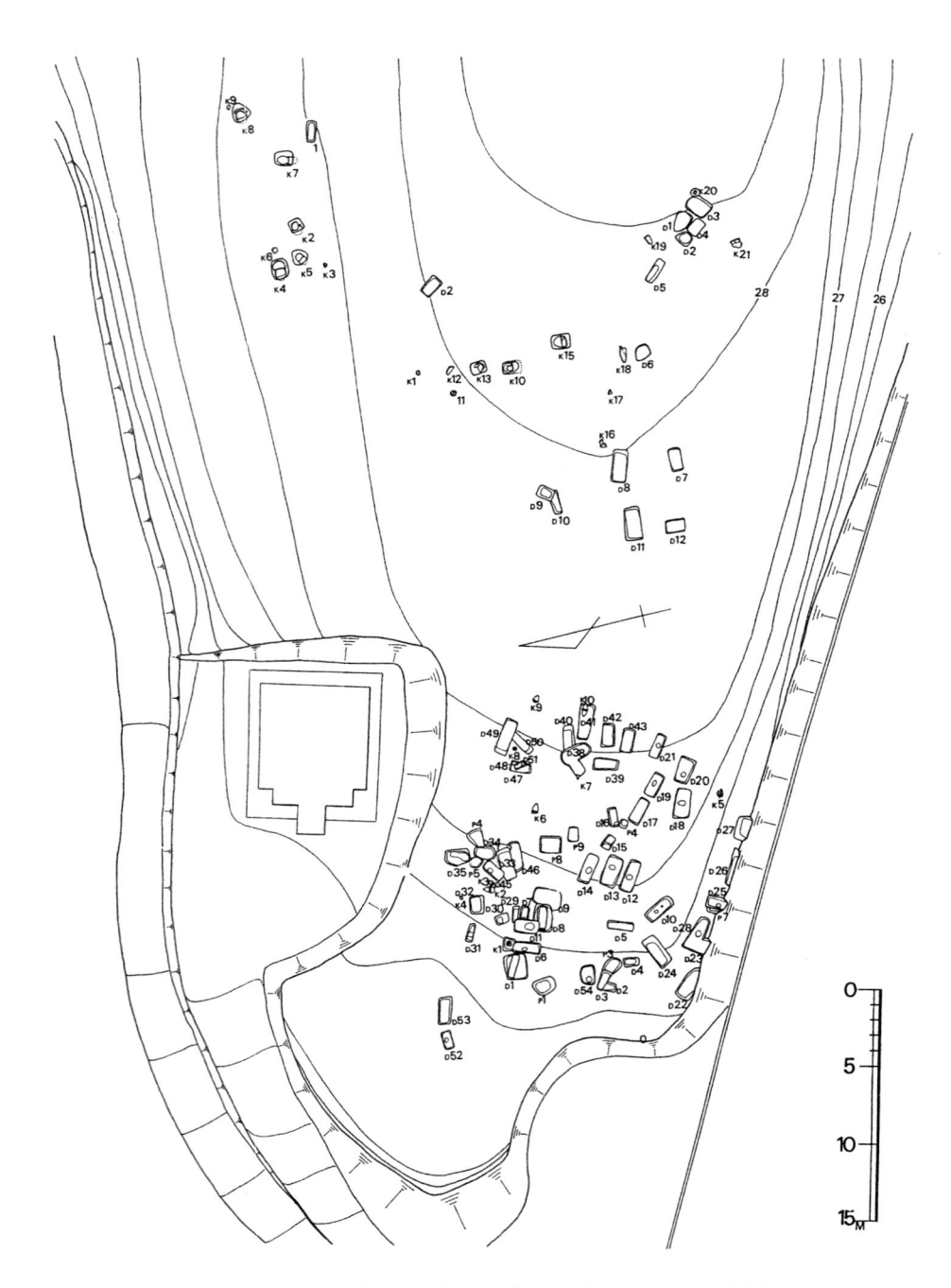

図 106　中・寺尾遺跡 1 次調査区(濱田・酒井編 1971 より引用)

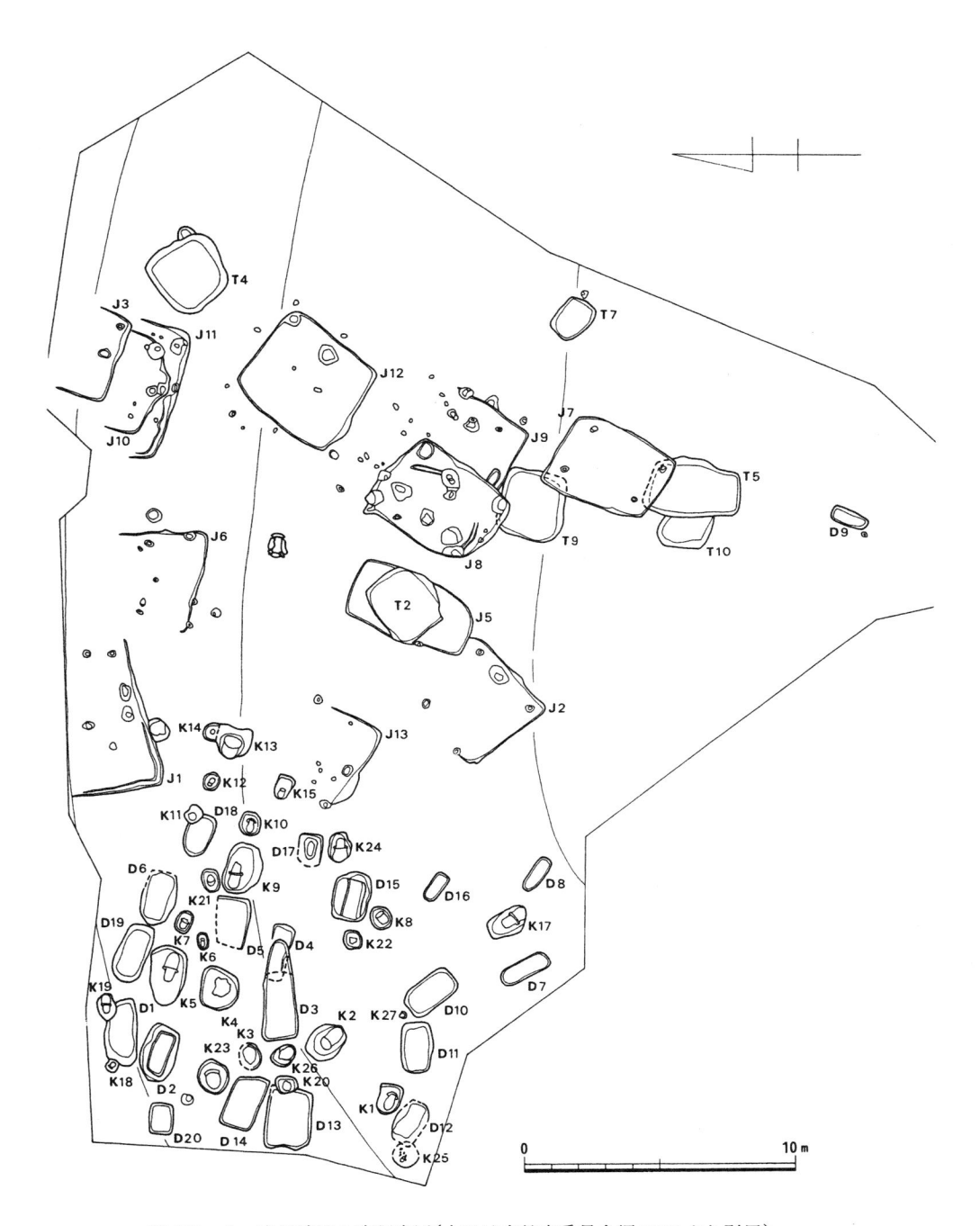

図 107　中・寺尾遺跡 2 次調査区（大野城市教育委員会編 1977 より引用）

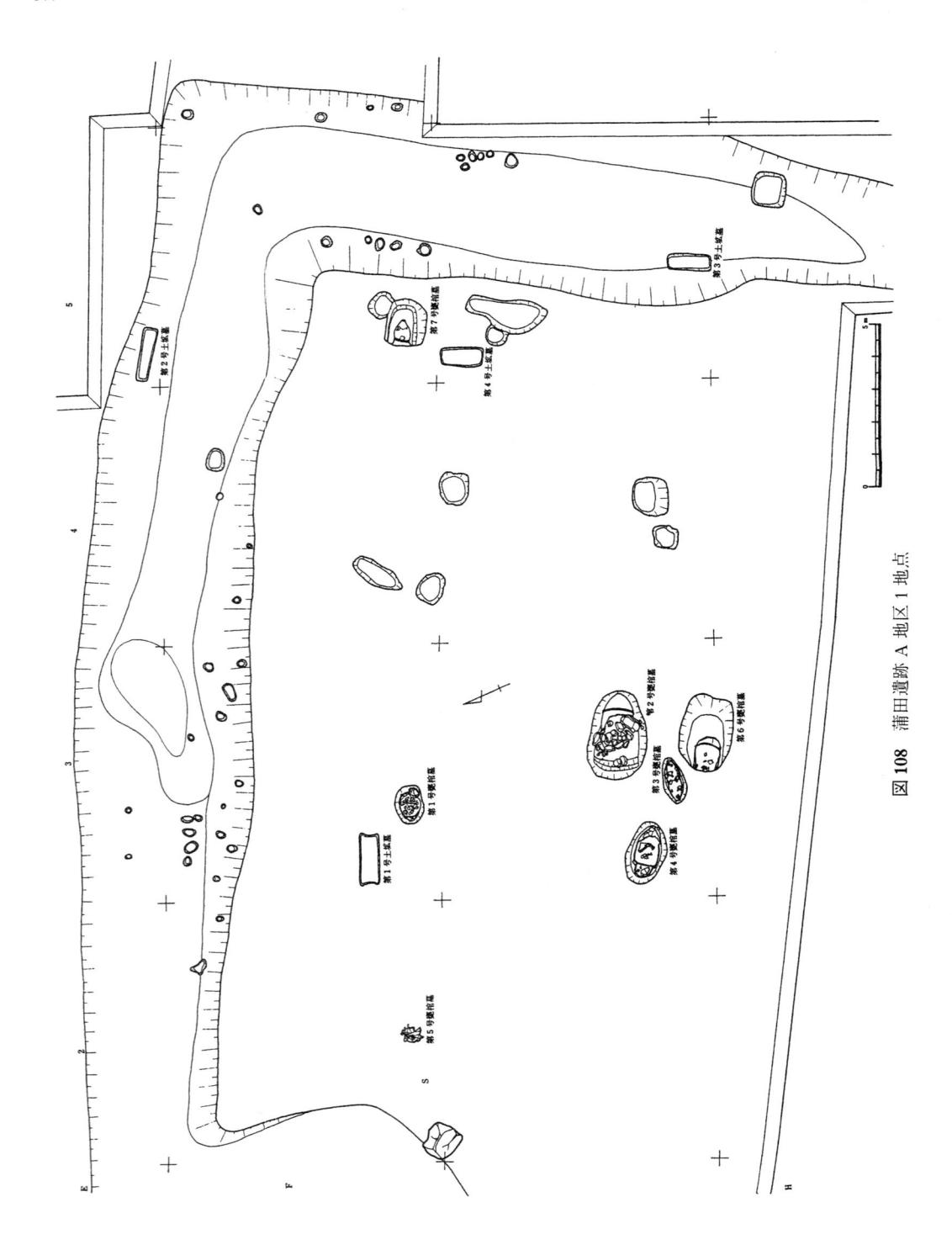

図 108 蒲田遺跡 A 地区 1 地点

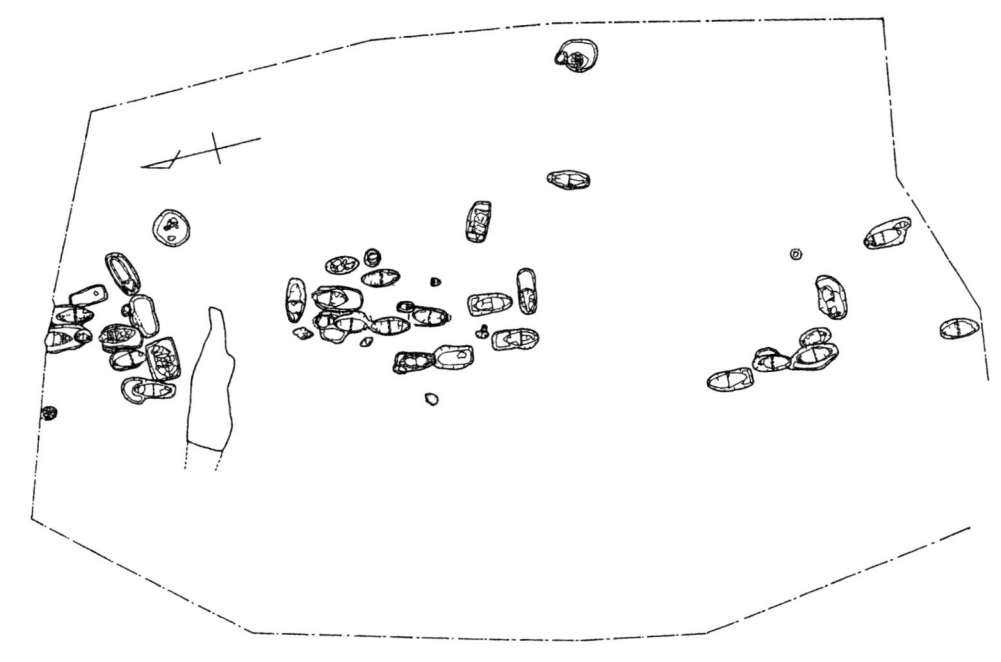

第 4 章　墓地空間構造の検討　　　145

図 109　権現塚北遺跡 2 地点（川述編 1985 より引用）

遺構が確認されている（飛高ほか，1975）。

権現塚北遺跡

　福岡県権現塚北遺跡 2 地点では弥生時代中期初頭から後期初頭にかけての甕棺墓地が確認されている（川述，1985: 図 109）。甕棺墓は 3 つの小群に分かれ，それぞれ方形の区画内に埋葬されたと考えられる。3 つの小群のうち，最も墓域が明確な中央部の小群では，区画の大きさは南北 15 m，東西 10 m ほどで長方形を呈する。3 つの小群内に埋葬されている甕棺墓の数は群ごとに異なり，中央の小群内に最も多くの数の甕棺墓が埋葬されている。

栗山遺跡

　栗山遺跡では A〜D の 4 群の墓域が確認されている（佐々木，1982: 図 110）。4 群いずれも墓域の全域が調査されているわけではないが，A 群は二列埋葬墓，C 群が区画墓であると考えられる。C 群は墓域の 2 辺が祭祀土壙で区画されており，おそらく長方形の区画を有していたと思われる。区画内では甕棺墓 28 基，土壙墓 2 基，箱式石棺墓 2 基，石蓋土壙墓 2 基が確認されているが，未調査の部分を含めるとさらに多くの墳墓が埋葬されているのは確実である。甕棺墓は弥生時代中期中頃から後期初頭にかけてのものであり，SK51 と SK61 号甕棺墓からはイモガイ製貝輪が計 15 個出土している。

図 110 栗山遺跡(松尾編 1994 より引用)

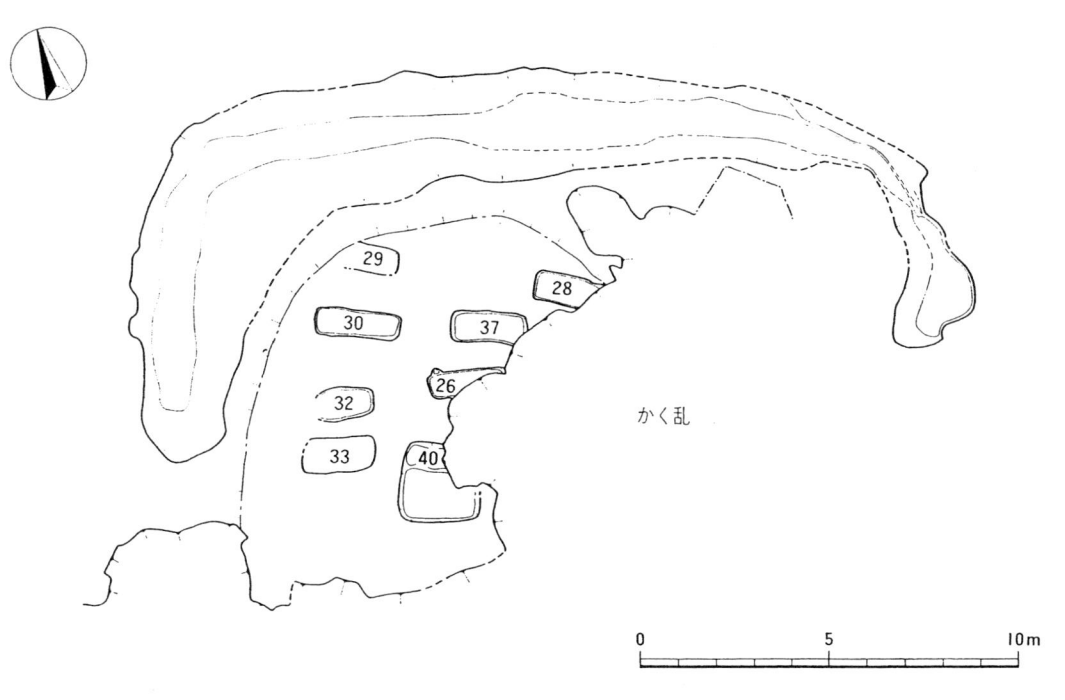

第 4 章　墓地空間構造の検討　　　147

図 111　東小田峯遺跡 1 号墳丘墓(佐藤 1991 より引用)

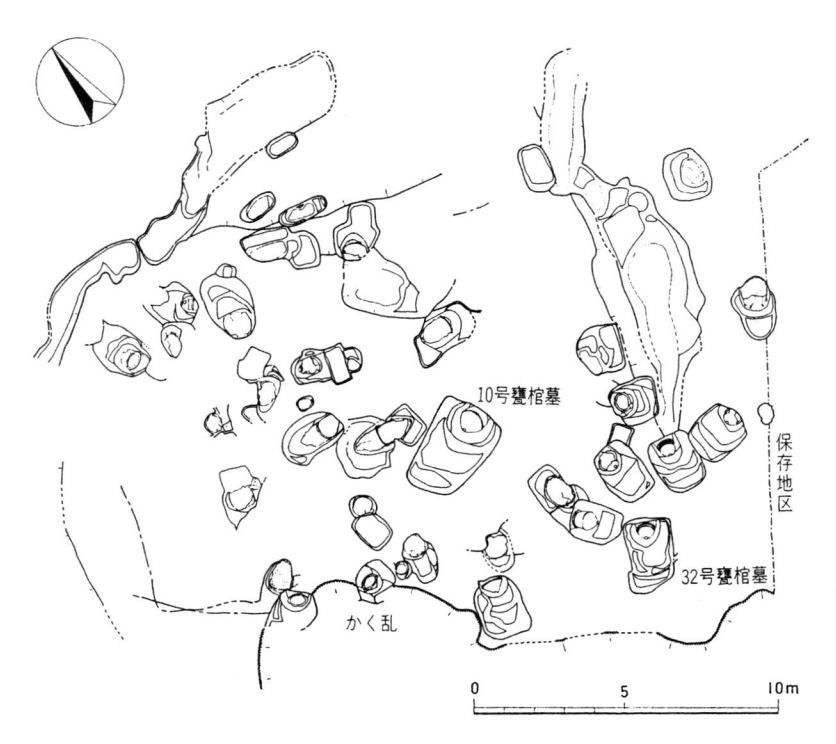

図 112　東小田峯遺跡 2 号墳丘墓(佐藤 1991 より引用)

2. 墳丘墓

2.1 弥生時代前期の墳丘墓

東小田峯1号墳丘墓

東小田峯遺跡は福岡県夜須町の南西部，標高23mほどの微高地上に立地する。すでに1926年に甕棺墓内から内行花文昭明鏡1面と鉄戈1点が出土したことが報告されている(中山，1927)。

1号墳丘墓は調査以前中央部が土まんじゅうのように小高くなっていて，周溝状のくぼみも観察できたというが(佐藤，1991)，地下げが行われた際に遺物が出土したため，1964年に福岡県立朝倉高等学校史学部によって部分的に調査が実施されている。その結果，小型壺が供献された弥生時代前期初頭の土壙墓を検出し，「沼尻遺跡」として報告している(福岡県立朝倉高等学校史学部，1969a)。

1986年に圃場整備事業にともない夜須町教育委員会によって調査が行われ，土壙墓8基と墳丘に附随する周溝が確認された(佐藤，1991：図111)。墳丘の東半部は農道の建設によって破壊されており，墳丘築造時にはさらに多くの墳墓が墳丘内に存在したと思われる。この調査によって確認された土壙墓からは副葬品などの遺物は出土していないが，37号土壙墓，26号土壙墓東側のかく乱排土中から弥生前期初頭に位置付けられる小型壺2点が出土している。周溝は断面がV字形で，東半部は破壊されているが，本来は墳丘の周囲を取り囲んでいた可能性が高いと考えられる。墳丘の規模は周溝を含めると，東西22.3m，南北12.2mと推定され長方形を呈していたと考えられる。

板付田端遺跡

1916年に土取りが行われた際に甕棺墓が発見され，中山平次郎によって報告がなされている。中山の報告によると6基の甕棺墓が確認され，そのうちの3基から銅剣が4点，銅矛が3点出土している。また甕棺墓が発見された場所は広さ2畝余(約2アール)の範囲で1丈(約3.03m)ほどの高まりがあったという(中山，1917)。現在ではこの高まりは墳丘であり，発見された甕棺墓は墳丘内に埋設されたものであったと考えられている。

2.2 弥生時代中期の墳丘墓

吉武樋渡墳丘墓

吉武樋渡墳丘墓は，福岡市内西部を流れる室見川西側に広がる吉武遺跡群の第3次調査で確認されている。墳丘は東西約25m，南北約27mの長方形を呈するが，土取りによって1/3強が削平されている。墳丘内からは30基の甕棺墓と木棺墓1基，石棺墓1基が検出されている(福岡市教育委員会，1996：図113)。しかし土取りにともなう削平によって破壊された墳墓がいくつかあると考えられ，本来墳丘内に埋葬された墳墓はこれよりも多かったと思われる。

最も古い甕棺墓は弥生時代中期中頃の須玖式段階のものであり，最も新しいのは中期末立岩式段階のものである。このことから，少なくとも弥生時代中期中頃の須玖式段階以前には墳丘が築造されているのが明らかである。

6基の甕棺墓と木棺墓1基から細形銅剣，把頭飾，鉄剣，素環頭太刀，素環頭刀子，重圏文星雲鏡などの副葬品が出土している。墳丘墓周辺の墳墓群については未報告なので断定はできないが，墳丘墓内に埋葬された墳墓に金属器の副葬品が集中しているとみられる。

吉野ヶ里ST1001墳丘墓

吉野ヶ里遺跡丘陵地区V区のST1001墳丘墓は南北が40～45m，東西が26m以上の長方形の墳丘を有しており，そのなかに14基の甕棺墓の埋葬が確認されている(図114)。甕棺墓は一番古いものが弥生中期前半の汲田式の新段階のもので，一番新しいものは立岩式の古段階に近い須玖式の新段階(中期後半)のものである。墳丘墓の南北には甕棺墓を主体とする墓域が広がっており，南側の墓域には列埋葬が行われた甕棺墓群が存在する(佐賀県教育委員会，1994:図115)。墳丘内の甕棺墓14基のうち8基から細形銅剣が出土している。

東小田峯2号墳丘墓

東小田峯遺跡2号墳丘墓は，上述した1号墳丘墓の北東60mほどに位置する。墳丘墓は方形状であったと考えられるが，正確な規模は不明である。墳丘内からは甕棺墓28基，土壙墓3基が検出されている(佐藤，1991:図112)。墳丘の中央部に位置する弥生時代中期後半の10号甕棺墓からは内行花文清白鏡1面，内行花文日光鏡1面，ガラス璧片を再加工した円板2点，鉄剣1点，鉄戈1点，鉄製の鑷子1点が出土している。棺内には多量の水銀朱が散布されていた。

比恵1号墳丘墓

福岡市比恵遺跡の第6・16次調査地点では甕棺墓，土壙墓群が東西22～23m，南北が22m弱の方形の区画内に分布しており，また墓域内の埋葬遺構の底面が墓域中央部で高く周辺部で低いという傾向が認められることから，この墓域は墳丘墓(比恵1号墳丘墓)であった可能性が高いという指摘がなされている(吉留，1989:図116)。墳丘と考えられる範囲内では甕棺墓56基，土壙墓8基の計64基の埋葬遺構が確認されている。甕棺の型式からみて，弥生時代中期前半から後期初頭にかけての墳丘墓であると考えられる。したがって，遅くとも中期前半までには墳丘が築造されていたことになる。これらの墳墓のうちSK28とSX03は他の墳墓に比較して墓壙が大きく，中心部に位置している。SK28は弥生時代中期前半のKIIc式の甕棺墓で，棺内には細形銅剣1点が副葬されていた。SX03は木棺墓で副葬品は出土していないが，棺内で赤色顔料が検出された。

三雲南小路遺跡

三雲南小路遺跡は福岡県前原市に所在し，江戸時代に多量の前漢鏡や青銅製品が発見されたことで知られる遺跡である。1974・75年に福岡県教育委員会によって調査が実施され，その結果江戸時代に発見された甕棺墓に加えてさらに1基甕棺墓が存在することが明らかになった(柳田，1985)。2基の甕棺墓はいずれも弥生時代中期後半のもので，幅2mほどの周溝に囲まれた31m×24mほど

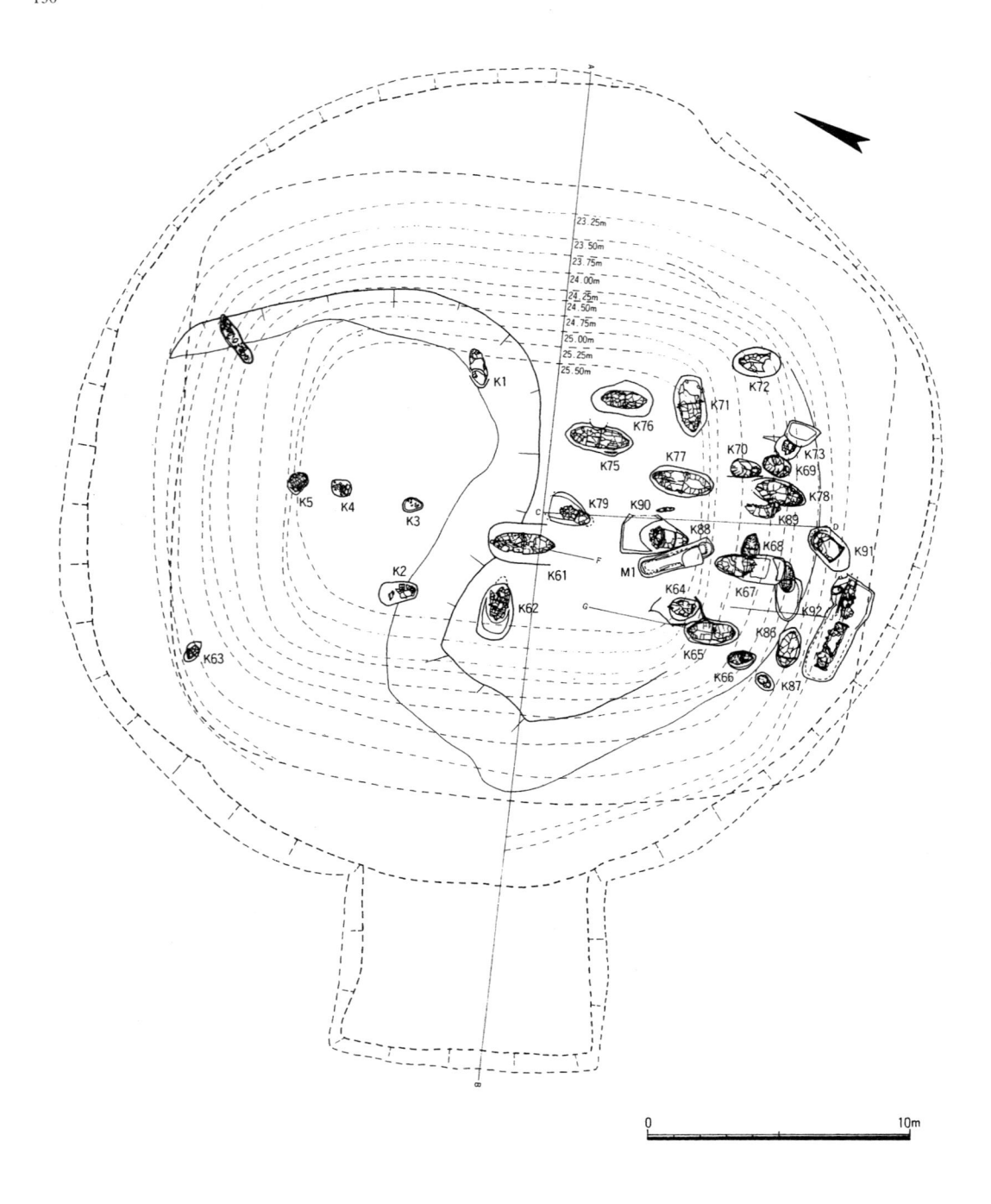

図 113　吉武樋渡墳丘墓(力武・横山編 1996 より引用)

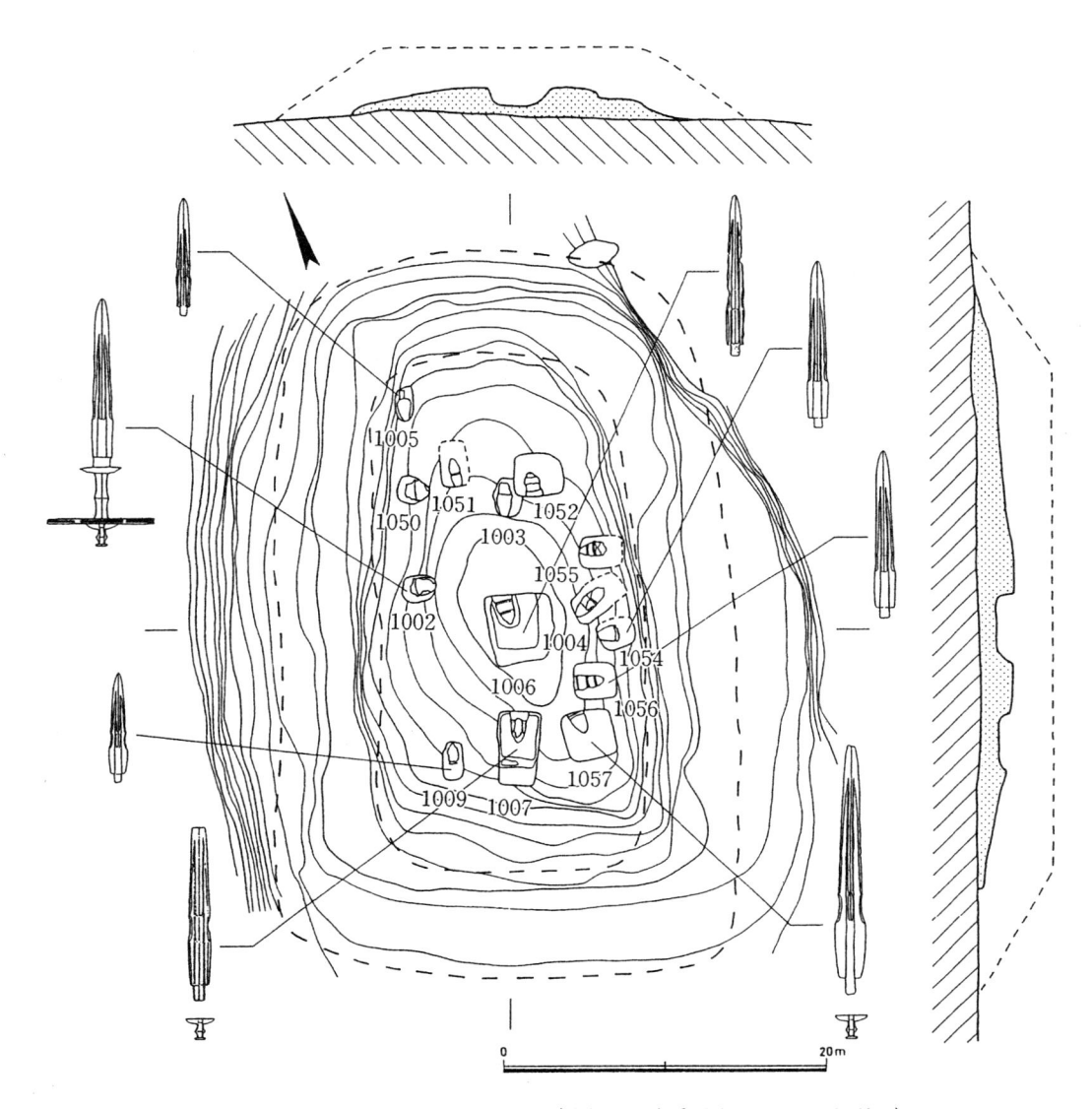

図 114 吉野ヶ里遺跡 ST 1001 墳丘墓(佐賀県教育委員会編 1994 より引用)

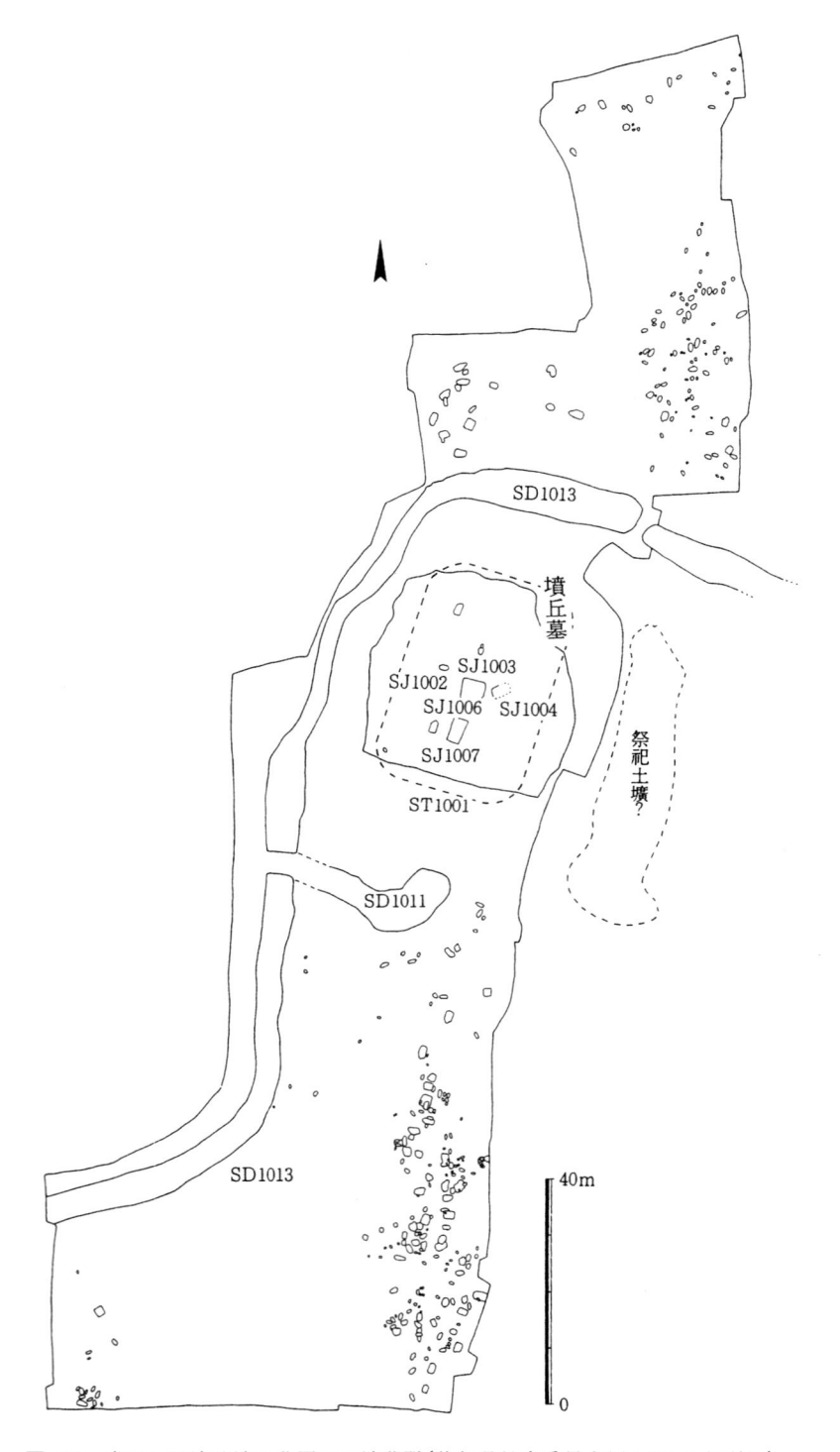

図 115 吉野ヶ里遺跡墳丘墓周辺の墳墓群(佐賀県教育委員会編 1994 より引用)

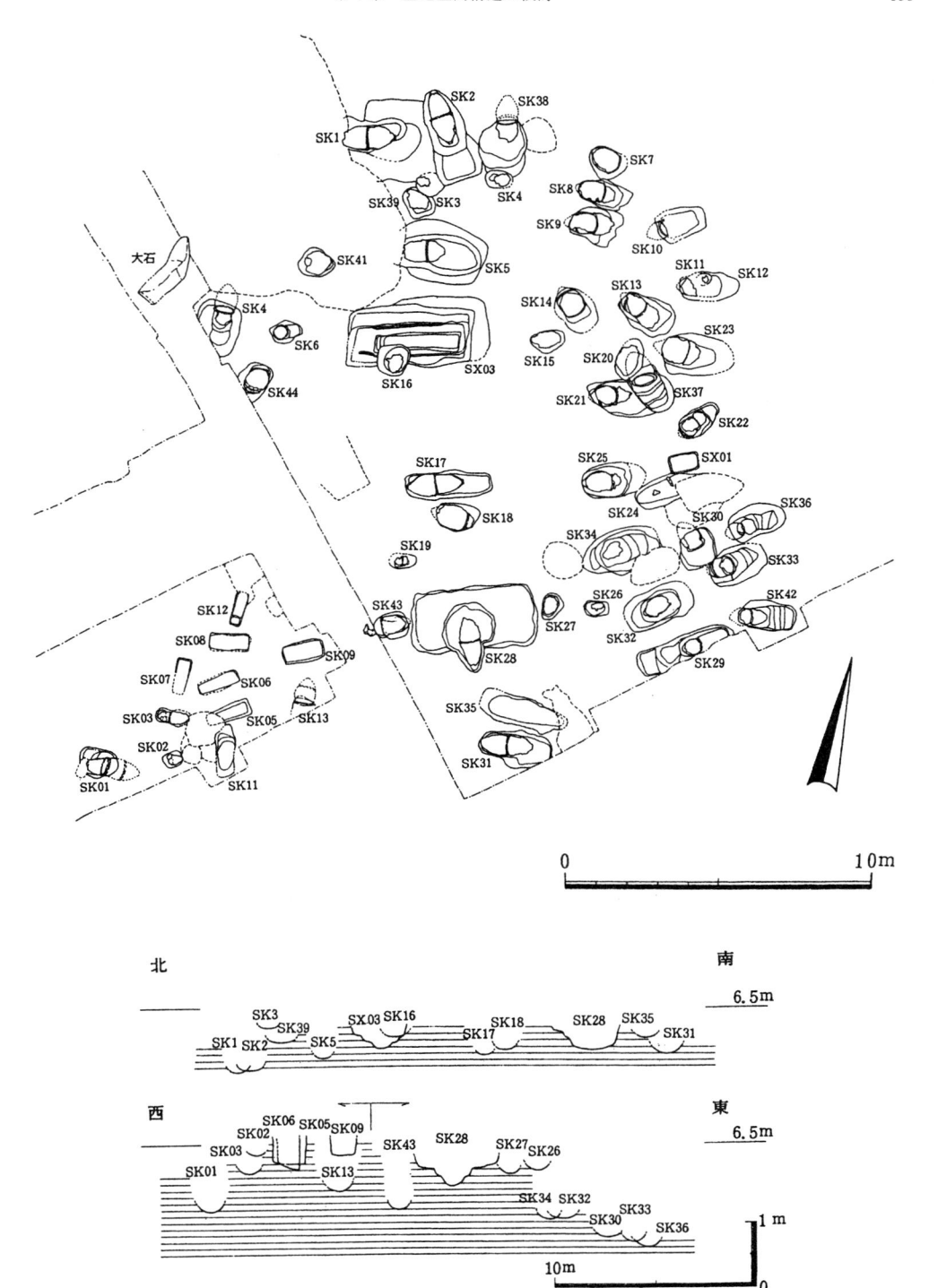

第 4 章　墓地空間構造の検討　　　153

図 116　比恵 1 号墳丘墓（吉留 1989 より引用）

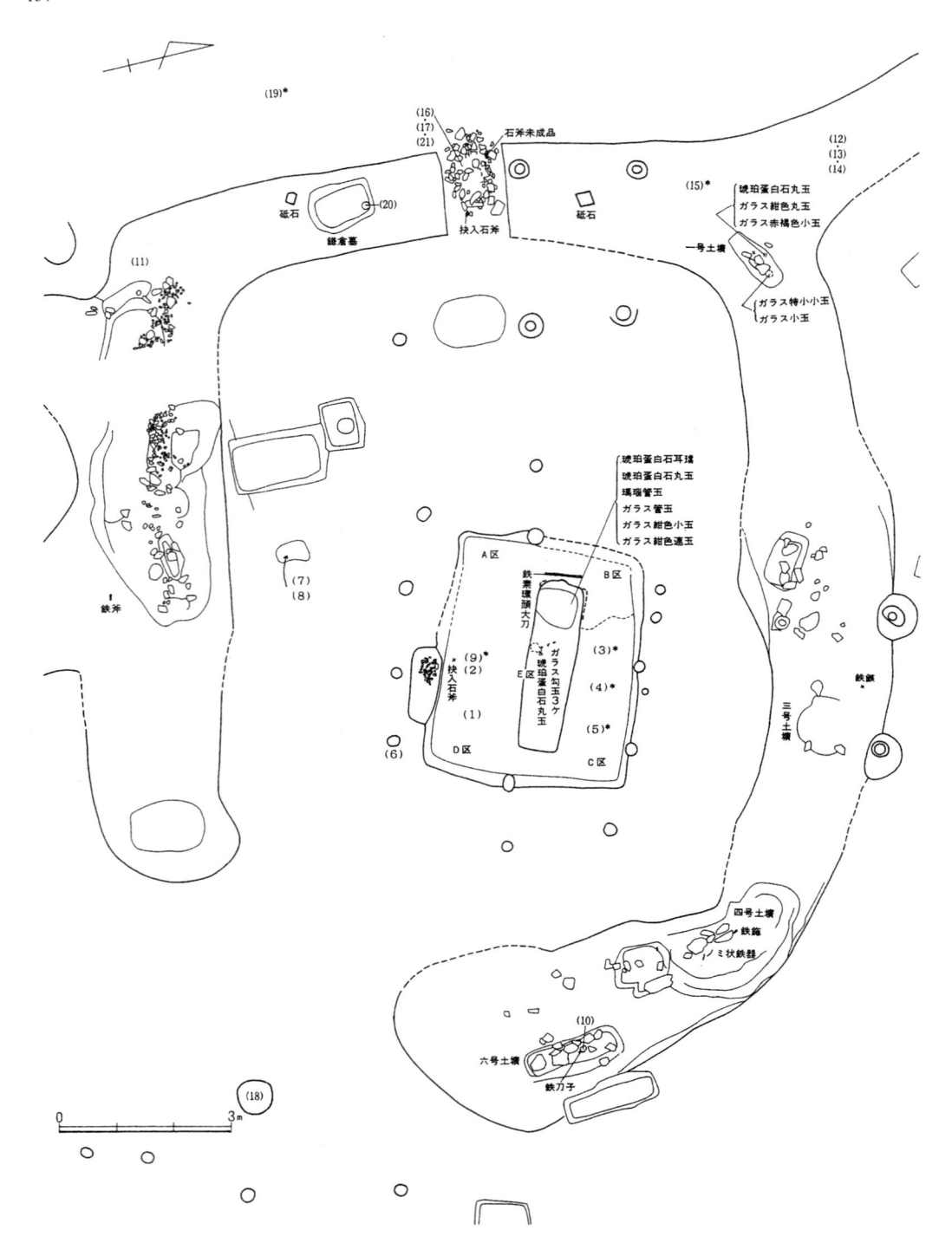

図 117　平原 1 号墓（原田 1991 より引用）

の方形区画のなかに埋設されていた。調査者の柳田康雄は溝に囲まれた区画には2基の甕棺墓と同時期の遺構が認められず，墳丘を有していた可能性が高いと指摘している。

2.3 弥生時代後期の墳丘墓
平原遺跡

福岡県前原市の平原遺跡は1965年に原田大六によって発掘調査が行われ，割竹形木棺を主体部とする墳丘墓であることが明らかになった。墳丘の規模は東西約14m，南北9mで長方形を呈する（図117）。周囲は幅約2mの溝で囲まれており，溝の埋土からは弥生時代後期初頭から終末期にかけての土器が出土している。割竹形木棺内からは瑠璃・瑪瑙・琥珀製の管玉や丸玉などの玉類が，棺外からは素環頭大刀1点，方格規矩四神鏡32面，内行花文四葉鏡2面，四螭鏡1面，倣製鏡4面の計39面の鏡が出土した。また棺内には朱が散布されていた（原田, 1991）。

3. 小　　結

北部九州では区画墓は弥生時代早期の長野宮ノ前遺跡の例が最も古く，以後弥生時代を通じて認められる。これらの区画墓のほとんどは長方形ないしは方形の墓域によって区画されたものである。従来群集墓とみなされてきた墓地のなかにも祭祀土壙や溝によって区画された例があり，区画墓は北部九州の弥生時代の墓地類型としては一般的なものであったといえる。これに対して，墳丘墓は現在のところ弥生時代前期前半の東小田峯1号墳丘墓が最古の事例であるが，その他にも前期中頃の剣塚遺跡や前期後半の中・寺尾遺跡などが墳丘墓であった可能性が高いと指摘されている（吉留, 1989）。

前期の区画墓，墳丘墓の副葬品は他の墳墓と同様小型壺や磨製石鏃，玉類などであり，副葬品の点で他の墓地との間に顕著な差異は認められない。しかしながら，前期末〜中期初頭の段階になり金属器の副葬が開始されると，墳丘墓，あるいは区画墓内に埋葬された墳墓に金属器の副葬が集中する傾向が認められるようになる。前期末〜中期初頭の板付田端遺跡，吉武高木遺跡，中期中頃から後半の吉野ヶ里遺跡ST1001墳丘墓，中期後半の吉武樋渡墳丘墓などでは，区画あるいは墳丘内に埋設された墳墓は同時期の他の墳墓に比較して，鏡や青銅製武器，鉄製武器などの金属器を保有するものが多い。

ではこのような区画墓あるいは墳丘墓は，具体的にはどのような集団構造を反映したものなのだろうか？　区画墓や墳丘墓内に埋葬された人々が，具体的にどのような社会関係を有していたのかを復原するのは困難であるが，これまでの研究では血縁的なつながりを軸とした特定集団の墓と考えるのが一般的であった（e.g. 高倉, 1973）。このような従来の見解に対して，北條芳隆や溝口孝司は吉野ヶ里遺跡や吉武樋渡遺跡の墳丘墓に埋葬されている首長たちは，個人的な功績によって集団から選別された"英雄"たちであり，血縁関係を紐帯とする特定家族や親族集団ではないと主張している（北條, 1999：溝口, 1999, 2000）。

確かに北條や溝口が指摘したような，吉野ヶ里ST1001墳丘墓の被葬者のほとんどが成人男性で

あるということや，隈・西小田3地点で区画墓の被葬者と列埋葬墓の被葬者との間でDNAのパターンが一致するという事例は，区画墓への埋葬に際して何らかの選別が行われたこと，そしてその選別の基準が血縁関係に基づくものとは限らなかった可能性が高いことをあらわしているといえる。また墳丘内の墳墓に乳幼児が埋葬されていないことは，特定の家系による首長権の継承がこの段階では確立していなかったことの証明とみることもできるだろう。しかし一方で，北條や溝口が示した根拠が墳丘墓・区画墓内への埋葬が血縁関係を軸とするものであった可能性を完全に否定する証左になり得るかどうかについては，例えば隈・西小田遺跡3地点での事例は，同一の血縁集団のなかでの階層分化を示すものという解釈も可能なのではないか，といった疑問が残る。この問題については，つぎに行う列埋葬墓地の検討と合わせて論じようと思う。

第2節　列埋葬墓地

1. 研究史

　北部九州では弥生時代中期を中心とする時期に，「二列埋葬墓地」に代表される甕棺墓や木棺墓，土壙墓を列状に配した「列埋葬墓地」が存在する。そしてこのような列をなすという空間構造が何らかの社会的な規範の存在を想起させることから，二列埋葬墓地は多くの研究者によって研究の対象とされてきた。

　1963年に福岡県立朝倉高校史学部によって福岡県吹田遺跡が発掘調査された。これが二列埋葬墓地の発掘の初例である。その報告中で甕棺墓が二列に配置されていることに関心が払われ，列間の空閑地が道路（墓道）であると考えられること，甕棺墓群の頭位が墓域のほぼ中央で東方向と西方向というように異なること，墳墓間の間隔がある程度一定しており墓標が存在した可能性があることなど，その後の研究でも問題となる重要な点がすでに指摘されていることが注目される（福岡県立朝倉高等学校史学部，1969b）。

　その後1972年には福岡県筑紫野市永岡遺跡，73年には福岡県春日市門田遺跡，81年には福岡県甘木市栗山遺跡といった代表的な二列埋葬墓地の発掘が実施され，研究が本格化することになる。

　春成秀爾は弥生時代中期の二列埋葬墓地である栗山遺跡，永岡遺跡，門田遺跡を対象として分析を行っている（春成，1984）。そのなかで春成は墓地が複数の埋葬小群（ユニット）から構成され，これらの埋葬小群が集団を構成する各世帯に相当するとした。また二列埋葬墓地にみられる2行配列が現実の社会の区分を反映したものであり，具体的には出自の違いを表示したものであるとみなせることを指摘した。そして二列の中の一列に墓地を営んだ集団の出身者が埋葬され，もう一方の列に他集団からの婚入者が埋葬されたと結論づけている。

　春成が示したこのような説に対して，田中良之・土肥直美は栗山遺跡，永岡遺跡の分析を通して検証を行っている（田中・土肥，1988）。田中らは歯冠計測値を用いた血縁者推定法と頭蓋非計測的小変異の観察によって，春成が示した婚後居住規定について検討している。そして婚後居住規定につ

いては選択的であるという春成説と同様の結果を得たが，列が出自を表示するという点については否定的な結果となったと結論している (ibid., 1988, p. 413)。また二列埋葬墓地が複数の埋葬小群によって形成されているという説に対しては，栗山遺跡については埋葬小群に分割されるが，永岡遺跡では小群をなさずに長い列を形成すると指摘し，墓地の背景にある社会集団が一様ではないことを示していると論じている (ibid., p. 414)。

速水信也は「縦列状配置墓」と「二列埋葬墓地」を分類し，縦列状配置を基本とする「墓地構成」はすでに弥生時代早期の福岡県新町遺跡にみられ，弥生時代中期以降盛んになる二列埋葬墓地は縦列状配置を系譜として新たに出現してくると指摘している(速水，1989a)。さらに二列埋葬墓地の概念について整理し，以下のようなことを指摘した(速水，1989a，1989b)。

- 対面となる墓をきちんと意識して規則的に埋納されることが多い。
- 一方の列は他方の列とほぼ同じ長さで列の長さが双方で極端に異なることはない。
- 列間に空間が存在し列間相互の距離は 4 m から 5〜7 m を前後するものが多い。
- 二列がほぼ同時に形成され列間に時間的な差異が認められない。

溝口孝司は永岡遺跡，門田遺跡，栗山遺跡を対象として以上の研究とはやや異なった視点での分析，解釈を行っている(溝口，1995a，1997)。溝口は永岡遺跡での墓地の形成過程の分析を通じて，二列埋葬墓地の空間構造を墓地形成の開始に先行して帯状空間が存在しそれに沿うように個々の墓葬が二列に配置された結果と解釈している(溝口，1995a，p. 179)。また春成が指摘した埋葬小群(ユニット)の存在については，甕棺墓だけでなく木棺墓も考慮に入れた場合ユニット間の境界は認定が困難でありはっきりとしたユニットは形成されなかったとしている (ibid., pp. 178–9)。その上で二列埋葬墓地の帯状空間を社会的行為が取りおこなわれた「場」，すなわち墓道として捉え，そこで行われた具体的な埋葬行為が行列であったと想定した (ibid., p. 183)。

さらに永岡遺跡，門田遺跡，栗山遺跡を対象として，二列埋葬墓地にみられる列構造から逸脱した墳墓を素材として二列埋葬が終焉するプロセスについて論じ，そこで弥生時代中期後半に起こる二列埋葬墓地の終焉を「墓地空間構成原理の変容が，埋葬行為において意識 / 想起される祖先 / 祖霊に関する意識 / イメージが，集団的 / 共同的なそれから個別 / 特定的それへと移りかわる過程」として理解している(溝口，1997，p.37)。そしてこのようなイメージの変容の背景にある具体的な現象として，弥生時代中期初頭に増加した分村集落が，弥生時代中期後半の須玖 II 式期に廃絶した結果，協 / 共同性の強調の必要がなくなったことを想定している(溝口，1997)。

以上これまでの主な二列埋葬墓地研究について概観したが，ここで研究の流れについて簡単にまとめておきたい。春成の研究に代表されるように，多くの研究が墓地の空間構造を親族構造などの社会システムの特定の領域の反映として捉えている。したがって，従来の研究では，二列埋葬墓地の空間構造がいかなる親族・社会構造を表示し反映しているのかという問題意識に基づいた論議が行われることが多かったといえる。これに対して，溝口の研究では，主たる関心は，墓地から親族構造などの具体的な社会構造を復元することよりも，甕棺型式に基づく詳細な墓地形成過程の復元によって，墓地を営んだ人々がいかなる形で「記憶」，「イメージ」といった非物質的なものをも含

んだ資源を利用したのか，そしてその利用の形態が社会構造の変容にともなってどのように変化していったのかに払われていると思われる。このような溝口の一連の研究は，詳細な分析に基づいたうえで従来の研究では明確に意識されることのなかった領域に踏み込んでおり，弥生時代墓制研究に新たな視点を提示した点で評価されるべきであろう。

2. 墓地空間構造の分析

ここでは弥生時代中期の二列埋葬墓地に加えて，弥生時代前期の二列埋葬墓地と列埋葬墓地を対象として分析を行うことにする。分析の対象とするのは福岡市下月隈天神森遺跡と福岡県小郡市三国の鼻遺跡，福岡県那珂川町松木遺跡138街区，佐賀県四本黒木遺跡，福岡市飯氏遺跡III区，福岡県筑紫野市永岡遺跡の6遺跡である。

なお以下に示す甕棺の型式は基本的に各報告書の記載に準拠しているが，必要に応じて再分類を行ったものもある。甕棺の型式名については最も一般的な森貞次郎(森，1968)，橋口達也の編年(橋口，1979)に示されたものを用いることにする。

下月隈天神森遺跡

下月隈天神森遺跡は福岡市博多区の月隈丘陵南西部の丘陵裾部に位置し，1994年に実施された第3次調査で弥生時代前期前半から中頃にかけての木棺墓23基，甕棺墓36基が検出されている(松村・佐藤・白井，1996)。木棺墓，甕棺墓は調査区の南東から北西方向に丘陵の裾に沿うように列状に埋置されている。2つの墳墓列の間には，二列埋葬墓地の特徴である幅1〜2mの帯状の空閑地が存在する。報告者によるとこの列間に存在する帯状空間に祭祀遺構や墓道などの特別な遺構は確認されていない。木棺墓，甕棺墓のなかには切り合っているものが認められるが，とくに列の南端部では18号から21号の4基の木棺墓が重複しているのが注目される。墓地の全域が調査されているわけではないが，列状に埋葬された墳墓群の遺存状態は比較的良好であり，調査が行われた範囲から墓地の全容をうかがうのに支障はないといえる。また木棺墓19基，甕棺墓6基に小型壺が供献されており，これらの供献土器から木棺墓の時期を比定することができ，墓地の形成過程の復元が可能である。

木棺墓に供献された小型壺の型式からみてSK13，SK15を除くほとんどの木棺墓は板付I式段階で形成されたと判断される。ただしSK4に供献された3点の小型壺のなかには頸部に5条の沈線が配されたやや新しい要素をもつものが1点含まれており，時期が板付IIa式段階に下る可能性がある(図118-1)。SK23からは時期を判断できる供献小壺は出土していないが，SK24を切ることから板付I式段階よりも新しい段階に形成された可能性が高い。同様にSK32にも木棺墓の時期を特定できる小型壺は供献されていないが，ともに板付IIa式の甕棺墓であるK34とK41に切られている。このことからSK32は板付IIa式に先行する段階に形成された可能性が高いと考えられる。

木棺墓によって構成される墳墓列の最南部に位置するSK9，SK18，SK19，SK20，SK21の木

第4章 墓地空間構造の検討

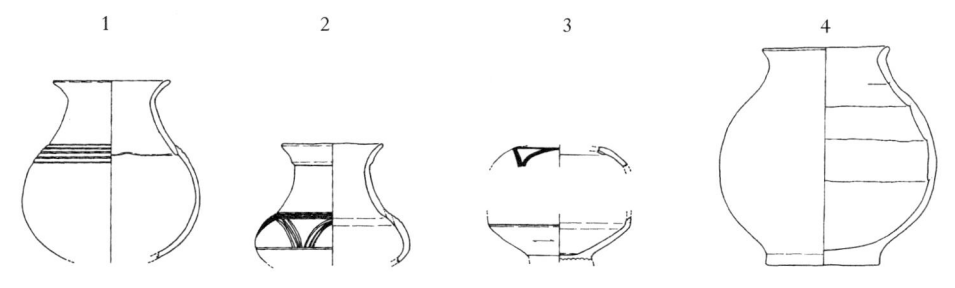

図118 下月隈天神森遺跡 SK4（1, 2, 3）・SK21（4）供献土器（松村ほか編 1996 より引用 S = 1/6）

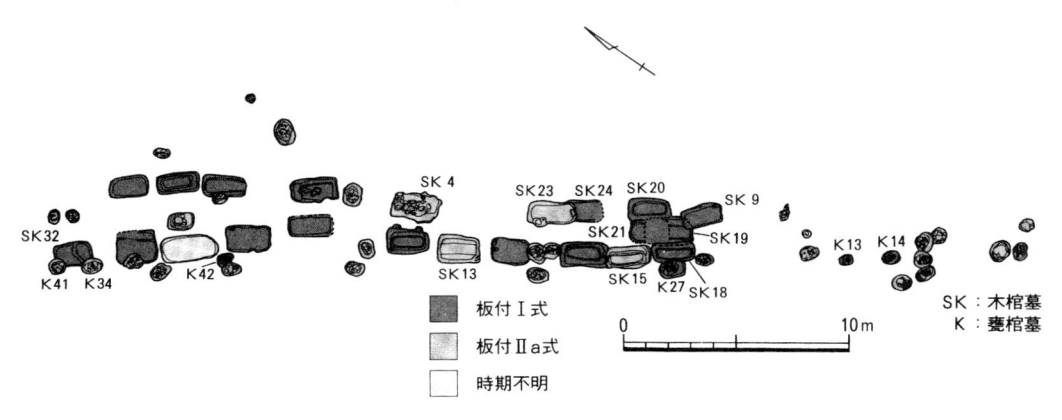

図119 下月隈天神森遺跡の墓地形成過程（松村ほか編 1996 より引用，一部改変）

棺墓群に伴う供献小壺は全体的にみると板付I式に属するとみなせるが，SK21に供献された小型壺は他の供献小壺よりも時期的に新しい可能性がある（図118）。ただし木棺墓同士の切り合い関係についてみると SK20 は SK21 に，SK21 は SK19 に，SK19 は SK9 と SK18 に切られている。また直接の切り合い関係は認められないが，板付I式の甕棺墓である K27 が SK18 に近接して埋置されている。このことから SK9，SK18，SK19，SK20，SK21 の木棺墓群は板付I式期に属すると考えて問題ないと思われる。したがって，木棺墓のうち SK4，SK13，SK15，SK23 の4基が板付IIa式期に属し，その他の木棺墓は板付I式期に形成されたと判断される（図119）。

墳墓列の南端部でみられる SK9，SK18，SK19，SK20，SK21 の木棺墓群は互いに重複しながら列間の帯状空間を閉ざすように埋置されている。すでに述べたようにこれらの木棺墓は板付I式期に営まれたものであると考えられる。したがって，墓地の形成が開始されてからさほど時間を置かずに，列構成という空間構造を無視した，あるいは意識しない埋葬が行われていたことになる。墓域のなかに埋葬小群の境界を示すようなはっきりとした空閑地は存在しない。また木棺墓の主軸はすべて南北方向であり，主軸が異なる木棺墓はみられない。

K13，K14，K27，K42 の4基を除く甕棺墓は，木棺墓群に遅れて板付IIa式期に埋葬が開始される。甕棺墓の分布には木棺墓に付随するように埋設されるものと，甕棺墓同士が集中するものと

いう2つのパターンがみられる。木棺墓に付随する甕棺墓の多くは，弥生時代中期以降の墓地においてしばしば認められる大型棺と小型棺の関係と同様に，木棺墓の墓壙に切り込むように埋設されている。

下月隈天神森遺跡における墓地の形成過程についての検討によって，ここでは以下のようなことが明らかになった。

- 木棺墓を主体とする2つの墳墓列の中央に存在する帯状空間には，墓地の形成が開始されてからあまり時間を置かずに，空間を塞ぐかのように木棺墓や甕棺墓の埋葬が行われている。
- 墓域内に埋葬小群の存在を積極的に想定し得るような空閑地は認められず，木棺墓，甕棺墓が近接して埋葬されている。また木棺墓の主軸は，列構造を乱している木棺墓においても例外なく南北方向で統一されており，他の墳墓と直交するような主軸が異なる墳墓は存在しない。
- 甕棺墓のいくつかは木棺墓に切り込むように埋設されているが，ほとんどの場合木棺墓1基に対して甕棺墓が1基埋葬されたものであり，弥生時代中期後半の集塊状墓地にみられるような甕棺型式で数型式にわたる連続的なものではない。

三国の鼻遺跡

三国の鼻遺跡は福岡県小郡市に所在する。遺跡は三国丘陵の尾根上に営まれており，弥生時代前期前半（板付I式期）から前期中頃（板付IIa式期）にかけての木棺墓38基，土壙墓5基，甕棺墓27基が調査されている（片岡，1986）。木棺墓，土壙墓，甕棺墓は等高線に沿うような形で緩やかに弧を描きながら，ほぼ南北方向に列を構成している。報告者はこれらの墳墓群をA〜Dの4つのグループに分類しているが（図120-1），Dグループの列は調査区外にさらに連続して続いている可能性が考えられる。

下月隈天神森遺跡と同様に，木棺墓6基，甕棺墓1基に小型壺が供献されており，木棺墓同士の切り合い関係も参照することによって，多くの木棺墓の時期を特定することができ，墓地の形成過程の復元が可能である。

これらの供献小壺の土器型式と甕棺墓の甕棺型式から判断して，板付I式期の墳墓は11号，12号，19号，25号，34号，41号木棺墓，5号，7号，10号，11号，14号，17号，18号，19号，20号，27号甕棺墓である。また木棺墓同士や木棺墓と甕棺墓の切り合い関係からみて23号，24号，26号，27号木棺墓も板付I式期に属すると判断される。板付IIa式期の墳墓は，10号，18号，20号木棺墓と1号，2号，3号，4号，6号，8号，9号，13号，15号，16号，22号甕棺墓である。また木棺墓列の西側に広がる1号祭祀土壙，2号祭祀土壙は土壙内から出土した土器からともに板付I式期に形成されたと判断される（図120-2）。このような墓地形成過程からみて，Aグループを独立したユニットとみなせるかについては疑問が残るものの，墓域は片岡が指摘したBグループを中心とするもの，Cグループを中心とするもの，Dグループを中心とするものという3つのグループに分かれると判断できそうである。したがってそれぞれのグループで個別に行われた埋葬が累積して列を形成しているといえる。

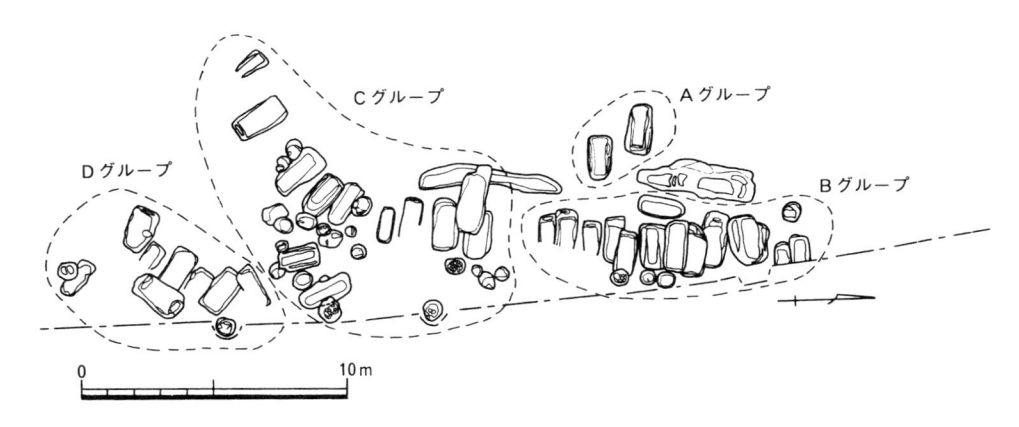

第 4 章　墓地空間構造の検討　　161

図 120–1　三国の鼻遺跡の墳墓グループ（片岡編 1986 より引用，一部改変）

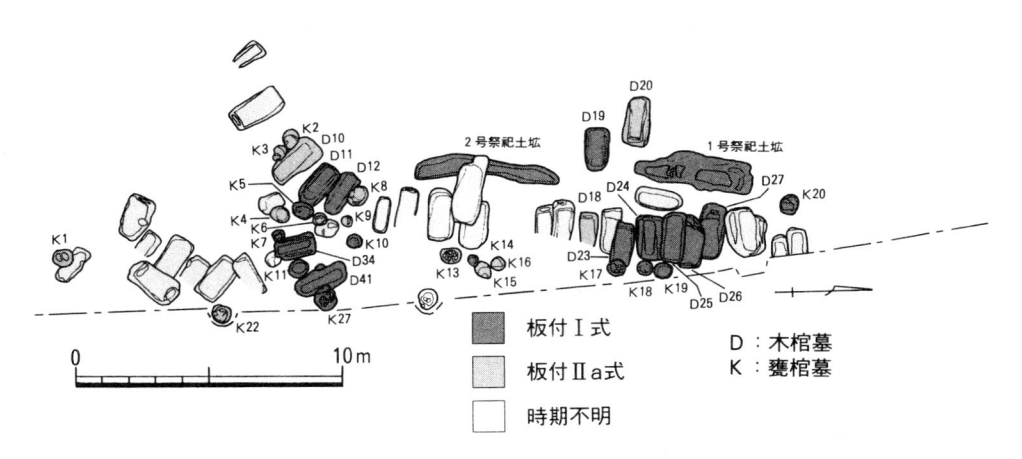

図 120–2　三国の鼻遺跡の墓地形成過程（片岡編 1986 より引用，一部改変）

　2号・3号甕棺墓と10号木棺墓，8号甕棺墓と12号木棺墓，17号甕棺墓と23号木棺墓，18号甕棺墓と24号木棺墓，19号甕棺墓と25号木棺墓，27号甕棺墓と41号木棺墓では，甕棺墓が木棺墓に切り込む，あるいは付随して埋設されているという関係がみられる。

　木棺墓の主軸は東西方向を取るものがほとんどだが，4号，9号，22号の3基の木棺墓は他の木棺墓に対して主軸が直交する。また通常列埋葬墓地，あるいは二列埋葬墓地では墳墓の長軸は列が延びる方向に平行する場合が多いが，三国の鼻遺跡では墳墓の長軸が列の延びる方向に直交している点が特徴的である。

　以上の三国の鼻遺跡における墓地の形成過程の検討からつぎのことが指摘できる。

- 墓域内に埋葬小群の存在を想定し得る空閑地が認められ，墓地が複数のユニットに分割される可能性が指摘できる。
- これらの各埋葬小群内で，木棺墓の周辺や墓壙に切り込むような形で甕棺墓が埋設されている

のが確認できる。このような埋葬は特定の墳墓とその被葬者を明確に意識して行われたと考えることができる。

松木遺跡138街区

松木遺跡は福岡県筑紫郡那珂川町に所在し，梶原川によって形成された河岸段丘上に位置する。松木遺跡では138街区，140街区，150街区で弥生時代の墓地が確認されている。138街区の調査は1975年，1978年，1982年に実施され，弥生時代前期後半～前期末の甕棺墓34基，土壙墓2基が検出されている(澤田，1984)。これらの墳墓は一見すると乱雑に群を形成しているようにみえるが，以下で行う墓地の形成過程の分析から，墓域の南北と東西の2つの方向に列を構成する列埋葬墓地であることが理解される。上記の下月隈天神森遺跡，三国の鼻遺跡では木棺墓を中心とする埋葬が行われているのに対して，松木遺跡138街区では甕棺墓が埋葬の中心をしめており，成人用の大型甕棺が一般化する弥生時代前期後半段階の様相を示しているといえる。

34基の甕棺墓のうち時期が特定できるものは，24基である。これらの甕棺墓のなかで最も先行して営まれるのはKIa式の7号甕棺墓で，遅くとも弥生時代前期中頃の段階には墓地の形成が開始されたことがわかる。KIb式の段階になると3号，4号，5号，6号，9号，13号，17号，19号，24号，26号，28号の11基の甕棺墓が埋置され墓地への埋葬が本格化する。弥生時代前期末のKIc式期になると1号，10号，11号，12号，14号，15号，23号，29号，30号，32号，33号，34号の12基の甕棺墓が埋葬され，この段階で墓地への埋葬は終了する(図121-1)。甕棺墓の主軸はほとんどが南北方向である。また6号甕棺墓と5号甕棺墓，9号甕棺墓と10号・11号甕棺墓，15号甕棺墓と17号甕棺墓では特定の甕棺墓の墓壙に切り込むように新たな甕棺墓が埋設されており，下月隈天神森遺跡や三国の鼻遺跡においてみられた木棺墓と甕棺墓のような関係が認められる。

甕棺墓の分布状況に注目すると，墓域のいくつかの場所で甕棺墓間に空閑地が存在することが確認できる。そのなかで19号甕棺墓と14号・17号甕棺墓の間に存在する空閑地によって，墓域を2つの小グループに分割することが可能である。ここでは墓域の北側に位置する墳墓群をA群，南に位置する墳墓群をB群とする(図121-2)。A群ではKIb式期に，B群ではKIa式期に墳墓の埋葬が開始され，KIb式期に埋葬が本格化する。KIc式の段階では，B群では南側に行くに従って墳墓間の間隔が広がるためややはっきりとしないものの，A，B両群で甕棺墓による列が形成され列間には不明瞭ながら帯状の空間が存在している。この列間の帯状空間はA群とB群の境で南北から東西へとほぼ直角にその向きを変える。またこのような小群間での帯状空間の方向の相違は，墓地への埋葬が開始されてあまり時間が経過していないKIb式の段階ですでに存在していたことが指摘できる。

埋葬小群間で帯状空間の向きが異なるという現象は帯状空間の性格や機能を考える上で非常に重要であると思われる。松木遺跡138街区での検討からは，墓地形成が開始されてからあまり時間を置かずに，東西と南北の2つの異なる方向に列が形成されていることが明らかになった。つまり墳墓の埋葬に先行して直線的に連なる帯状の空間が存在した可能性が低いことを示している。

第 4 章　墓地空間構造の検討

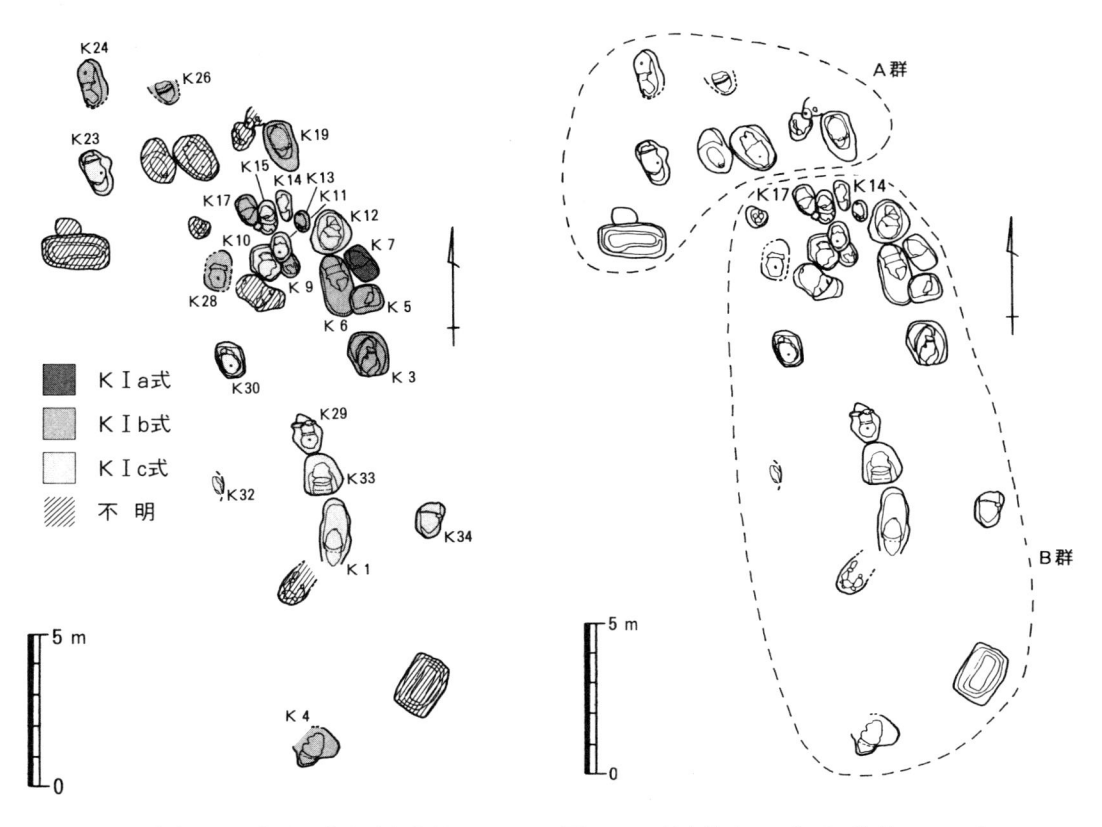

図 121-1　松木遺跡 138 街区の墓地形成過程
　　　　　（澤田編 1984 より引用，一部改変）

図 121-2　松木遺跡 138 街区の墳墓グループ
　　　　　（澤田編 1984 より引用，一部改変）

松木遺跡 138 街区の墓地形成過程の分析を通して以下のことが指摘できる。

- 墓域内に存在する空閑地や，墳墓が埋葬される過程からみて，墓域は 2 つの小群によって構成されていたと考えられる。すなわち松木遺跡で見られる列構造は複数の埋葬小群の集合によって形成されているといえる。
- 2 つの小群間で列の方向が明確に異なっている。このような現象は墳墓の埋葬が開始されてからあまり時間が経過していない，KIb 式の段階にすでに認められる。このことから，松木遺跡 138 街区の墓地では，墳墓の埋葬に先行して直線的に延びる帯状の空間が存在したとは考えにくい。

四本黒木遺跡

　遺跡は佐賀県神﨑郡神﨑町に所在し，標高 20 m ほどの丘陵上に位置する。1976 年に 1 次調査が，1979 年に 2 次調査が行われている（佐賀県教育委員会，1977；八尋，1980）。1 次調査区の甕棺墓については，報告書に詳しい記述がないものがあり，すべての墳墓の時期が特定できるわけではないが，全体の傾向をつかむのは可能であるので分析の対象とする。

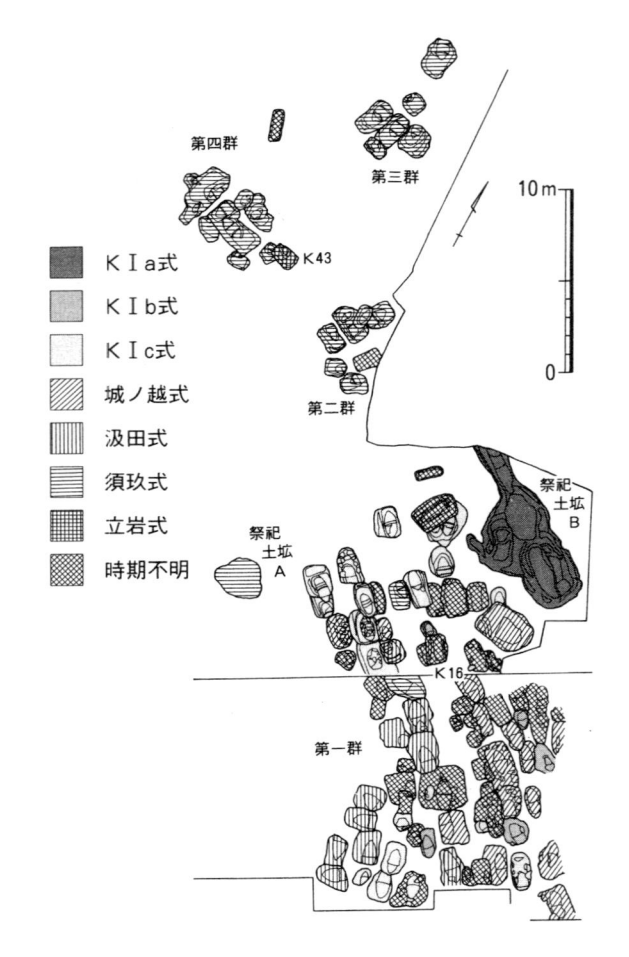

図122 四本黒木遺跡の墓地形成過程(八尋編1980より引用,一部改変)

　墓地はKIa式期(弥生時代前期中頃)から立岩式期(弥生時代中期末)までの墳墓によって構成され,報告者は第一～四群の4つのグループに分かれるとしている(八尋,1980: 図122)。4つのグループのうち最も多くの墳墓を含むのが第一群である。第一群はKIa式期(弥生時代前期中頃)から須玖式期(弥生時代中期後半)までの墳墓からなり,甕棺墓を主体とするが箱式石棺墓,土壙墓も含まれる。これらの墳墓群が列状に配置され列間には帯状空間が存在する。第一群で最も早く出現するのはKIa式の16号甕棺で,墓地自体の形成もこの段階で開始される。墓域の東側には16号甕棺墓と同時期の祭祀土壙Bが営まれ,土壙内からは板付IIa式の壺などが出土している。KIb式,KIc式の段階になると墓域の北側と南側それぞれで埋葬された墳墓が増加し,列間に空閑地を有するという二列埋葬墓地の基本的な空間構造があらわれる。墓域の中央部分にはこの段階の埋葬がみられないことから,第一群はさらに北と南の2つの埋葬小群に分割できる可能性がある。城ノ越式期には墓域の中央部分にも墳墓が埋葬されるようになり,20m前後の帯状空間が明瞭なものにな

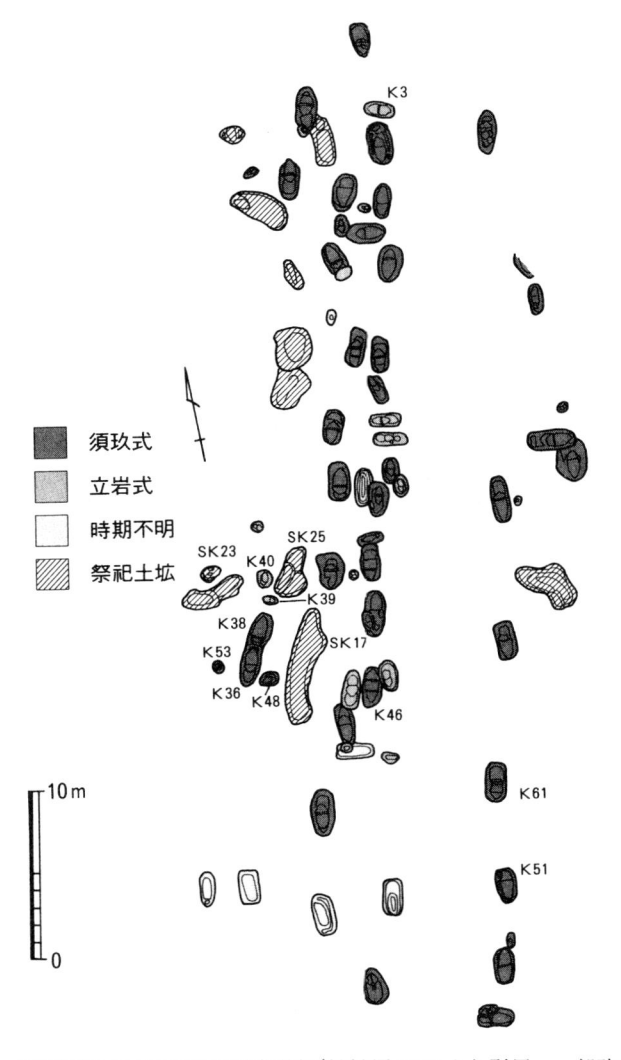

図 123　飯氏遺跡 III 区の墓地形成過程（松村編 1994 より引用，一部改変）

る。次の須玖式期で第一群への埋葬は終了し，墓域の西側に祭祀土壙 A が営まれる。

　また須玖式期には第一群から分離して第二群，第三群，第四群の 3 つのグループで埋葬が開始される。これらの埋葬小群は第四群の 43 号甕棺墓が立岩式に属するほかは，すべて須玖式の甕棺墓だけで構成されている。したがって第二，第三，第四群は甕棺型式でほぼ 1 型式という短期間に形成された墓域であるといえる。これら 3 つの小群は方形の区画を有していると考えられ，第一群での列埋葬が終了する段階に形成される。

　四本黒木遺跡の分析を通して明らかになったのは以下のようなことである。
- 第一群は祭祀土壙，二列の墳墓列，列間の帯状空間という二列埋葬墓地の基本的な要素をもっている。ただし各墳墓列が一列ではなく多数の墳墓の集合によって形成される。

- 墓域は列をなす部分と集塊状を呈する部分とに分かれる。後者は列埋葬の終了と同時に構成される。このような現象は、これまで弥生時代中期後半の二列埋葬墓地の終焉にともなうものとして理解されてきたが、四本黒木遺跡でも同様の現象が確認された。

飯氏遺跡 III 区

飯氏遺跡群は福岡市西区に所在し、高祖山から北に派生する丘陵の先端部に位置しており、I～III区の調査区で発掘調査が行われている。ここで分析対象とする III 区では1989年から1990年にかけて調査が実施され、弥生時代中期後半段階の甕棺墓が65基検出されている(松村, 1994: 図123)。

甕棺墓は須玖式（KIIIa 式）期のものが52基、立岩式（KIIIb・KIIIc 式）期のものが10基で、弥生時代中期後半を中心とする時期に形成された墓地である。須玖式の甕棺墓のなかでは46号、51号、61号の3基が新相を呈する。3号甕棺墓は須玖式の丸みを帯びた系列のものか、あるいは立岩式なのか判別が困難である。しかし主軸が他の多くの甕棺墓と直交しており、主軸が直交するものが立岩式に多いことから立岩式の甕棺墓である可能性が高い。ここでは立岩式段階の甕棺墓として扱うことにする。

時期が不明の土壙墓が甕棺墓に先行して存在した可能性があるものの、墓地の形成は弥生時代中期後半の須玖式段階に始まり、立岩式の段階には埋葬が終焉している。したがって、墓地が営まれた期間は甕棺型式にして2型式分という比較的短いものである。墳墓は東西に2つの列を構成し、列の間には幅5mほどの帯状空間が存在している。墳墓列の外側には祭祀土壙が認められる。したがって飯氏遺跡の墓地の空間構造は、永岡遺跡でみられるような中央に帯状空間を有する墳墓列の外側に、祭祀土壙が存在するという典型的な二列埋葬墓地の構造と同様のものであるといえる。

東列と西列の間には甕棺墓の分布密度に差があり、西列に多く分布している。甕棺墓は東側の列ではほぼ1列に並んでいるのに対して、西側の列ではおおむね二列に配置されている。祭祀土壙 SK17 の西側に営まれている36号、38号、39号、40号、48号、53号甕棺墓からなる墳墓群は、祭祀土壙 SK22、SK23、SK25 の配置から判断して、方形の区画で規定された埋葬小群であると考えられる。墓地の他の部分ではこのような埋葬小群をはっきりと確認するのは困難であるが、墓地が複数の埋葬小群の集合によって形成されている可能性が指摘できる。

飯氏遺跡 III 区についての検討から以下のことが明らかとなった。

- 西列が複数の墳墓列で構成されているのに対して東列では1列のみであるというように、東西の列間で墳墓列の数に違いがみられる。
- 西列側では祭祀土壙によって区画された36号、38号、39号、40号、48号、53号甕棺墓からなる埋葬小群の存在が確認でき、墳墓列はこのような小群の集合によって形成されていると考えられる。

永岡遺跡

永岡遺跡は福岡県筑紫野市に所在し、1972年・80年・88年に3次にわたる発掘調査が実施され

ている。これらの調査で甕棺墓 153 基，木棺墓 20 基，土壙墓 12 基が検出されている（浜田・新原，1976，1977：向田，1990）。墓地は背振山塊から派生した低丘陵上におおむね南北方向に緩やかに弧を描きながら，二列の墳墓列で形成されている。列間には幅約 2～3 m の空閑地が存在する。甕棺墓 153 基のうちの 109 基（71.2%）が小型の小児棺であり，同時期の他遺跡と比較して小児棺の比率がかなり高いことが特徴的である。墓域のほぼ全域が調査されておりまた比較的多くの人骨が得られていることから，多くの研究者によって研究対象とされている（春成，1984：田中・土肥，1988：溝口，1995a，1997 ほか）。

　墓地への埋葬は弥生時代中期初頭（KIIa 式期）に開始され，おおむね北から南へと順次に埋葬が行われて墓域が拡大していく（図 124）。墓地北半部への埋葬は KIIa～KIIc 式期にかけて行われているのに対して，南半部は KIIb～KIIIa 式期の墳墓によって構成されており，墓地の南北ではっきりと埋葬が行われた時期が異なることが指摘できる。とくに南半部では KIIc 式期の墳墓が多くみられ，短期間に集中的に埋葬が行われた様子がうかがえる。

　墓域には春成が指摘したような埋葬小群を示すはっきりとした空閑地は認められない。田中らが行った人骨の分析によると，春成が指摘した埋葬小群間の被葬者同士で血縁関係が認められている（田中・土肥，1988）。また埋葬の行われた時期が墓地の北半部と南半部ではっきりと異なることからも，先行研究（田中・土肥，1988：橋口，1990：溝口，1995a など）で指摘されているように，春成が想定したような埋葬小群の存在を積極的に認めるのは困難であると思われる。ただし墓地北半部の SM15 と SK51，39，56 に代表されるような，明らかに特定の墳墓を意識したと思われる埋葬がみられることから，埋葬が完全に無秩序に行われたのではなく，ある程度埋葬される区域が規定され，墳墓の被葬者もはっきりと認識されていたと考えられる。

　永岡遺跡では墳墓は全体的に整然と二列に配置されているが，墓域の最北部，すなわち墓地形成開始期の KIIa 式期の墳墓が集中する部分では，墳墓同士の切り合いが激しく明瞭な列構成がみられず，甕棺墓が整然と二列に並ぶ南半部とは対照的な様相を呈する。西列の木棺墓 SM18 と土壙墓 DD5 は木棺墓 SM13 に切られ，その SM13 は KIIa 式期の甕棺墓 SK6 と SK7 に切られている。したがって SM18，SM13，DD5 は弥生中期初頭城ノ越式期に営まれた墳墓であるといえる。SM18 と DD5 の前後関係は不明であるが，DD5 が列に直交するように埋葬されていることから DD5 が SM18 に後続する可能性が高い。このような切り合い関係は東列にもみられる。KIIa 式の甕棺墓である SK89 は，やはり KIIa 式の甕棺墓である SK3，SK4 に切られ，SK4 は KIIa 式の甕棺墓 SK26 に切られている（図 125）。このように永岡遺跡の北端部では墓地形成が開始された当初の弥生時代中期初頭 KIIa 式期の段階から，列間中央の帯状空間を塞ぎ列構成を乱す埋葬が存在する。さらにそのような埋葬の多くが成人が埋葬されたと考えられる木棺墓や大型棺に切り込むように埋設された小児甕棺であることが特徴的である。

　後で詳しくふれるが，このような特定の墳墓を意識した埋葬は，二列埋葬墓地が衰退した弥生時代中期後半に盛行する集塊状墓地で認められる現象と類似する。ただし，弥生時代中期後半の集塊状墓地でみられる特定墳墓を意識した埋葬の多くは，成人が埋葬された大型棺同士が切り合うもの

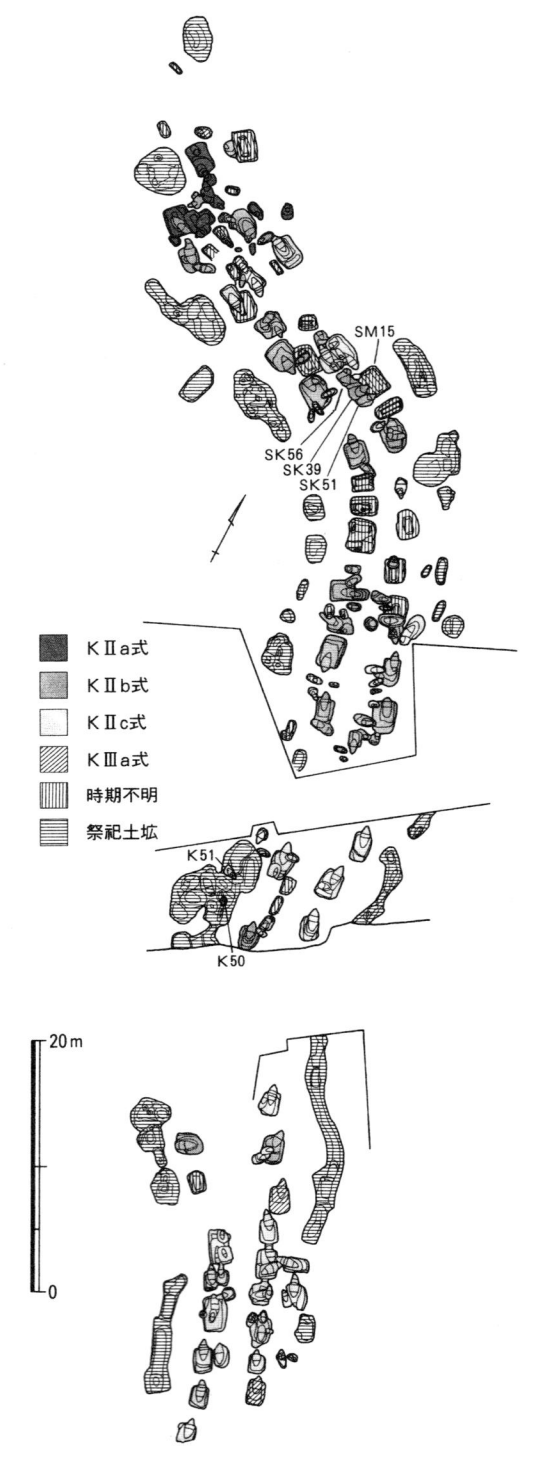

図 124　永岡遺跡の墓地形成過程（向田編 1990 より引用，一部改変）

第4章 墓地空間構造の検討

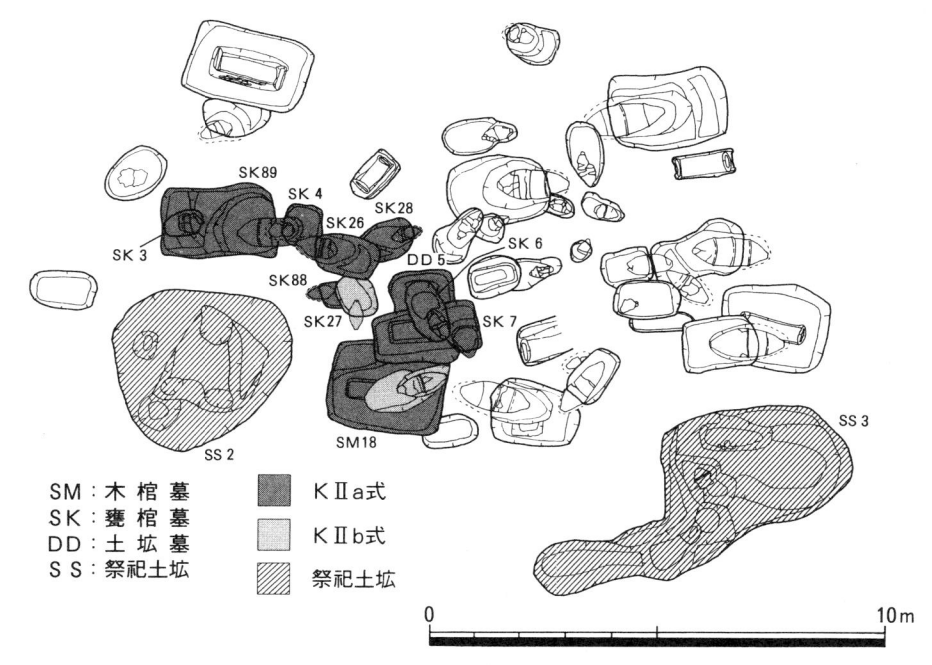

図125 永岡遺跡北端部の墳墓群(向田編1990より引用,一部改変)

であり,永岡遺跡北端部で認められるような成人が埋葬されたと考えられる木棺墓,大型甕棺墓と小型甕棺墓という組み合わせとは,埋葬に示された関係が本質的に異なるものであることに留意する必要がある。

またほとんどの埋葬が祭祀土壙の内側に行われ,祭祀土壙の外側に墓域の拡大は認められないが,一部で例外もみられる。墓地南半部の西列には,報告書中に詳しい記述がないため断定はできないが,おそらく祭祀土壙と考えられる土壙内に50号甕棺墓と51号甕棺墓が埋葬されている。これら2基の甕棺墓はいずれもKⅡc式期並行の甕形土器を用いた小型棺であり,おそらく祭祀土壙が埋没した後に埋置されたと思われる。したがって,祭祀土壙は基本的には墓域を区画する境界として作用したであろうが,その境界は必ずしも絶対的なものではないと考えられる。

このような永岡遺跡の墓地形成過程の検討から以下のことが指摘できる。

- 永岡遺跡においては,従来の研究で指摘されたように(田中・土肥,1988:橋口,1990:溝口,1995a),はっきりとした埋葬小群の存在は確認されない。
- 列間に存在する帯状空間を塞ぐ埋葬は墓地形成の開始期にみられ,このような埋葬が列埋葬の終焉にともなう現象であるとはみなせない。
- 南半部では祭祀土壙内にも甕棺墓が埋設されていることが確認された。このことから,祭祀土壙が,必ずしも埋葬が行われる範囲を規定する絶対的な境界であったとはいえない。

3. 二列埋葬墓地に示される社会関係の解釈

　二列埋葬墓地は基本的には永岡遺跡にみられるように，2つの墳墓列の間に空閑地が存在し，墳墓列の外側に祭祀土壙が営まれるという形態を取るが，実際にはこのような形態の類例は少ないといえる。四本黒木遺跡のように墳墓列が集塊状を呈し単独の列を構成しないもの，飯氏遺跡 III 区のように西列は 2 列，東列は 1 列というように列間で形態が異なるものなどさまざまである。これらの二列埋葬墓地の諸類型に共通するのは，列間に帯状の空間を有するという点と，列構成を取るという点である。

　列間中央の帯状空間はこれまで墓道として認識されることが多かった(橋口，1990: 溝口，1995a ほか)。仮にこの帯状空間が墓道として機能したと考える場合，帯状空間を塞ぐような埋葬が行われているのが頻繁に認められることを，どのように考えるのかが問題となる。溝口孝司は列を形成するという空間構成原理に従わない埋葬を「イレギュラーな埋葬」と呼び(溝口，1997, pp. 11-2)，このような埋葬が二列埋葬墓地の終焉にともなう現象であると指摘した (ibid., pp. 32-3)。

　しかしながら二列埋葬墓地の終焉期である弥生時代中期後半の墓地だけでなく，出現期の弥生時代前期の墓地である下月隈天神森遺跡においても，やはり列構成原理から逸脱した埋葬が行われている。さらに永岡遺跡では列構成を取らずはっきりとした帯状空間を形成しない埋葬は，むしろ墓地への埋葬が開始された弥生時代中期初頭 KIIa 式期に多くみられる。これらの遺跡では，墓地への埋葬が開始されてさほど時間を置かずに，列間の帯状空間への埋葬が行われている。すなわち列構成原理に従わない埋葬は弥生時代中期後半の二列埋葬墓地の終焉に基づく現象ではなく，むしろ二列埋葬墓地に一般的にみられる現象であるとみるべきであろう。

　また松木遺跡 138 街区では帯状空間が埋葬小群間で異なる方向に延びていることが確認された。さらに福岡県大刀洗町高樋塚添遺跡では列間の帯状空間にピット状の遺構が存在することが確認されている(赤川，1997: 図126)。ピット状遺構が甕棺墓と同時期のものであるかどうかが問題であるが，これらの遺構が列間に収まり甕棺墓を意識して形成されたと考えられること，また帯状空間の方向に沿うように直線的に並ぶことから甕棺墓と並存した可能性が高い。これらの現象は帯状空間の機能が墓道的なものではないことを示唆している。

　ただし二列埋葬墓地にみられる帯状空間が，墓道として機能したかどうかについて議論すること自体にはそれほどの意味はないと考える。むしろ重要なのは，墓地を営んだ人々に墳墓を二列に配置するということが明確に意識されていたという点であろう。

　それでは埋葬が列構成という形を取って行われたことにはどのような意味があるのだろうか。墳墓が列状に連なる様子はそれをみるものに，突出したある特定の集団，あるいは個人の存在よりも集団的・共同的な印象を与える。そのため従来から，二列埋葬墓地の列構成は集団内部の協調性や共同性を強調する方向に作用したと考えられてきた。またこのことはほとんどの列埋葬墓地や二列埋葬墓地において墳墓間の副葬品に顕著な差異が認められないことからも裏付けられる。一列，二列あるいは集塊状といった列の形態にこそ差があれ，田中らが指摘したように列をなすこと自体に

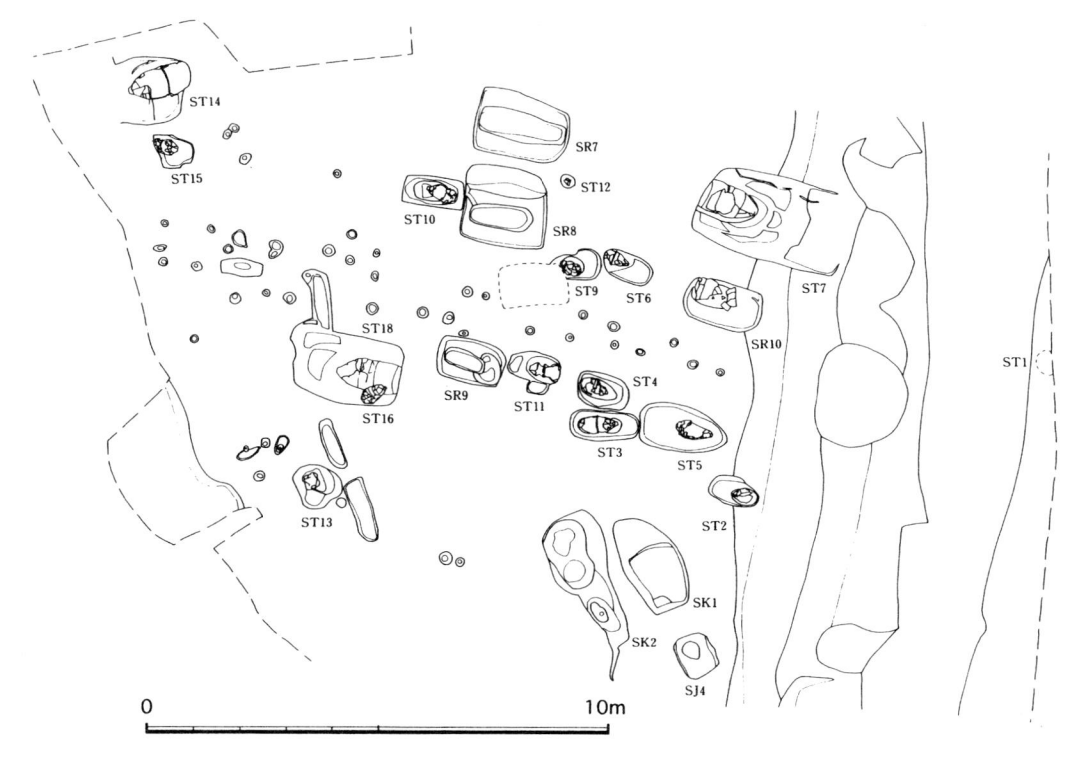

図 126　高樋塚添遺跡(赤川編 1997 より引用)

意味があるといえる(田中・土肥, 1988)。

　三国の鼻遺跡や松木遺跡 138 街区, 四本黒木遺跡, 飯氏遺跡 III 区の墓地空間構造の検討によって明らかになったように, 列埋葬墓地, あるいは二列埋葬墓地の多くは, 墳墓列が複数の埋葬小群によって構成されていることが明確に確認できる。そしてこのような埋葬小群は集落を構成する世帯, あるいは世帯共同体を表示していると解釈されてきた (e.g. 春成, 1984)。

　これらの埋葬小群は多くの場合, 福岡県瀬高町権現塚北遺跡でみられるような方形の区画で規定されていると考えられる。二列埋葬墓地は方形区画の埋葬小群間の間隔が短くなり, 連続的に連なることによって形成されているとみることができる。さらにこのような方形区画は突帯文土器期の墓地である福岡県前原市の長野宮ノ前遺跡ですでにその傾向がみられ, 弥生時代開始期から存在していた可能性が指摘できる。

　方形区画によって規定された埋葬小群が, どのような社会関係を示しているのかという疑問に対しては, ある特定の墳墓に切り込むようにして埋葬されている墳墓の存在が解釈の糸口となる。このような埋葬は弥生時代中期の墓地である四本黒木遺跡や飯氏遺跡 III 区だけでなく, 前期前半から中頃の墓地である下月隈天神森遺跡や三国の鼻遺跡でも確認されている。成人の甕棺への埋葬が定着する以前の弥生時代前期前半段階では, 木棺墓は成人用の埋葬施設, 甕棺墓は小児用の埋葬施設であったと考えられているが, 下月隈天神森遺跡と三国の鼻遺跡の甕棺墓と木棺墓の関係につい

てみてみると，木棺墓の墓壙に切り込むように甕棺墓が埋設されている。すなわち成人が埋葬された墳墓に，特定の個人を意識して，幼児が埋葬されているのである。また飯氏遺跡 III 区でも大型棺に切り込むように埋設されている甕棺墓のほとんどが小児用と考えられる小型棺であり，下月隈天神森遺跡や三国の鼻遺跡と同様特定の成人の墓を意識して乳幼児の埋葬が行われたと想定し得る。

このような埋葬の多くで，先行する墳墓から土器型式や甕棺型式で 1～2 型式遅れて新たな墳墓が営まれている。したがって，先行して存在する墳墓と後続して埋葬される墳墓の被葬者間にはある程度の年齢差があると考えられ，被葬者間に何らかの血縁関係が存在する可能性が高いと想起されるが，先行研究でも指摘されているように(春成，1984: 田中・土肥，1988: 溝口，1995b)それは父子あるいは母子のような 2 世代間の直接的な親子関係ではないと思われる。そしてこのような切り合い関係をもつ墳墓は通常 1 つの埋葬小群内に複数認められる。つまり何らかの血縁関係を有すると考えられる単位が，1 つの埋葬小群内に複数存在しているということになる。したがって，どのような形態の親族・家族構造であるかが問題となるものの，列埋葬墓地において認められる埋葬小群は何らかの血縁的なつながりを軸として構成されたものであると考えられるだろう。

このような血縁的な関係を想起させる墳墓は，すでに弥生時代開始期に認められる。佐賀県唐津市の森田支石墓群の 4 号支石墓では，直接の切り合い関係はないが，突帯文土器の甕と大型壺を組み合わせた甕棺墓が支石墓に近接して埋設されている(九州大学考古学研究室，1997b: 図 127)。

四本黒木遺跡で確認したように弥生時代中期後半段階には，墳墓が列を構成しなくなり集塊状の埋葬が行われるようになる。そしてこの段階には集団内の階層差が著しく増大して，須玖岡本遺跡

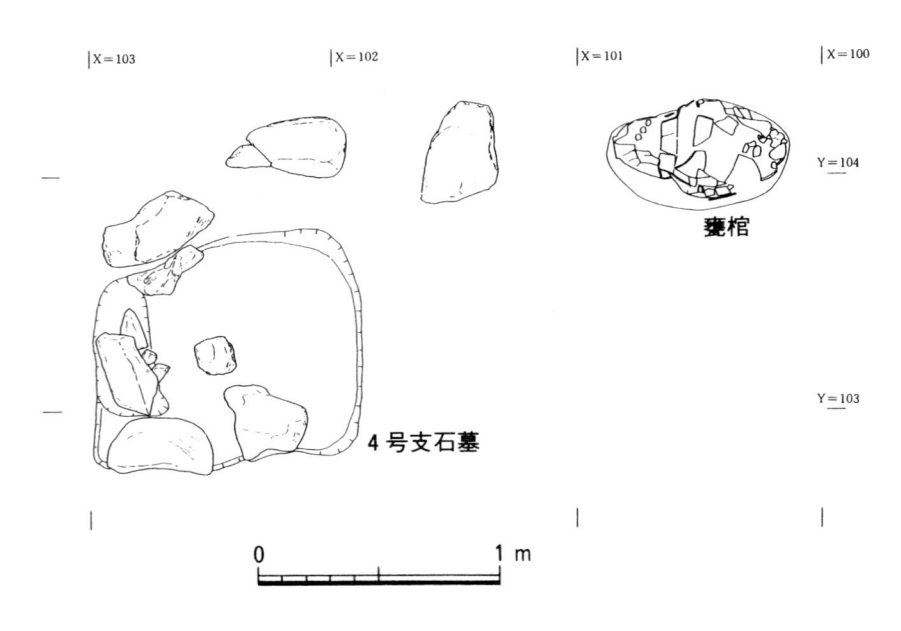

図 127　森田支石墓群 4 号支石墓と隣接する甕棺(九州大学文学部考古学研究室 1997 より引用)

の厚葬墓や三雲南小路遺跡1号墓，2号墓のような集団内の一般構成員からは完全に隔絶した個人の墳墓が形成されるようになることが指摘されている（e.g. 高倉，1973: 寺沢，1990など）。またこの時期には特定の墳墓を意識して，先行する墳墓に重複する埋葬が数世代にわたって連続的に行われるようになる(溝口，1995b)。溝口孝司はこのような変化を，祖霊観念が共同性を表象するものから個的なものへと移行した結果と解釈している（ibid.）。

社会内部での階層差の増大傾向は，細形銅剣や多鈕細文鏡に代表される金属器の副葬という形で，弥生時代前期末〜中期初頭の福岡市吉武高木遺跡や中期前半の佐賀県唐津市宇木汲田遺跡においてすでに認められる。しかしながら，この段階ではこのような金属器の副葬品をもつ墳墓が存在する一方で，二列埋葬墓地に代表される列状の埋葬が盛行している。ここで取りあげた6つの列埋葬墓地や二列埋葬墓地の墳墓の副葬品についてみてみると，前期の下月隈天神森遺跡，三国の鼻遺跡では副葬品は小型壺が中心である。松木遺跡138街区では副葬品はみられない。中期の四本黒木遺跡，永岡遺跡では目立った副葬品は認められない。さらに階層差が増大する中期後半段階の飯氏遺跡III区でもやはり目立った副葬品は認められない。

このように二列埋葬墓地に代表される列埋葬墓地が盛行した弥生時代中期前半段階の埋葬行為においては，一部の墓地で副葬品による差異の強調が行われていたが，基本的には溝口が指摘したように列をなすことによる集団性・共同性の表象という機能が強調されたと考えられる(溝口，1995a，1995b)。その意味では，弥生時代中期後半の二列埋葬墓地の終焉と厚葬墓の出現にみられる，埋葬行為にあらわれた社会関係の変化は大きなものであったといえるだろう。

4. 戦略的行為としての埋葬

二列埋葬墓地や二列埋葬墓地の終焉にともなって出現する集塊状墓地は社会内のエリート層の墓地ではない。エリート層の墳墓に示される社会的な関係は，これらの集落の一般構成員の墳墓に示される社会的な関係とは大きく異なる。すなわちエリート層の墳墓には墓域の明確な分離による差異の強調という側面が認められるのである。福岡市吉武樋渡遺跡，佐賀県神﨑町吉野ヶ里遺跡の墳丘墓がそのような埋葬行為の代表例としてあげられる。

吉武樋渡墳丘墓は東西約25m，南北約27mの長方形を呈し，30基の甕棺墓と木棺墓1基，石棺墓1基が検出されている(力武・横山，1996: 図113)。甕棺墓は弥生時代中期中頃の須玖式段階に埋葬が開始され，中期末立岩式段階に終了する。6基の甕棺墓と木棺墓1基から細形銅剣，把頭飾，鉄剣，素環頭太刀，素環頭刀子，重圏文星雲鏡などの副葬品が出土している。墳丘墓周辺の墳墓群については未報告なので断定はできないが，墳丘墓内に埋葬された墳墓に金属器の副葬品が集中しているとみられる。

吉野ヶ里遺跡丘陵地区Ⅴ区のST1001墳丘墓は南北が40〜45m，東西が26m以上の長方形の墳丘を有しており，そのなかに14基の甕棺墓の埋葬が確認されている(図114)。甕棺墓は一番古いものが汲田式の新段階のもので，一番新しいものは立岩式の古段階に近い須玖式の新段階のものである。墳丘墓の南北には甕棺墓を主体とする墓域が広がっており，南側の墓域には列埋葬がおこな

われた甕棺墓群が存在する(佐賀県教育委員会，1994:図115)。南側の墓域は遺構の検出のみで未発掘であるため，墓地の詳細な形成過程を復元することはできないが，露出した甕棺墓の観察から弥生時代前期末・中期初頭の金海式の段階に埋葬が開始され，須玖式段階まで継続すると考えられる。したがって同時期に墳丘墓と列埋葬墓という異なる形態の墓地が存在していたことになる。また墳丘墓内の14基の甕棺墓のうちの8基に有柄細形銅剣や細形銅剣が副葬されている。南側の列状を呈する墳墓群については発掘が行われていないため，副葬品をもつ墳墓の存在については不明である。そのため，列埋葬が行われた墳墓が副葬品をもっている可能性は考慮する必要がある。しかしながら，墳丘内の甕棺墓は14基のうち8基という高い割合で副葬品をもっており，副葬品，そのなかでも特に金属器の副葬品をもつ墳墓が墳丘墓に集中すると考えることができる。つまり墓域の明確な分離という墓地の空間構造と，墳墓のもつ副葬品の内容とが強い相関関係をもつことが想定できる。

　このような現象は墓域を明確に分離することによって，他の一般成員との差異を表示・強調しようとしたエリート層の意図的・戦略的行為の結果であるとみることができる。またこのような差異化，あるいは差別化は墓地の空間構造だけでなく，副葬品においても明確に示されている。副葬品による差異の強調と墓域の分離による差異の強調を組み合わせることによって，現実の社会関係を象徴化・可視化したといえる。このような行為が埋葬を通じて実施されることで，社会関係の再確認と強調が行われたと考えられる。墓地の空間構造や副葬品は，社会関係や集団構造を反映しているだけでなく，埋葬行為を通しての既存の社会関係の強化，再構築をも示しているのである。エリート層は埋葬行為によって他の人々との差異を象徴化するが，象徴化された社会関係は抽象的なシンボルであることにとどまらず，現実の社会に影響を与えるようになる。その意味で埋葬行為とその実践者との間には相互作用的な双方向の関係が存在しているといえるだろう。

　埋葬行為と行為の実践者との間にこのような双方向の関係が存在するとき，埋葬行為を一つのシステムと捉えると，そのシステムは墳墓の構造，墳墓への副葬品，墓地の空間構造といったシステム自体の構成要素を通して，死者と社会との間に存在する社会的な関係を表示する機能を有するとみることができる。そして埋葬システムが階層的な社会関係を表示することによって，現実の社会関係を再定義しているとみなすことができ，このような再定義はシステムが自己同一性を保持しつつ，変化を産出するプロセスと考えることができる。また埋葬システムは行為と実践者との間に双方向の関係が存在するという点と，システムを通じて現実の社会関係を可視化・象徴化することにより社会関係を再定義・再構築しているという点で，再帰的・自己言及的なものであるということができる。そして新たな社会関係が埋葬行為を通じて形成されているという点では，埋葬システムは自己組織能を有するシステムであるといえる。弥生時代中期後半には埋葬システムによる社会関係の再構築の蓄積によって階層差が増大し，ついには須玖岡本遺跡や三雲南小路遺跡にみられるような，墓地空間構造の上でも副葬品の上でも集団の一般構成員からは完全に隔絶した厚葬墓が出現する。したがって弥生時代中期を通じて階層差が増大していく過程は，埋葬システムの有する社会関係の再定義・再構築という機能が積極的かつ戦略的に利用されて，新たな社会関係が創出されていった過程であるとみることもできるだろう。

第3節　結　語

　第4章では北部九州弥生時代の区画墓，墳丘墓，列埋葬墓を対象として，弥生時代の人々が埋葬行為を通じていかなる社会関係を表示し再構築しようとしたかについて考察を行った。

　その結果，区画墓，墳丘墓はその出現期には階層性を示すものではなかったが，金属器の副葬が開始される弥生時代前期末から中期初頭期になると，区画墓・墳丘墓内の墳墓に金属器の副葬が集中する傾向がみられることを指摘し，エリート層による墓域の分離，金属器の副葬といった差異の強調が存在したことを明らかにした。そして，このような差異の強調は，墳墓や墓地の構造，副葬品などの埋葬行為に含まれるさまざまな要素を利用して意図的・戦略的に行われたものであり，差異の強調にともなう階層的な社会関係の強化は，再帰的・自己言及的な埋葬システムを通じての社会関係の再定義・再構築とみなし得ると結論づけた。また列埋葬墓地の多くは血縁的なつながりを軸とする埋葬小群が集合して形成されたとみなせること，埋葬小群が列をなすことが集団内の結束を高める方向に作用したと考えられること，弥生時代中期後半の社会内部の階層差が増大するプロセスを通して，列を構成していた埋葬小群が分離し個別の埋葬小群の自立化が認められることを指摘した。

　以上の指摘は，弥生時代中期に社会集団内部の階層分化とそれにともなう首長権の強化が生じたというこれまでの研究にみられる見解（e.g. 高倉，1973: 橋口，1987）に大きく矛盾するものではない。一方で，すでに述べたように，北條芳隆や溝口孝司はこのような見解に対して異論を示している。北條は，吉野ヶ里遺跡の墳丘墓に埋葬された甕棺墓の副葬品の品目が数世代にわたって細形銅剣を中心とするものであり，そこに等質性がみられることから首長の埋葬に強い規制が働いていたと論じている（北條，1999）。しかしこれらの副葬品はすべて個別の甕棺墓に副葬されたものである。つまり集団で共有された祭器・儀器という性質をもつものではなく，あくまでも個人の所有物として埋葬に際して副葬されていることを軽視すべきではないと考える。埋葬にともなう副葬という行為は，貴重な青銅器を一個人のために消費してしまうという側面を合わせもつ。そしてこの"消費"という行為を通して埋葬に参加した人々は既存の社会関係を再確認したのではないだろうか。北條や溝口が指摘するように，区画墓・墳丘墓や列埋葬墓が盛行した中期前半から中頃の階層分化は流動的なものであり，いまだ安定的なものではなかった可能性が高いが，この段階に萌芽した，そのような階層的な社会関係を維持・強化しようとする戦略的な意図が存在したことも埋葬行為の分析を通して知ることができるのである。

第 5 章

副葬品の検討

　北部九州の甕棺墓を主とする弥生時代の墳墓から出土する銅剣，銅矛，鏡などの副葬品にはすでに江戸時代から関心がもたれていた。青柳種信は 1822（文政 5）年に現在の福岡県前原市三雲南小路遺跡の甕棺墓で棺外から有柄式細形銅剣 1 点，細形銅戈 1 点，棺内から細形銅矛 2 点，前漢鏡 35 面，ガラス璧・勾玉・管玉が発見されたことを記録している。また青柳種信は三雲南小路遺跡と同じ前原市に所在する井原鑓溝遺跡の甕棺墓から天明年間（1781〜89 年）に後漢鏡（方格規矩四神鏡）数十枚，巴形銅器 3 点，鉄刀が出土したことも記録している。その後 1974 年，75 年に福岡県教育委員会によって三雲南小路遺跡甕棺墓の発掘調査が実施され，青柳種信が記録した 1 号墓とともに 2 号墓が存在することが明らかになった。2 号墓からは前漢鏡 22 面以上，硬玉製勾玉 1 点，ガラス勾玉 12 点，ガラス垂飾 1 点が発見されている。

　中山平次郎は 1917 年に板付田端遺跡の甕棺から出土した銅剣について報告している（中山，1917）。またその報告のなかで中山は，遺跡が周囲の田地面よりも一丈（約 3 m）ほど高く円墳状の隆起を呈していたと述べている。近年三雲南小路遺跡や福岡県春日市須玖岡本遺跡，福岡市吉武樋渡遺跡などの甕棺墓で墳丘の存在が指摘されるなかで，中山の報告は旧地形を良好にとどめた段階のものであり注目される。1899 年には須玖岡本遺跡の甕棺墓から多数の漢鏡が発見され，甕棺墓の上に扁平な大石が存在したことが知られている。その後中山平次郎らによる踏査がおこなわれ，さらに 1929 年に京都大学によって須玖岡本 D 地点（1899 年発見の大石下の甕棺）の調査が実施され，梅原末治が須玖岡本 D 地点から出土した鏡の種類と面数を内行花文清白鏡や内行花文星雲鏡，重圏日光鏡，重圏清白鏡などの前漢鏡 30 面以内であるとの復元をおこなっている（梅原，1930）。

　高倉洋彰は唐津市宇木汲田遺跡や福岡市金隈遺跡などの墓地の空間構造や副葬品の分析を通して，「水稲耕作技術の受容以降の等質的段階」から「源初的な農業共同体が出現し確立していく段階」を経て「武力を媒介として余剰の蓄積を一層すすめ階級関係に緊張をもたらしはじめる段階」，さらには「政治的統率者個人の出現と階級関係の固定化・顕在化をすすめた戦争の時代」へと至る社会の発展過程を想定した（高倉，1973）。

　高倉の研究は主として墓地の空間構造と副葬品から社会内に階層性が生じる過程を復元したものであるが，J. テインターはアメリカのウッドランド文化の墳墓を対象として，人骨に認められる変形性関節症と社会的階級との関係について考察している。そのなかでテインターは墳墓の構造を"埋葬に費やされたエネルギー"という観点からレベル 1 からレベル 6 の 6 段階に分類した後，それぞれのレベルと変形性関節症との相関の検討をおこない，レベル 1 の被葬者では他のレベルの被葬者

に比べて変形性関節症の出現頻度が低いことから，日常の生業的な労働に従事する必要のない階級の存在を想定している (Tainter, 1980)。このテインターの研究では副葬品だけではなく埋葬に費やされたエネルギーという視点も含めたうえで墳墓のレベルを設定している点が注目されるが，日本の墓制研究では中園聡の研究にこれに類似した視点がみられる。中園は北部九州の弥生時代中期の甕棺墓を対象として，副葬品に加えて甕棺墓にみられるさまざまな属性の総合的な分析を行い，埋葬にどれだけ手をかけているか，すなわち"エラボレーションの度合"という概念で墳墓にみられる階層性を考察している(中園, 1991a)。

さらに，このような墳墓の副葬品に認められる明確な階層構造は，一つの墓地内のみにとどまるのではなく，甕棺葬という共通の墓制をもつ北部九州地域のなかで，平野を単位とする地域集団の間にも秩序的に存在したことも認識されてきた (e.g.下條, 1991: 中園, 1991a)。このような先行研究の認識をふまえて，以下弥生時代の北部九州の墳墓から出土した副葬品について検討を加えることにしたい。

第1節 副葬品構成の変遷

北部九州の弥生時代の墳墓には，小型壺を中心とする供献土器や管玉，勾玉，貝輪などの装身具，細形銅剣・銅矛・銅戈といった青銅製武器，これらの青銅製武器が祭器化した武器形青銅器，鉄剣・鉄矛などの鉄製武器，鏡，ガラス璧やガラス製玉類に代表されるガラス製品など多様な副葬品が認められる。この他にも甕棺墓や木棺墓，土壙墓から磨製石鏃や磨製石剣が出土しているが，橋口達也が指摘するように，磨製石剣の切先のみが出土した例や先端部がつぶれたり基部が欠失した磨製石鏃の大部分は，戦闘によって死亡した被葬者の体内に遺存していたものと考えるのが適当であり(橋口, 1992b, 1995b)，副葬品として扱うことはできないと思われる。したがって，以下の分析では磨製石鏃・磨製石剣は確実に副葬されたと判断できるものだけを分析の対象とし，判断が困難な出土例については分析には加えていない。

ここでは突帯文期から弥生時代終末期までの詳細な時期比定が可能な甕棺墓，木棺墓，土壙墓，支石墓318基から出土した副葬品を対象として，副葬品の時期的な変遷を検討した(付表1)。

1. 突帯文期

突帯文期の副葬品はすべて土器である。墳墓に供献された土器の器種は小型壺が全体の77.3%と高い比率をしめる。これは，突帯文期の開始段階に水田での稲作農耕，大陸系磨製石器群，木製農耕具といった新たな文化要素の一部として受容された支石墓，木棺墓などの墓制にともなって，墳墓に小型壺を供献するという埋葬儀礼が導入されたことを示す現象であるといえる。ただし，小型壺以外にも縄文晩期以来の土器様式の影響を強く残した，甕，浅鉢，高坏などの器種の供献もみられる。特に佐賀平野の久保泉丸山遺跡や礫石遺跡などの墓地にこれら小型壺以外の器種の供献が顕著に認められ，玄界灘沿岸の地域との間に相違がある。

第 5 章　副葬品の検討

表 56　突帯文期の副葬品の構成比

副葬品の内容	点　数	構成比
壺単数	20	45.5%
壺複数	3	6.8%
壺 + その他	11	25.0%
その他	10	22.7%
計	44	100.0%

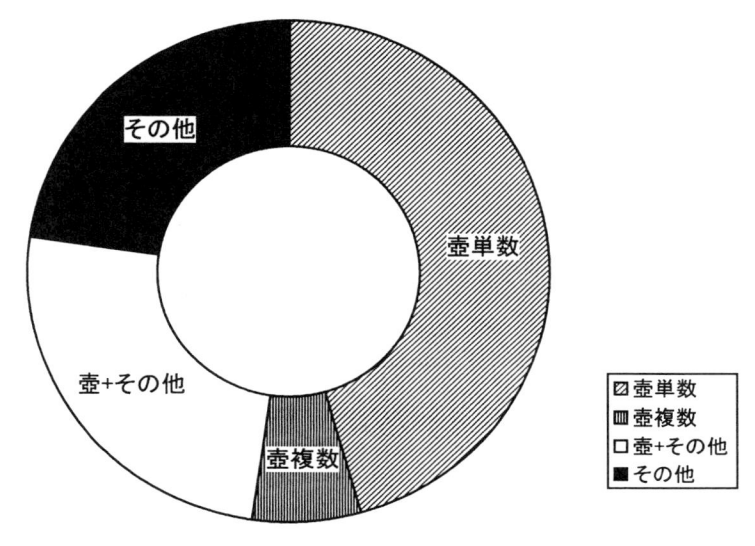

図 128　突帯文期の副葬品構成比

　副葬された土器の器種の比率は，小型壺のみのものが全体の 52.3%，小型壺と小型壺以外の器種を組み合わせたものが 25.0%，小型壺以外の器種のみのものが 22.7% である(表 56，図 128)。このような供献土器の器種構成比率から，支石墓，木棺墓といった新たな墓制を導入する際に土器の墳墓への供献という習慣が取り入れられたものの，縄文晩期以来の器種である甕，浅鉢などの器種が一定量存在していることが明らかである。したがって，この段階での新たな文化要素の出現は，基本的に縄文晩期の文化伝統をもつ在地の集団が朝鮮半島の文化を積極的に受容した結果であり，朝鮮半島からの大量の渡来集団の存在は考えにくいと思われる。
　突帯文期の墳墓には副葬品の構成のうえでも，また墓地空間構造や埋葬施設の構造という点においても，墳墓間にはっきりとした階層差や差異は認められない。

2.　弥生時代前期前半

　弥生時代前期前半期(板付 I・IIa 式期)段階でも，突帯文期と同様に副葬品の構成は土器を中心としたものである。しかしながら，突帯文期と異なるのは，墳墓に供献された土器のほとんどが小型壺であり，供献土器の器種の斉一化がより進んでいる点である。副葬品の構成について詳しくみ

表57 弥生時代前期前半の副葬品の構成比

副葬品の内容	点数	構成比
壺単数	62	69.7%
壺複数	10	11.2%
壺＋その他	3	3.4%
玉類	3	3.4%
壺＋玉類	4	4.5%
磨製石剣	1	1.1%
壺＋磨製石鏃	3	3.4%
壺＋磨製石剣＋磨製石鏃	2	2.2%
壺＋磨製石器	1	1.1%
計	89	100.0%

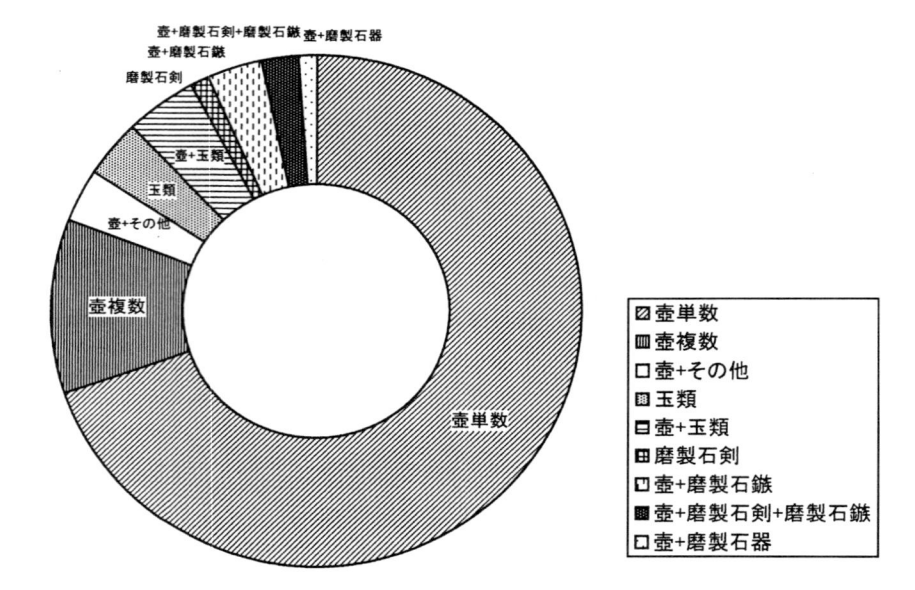

図129 弥生時代前期前半の副葬品の構成比

てみると，小型壺単数の副葬が全体の69.7%，小型壺を複数副葬したものが11.2%，小型壺とその他の器種の土器との組み合わせが3.4%，玉類が3.4%，小型壺と玉類との組み合わせが4.5%，磨製石剣が1.1%，小型壺と磨製石鏃の組み合わせが3.4%，小型壺と磨製石剣，磨製石鏃との組み合わせが2.2%，小型壺と磨製石器との組み合わせが1.1%である（表57，図129）。小型壺を中心とする土器が副葬品の構成の中心をしめるが，玉類や磨製石剣などの新たな要素が加わっている。

　弥生前期前半期でも副葬品や埋葬施設の構造に顕著な差異は認められない。ただし前述したように，福岡県夜須町東小田峯遺跡では，この時期のものと考えられる墳丘墓（1号墳丘墓）が調査されている。しかしすでに述べたように，これらの土壙墓からは副葬品は出土しておらず，また埋葬施設の構造もすべて土壙であり，この時期の他の墳墓との間に際立った相違があるわけではない。し

第 5 章　副葬品の検討

たがって，この段階で墳丘墓による墓域の分離・区画化という現象がすでに出現していたことは注目されるが，このような墓域の分離・区画化が副葬品による他の墳墓との差別化には結び付いてはいないといえる。

3. 弥生時代前期後半

弥生時代前期後半期（KIa・KIb 式期）になると，副葬品の構成に多様さがみられるようになってくる。この段階からイモガイ・ゴホウラ製の貝輪の副葬が確認できる。副葬品の構成の詳細は，土器を副葬したものが全体の 55.0%，小型壺と磨製石鏃を組み合わせたものが 10.0% とやはり土器のしめる比率が相対的に高いといえる（表 58，図 130）。

しかし，磨製石鏃の副葬も全体の 20.0% と高く，しだいに土器副葬の割合が減少していることが

表 58　弥生時代前期後半の副葬品の構成比

副葬品の内容	点数	構成比
壺単数	10	50.0%
壺 + その他	1	5.0%
玉類	4	20.0%
貝輪	1	5.0%
磨製石鏃	1	5.0%
壺+磨製石鏃	2	10.0%
貝輪+磨製石鏃	1	5.0%
計	20	100.0%

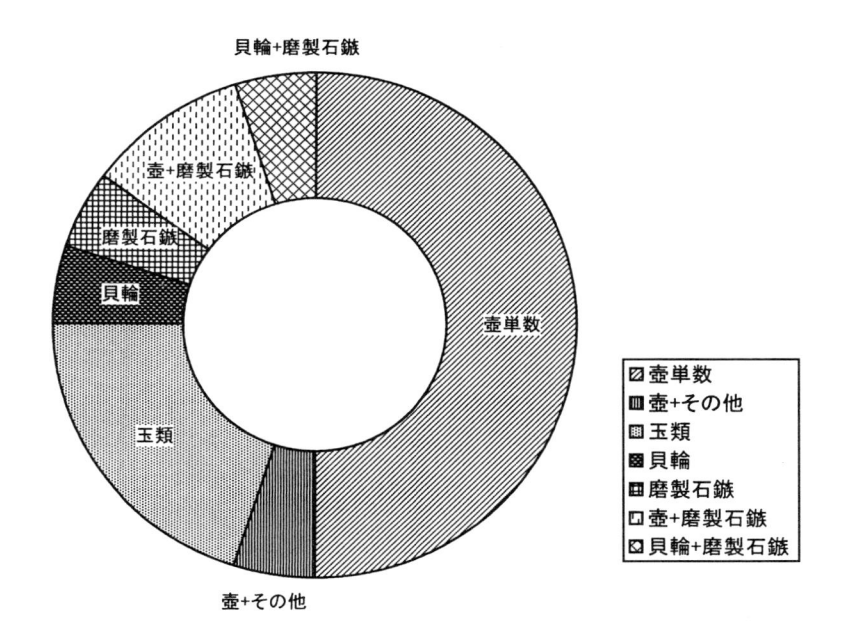

図 130　弥生時代前期後半の副葬品の構成比

4. 弥生時代前期末～中期初頭

この段階（KIc（古）・（新）式期）から，細形銅剣，細形銅矛，細形銅戈などの青銅製武器や銅釧などの金属器の副葬が開始される。副葬品の構成は，金属器が含まれる組み合わせの比率が全体の40.0％をしめるのに対して，土器が含まれる組み合わせの比率もやはり40.0％であり，金属器と土器の比率が大差ないものであることが指摘できる。

具体的には，土器が全体の32.0％，土器と磨製石鏃の組み合わせが4.0％，玉類20.0％，ガラス製

表59 弥生時代前期末～中期初頭の副葬品の構成比

副葬品の内容	点数	構成比
土器	8	32.0%
土器 + 磨製石鏃	1	4.0%
玉類	5	20.0%
ガラス製品	1	4.0%
細形銅剣	5	20.0%
細形銅矛	1	4.0%
細形銅剣 + 細形銅矛	1	4.0%
細形銅剣 + 土器	1	4.0%
細形銅剣 + 玉類	1	4.0%
銅釧 + 玉類	1	4.0%
計	25	100.0%

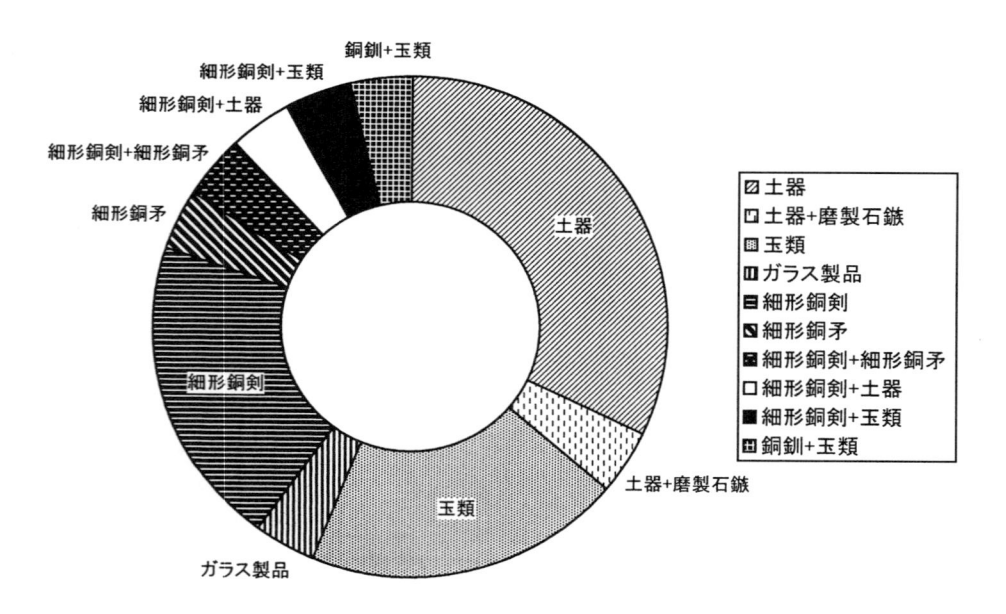

図131 弥生時代前期末～中期初頭の副葬品の構成比

品 4.0%，細形銅剣 20.0%，細形銅矛 4.0%，細形銅剣と細形銅矛の組み合わせが 4.0%，細形銅剣と土器の組み合わせが 4.0%，細形銅剣と玉類との組み合わせが 4.0%，銅釧と玉類の組み合わせが 4.0% というものである(表 59，図 131)。

また時期がはっきりと確定できないが，中山平次郎が報告した板付田端遺跡の細形銅剣が副葬されていた甕棺墓は，金海式の甕棺であると考えられ，この段階の墳丘墓に埋葬された甕棺墓であった可能性が高い。

5. 弥生時代中期初頭

弥生時代中期初頭段階（KIIa 式期）には，副葬品全体のなかで金属器を含むものの比率が全体の 57.0% と過半をしめるようになり，副葬品構成において金属器が主体をなし始める。またこの段階

表 60 弥生時代中期初頭の副葬品の構成比

副葬品の内容	点数	構成比
壺	3	21.4%
玉類	3	21.4%
青銅製武器単数	2	14.3%
青銅製武器 + 土器	1	7.1%
青銅製武器 + 土器 + 玉類	2	14.3%
青銅製武器 + ガラス製品 + 土器 + 玉類	1	7.1%
青銅製武器 + 鏡 + 玉類 + 土器	1	7.1%
鏡 + 青銅製工具 + 玉類	1	7.1%
計	14	100.0%

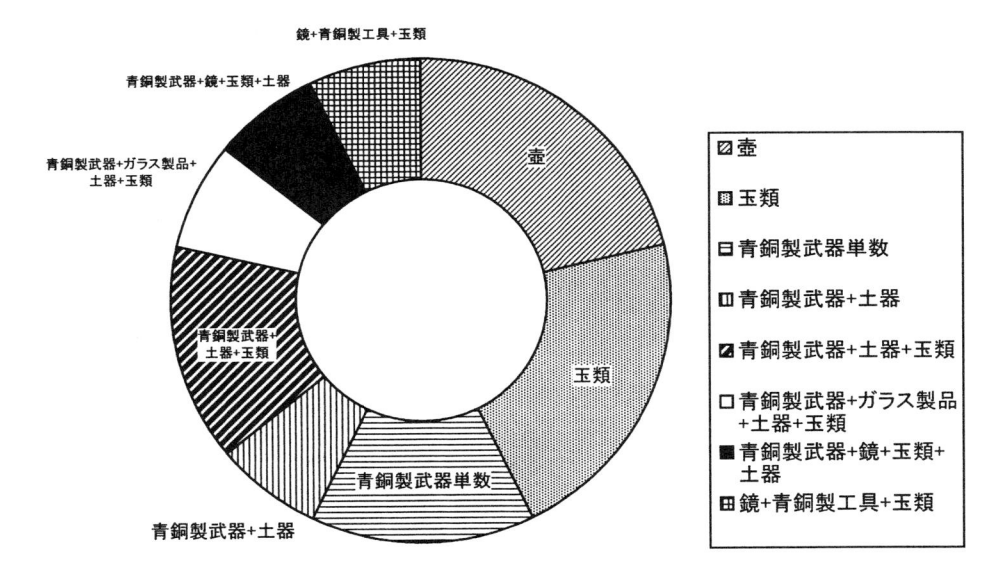

図 132 弥生時代中期初頭の副葬品の構成比

から多鈕細文鏡の副葬が認められる点が注目される（表60，図132）。

　福岡市吉武遺跡群高木地区ではK117号甕棺墓から細形銅剣1点，翡翠製勾玉1点，碧玉製管玉42点，ガラス小玉1点，小型壺1点が出土している。また同じ高木地区の3号木棺墓からは細形銅剣2点，細形銅矛1点，細形銅戈1点，多鈕細文鏡1面，翡翠製勾玉1点，碧玉製管玉95点，小型壺1点が出土している（力武・横山，1996）。

　K117号甕棺墓，3号木棺墓はともに他の墳墓とは分離して営まれた方形区画の墓域内に存在している。K117号甕棺墓の墓壙は同時期の一般的な甕棺墓の墓壙と比較して大きいことが指摘され（ibid.），盛土の上には礫が標石として配置されている。また3号木棺墓の盛土上にもやはり礫が標石として配置されている。

　このように，弥生中期初頭段階に至ると，金属器や鏡といった希少価値の高い副葬品を複数保有する墳墓が登場する。さらにこのように副葬品の構成で他の墳墓との間に明確な差異をもつ墳墓が，墓域の分離や埋葬施設の構造上の差別化を通して，一般の墳墓との間の区別を強調していたことが指摘できる。

6. 弥生時代中期前半

　この時期（KIIb・KIIc式期）の副葬品のバリエーションの構成は，貝輪21.4%，玉類21.4%，ガラス製品3.6%，青銅製武器のみの副葬21.4%，青銅製武器と鏡の組み合わせ3.6%，青銅製武器と貝輪の組み合わせ7.1%，青銅製武器と玉類の組み合わせ3.6%，青銅製武器とその他の青銅器の組み合わせ3.6%，武器形青銅器のみの副葬3.6%，武器形青銅器とその他の青銅器との組み合わせ7.1%，銅釧と玉類の組み合わせ3.6%というものである（表61，図133）。

　宇木汲田遺跡では弥生中期前半段階の甕棺墓12基から副葬品が出土しているが，このうち金属器が副葬されているのは5基である。12号甕棺墓では多鈕細文鏡1面と細形銅剣1点が出土している。

表61　弥生時代中期前半の副葬品の構成比

副葬品の内容	点数	構成比
貝輪単数	2	7.1%
貝輪複数	4	14.3%
玉類	6	21.4%
ガラス製品	1	3.6%
青銅製武器単数	6	21.4%
青銅製武器 + 鏡	1	3.6%
青銅製武器 + 貝輪	2	7.1%
青銅製武器 + 玉類	1	3.6%
青銅製武器 + その他	1	3.6%
武器形青銅器単数	1	3.6%
武器形青銅器 + その他	2	7.1%
銅釧 + 玉類	1	3.6%
計	28	100.0%

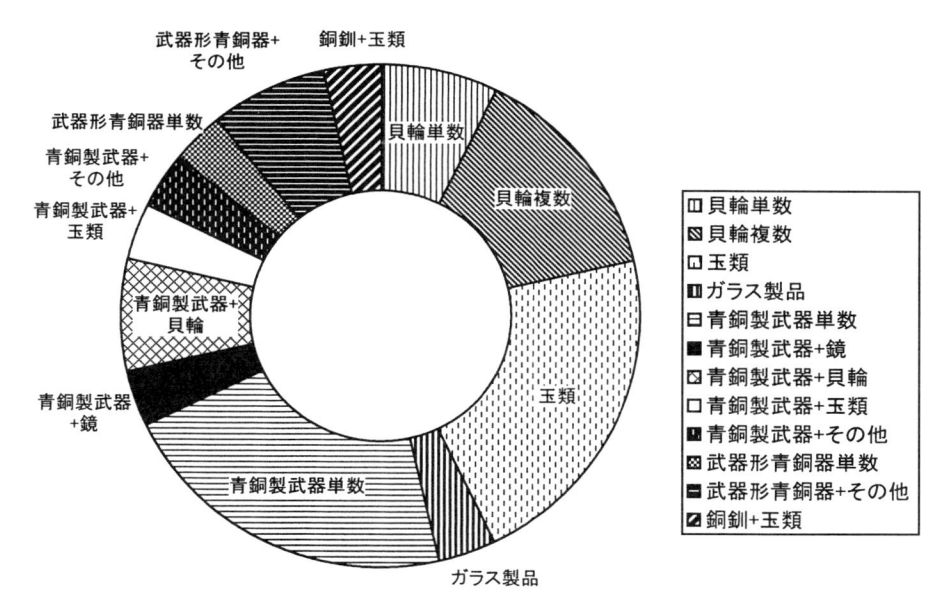

図133 弥生時代中期前半の副葬品の構成比

佐賀県吉野ヶ里遺跡 ST1001 墳丘墓では中期前半段階の甕棺墓 SJ1006 から細形銅剣 1 点が出土している。青銅製武器，鏡，武器形青銅器，銅釧などの金属器が全体の 53.6% と過半をしめているのは中期初頭段階と同様の傾向である。それに対して，突帯文期，弥生前期を通して副葬品構成の中心をなしていた土器が認められず，基本的にこの段階で個別の墳墓への土器の供献という習慣がなくなるということが指摘できる。ただしこれはあくまでも個別の墳墓への土器供献であって，この時期から祭祀土壙からの供献土器の出土例が増加することから，土器供献の習慣自体は存続したことが明らかである。この段階での供献土器の出土状況の変化は，埋葬儀礼の変化を示しているものと考えられる。

7. 弥生時代中期中葉

弥生中期中葉（KIIIa 式期）では，副葬品構成のなかでしめる金属器の比率は 61.4% と全体の 6 割を超えるようになり，金属器が副葬品の中心を構成するようになる。なかでも青銅製武器（細形銅剣）を単数副葬した墳墓が全体の 23.1% と高い比率を示す一方で，管玉，勾玉などの玉類のみが副葬された墳墓もやはり 23.1% と同様の比率を示す点が注目される（表 62，図 134）。このような現象は副葬品にあらわれた墳墓間の階層差がしだいに拡大していることを示していると解釈できよう。

またこの段階で鉄製武器の墳墓への副葬が 1 例（3.8%）認められる。高倉洋彰が指摘したように，北部九州では弥生中期中葉から後半段階で鉄製武器が出現し（高倉，1990），墳墓への副葬が本格化する。この鉄製武器は福岡市吉武遺跡群の樋渡墳丘墓の K61 号甕棺墓に副葬された鉄剣である（力武・横山，1996）。樋渡墳丘墓内には中期中葉段階の甕棺墓では，K61 号甕棺墓の他にも細形銅剣 1 点

表62 弥生時代中期中葉の副葬品の構成比

副葬品の内容	点数	構成比
貝輪単数	2	7.7%
貝輪複数	2	7.7%
玉類	6	23.1%
青銅製武器単数	6	23.1%
青銅製武器＋ガラス製品	1	3.8%
青銅製武器＋玉類	1	3.8%
青銅製武器＋その他	2	7.7%
武器形青銅器単数	2	7.7%
武器形青銅器＋玉類	1	3.8%
銅釧＋玉類	2	7.7%
鉄製武器	1	3.8%
計	26	100.0%

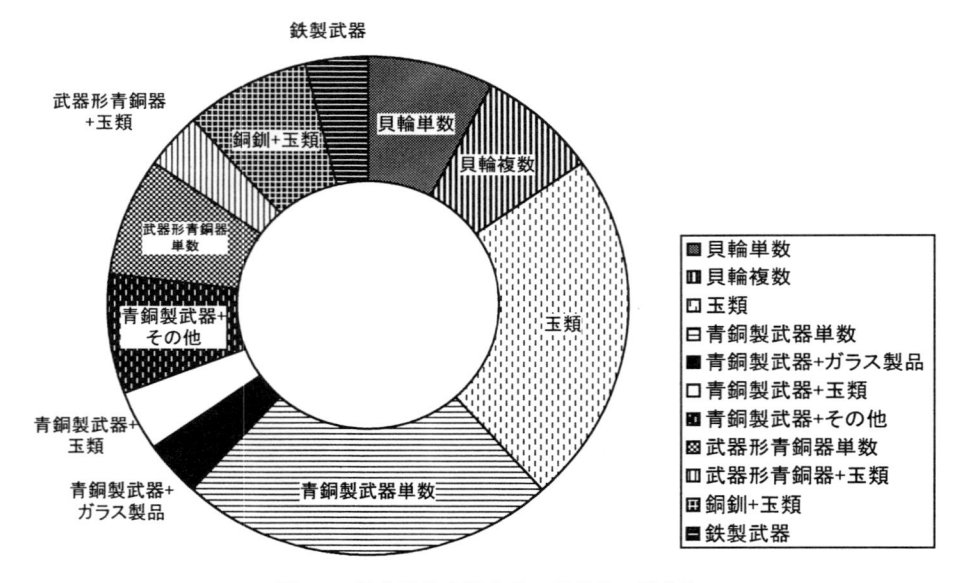

図134 弥生時代中期中葉の副葬品の構成比

と青銅製把頭飾1点が副葬されたK75号甕棺墓や細形銅剣1点が副葬されたK77号甕棺墓のように金属器が副葬された墳墓が存在している。4章でも述べたことだが，墳丘墓内に埋置された墳墓には金属器が副葬される傾向がはっきりとみられることが指摘できる。

8. 弥生時代中期後半

弥生中期後半（KIIIb・KIIIc式期）には，この章の冒頭でも述べたように，須玖岡本遺跡D地点や三雲南小路遺跡1号墓，2号墓のような多量の金属器が副葬された厚葬墓が出現する。福岡県春日市須玖岡本遺跡D地点では，夔鳳鏡1面，重圏四乳葉文鏡2面，方格四乳葉文鏡1面，重圏

精白鏡2面，重圏清白鏡3面，内行花文清白鏡4 (5) 面，重圏日光鏡3面，内行花文星雲鏡5 (6) 面，鏡式や大きさの復元が可能な破片としては清白鏡系の鏡，内行花文縁鏡，蟠螭内行花文鏡，草葉文鏡が出土しており，全体では30面以内の鏡が副葬されていたとみられる(梅原，1930)。これらの鏡は混入と考えられる夔鳳鏡を除くとすべて前漢鏡である。鏡の他にも，多鈕式銅剣1点，中細形銅剣1点，細形銅矛4点，中細形銅矛1点，中細形銅戈1点，ガラス璧片2点，ガラス勾玉1点，ガラス管玉12点が出土している。

　福岡県前原市三雲南小路遺跡の1号墓からは，重圏彩画鏡1面，四乳雷文鏡1面，内行花文清白鏡11面，内行花文鏡15面以上，重圏斜角雷文帯精白鏡1面，重圏清白鏡2面の計31面以上の鏡と細形銅矛1点，中細形銅矛1点，有柄中細形銅剣1点，中細形銅戈1点，金銅四葉座飾金具8点，ガラス璧8点，ガラス勾玉3点，ガラス管玉60点以上，朱入りの小型壺1点が出土したことが福岡藩の国学者，青柳種信によって記録されている(『柳園古器略考』，1822)。また2号墓は1974～75年に福岡県教育委員会によって発掘調査が行われ，星雲文鏡1面，内行花文昭明鏡4面，重圏昭明鏡1面，内行花文日光鏡16面以上の計22面以上の鏡と硬玉製勾玉1点，ガラス勾玉12点，ガラス製垂飾1点が副葬されていたことが確認されている。

　須玖岡本遺跡D地点や三雲南小路1号墓，2号墓に次いで豊富な副葬品をもつ墳墓としては，立岩遺跡の墳墓群があげられる。福岡県飯塚市立岩遺跡では，1963年から65年にかけての調査で43基の甕棺墓が発掘されている。このうち10号甕棺墓では内行花文日有喜鏡2面，内行花文清白鏡1面，重圏精白鏡1面，重圏清白鏡1面，重圏姚皎鏡1面の計6面の鏡と中細形銅矛1点，鉄剣1点，鉄ヤリガンナ1点，砥石2点が出土している。またその他にも2号，4号，28号，34号，35号，39号，41号の7基の甕棺墓で重圏昭明鏡や内行花文日光鏡，内行花文清白鏡などの鏡，鉄剣や鉄矛，鉄戈などの鉄製武器や刀子，ヤリガンナなどの鉄製工具，ガラス管玉や塞杯状ガラス器などのガラス製品，貝輪や管玉などの装飾品といった多様な副葬品が出土している。

　副葬品の構成は大きくみて，貝輪や玉類を中心としたもの，鏡を中心としたもの，鉄製武器や工具を中心としたものという3つのグループに分かれるが，特に鏡を中心としたグループは青銅器や鉄器，ガラス製品などとのさまざまな組み合わせがみられ，バリエーションが増加している(表63，図135)。

9. 弥生時代後期初頭

　弥生時代後期になるとしだいに甕棺墓が少なくなり，そのため時期がはっきりと特定できる墳墓の数が9基と少ない。後期初頭 (KIVb式期) 段階の副葬品構成の内訳は，貝輪が全体の22.2%，その他のカテゴリーはすべて11.1%である。佐賀県唐津市桜馬場遺跡では後期初頭の甕棺墓から方格規矩鏡2面，鉄刀片1，有鉤銅釧26点，ガラス小玉1点，巴形銅器3点が出土している。検討の対象となる墳墓が全体で9基と少ないが，それでも中期後半段階にみられた鉄器やガラス製品が普及している傾向がうかがわれる(表64，図136)。

　福岡県前原市井原鑓溝遺跡では18世紀末に甕棺墓から鏡や刀剣類，巴形銅器などが出土したこと

表 63　弥生時代中期後半の副葬品の構成比

副葬品の内容	点数	構成比
貝輪	2	5.1%
玉類	7	18.0%
鏡単数	3	7.7%
鏡＋鉄器＋α	6	15.4%
鏡＋ガラス製品＋α	1	2.6%
鏡＋鉄器＋ガラス製品＋α	2	5.1%
鏡＋青銅器＋鉄器＋α	1	2.6%
鏡＋青銅器＋ガラス製品＋α	2	5.1%
青銅器＋玉類	1	2.6%
鉄器＋α	12	30.8%
鉄器＋ガラス製品	1	2.6%
玉類＋ガラス製品	1	2.6%
計	39	100.0%

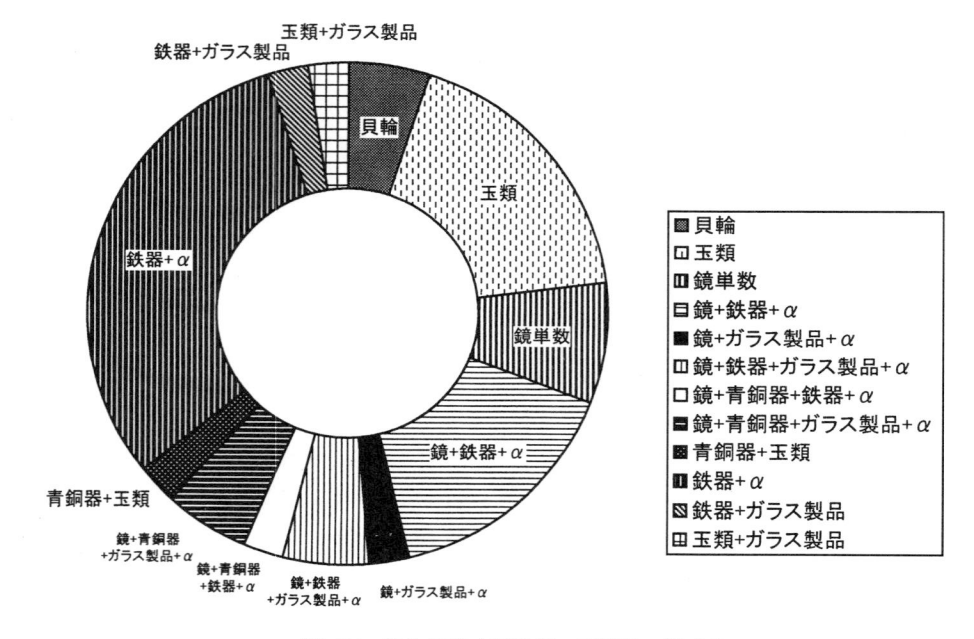

図 135　弥生時代中期後半の副葬品の構成比

が青柳種信によって記録されている。梅原末治はこの青柳種信の記録に基づいて鏡の復元を行い 18 面の鏡が副葬されていたと推定した(梅原，1931)。鏡はすべて方格規矩四神鏡である。井原鑓溝遺跡の甕棺墓の型式は不明であるが，副葬されていた方格規矩四神鏡の鏡式が桜馬場遺跡出土のものと同時期であることから，後期初頭の甕棺墓であると考えられている。

10.　弥生時代後期前半

この段階では時期比定が可能な墳墓のほとんどは甕棺墓ではなく，土器が供献された箱式石棺墓

第 5 章　副葬品の検討

表 64　弥生時代後期初頭の副葬品の構成比

副葬品の内容	点数	構成比
貝輪	2	22.2%
玉類	1	11.1%
ガラス製品	1	11.1%
鏡単数	1	11.1%
鏡 + 銅釧 + 鉄製武器 + ガラス製品 + その他	1	11.1%
鉄製工具	1	11.1%
鉄製工具 + 鉄製武器	1	11.1%
鉄製工具 + ガラス製品	1	11.1%
計	9	100.0%

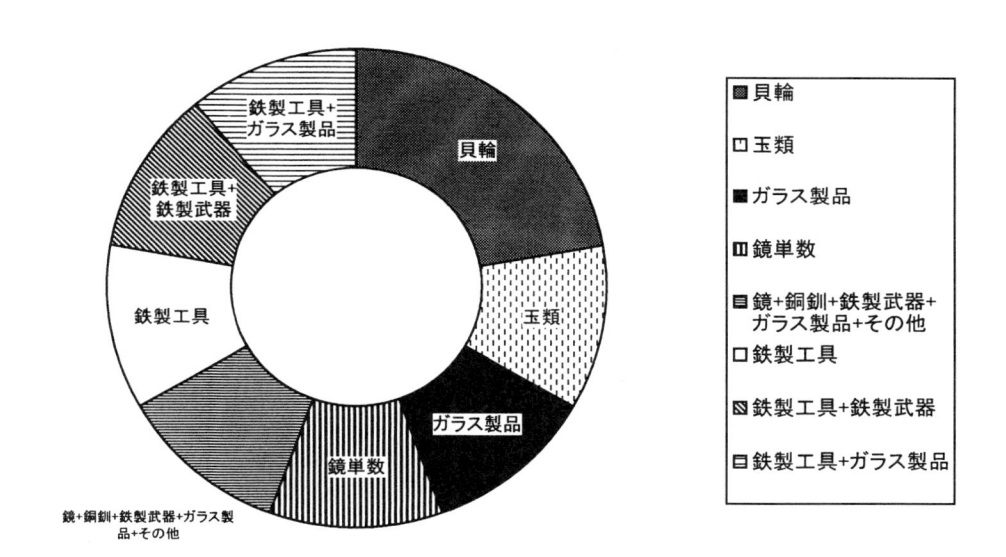

図 136　弥生時代後期初頭の副葬品の構成比

表 65　弥生時代後期前半の副葬品の構成比

副葬品の内容	点数	構成比
ガラス製品	1	9.1%
鏡単数	4	36.4%
鏡 + 鉄製武器	2	18.2%
鏡 + 鉄製工具 + ガラス製品 + 土器	1	9.1%
青銅製武器 + 鉄製武器 + その他	1	9.1%
武器形青銅器 + 銅釧 + ガラス製品 + 玉類 + 土器	1	9.1%
銅釧 + ガラス製品 + 玉類 + 土器	1	9.1%
計	11	100.0%

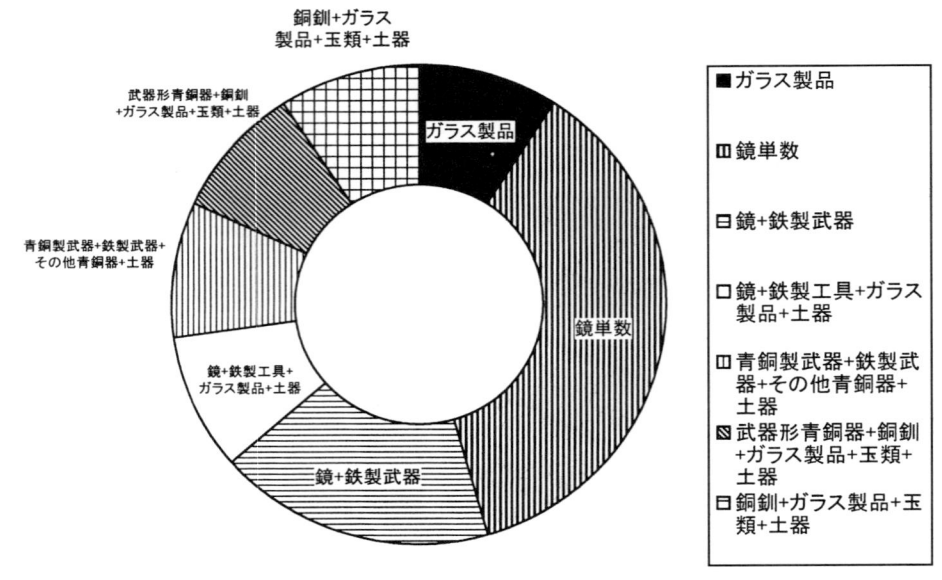

図 137　弥生時代後期前半の副葬品の構成比

である。副葬品の構成比は（表65，図137）に示した。鏡を含むものは鏡が単数副葬されたものが全体の36.4%，鏡と鉄製武器の組み合わせが18.2%，鏡，鉄製工具，ガラス製品，土器の組み合わせが9.1%で計63.7%と過半に達する。長崎県対馬の塔ノ首遺跡では2号石棺墓から銅釧1点，管玉1点，ガラス小玉1,400点程度，水晶製棗玉1点，土器が，3号石棺墓から中広形銅矛2点，銅釧7点，碧玉製管玉1点，ガラス小玉8,000点以上，土器が，4号石棺墓から方格規矩鏡1面，ガラス小玉7点，鉄斧1点，土器が出土している。

11.　弥生時代後期後半

　副葬品の構成比をみると全体の30.8%に広形銅矛が含まれ，高い比率を示している点が注目される。さらに弥生中期以降ほとんどみられなかった土器の副葬が再び増加していることも確認できる（表66，図138）。長崎県木坂遺跡5号箱式石棺墓では内行花文鏡系の小型倣製鏡4面，広形銅矛1点，鉄剣1点，鉄鏃1点，鉄製刀子1点，ガラス小玉20点といった鏡，武器形青銅器，鉄製武器・工具，ガラス製品に加えて双頭管状銅器1点，有孔十字形銅器1点，笠頭形銅器1点，角形銅器1点などの特殊な青銅器が出土している。また福岡県北野町良積遺跡ではヤリガンナが16号甕棺と20号甕棺で2点ずつ，鉄鎌が20号甕棺で3点出土しており，武器に続いて工具や農具の鉄器化が進んだことがうかがえる。

　さらにここで分析の対象とした以外の墳墓では福岡県前原市平原遺跡1号墓と三雲遺跡イフ地区4号石棺墓があげられる。平原遺跡1号墓は1965年に原田大六らによって発掘調査が実施され，虺竜文鏡1面，内行花文鏡1面，倣製内行花文鏡5面，方格規矩四神鏡32面の計39面の鏡，素環頭大刀，ガラス勾玉，ガラス管玉，ガラス小玉，瑪瑙製管玉，瑪瑙製小玉，琥珀製管玉，琥珀製丸玉

第 5 章　副葬品の検討

表 66　弥生時代後期後半の副葬品の構成比

副葬品の内容	点数	構成比
土器	2	15.4%
土器 + 玉類	1	7.7%
鏡単数	1	7.7%
鏡 + 玉類	1	7.7%
ガラス製品	1	7.7%
武器形青銅器 + ガラス製品 + 土器	2	15.4%
武器形青銅器 + ガラス製品 + 玉類 + 土器	1	7.7%
鉄器 + ガラス製品 + 玉類	1	7.7%
鉄器 + 土器 + 玉類	1	7.7%
鉄器 + ガラス製品 + 玉類 + 土器	1	7.7%
鏡 + 武器形青銅器 + 鉄器 + その他の青銅器 + ガラス製品 + 玉類 + 土器	1	7.7%
計	13	100.0%

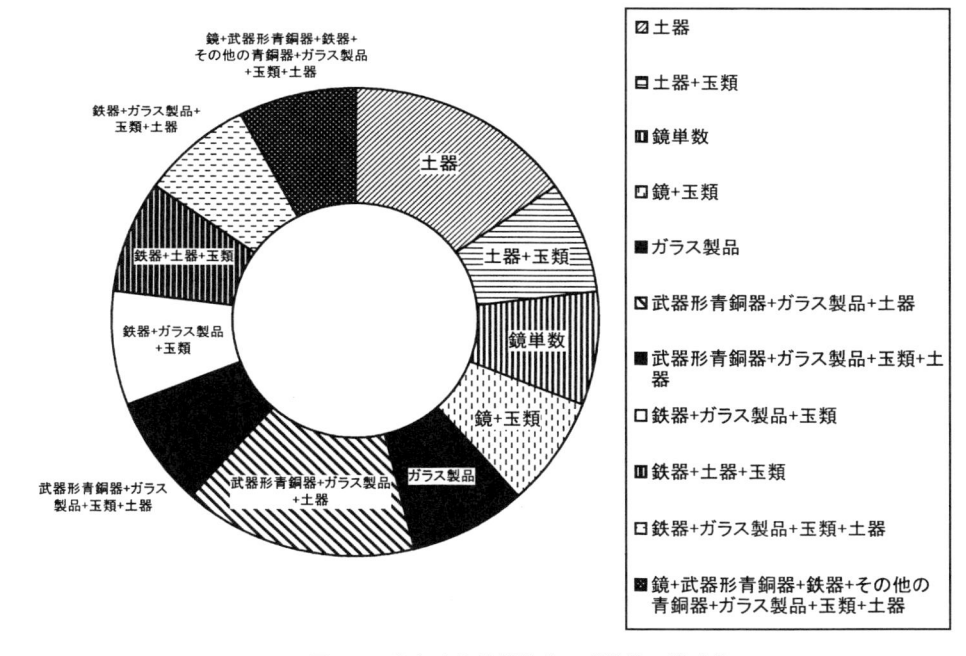

図 138　弥生時代後期後半の副葬品の構成比

が出土した(原田, 1991)。平原遺跡 1 号墓についてはその年代観をめぐって見解の相違がある。調査者の原田は，この墳墓の年代は弥生時代後期（2 世紀代)であるとしたが，この見解に対しては方形周溝墓や割竹形木棺が北部九州では弥生時代終末期になって出現することや，庄内式土器が出土していることから弥生時代終末から古墳時代初頭にかけての時期の墳墓であるという異論がある。

しかしながら，岡村秀典は出土した漢鏡の鏡式から判断すると，平原 1 号墓の年代は A.D. 1 世紀後半から 2 世紀初頭に位置付けられると指摘している(岡村, 1999)。平原 1 号墓が弥生終末期の墳

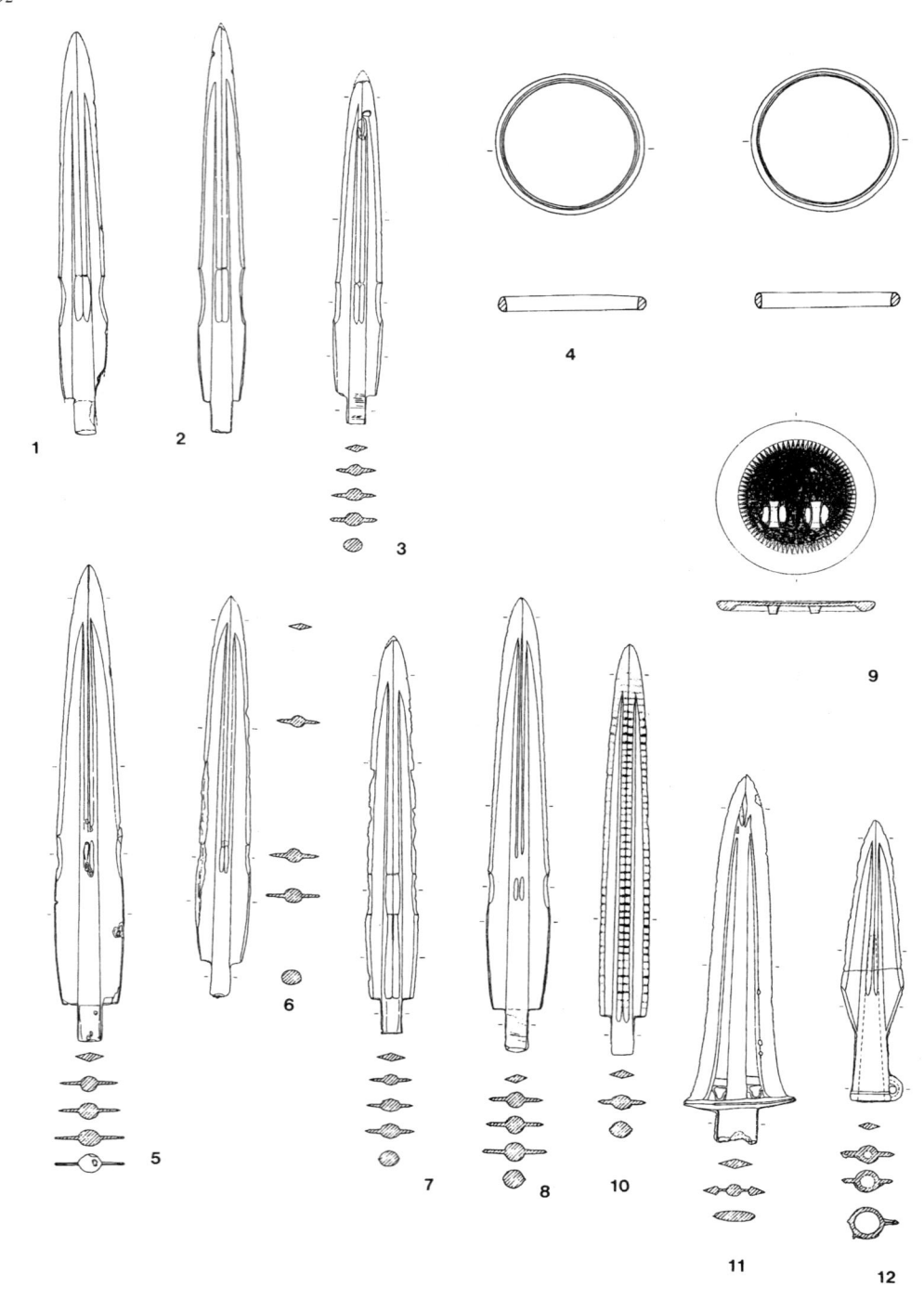

図 139 吉武高木遺跡出土の青銅製品　1＝K100号甕棺墓　2＝K115号甕棺墓　3＝116号甕棺墓
4＝K110号甕棺墓　5＝K117号甕棺墓　6＝1号木棺墓　7＝2号木棺墓
8・9・10・11・12＝3号木棺墓
（力武・横山編1996より引用）

墓であるとするならば，出土した鏡が 100 年以上伝世した後に副葬されたと考える必要があるが，同様に鏡が大量副葬されていた中期後半の須玖岡本遺跡や三雲南小路遺跡，後期初頭の桜馬場遺跡，井原鑓溝遺跡では鏡は入手後あまり時間を置かずに副葬されており，平原 1 号墓のみに長期の伝世があったと考えるのは不自然である。したがって，平原 1 号墓が築造された時期は岡村の指摘する 1 世紀後半代から 2 世紀初頭という年代から大きく下ることはないと考えられる。詳細な時期比定は困難であるが，弥生時代終末期の墳墓と考えられる三雲遺跡イフ地区 4 号石棺墓からは，内行花文鏡 1 面，鉄鎌 1 点，鉄鏃 1 点が出土している。

青銅器・鉄器の変遷

日本における最古の青銅器は福岡県今川遺跡で弥生時代前期初頭の包含層から出土した銅鏃であるが(酒井, 1981)，墳墓への青銅器の副葬が開始されるのは前期末〜中期初頭段階である。この時期の墳墓には細形銅剣・銅矛・銅戈などの青銅製武器の副葬が認められる。特に吉武高木遺跡で

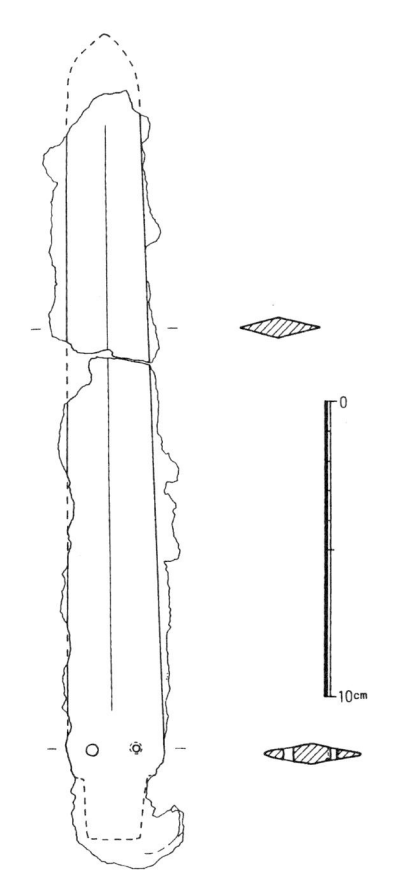

図 140　吉武樋渡墳丘墓 K61 号甕棺墓出土の鉄剣
　　　　（力武・横山編 1996 より引用）

はK100号(細形銅剣1), K110号(銅釧2), K115号(細形銅剣1), K116号(細形銅剣1), K117号(細形銅剣1)の5基の甕棺墓と1号(細形銅剣1), 2号(細形銅剣1), 3号(細形銅剣2, 細形銅矛1, 細形銅戈1, 多鈕細文鏡1)の3基の木棺墓に青銅器の副葬がみられる(力武・横山, 1996: 図139)。このような前期末～中期初頭段階の墳墓に副葬された青銅製武器は, 朝鮮半島で製作されたものが北部九州地域に持ち込まれたものであるが, その後北部九州では遅くとも中期前半ごろには青銅製武器の生産が行われるようになったことが佐賀県吉野ヶ里遺跡(佐賀県教育委員会, 1990)や姉遺跡での鋳型の出土によって確認されている。青銅器の生産が開始されると, ほどなくして中細形銅剣や中細形銅矛などの祭器化した武器形青銅器があらわれ, その後も大型化した製品が製作されるが, 中広銅矛や広形銅矛の段階になると墳墓への副葬は対馬の木坂遺跡など一部の遺跡を除いてはみられなくなり, 鉄製武器が副葬品の主体をしめるようになる。

　鉄器の最古の出土例は, 福岡県二丈町の曲り田遺跡で出土した弥生時代早期の板状鉄斧片と考え

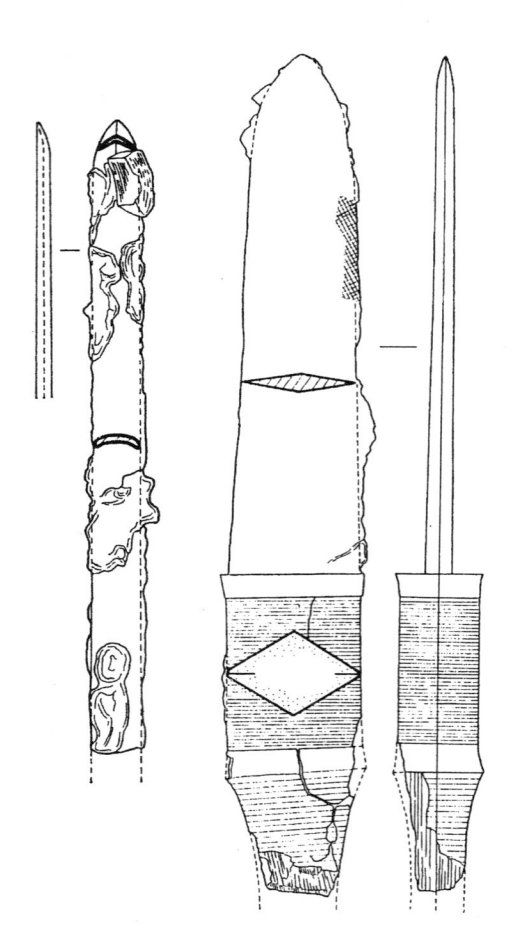

図 141　立岩遺跡 10 号甕棺墓出土の鉄剣と鉄製ヤリガンナ
(福岡県飯塚市立岩遺蹟調査委員会編 1977 より引用)

られる鉄片である(橋口，1983)。また熊本県斎藤山遺跡では，弥生時代前期初頭の貝層から鉄斧が出土している(乙益，1961)。したがって鉄器も青銅器とほぼ同時期に日本に流入していたことになる。弥生時代中期中頃から鉄製武器をはじめとする鉄製品の副葬が本格化し，鉄器の出土量が大幅に増大する。吉武樋渡墳丘墓では須玖式の甕棺墓から鉄剣が出土している(力武・横山，1996: 図140)。さらに立岩遺跡の10号甕棺墓からは鉄剣や鉄ヤリガンナが(福岡県飯塚市立岩遺蹟調査委員会，1977: 図141)，東小田峯遺跡10号甕棺墓からは鉄剣と鉄戈が出土している(佐藤，1991)。中期後半になると武器に加えて一部で鉄製工具の副葬もみられるようになる。ただし墳墓に副葬されるのは鉄剣・鉄鏃などの武器類が中心であり，鉄斧，鉄ヤリガンナなどの工具類は基本的には墳墓に副葬されることは少ないといえる。

　日本では青銅器と鉄器はほぼ同時期に出現するが，これら金属器の墳墓への副葬が開始される弥生時代前期末から中期初頭段階では青銅器のみが副葬され，鉄器の副葬はみられない。鉄器の墳墓への副葬は中期中頃に開始され青銅器よりも遅れる。そして鉄器の墳墓への副葬が本格化した中期後半段階でも須玖岡本D地点や三雲南小路1号墓のような最高ランクの墳墓の副葬品には鉄器は含まれていない。このような現象は，青銅製武器や武器形青銅器などの青銅器が権威の象徴として機能し，鉄器よりも高い価値が与えられていたことをあらわしているといえるだろう。しかし，後期になると桜馬場遺跡や井原鑓溝遺跡などの最高位の墳墓においても武器形青銅器は副葬品からは欠落し，それに替わって鉄製武器が含まれるようになる。このような青銅器から鉄器へという副葬品の変遷は，高倉洋彰が指摘しているように，祭祀的・奢多的な性格から実用的な性格という金属器の価値付けの変化を示しているといえるだろう(高倉，1990)。

鏡の変遷

　漢鏡の分類については岡村秀典の編年案(岡村，1984，1993)に従い，以下岡村編年の時期区分で記述することにする。鏡の副葬は弥生時代中期初頭に開始される。中期初頭の宇木汲田遺跡12号甕棺墓や吉武高木遺跡3号木棺墓では多鈕細文鏡の副葬が認められる(図142)。中期後半になると前漢鏡を副葬する墳墓が出現し，そのなかでも須玖岡本遺跡D地点の甕棺墓や三雲南小路遺跡の1号墓，2号墓からは多数の前漢鏡が出土している。

　すでに述べたように須玖岡本D地点では30面前後の鏡が副葬されていたと考えられる。これらの鏡のほとんどは内行花文銘帯鏡や重圏銘帯鏡などの前漢鏡(漢鏡3期)であるが，重圏四乳葉文鏡，方格四乳葉文鏡などの草葉文鏡や蟠螭文鏡などの漢鏡2期の鏡も含まれる(図143)。なお明らかに時期が下る夔鳳鏡は現在では流入と考えるのが一般的である。三雲南小路1号墓と2号墓からは合計で50面以上の鏡が出土している。須玖岡本D地点と同様漢鏡3期の内行花文銘帯鏡と重圏銘帯鏡が過半をしめるが，やはり重圏彩画鏡や四乳羽状地文鏡，星雲文鏡などの漢鏡2期の鏡も含まれている(図144)。

　須玖岡本D地点や三雲南小路1・2号墓に次いで鏡を多く保有する中期後半の墳墓としては，6面の鏡が副葬されていた立岩遺跡10号甕棺墓があげられる。10号甕棺墓ではやはり漢鏡3期の鏡

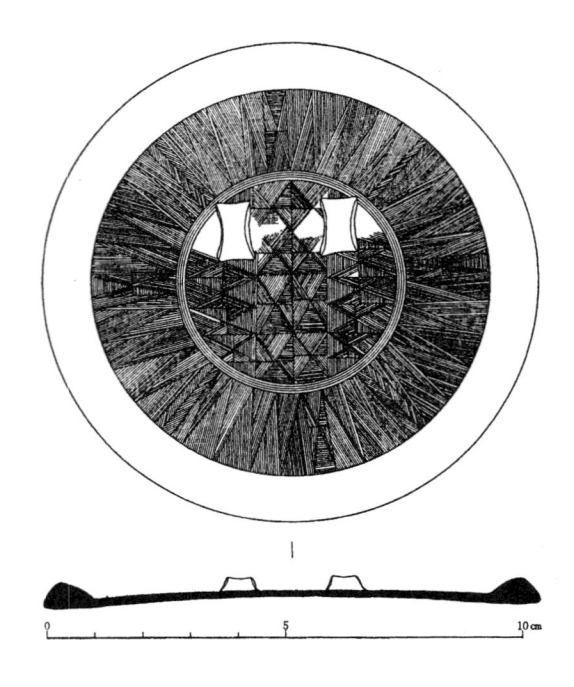

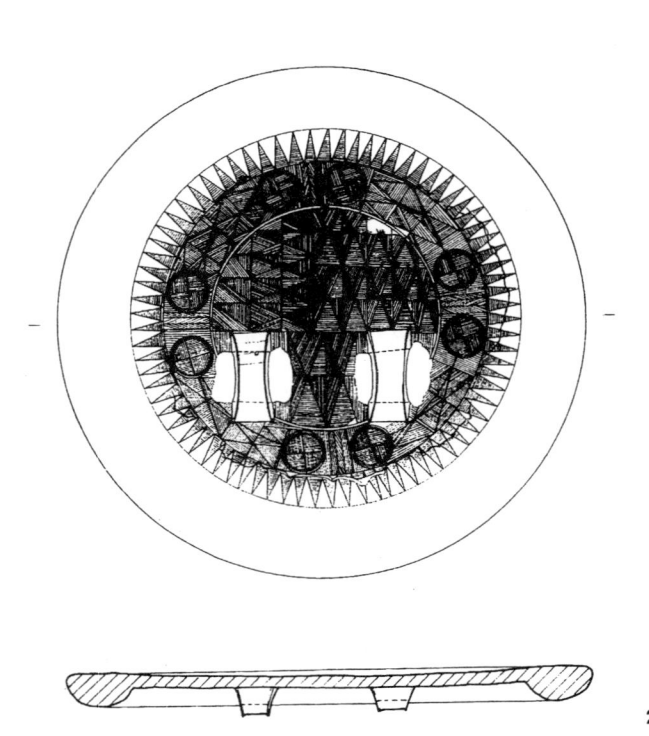

図142　多鈕細文鏡　1＝宇木汲田12号甕棺墓出土　2＝吉武高木3号木棺墓出土
（唐津湾周辺遺跡調査会編1982，力武・横山編1996より引用）

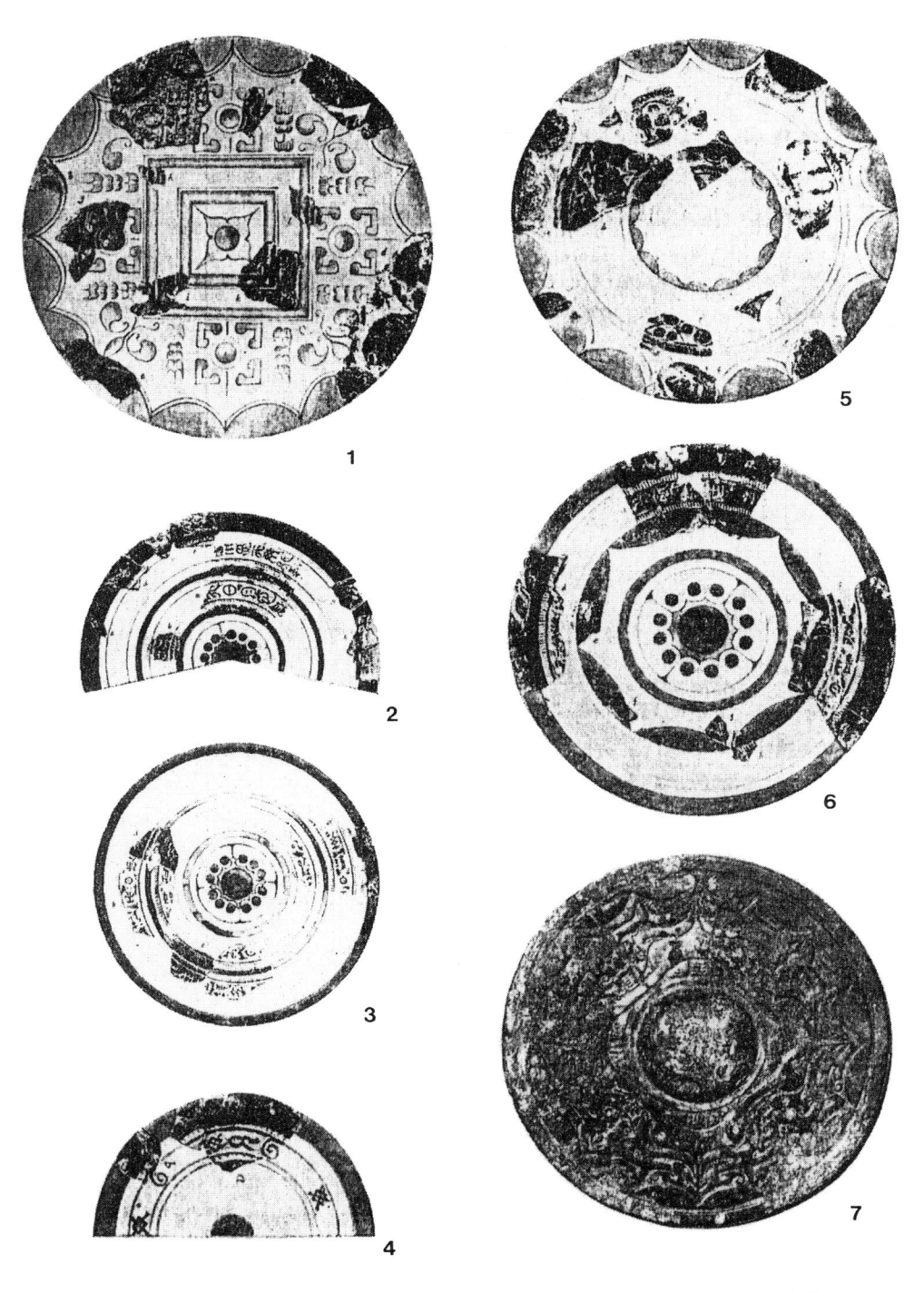

図143　須玖岡本 D 地点出土の漢鏡　1＝草葉文鏡　2＝重圏精白鏡　3＝重圏清白鏡　4＝日光鏡　5＝星雲鏡　6＝内行花文清白鏡　7＝夔鳳鏡（京都帝国大学文学部考古学教室編 1930 より引用）

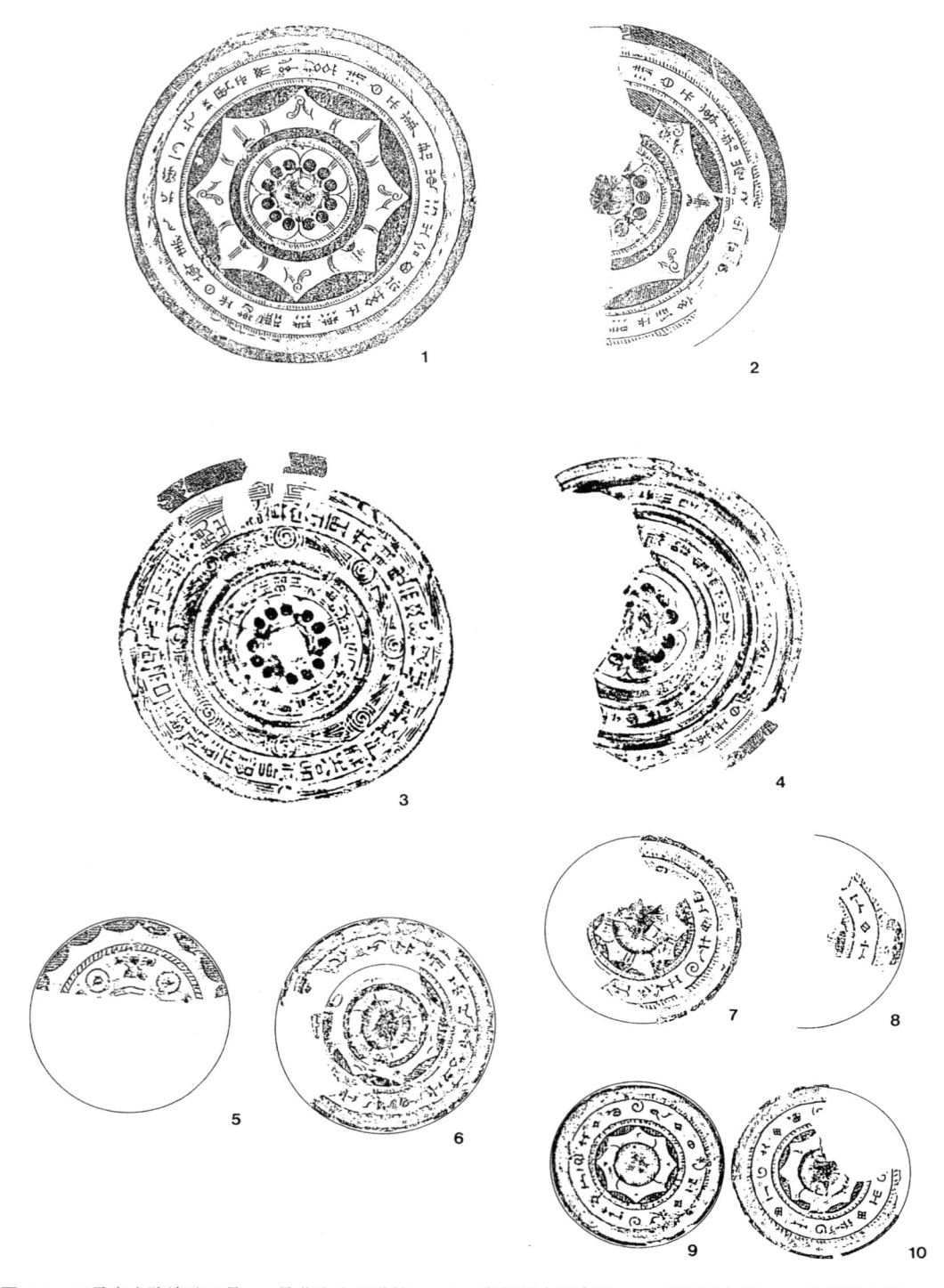

図 144　三雲南小路遺跡 1 号・2 号墓出土の漢鏡　1, 2 =内行花文清白鏡　3 =重圏精白鏡　4 =重圏清白鏡　5 =星雲鏡　6 =内行花文昭明鏡　7, 8, 9, 10 =内行花文日光鏡（柳田編 1985 より引用）

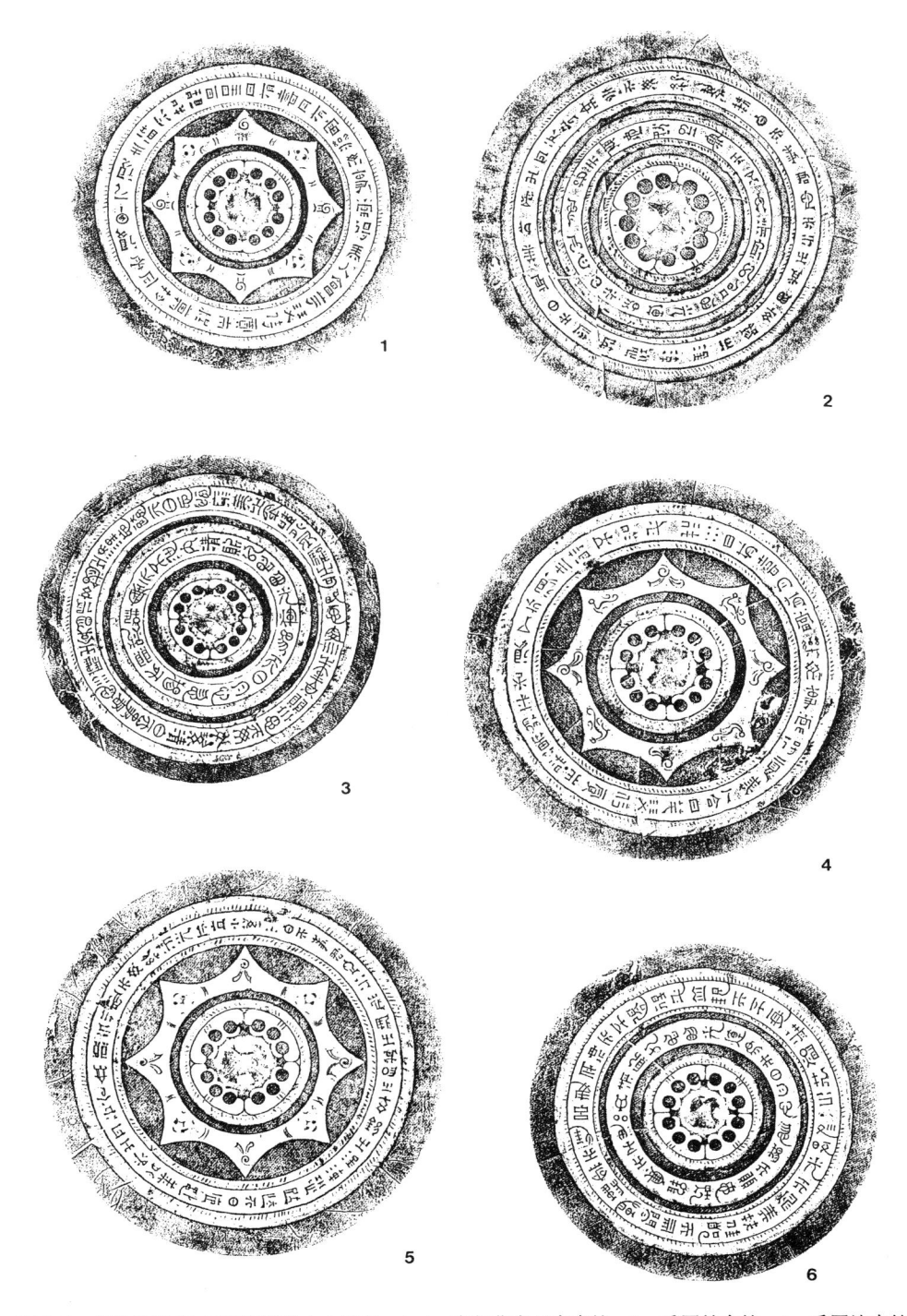

図 145 立岩遺跡 10 号甕棺墓出土の漢鏡　1, 4＝内行花文日有喜鏡　2＝重圏精白鏡　3＝重圏清白鏡　5＝内行花文清白鏡　6＝重圏姚皎鏡（福岡県飯塚市立岩遺蹟調査委員会編 1977 より引用）

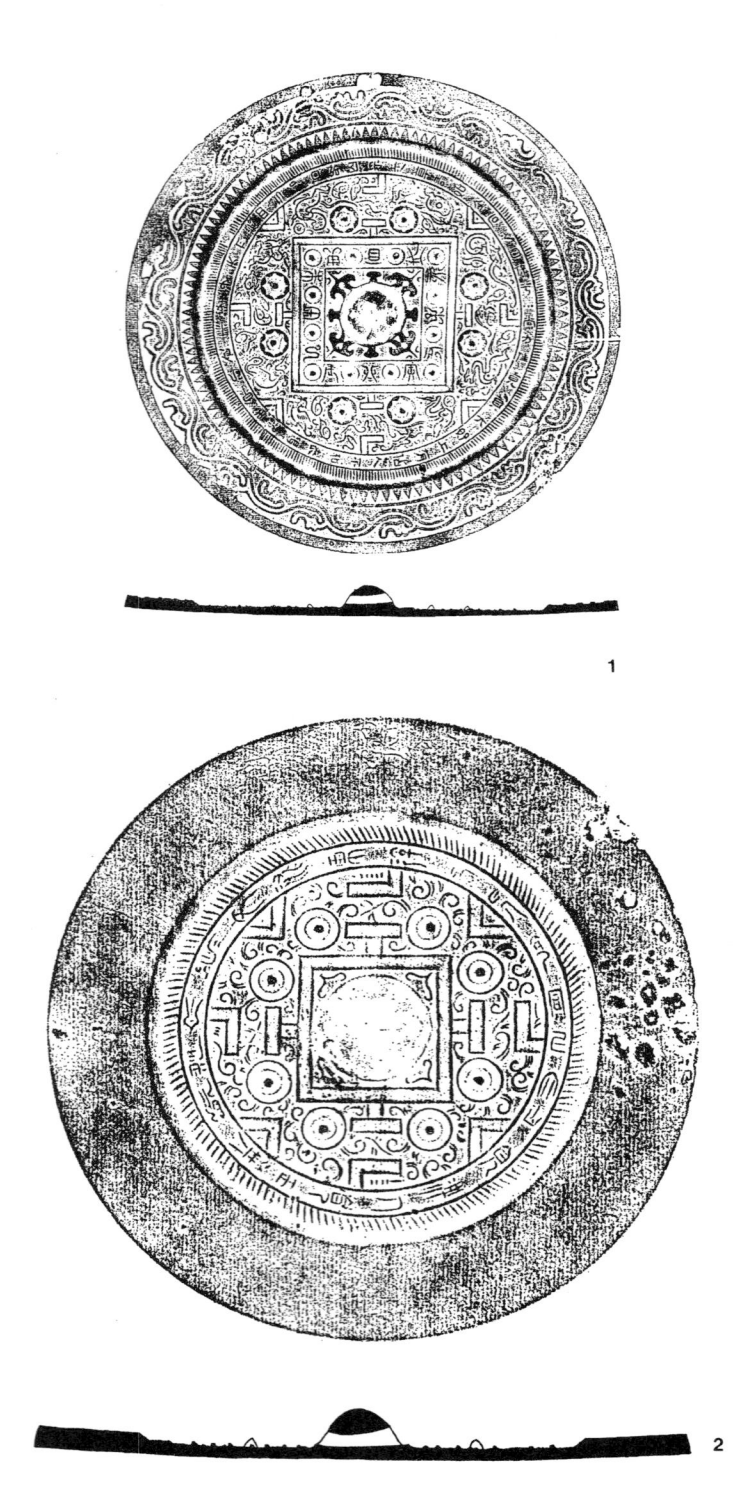

図146 桜馬場遺跡出土の漢鏡　1＝流雲文縁方格規矩四神鏡　2＝素縁方格規矩渦文鏡
（岡崎・木下1982より引用）

である内行花文銘帯鏡や重圏銘帯鏡が出土している(図145)。

　弥生時代後期になると副葬される鏡種が後漢鏡へと変化する。後期初頭の桜馬場遺跡の甕棺墓では漢鏡4期の方格規矩四神鏡が2面(図146)，井原鑓溝遺跡の甕棺墓からはやはり漢鏡4期の方格規矩四神鏡が16面出土している。後期後半の平原遺跡では漢鏡5期の内行花文鏡1面，方格規矩四神鏡31面が出土している。

　以上の出土例から鏡種の変遷をまとめると，鏡の副葬が開始される弥生中期初頭から中期前半にかけては韓国の青銅器文化の鏡である多鈕細文鏡，中期後半段階では漢鏡2期の鏡(草葉文鏡，蟠螭文鏡，四乳羽状地文鏡，重圏彩画鏡)と漢鏡3期の鏡(重圏銘帯鏡，内行花文銘帯鏡，星雲文鏡)，後期の前半段階では漢鏡4期の鏡(方格規矩四神鏡，獣帯鏡，虺竜文鏡)と韓国で製作された小型倣製鏡，後半段階になると漢鏡5期の鏡(方格規矩四神鏡，「長宜子孫」内行花文鏡)や日本で製作された倣製鏡という変遷をたどる。中期後半段階に開始されるこれらの漢鏡流入の直接的な要因は，B.C.108年の漢による楽浪郡の設置であると考えられ，北部九州の首長層は楽浪郡を通じて漢鏡を入手した可能性が高い。

　ガラス製品

　ガラス製品としては，弥生時代前期末の佐賀県東山田一本杉遺跡SJ019号甕棺墓からガラス小玉4点，SJ078号甕棺墓からはガラス小玉1点が出土している。中期初頭では吉武高木遺跡117号甕棺墓からガラス小玉1点が出土している(図147)。したがって，前期末〜中期初頭の段階で金属器とともに受容されたと考えられる。ガラス製品は管玉，勾玉，小玉などの装飾品が中心であるが，ガラス璧は鏡とのセットで出土しており，特に重要視されていたことがうかがえる(図148)。

　ガラス製作の実態をうかがうことができる遺構としては福岡県須玖五反田遺跡で，ガラス工房跡と思われる竪穴住居跡が検出されている。須玖五反田遺跡の周辺には青銅器工房跡が確認された須

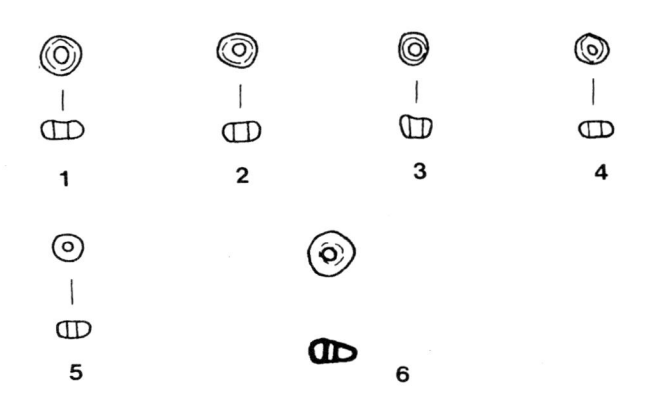

図147　東山田一本杉遺跡，吉武高木遺跡出土のガラス小玉
　　　1〜4＝東山田一本杉SJ019号甕棺墓出土，5＝東山田一本杉SJ078号甕棺墓出土，
　　　6＝吉武高木K117号甕棺墓出土(樋口編1995，力武・横山編1996より引用)

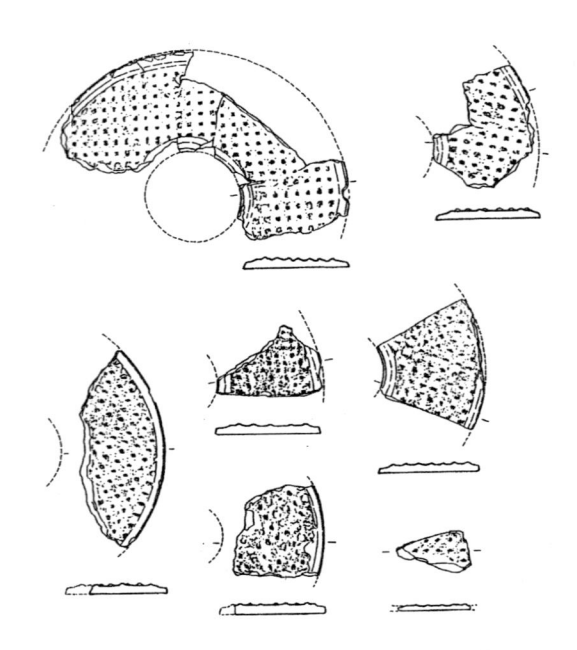

図148　三雲南小路遺跡1号甕棺墓出土のガラス璧（柳田編1985より引用）

玖永田遺跡や須玖坂本遺跡が存在し，弥生時代中期後半の鉄器工房跡が確認された赤井出遺跡ではガラス勾玉の鋳型やガラスの溶解に用いた坩堝が出土しており，春日丘陵一帯が弥生時代中期後半から後期における青銅器や鉄器，ガラスの生産の中心地であったことが明らかである。須玖五反田遺跡1次調査地の弥生時代後期後半の1号住居跡からはガラス勾玉の鋳型や未成品，ガラス玉の鋳型，内面にガラスが付着した坩堝など，ガラスの製作に関わる遺物が集中して出土している。鋳型はすべて真土製，坩堝は真土製が8点，滑石製のものが1点である。住居の東壁から4mほど離れた位置には長径約2mの土壙があり，この土壙は東壁中央部と細い溝によって結ばれている（図149）。

確実にガラス工房の跡と考えられるのは，現在のところ後期後半の須玖五反田遺跡の1号住居跡のみであるが，ガラスの生産自体は青銅器の生産とともに中期前半段階にまで遡る可能性が高いといえる。

第2節　副葬品構成の多変量解析による分析

資料は突帯文期から弥生時代後期にかけての時期が比定可能な甕棺墓，木棺墓，土壙墓，箱式石棺墓318基から出土した副葬品を対象とした。これらの資料に対して多変量解析の主成分分析，数量化理論III類による分析を行った。2つの性質の異なる分析を行うことによってより総合的な判断が可能になると考える。

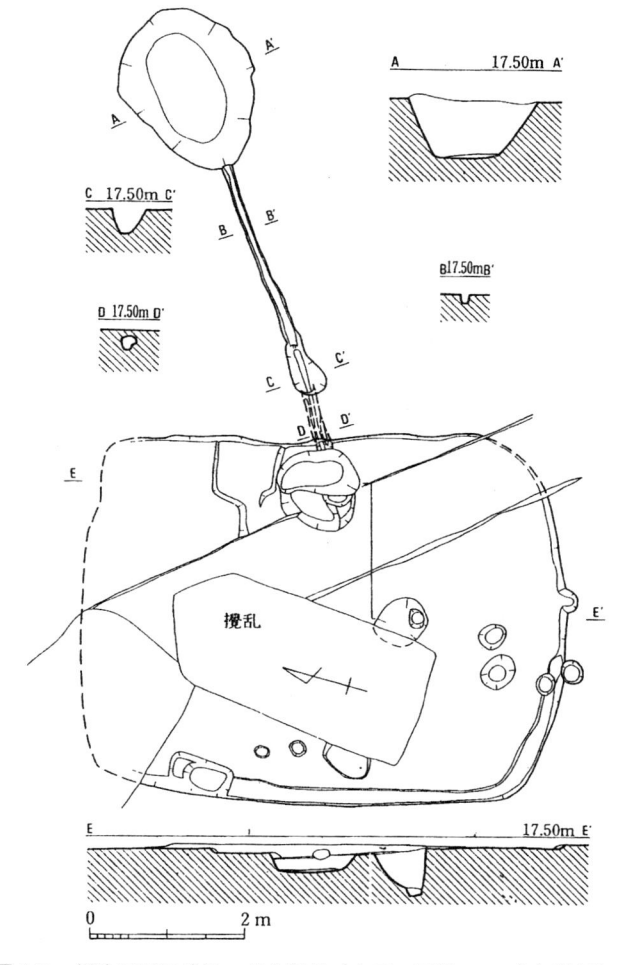

図 149　須玖五反田遺跡 1 号住居跡（小田・田村 1994 より引用）

1. 全時期の墳墓を対象とした副葬品の多変量解析による分析

主成分分析

　分析は鏡（多鈕細文鏡，前漢鏡，後漢鏡，小型倣製鏡），青銅製武器（細形銅剣・銅矛・銅戈），武器形青銅器（中細・中広・広・平形の銅剣・銅矛・銅戈），青銅製工具（ヤリガンナ），鉄製武器（剣，刀，鏃），鉄製工具（刀子，ヤリガンナ，板状鉄斧），ガラス璧，ガラス製玉類，玉類，磨製石鏃，磨製石剣，貝輪，土器の合計 13 のカテゴリーについて行った。ここでの分析では副葬された墳墓が相対的に少ない銅釧，青銅製把飾，金銅四葉座飾金具，巴形銅器，鉄鑷子，玉飾漆鞘，砥石は統計的な処理を行う際にエラーの原因になると考えられるため，あらかじめ分析対象から除いた。データには出土した点数をそのまま使用した。

　副葬品の各カテゴリー間の相関行列を表 67 に示した。鏡，武器形青銅器，ガラス璧，ガラス製玉類が互いに高い正の相関を示し，結び付きが強いことが指摘できる。一方で土器は他のすべてのカ

表67 各カテゴリーの相関行列

	鏡	青銅製武器	武器形青銅器	青銅製工具	鉄製武器	鉄製工具	ガラス璧	ガラス製玉類	玉類	磨製石鏃	磨製石剣	貝輪	土器
鏡	1.0000												
青銅製武器	0.3148	1.0000											
武器形青銅器	0.7290	0.3722	1.0000										
青銅製工具	0.0137	-0.0197	-0.0096	1.0000									
鉄製武器	0.0438	-0.0880	-0.0155	-0.0162	1.0000								
鉄製工具	0.0321	-0.0463	0.0368	-0.0085	0.1178	1.0000							
ガラス璧	0.7750	0.2118	0.6536	-0.0051	0.0501	-0.0121	1.0000						
ガラス製玉類	0.4894	0.1828	0.3636	-0.0073	-0.0244	-0.0173	0.5547	1.0000					
玉類	0.0058	0.0779	-0.0228	0.0214	-0.0237	0.2918	-0.0124	-0.0169	1.0000				
磨製石鏃	-0.0185	-0.0418	-0.0203	-0.0077	0.0595	-0.0181	-0.0109	-0.0156	-0.0186	1.0000			
磨製石剣	-0.0087	-0.0197	-0.0096	-0.0036	-0.0162	-0.0085	-0.0051	-0.0073	-0.0088	-0.0077	1.0000		
貝輪	-0.0010	-0.0119	-0.0274	-0.0104	0.2429	-0.0244	-0.0147	-0.0210	-0.0251	-0.0102	-0.0104	1.0000	
土器	-0.1122	-0.1826	-0.1246	-0.0472	-0.2109	-0.1110	-0.0669	-0.0950	-0.0810	-0.0410	-0.0472	-0.1352	1.0000

表68 主成分ベクトル

	主成分 No. 1	主成分 No. 2	主成分 No. 3	主成分 No. 4
鏡	0.51991	-0.00900	-0.01499	-0.08161
青銅製武器	0.27309	0.00163	0.14363	0.45331
武器形青銅器	0.48551	-0.03321	0.02124	0.00243
青銅製工具	-0.00129	0.03080	0.05361	0.38806
鉄製武器	0.01587	0.53766	-0.36526	-0.20852
鉄製工具	0.01369	0.43437	0.48738	-0.28787
ガラス璧	0.50340	-0.05106	-0.05982	-0.16644
ガラス製玉類	0.38752	-0.07119	-0.03884	-0.10479
玉類	0.00726	0.31744	0.61382	-0.02305
磨製石鏃	-0.01846	0.07990	-0.16067	-0.31077
磨製石剣	-0.00726	0.01033	-0.01167	0.45897
貝輪	-0.00629	0.39356	-0.43941	0.09738
土器	-0.12188	-0.50026	0.06278	-0.39363

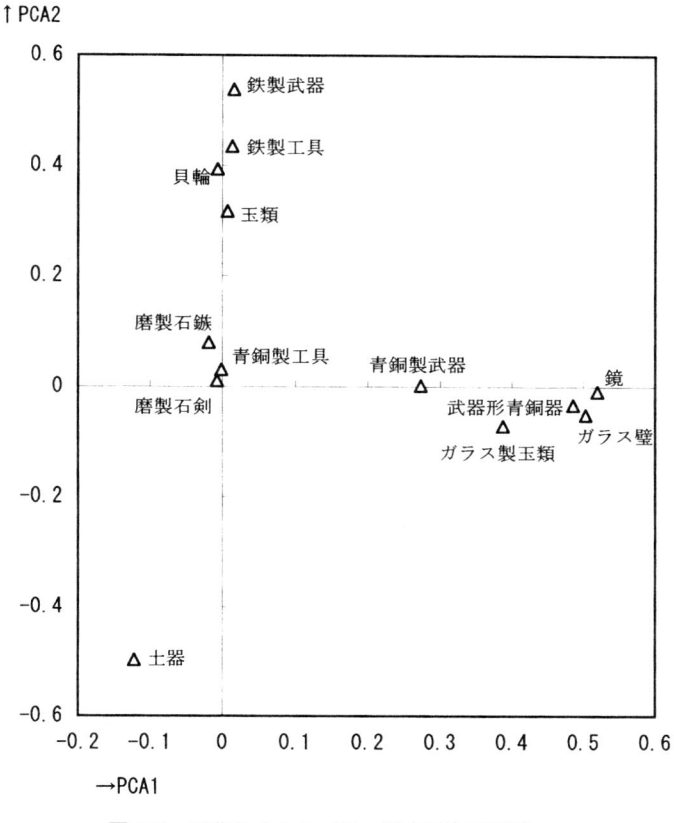

図150 副葬品のカテゴリー散布図(全時期)

テゴリーに対して負の相関を示し，他のカテゴリーから独立した存在であるといえる。

　主成分分析によって4つの主成分を検出したが，それぞれの固有ベクトルは表68に示す通りである。4つの主成分のうち寄与率で上位2つの主成分，第1主成分と第2主成分の固有ベクトルをX軸に第1主成分，Y軸に第2主成分を配して二次元散布図上にプロットしたものが図150である。

　相関行列からもある程度読み取れた傾向であるが，各副葬品のカテゴリーの分布から，鏡，武器形青銅器，ガラス製玉類，ガラス璧，青銅製武器が比較的近いまとまりを示すことが指摘できる。これらの副葬品は須玖岡本遺跡D地点，三雲南小路遺跡1号墓に代表されるような厚葬墓に特徴的にみられるものである。これに対して，X軸とY軸の交点付近では青銅製工具，磨製石鏃，磨製石剣のまとまりが認められる。また鉄製武器，鉄製工具，貝輪，玉類からなるグループは，他の多くのカテゴリーがX軸に沿うように分布しているのに対して，第2主成分で高い数値を示し独立したまとまりを形成している。さらに土器は他のいずれのグループにも属さず単独で存在している。

数量化III類による分析
　主成分分析と同様のデータを用いて，数量化III類による分析を行った。数量化III類ではデー

表69　各カテゴリーの固有値

	1軸	2軸	3軸
鏡20面以上	0.05439	−0.04599	−0.00465
鏡6面	0.05439	−0.08736	−0.13937
鏡3面	0.05439	−0.08450	−0.03648
鏡2面	0.05439	−0.06908	0.00110
鏡1面	0.05439	−0.06204	−0.00195
青銅製武器複数	0.05439	−0.03324	−0.00804
青銅製武器単数	0.05439	−0.02155	0.03122
武器形青銅器複数	0.05439	−0.04886	0.00151
武器形青銅器単数	0.05439	−0.08511	−0.21824
青銅製工具	0.05439	−0.04320	−0.02091
鉄製武器複数	0.05439	−0.06968	0.03285
鉄製武器単数	0.05439	−0.07379	−0.02744
鉄製工具	0.05439	−0.08105	−0.10339
ガラス璧	0.05439	−0.05563	0.00609
ガラス製玉類	0.05439	−0.05094	−0.00790
玉類	0.05439	−0.01614	−0.03210
磨製石鏃	0.05439	−0.00902	0.04541
磨製石剣	0	0	0
貝輪	0.05439	−0.07361	0.15271
土器	0.05439	0.05852	0.00007

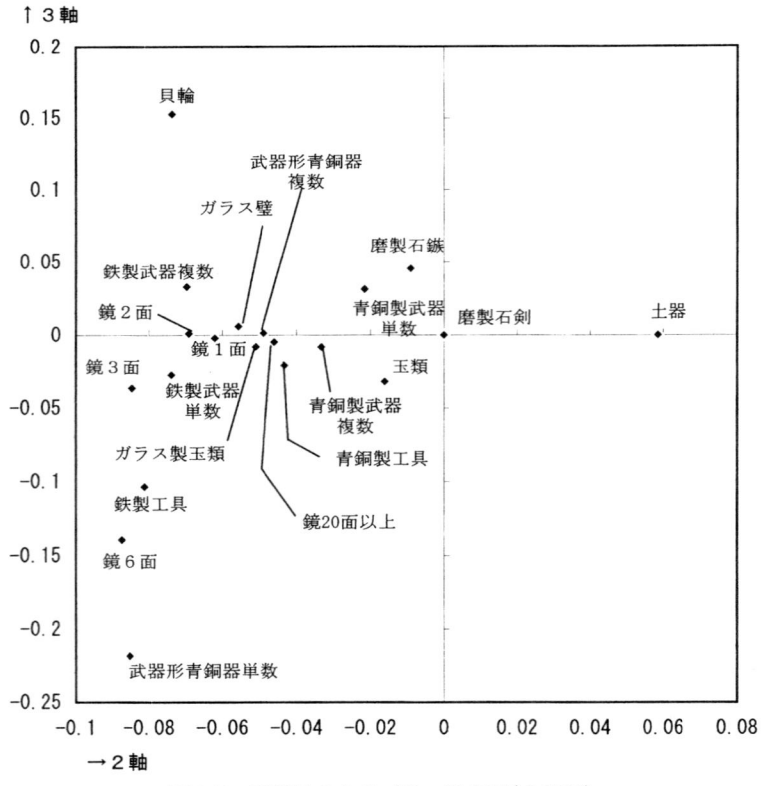

図151　副葬品のカテゴリー散布図(全時期)

タ行列が0と1によって構成されることから，分析対象のカテゴリーは主成分分析よりも多い20種類となっている。分析結果は表69，図151に示すとおりである。X軸に第2軸，Y軸に第3軸を配した二次元散布図上に各カテゴリーをプロットしたところ，いくつかのカテゴリーのまとまりが認められる。

まずX軸上に，土器が他のカテゴリーからかなり離れた位置に存在していることが注目される。

表70 主成分ベクトル

	主成分 No. 1	主成分 No. 2
鏡	0.52519	0.07778
青銅製武器	0.24938	−0.36565
武器形青銅器	0.48905	0.01345
青銅製工具	−0.01368	−0.00483
鉄製武器	−0.04624	0.61552
鉄製工具	−0.01955	0.21532
ガラス璧	0.51211	0.10473
ガラス製玉類	0.38927	0.03934
玉類	−0.02909	−0.06589
貝輪	−0.04710	0.44732
土器	−0.05692	−0.46674

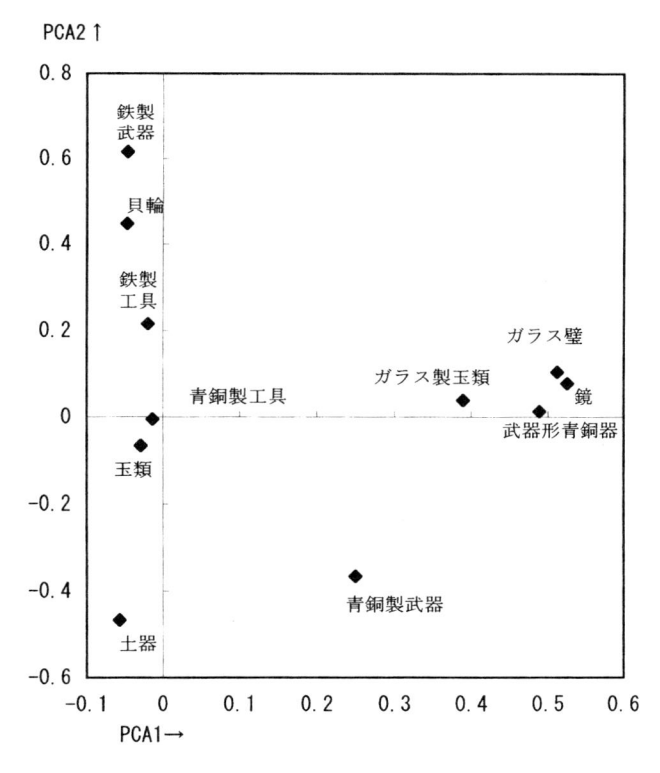

図152 副葬品のカテゴリー散布図(中期)

また原点付近で磨製石剣，磨製石鏃，玉類，青銅製武器単数からなるグループ，それよりマイナス方向に青銅製武器複数，青銅製工具，鏡20面以上，武器形青銅器複数，ガラス製玉類，ガラス璧からなるグループと鏡1面，鏡2面，鉄製武器複数，鉄製武器単数によって構成されているグループが確認できる。

さらに散布図の第3象限には鏡3面，鉄製工具，鏡6面，武器形青銅器単数で構成されるグループが認められ，第2象限には貝輪が他のグループから独立して単独で存在していることが指摘できる。

2. 中期の墳墓を対象とした副葬品の多変量解析による分析

つぎに弥生時代中期の時期が比定可能な甕棺墓，木棺墓，土壙墓128基の副葬品を対象として主成分分析，数量化理論III類による分析を行った。

主成分分析

分析対象のカテゴリーは11種類である。第1主成分と第2主成分の固有ベクトルは表70に示した。X軸に第1主成分，Y軸に第2主成分を配して二次元散布図上に各カテゴリーをプロットしたものが図152である。散布図右側の部分にガラス製玉類，ガラス璧，鏡，武器形青銅器がまとまりをなしている。その他のカテゴリーは明確なまとまりを形成せずY軸に沿って分布するが，正の値の部分に鉄製武器，鉄製工具，青銅製工具などの金属器が分布しているのに対して，玉類と土

表71　各カテゴリーの固有値

	1軸	2軸	3軸
鏡20面以上	−0.06118	−0.04158	0.04915
鏡6面	0.19062	−0.05433	0.00392
鏡3面	0.16309	0.01042	0.15053
鏡2面	−0.04111	0.02476	0.08763
鏡1面	0.03237	0.02500	0.02530
青銅製武器複数	−0.08070	−0.08651	0.15613
青銅製武器単数	−0.05198	0.03059	−0.07286
武器形青銅器複数	−0.06779	−0.03751	0.06246
武器形青銅器単数	0.21524	−0.11124	−0.11813
青銅製工具	0.00739	−0.01216	−0.02505
鉄製武器複数	−0.01000	0.05703	0.05688
鉄製武器単数	0.12784	0.00783	0.09610
鉄製工具	0.14639	−0.03253	0.03096
ガラス璧	−0.05890	−0.01675	0.07085
ガラス製玉	−0.04716	−0.04429	0.06809
玉類	−0.01999	−0.04479	−0.06182
磨製石鏃	0.16309	0.01042	0.15053
貝輪	0.01470	0.20122	0.00893
土器	−0.05968	−0.01256	−0.05171

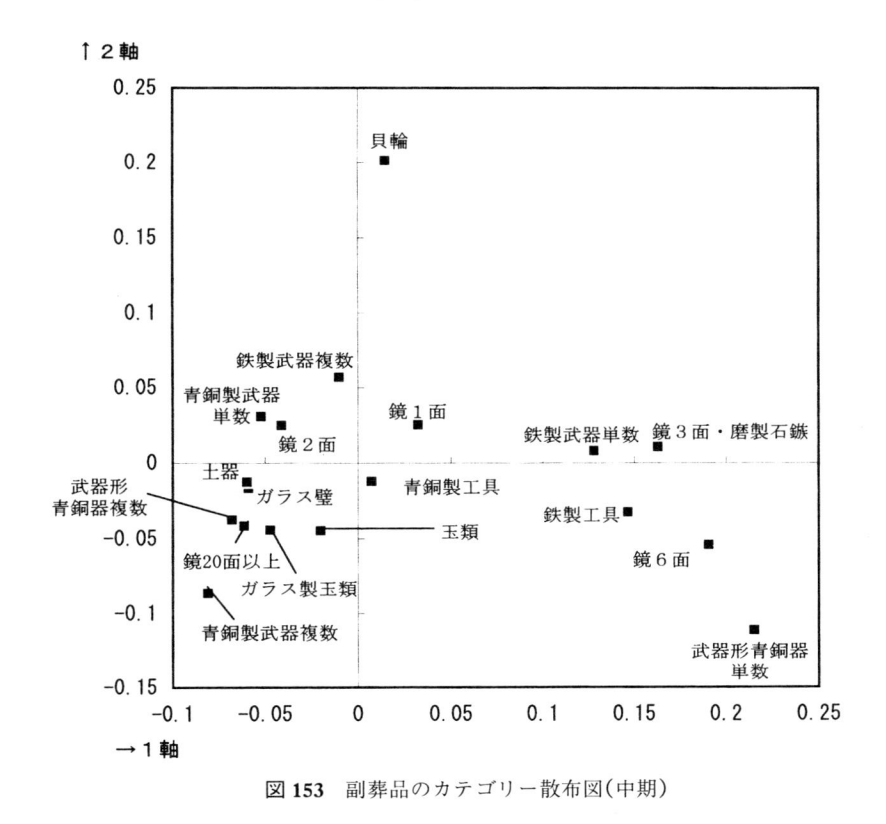

図153 副葬品のカテゴリー散布図(中期)

器が負の値の部分に分布しているという差異がみられる。青銅製武器が他のカテゴリーからは独立している。

数量化 III 類による分析

分析対象のカテゴリーは19種類である。分析結果は表71, 図153に示した。これらのカテゴリーは4つのグループを形成していると判断できる。二次元散布図上の第3象限には土器, ガラス壁, 武器形青銅器複数, 鏡20面以上, ガラス製玉類, 玉類, 青銅製武器複数からなるグループが認められる。原点付近には青銅製武器単数, 鏡2面, 鉄製武器複数, 鏡1面, 青銅製工具によって構成されるグループが存在する。またY軸上のプラス方向に離れた位置には他のカテゴリー群から独立して, 貝輪が単独で存在している。さらに第1象限から第4象限にかけて鉄製武器単数, 鏡3面, 磨製石鏃, 鉄製工具, 鏡6面, 武器形青銅器単数からなるグループが存在することが確認できる。

3. 小　結

全時期を通しての主成分分析では土器とその他の副葬品という区分が明確に示された。またガラス壁, ガラス製玉類, 武器形青銅器, 鏡, 青銅製武器が相互に高い相関をもつことも明らかになった。さらに数量化 III 類の分析結果から鏡20面以上, ガラス壁, ガラス製玉類, 武器形青銅器複

数といったカテゴリーの相関が高く，土器は他のカテゴリーから独立していることが確認された。このような結果は中期後半の須玖岡本D地点や三雲南小路遺跡1号墓, 2号墓のような厚葬墓にみられる副葬品のセット関係の特徴をよく示しているといえる。また弥生時代中期の墳墓出土の副葬品を対象とした主成分分析と数量化III類による分析でも，鏡，武器形青銅器，ガラス製品に高い相関が認められるという同様の傾向をみることができた。

第3節　副葬品にみられる階層性

副葬品と墳墓に含まれる属性との関係については，中園聡が弥生中期後半の甕棺墓を中心として分析を行っている（中園, 1991a）。そのなかで中園は器高と副葬品の関係，甕棺の合わせ方と副葬品の関係，赤色顔料と副葬品の有無，赤色顔料と副葬品の内容，副葬品をもつ甕棺の外部施設という項目について検討し，これらの項目が副葬品と明確に相関することを指摘している。ここでは副葬品のセット関係，副葬品をもつ甕棺の外部施設，副葬品と散布物との関係の3つの項目について分析を行うことにする。

1. 副葬品のセット関係にみられる墳墓間の階層差

1.1　突帯文土器期から弥生時代前期後半

突帯文期から弥生時代前期にかけての副葬品のほとんどは小型壺である。その他には管玉や勾玉などの玉類，磨製石剣や磨製石鏃，貝輪などの副葬がみられる。この段階では副葬品をもつ墳墓ともたない墳墓との間に，外部施設などの構造の点で顕著な差異は認められない。弥生時代前期前半には墳丘墓が出現するが，この時期の東小田峯遺跡1号墳丘内の木棺墓のなかには副葬品をもたない墳墓も含まれている。

副葬品の数や内容も明確なランク差を示してはいない。副葬品の大半を占める小型壺は1つの墳墓に1点供献されている場合がほとんどである。したがって，この段階の副葬品は埋葬儀礼にともなうものであり，そのような埋葬儀礼の背景となる観念は，後の段階にみられる，社会関係やランク差を副葬品を通じて表示・強調するという観念とは異なるものであったといえるだろう。

① ランクI
貝輪, 土器, 磨製石剣, 磨製石鏃, 玉類などを保有する墓
② ランクII
副葬品をもたない墓

1.2　弥生時代前期末から中期初頭

弥生時代前期末から中期初頭にかけての段階になると副葬品の内容に大きな変化があらわれる。多鈕細文鏡，細形銅剣・銅矛に代表される青銅製武器などの金属器やガラス製小玉といったガラス製品が出現する。つまりこの段階になって，金属器やガラス製品といった副葬品の質によって他の

墳墓との差異を強調するようになるのである。このような金属器やガラス製品が副葬された墳墓は，唐津市宇木汲田遺跡，福岡市吉武高木遺跡など平野単位にみられ，水系ごとの地域集団の首長墓であると考えられる。

① ランク I

青銅製武器，多鈕細文鏡をもつ墓。吉武高木 M3 号墓や本村篭 SJ58 号墓がこれにあたる。

② ランク IIa

青銅製武器とガラス製品，玉類を保有する墓。吉武高木 K117 号墓がこれにあたる。

③ ランク IIb

青銅製武器や銅釧などの青銅製品，玉類，土器を保有する墓。吉武高木 K110 号・M2 号墓が相当する。

④ ランク IIc

青銅製武器あるいはガラス製品のみをもつ墓。宇木汲田 18 号・32 号墓，吉武高木 K115 号墓，吉武大石 K45 号墓，久米 K23 号甕棺墓，東山田一本杉 SJ078 号甕棺墓が相当する。

⑤ ランク III

土器あるいは玉類，貝輪のみをもつ墳墓。

⑥ ランク IV

副葬品をもたない墓。

1.3 弥生時代中期前半

この段階になると金属器をもつ墳墓が増加する。また弥生時代前期末〜中期初頭段階ではみられなかった鉄製武器，鉄製工具が副葬品のなかに含まれるようになることが特徴的である。佐賀県唐津市宇木汲田遺跡の 12 号甕棺墓には多鈕細文鏡と細形銅剣が副葬されている。その他の金属器を持つ墳墓としては，福岡県筑紫野市隈・西小田遺跡の 109 号甕棺墓，佐賀県吉野ヶ里遺跡 ST1001 墳丘墓内の SJ1002 甕棺墓，福岡県吉武樋渡遺跡の墳丘墓内の K61 号，K75 号，K77 号甕棺墓などがあげられる。前期末〜中期初頭段階で発生した各小地域の首長墓がこの段階にも引き続き存在していることが確認できる。

これらの墳墓の副葬品のセット関係をもとに以下のような階層が設定できる。

① ランク I

鏡と青銅製品をもつ墳墓。宇木汲田 12 号墓がこれにあたる。

② ランク IIa

青銅製武器と貝輪をもつ墳墓(隈・西小田 109 号墓)，青銅製武器とガラス製品をもつ墳墓(吉野ヶ里 SJ1002 号墓)，青銅製武器とその他の青銅製品をもつ墳墓(吉武樋渡 K75 号墓)が相当する。

③ ランク IIb

青銅製武器，あるいは鉄製武器，ガラス製品のみをもつ墳墓。宇木汲田 92 号墓，吉野ヶ里 SJ1006 号墓，吉武樋渡 K61 号・K77 号墓，久米遺跡 K6 号甕棺墓がこれにあたる。

④ ランク III

貝輪のみをもつ墳墓。吉野ヶ里 SJ0495・SJ1378 号墓が相当する。

⑤ ランク IV

副葬品をもたない墳墓。

1.4 弥生時代中期後半

岡村秀典は，北部九州の弥生中期後半の主要な墳墓を副葬品の組み合わせから，A～C2群の4つのグループに階層区分している（岡村，1999）。A群は大型鏡と中型あるいは小型鏡を30面程度保有し，ガラス壁とガラス管玉・勾玉，青銅製武器，武器形青銅器を有する組み合わせで，須玖岡本D地点や三雲南小路1号墓が相当するとしている。B群は中型と小型の鏡を複数有し完全なガラス壁を欠き，銅矛，鉄製武器をもつ組み合わせである。三雲南小路2号墓や立岩10号甕棺墓，東小田峯10号甕棺墓に代表される。C1群は中型鏡を単数，ガラス管玉などのガラス製品，鉄製武器という組み合わせのグループで，立岩35号甕棺墓をあげている。C2群は小型鏡を単数保有し，ガラス管玉，銅剣や鉄製武器，貝輪という組み合わせのグループで，隈・西小田23号甕棺墓，立岩28号，34号，39号甕棺墓，吉武樋渡62号甕棺墓などがこれにあたるとしている。

鏡の面数に注目すると，20～30面，6面，2面，単数，保有しないという5つのカテゴリーが設定できる。さらに青銅器，鉄器，ガラス製品，玉類などの他の副葬品の構成を考慮に入れると以下のカテゴリーに区分できる。

① ランク Ia

鏡を30面前後保有し，ガラス壁，武器形青銅器をもつ墳墓。須玖岡本D地点の甕棺墓や三雲南小路1号墓がこれに当たる。特定個人の厚葬墓である。

② ランク Ib

鏡を20面以上保有し，ガラス製品，玉類をもつ墳墓。三雲南小路2号墓が相当する。

③ ランク IIa

鏡を6面，武器形青銅器，鉄製武器・工具をもつ墳墓。立岩10号墓が相当する。

④ ランク IIb

鏡を2から3面，ガラス壁，鉄製武器，ガラス壁をもつ墳墓。東小田峯10号墓が相当する。

⑤ ランク IIc

鏡を単数，鉄製武器・工具，ガラス製品，貝輪，玉類を有する墳墓。立岩28号・34号・35・39号墓，隈・西小田23号甕棺墓，吉武樋渡K62号甕棺墓がこれにあたる。

⑥ ランク III

鏡を単数もつ墳墓。二塚山K15号墓，田島K6号墓などが相当する。

⑦ ランク IV

鉄製武器，ガラス製品のみを有する墳墓。吉武樋渡K5号・K64号墓，須玖岡本7号・12号墓，門田辻田24・27号墓，宇木汲田80号・91号・106号墓に代表される。

第 5 章 副葬品の検討

⑧ ランク V
副葬品をもたない墳墓。

1.5 弥生時代後期前半

この時期の代表的な厚葬墓としては鏡 18 面，青銅製品，鉄製武器などが副葬されていた福岡県前原市井原鑓溝遺跡の甕棺墓や鏡 2 面，鉄製武器，ガラス製品をもつ佐賀県唐津市桜馬場遺跡の甕棺墓があげられる。

① ランク Ia
鏡 18 面，青銅製品，鉄製武器をもつ井原鑓溝遺跡の甕棺墓がこれに当たる。

② ランク Ib
鏡 2 面，青銅製品，鉄製武器，ガラス製品を保有する桜馬場遺跡の甕棺墓が相当する。

③ ランク Ic
鏡 1 面，鉄製武器・工具，ガラス製品をもつ墳墓。塔ノ首 4 号石棺墓，三津永田 K104 号墓，二塚山 46 号甕棺墓がこれにあたる。

④ ランク II
鏡を 1 面保有する墳墓。飯氏遺跡 II 区 7 号墓，二塚山 76 号甕棺墓が相当する。

⑤ ランク IIIa
青銅製品，鉄製品，ガラス製品，玉類をもつ墳墓。塔ノ首 2 号・3 号石棺墓，柚比本村 SJ1112 号甕棺墓がこれにあたる。

⑥ ランク IIIb
ガラス製品のみをもつ墳墓。宇木汲田 44 号墓に代表される。

⑦ ランク IV
貝輪のみをもつ墳墓。道場山 K96 号墓が相当する。

⑧ ランク V
副葬品をもたない墳墓。

1.6 弥生時代後期後半

弥生時代後期後半以降になると，副葬品をもった墳墓はさらに少なくなる。福岡県前原市の平原遺跡 1 号墓には方格規矩鏡などの鏡が 30 面以上副葬されている。

鏡の面数という点では平原 1 号墓が群を抜いており，その他のほとんどの墳墓は 1 面のみの副葬である。ランク Ia の墓はこの平原 1 号墓のみである。福岡平野や唐津周辺地域ではこのような厚葬墓がみられないのに対して，糸島地方では中期後半段階の三雲南小路遺跡，後期前半段階の井原鑓溝遺跡と厚葬墓が断続的に存在している。

またこの時期の特徴としては，平原 1 号墓以外の墳墓では対馬に豊富な副葬品をもつ墳墓が集中している点が指摘できる。

① ランク Ia

鏡30面以上，鉄製武器，玉類をもつ墳墓。平原1号墓がこれにあたる。

② ランク Ib

鏡4面，ガラス製品，玉類をもつ墳墓。木坂5号石棺墓がこれにあたる。

③ ランク Ic

鏡を1面保有する墳墓。良積K14号・K28号墓が相当する。

④ ランク IIa

武器形青銅器，鉄製武器・工具，ガラス製品，玉類，土器をもつ墳墓。ハロウ5号石棺墓，木坂1号・4号石棺墓，良積K16号墓が相当する。

⑤ ランク IIb

鉄製武器，鉄製工具，玉類をもつ墳墓。良積K20号墓が相当する。

⑥ ランク III

副葬品をもたない墓。

2. 外部構造との関係

　墳墓の外部構造と副葬品の内容との間に一定の関係が見られることは，すでに多くの研究者によって指摘されている。弥生時代前期末～中期初頭段階から後期後半にいたる，鏡や青銅製品，鉄製品，ガラス製品が副葬された主な墳墓の外部構造について表72に示した。

　弥生時代前期末～中期初頭の吉武高木遺跡では甕棺墓，木棺墓からなる墳墓群が，他の墳墓からは独立して一つの墓域を形成している(図154)。この墓域内の1号木棺墓には細形銅剣1点と碧玉製管玉，小型壺が，2号木棺墓には細形銅剣1点，翡翠製勾玉，碧玉製管玉，小型壺が副葬されている。3号木棺墓には多鈕細文鏡1面，細形銅剣2点，細形銅矛1点，細形銅戈1点，碧玉製の勾玉や管玉，小型壺が副葬されており，この段階で鏡，青銅製武器という組み合わせが認められるのは注目される。またK110甕棺墓には銅釧2点，硬玉製勾玉，碧玉製管玉が，K115甕棺墓には細形銅剣1点が，K117甕棺墓には細形銅剣1点，翡翠製勾玉，碧玉製管玉などの玉類，ガラス小玉1点，小型壺が副葬されている。このように吉武高木遺跡の墳墓群は隣接する同時期の墓地である吉武大石遺跡の墳墓群に比較して豊富な副葬品を有しており，特に多鈕細文鏡や青銅製武器などの金属器が集中していることが特徴的である。黒沢浩はこの墓域内の墳墓の副葬品を比較検討した結果，これらの墳墓群が1号・2号・4号木棺墓，K110・K115甕棺墓からなる第一期，3号木棺墓，K100・K109・K111・K116・K117甕棺墓からなる第二期の2つの時期に分かれること，墓域内の墳墓にも階層差が認められることを指摘している(黒沢，2000)。

　弥生時代中期前半を中心とする時期の墓地である宇木汲田遺跡では，墓地はいくつかの小群によって形成されており，明確な墓域の分離は認められず青銅製品をもつ墳墓が単独で墓域を形成するという現象はみられない(図155)。中期中頃～後半の時期の甕棺墓が中心をなす吉武樋渡遺跡では鏡や鉄器が副葬された墳墓が墳丘内に埋葬されており，他の一般の墳墓からは独立した単独の墓域

表 72 代表的な墳墓の外部構造

	外部構造	墓域の分離	単独で存在	墳丘
吉武高木 M3	標石	○	×	×
吉武高木 K117	標石	○	×	×
吉武高木 M2	標石	○	×	×
吉武高木 K110	なし	○	×	×
吉武高木 K115	なし	○	×	×
吉武樋渡 K61	なし	○	×	○
宇木汲田 K12	なし	×	×	×
宇木汲田 K92	なし	×	×	×
吉野ヶ里 SJ1002	なし	○	×	○
吉野ヶ里 SJ1006	なし	○	×	○
須玖岡本 D 地点	大石	○	○	○
三雲南小路 1 号墓	周溝	○	×	○
三雲南小路 2 号墓	周溝	○	×	○
立岩 10 号墓	なし	なし	×	×
立岩 28 号墓	なし	なし	×	×
立岩 34 号墓	なし	なし	×	×
立岩 35 号墓	なし	なし	×	×
立岩 39 号墓	なし	なし	×	×
東小田峯 10 号墓	なし	○	×	○
須玖岡本 7 号墓	なし	○	×	○
須玖岡本 12 号墓	なし	○	×	○
吉武樋渡 K5	なし	○	×	○
吉武樋渡 K62	なし	○	×	○
吉武樋渡 K64	なし	○	×	○
桜馬場	不明	不明	不明	不明
井原鑓溝	不明	不明	不明	不明
平原	周溝	○	○	○

を形成している。さらに中期後半の厚葬墓である須玖岡本 D 地点の甕棺墓，三雲南小路遺跡の 1 号墓・2 号墓は周辺に他の墳墓が存在せず，やはり単独の墓域をなしていたと考えられる（図 156, 157）。中期後半段階の厚葬墓である立岩遺跡 10 号甕棺墓は，単独の独立した墓域は形成していない（図 158）。後期段階の厚葬墓である平原 1 号墓は周溝で区画された墳丘内に埋葬されており，他の墳墓から独立した墓域を形成している。

このようにランク I 以上の墳墓の多くが他の墳墓からは独立した墓域を形成しており，墓地の空間構造の上でも，他の墳墓とは明確な差異が存在していることが明らかである。

次に墳丘について着目すると，前期前半板付 I 式期の墳丘墓である東小田峯 1 号墳丘墓を最古として，前期末～中期初頭段階は板付田端遺跡，中期中頃～後半のものとしては吉武樋渡遺跡で墳丘墓が存在する。また中期後半の須玖岡本 D 地点甕棺墓，三雲南小路遺跡 1 号墓・2 号墓も墳丘内に埋葬された可能性が高いと考えられている。墳丘墓にも東小田峯遺跡や吉武樋渡遺跡，吉野ヶ里遺跡などのように，墳丘内に複数の墳墓が埋葬されるものと，須玖岡本 D 地点や三雲南小路遺跡，

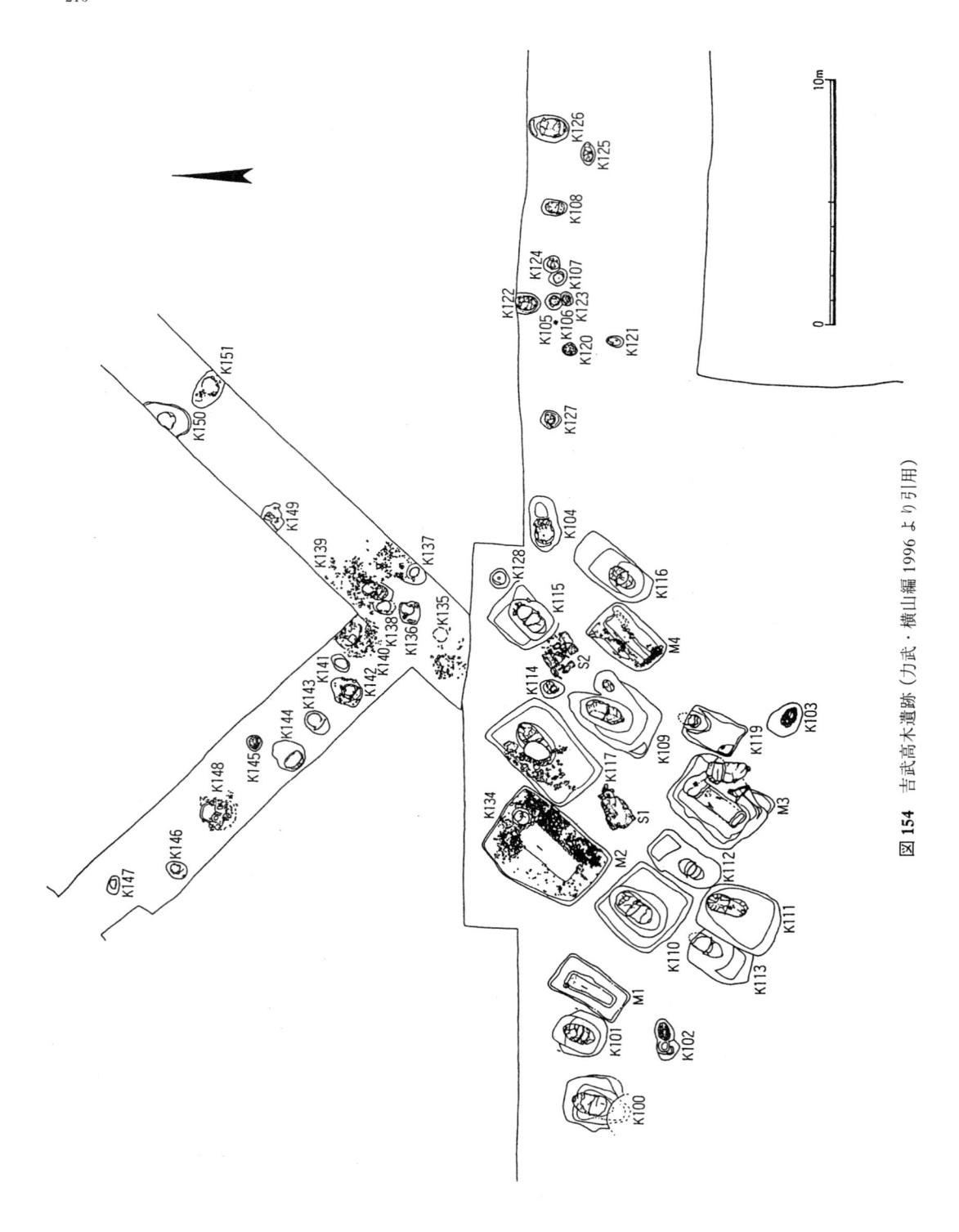

図 154　吉武高木遺跡（力武・横山編 1996 より引用）

第 5 章　副葬品の検討

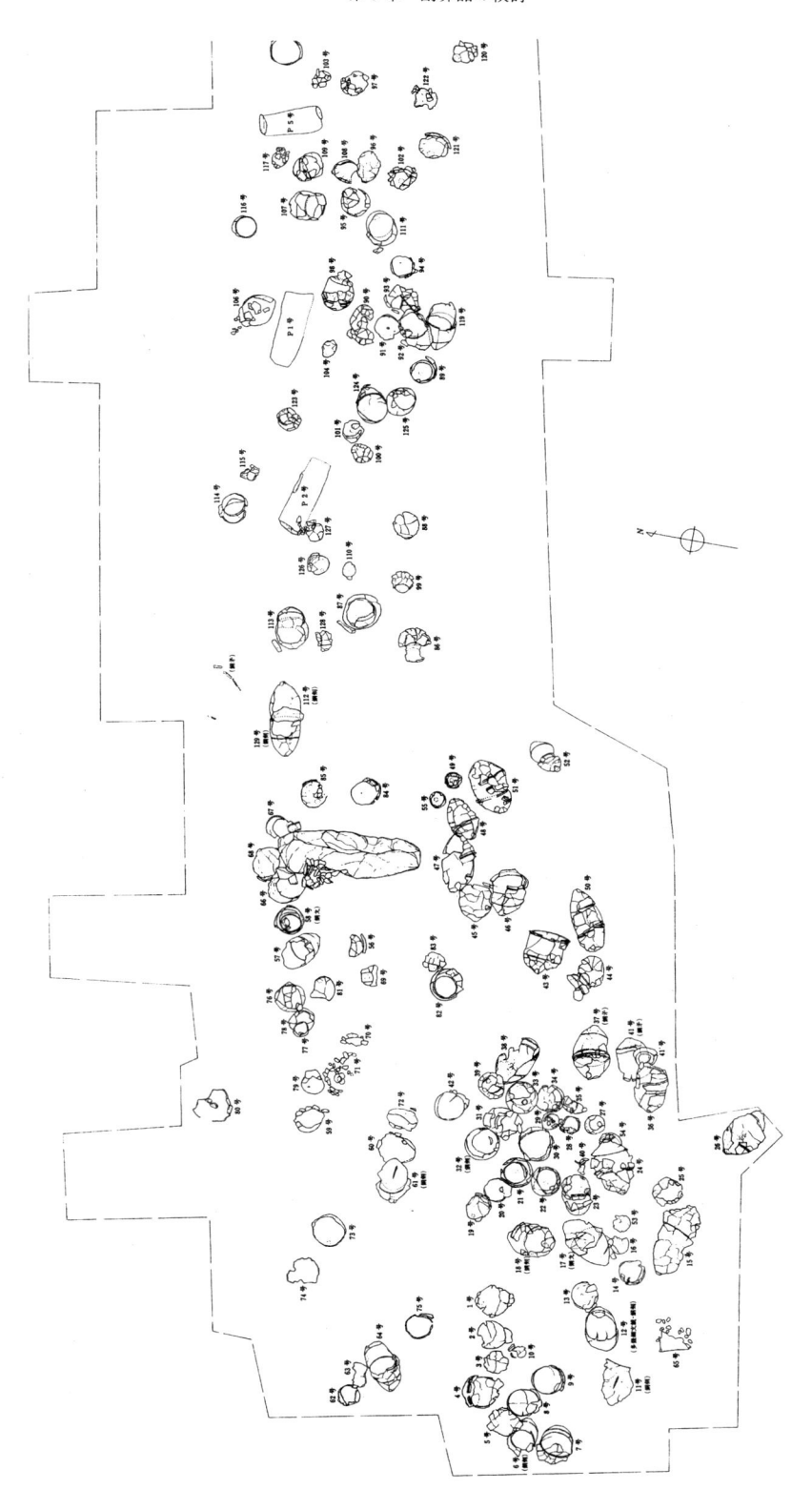

図 155　宇木汲田遺跡（唐津湾周辺遺跡調査委員会編 1982 より引用）

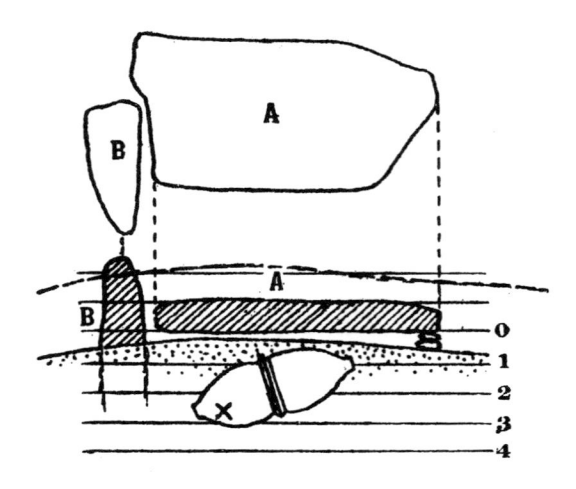

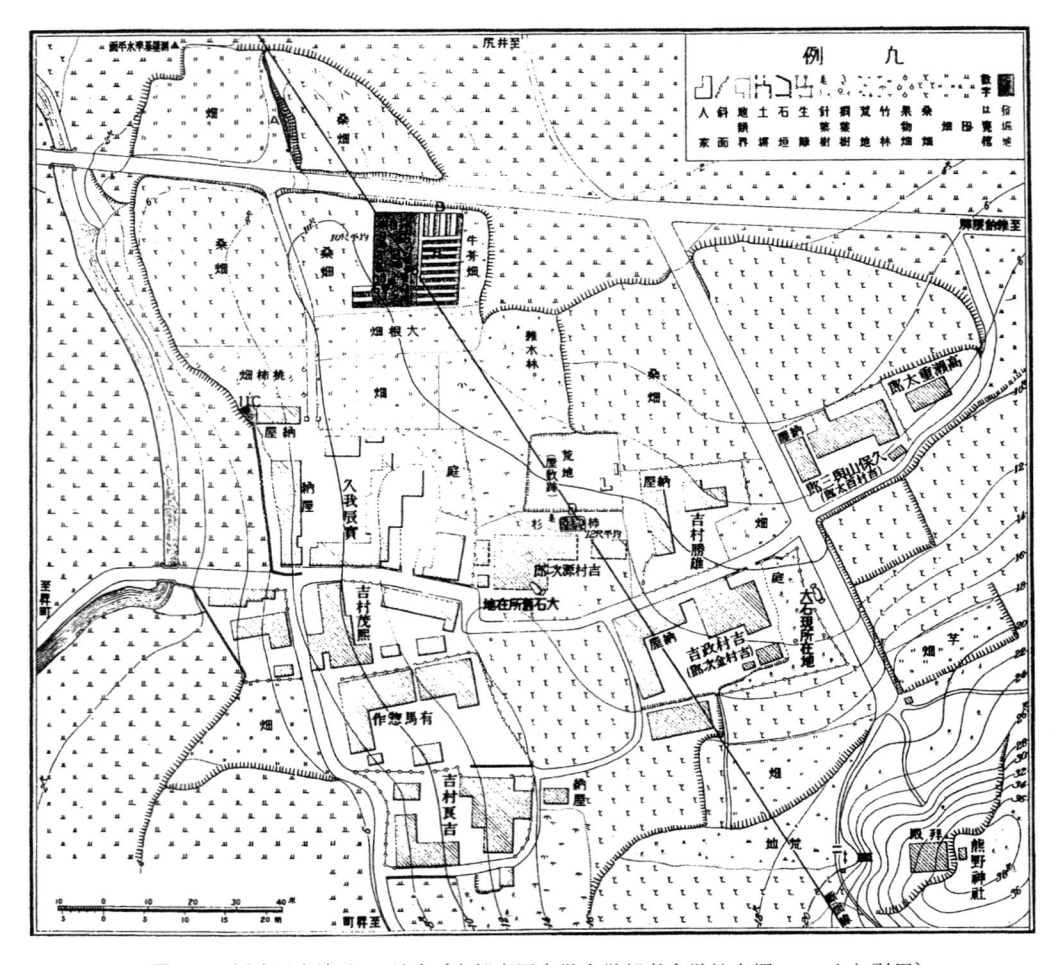

図156　須玖岡本遺跡 D 地点（京都帝国大学文学部考古学教室編 1930 より引用）

図157　三雲南小路遺跡1号墓・2号墓（柳田編1985より引用）

平原遺跡などのように1～2基の墳墓が埋葬されるものという2つのタイプがある。前者が数世代にわたる特定集団の墓地であると考えられるのに対して、後者は特定個人の墓であり、その間には大きな格差が存在する。

また平原遺跡の墳丘墓では、墳丘内で柱穴が検出されており鳥居状の構造物が存在した可能性が指摘されている。

このように墳墓の副葬品の内容とその外部構造の間には明確な相関関係が認められる。ランクの高い墓は副葬品の内容のみならず、外部構造においても他の墳墓との差異が明示されており、墳墓に含まれるさまざまな属性が総動員されることによって、墳墓間の差異や格差が強調されているといえる。

3. 散布物との関係

主要な墳墓における赤色顔料、黒色顔料などの散布物について表73にまとめた。まず弥生時代前期の例についてみてみると、前期後半の金隈遺跡K103号甕棺墓にはゴホウラ製貝輪2点と磨製石鏃1点が副葬されているが、棺内には赤色顔料が散布されている。次いで中期では須玖岡本D地

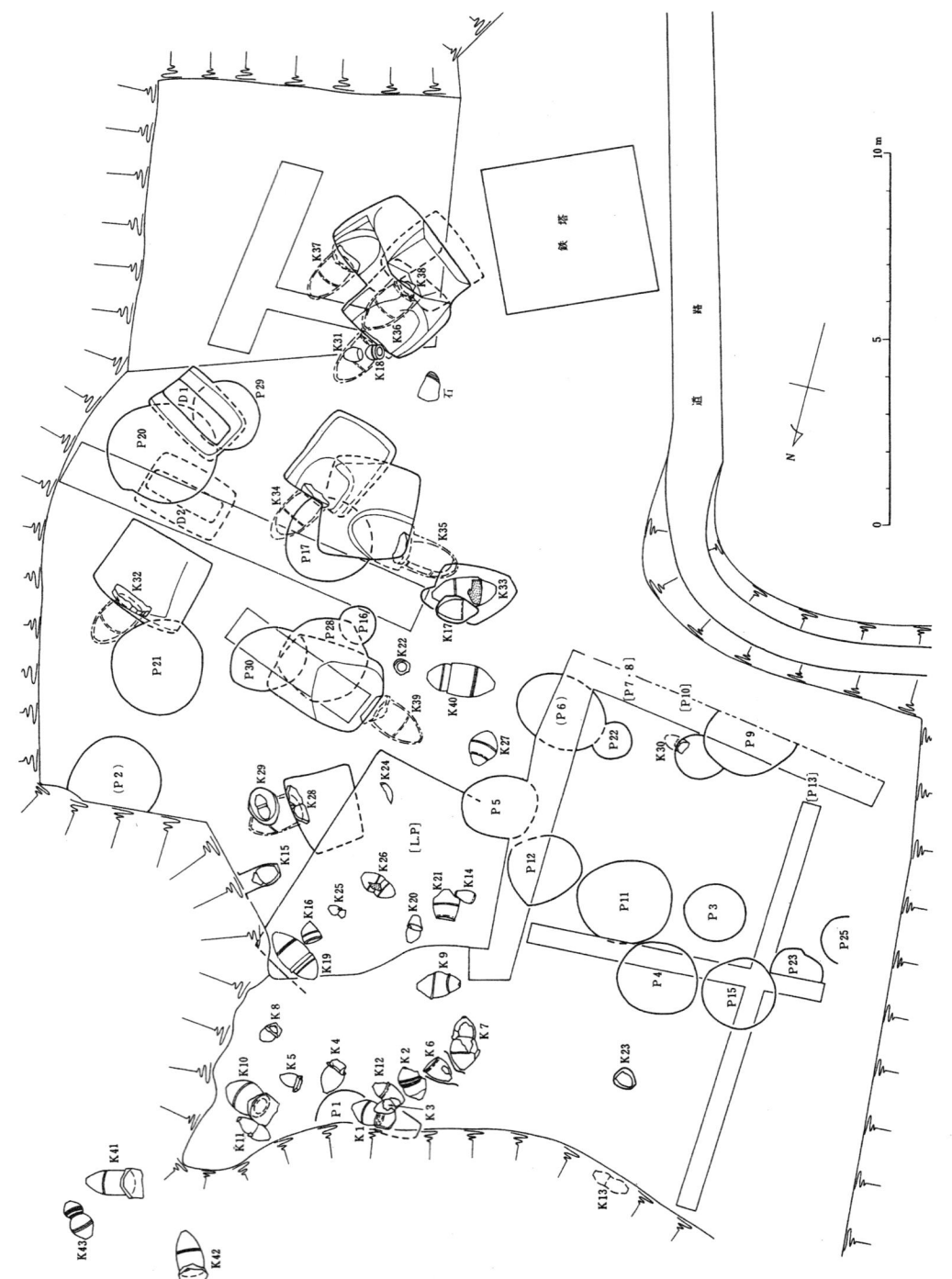

図158 立岩遺跡（K＝甕棺墓，P＝袋状竪穴，D＝土壙墓，福岡県飯塚市立岩遺蹟調査委員会編1977より引用）

第 5 章　副葬品の検討

表 73　代表的な墳墓の散布物

遺跡	遺構	時期	散布物
道場山 1 地点	K100	中期後半	下甕内外面丹塗り
三雲南小路	2 号	中期後半	外面黒色顔料
吉武樋渡	K5	中期後半	黒色顔料
吉武樋渡	K61	中期中葉	黒色顔料
吉武樋渡	K62	中期後半	黒色顔料
吉武樋渡	K64	中期後半	黒色顔料
吉武樋渡	K75	中期中葉	黒色顔料
吉武樋渡	K77	中期中葉	黒色顔料
吉野ヶ里 ST1001	SJ1007	中期中葉	黒塗り
吉野ヶ里丘陵地区 II 区	SJ384	中期中葉	黒塗り
須玖岡本	D 地点	中期後半	朱
門田辻田	24 号	中期後半	朱
三雲南小路	1 号	中期後半	朱
立岩	35 号	中期後半	朱
立岩	39 号	中期後半	朱
三津永田	104 号	後期前半	朱
良積	K20	後期後半	上下甕赤色顔料塗布
良積	K29	後期後半	上下甕赤色顔料塗布
隈・西小田 13 地点	23 号	中期後半	下甕丹塗り
金隈	K103	前期後半	赤色顔料
須玖岡本 1 次	15 号	中期中葉	赤色顔料
須玖岡本 7 次	7 号	中期後半	赤色顔料
須玖岡本 7 次	12 号	中期後半	赤色顔料
門田辻田	27 号	中期後半	赤色顔料
東小田峯	10 号	中期後半	赤色顔料
隈・西小田 3 地点	109 号	中期前半	赤色顔料
良積	K16	後期前半	赤色顔料
吉野ヶ里 ST1001	SJ1002	中期中葉	赤色顔料，黒塗り
吉野ヶ里 ST1001	SJ1005	中期中葉	赤色顔料，黒塗り
吉野ヶ里 ST1001	SJ1006	中期前半	赤色顔料，黒塗り
吉野ヶ里 ST1001	SJ1009	中期中葉	赤色顔料，黒塗り
良積	K28	後期後半	赤色顔料塗布
立岩	10 号	中期後半	内面丹塗り
立岩	28 号	中期後半	内面丹塗り

点，三雲南小路 1 号墓，立岩 35 号・39 号甕棺墓の棺内に朱が，門田辻田 27 号甕棺墓，東小田峯 10 号甕棺墓の棺内には赤色顔料が散布されている。また吉野ヶ里 ST1001 墳丘墓内の SJ1002・1005・1006・1009 甕棺墓は棺内に赤色顔料が散布され，さらに外面には黒塗りが施されている。三雲南小路 2 号墓は外面に黒色顔料の塗布が認められた。黒色顔料が散布されていた例としては吉武樋渡墳丘墓内の K5・K61・K62・K64・K75・K77 号甕棺墓があげられる。立岩 10 号・28 号甕棺墓，隈・西小田遺跡 13 地点の 23 号甕棺墓，道場山遺跡 1 地点の K100 号甕棺墓には丹塗りが施されている。後期の墳墓では，平原遺跡の主体部である割竹形木棺の内部に朱が散布され，良積遺跡では K20・

K28・K29 号甕棺墓の棺体に赤色顔料が塗布されている。

このように，黒色顔料などの塗布物が副葬品，特に鏡や青銅製品，鉄製品といった金属器と結びつく傾向が強いことが指摘できる。このような傾向は中園聡が中期後半の墳墓を対象とした分析によって指摘しているが（中園，1991a），前期末～中期初頭段階や後期の墳墓においても同様の傾向が認められることが確認された。

第 4 節　副葬品からみた首長墓の展開

副葬品の構成によって各墳墓のランクを設定したが，つぎに高ランクの墳墓が北部九州各小地域でどのような消長をみせるかについて述べてみたい。対象とする時期は弥生時代前期末～中期初頭から後期後半までである。対象とする地域は北部九州内の福岡・早良平野，糸島地方，唐津地方，福岡内陸部，嘉穂地方，筑後地方，佐賀平野の 7 地域である。

1.　弥生時代前期末～中期初頭

① 福岡・早良平野

ランク I の墓は早良平野の吉武高木遺跡の M3 号木棺墓である。ランク IIa の墓では吉武高木 K117 号甕棺墓が，ランク IIb の墓では吉武高木 K110 号甕棺墓と M2 号木棺墓が，ランク IIc の墓では吉武高木 K115 号甕棺墓と吉武大石遺跡の K45 号甕棺墓が存在する。

② 糸島地方

ランク IIc の久米遺跡の K23 号甕棺墓が最も高ランクの墓である。その他にランク IIc 以上の墓は存在しない。

③ 唐津地方

ランク IIc の宇木汲田遺跡の 18 号・32 号甕棺墓が最も高ランクの墓である。その他にランク IIc 以上の墓は存在しない。

④ 福岡内陸部

ランク I・II に相当する墓は存在しない。

⑤ 嘉穂地方

この段階の嘉穂地方にはランク IIc 以上の墓は存在しない。

⑥ 筑後地方

ランク IIc 以上の墓はみられない。

⑦ 佐賀平野

ランク I の本村籠遺跡の SJ58 号甕棺墓が存在する。それに次ぐランクの墓としてはランク IIc の東山田一本杉遺跡の SJ078 号甕棺墓がある。

弥生時代前期末～中期初頭にかけての段階では，ランク I の墳墓は福岡・早良平野と佐賀平野に

みられる。糸島, 唐津地方ではランク IIc の墳墓が最高ランクの墓である。福岡・早良平野の吉武高木・大石遺跡ではランク I からランク IIc までの各ランクの墳墓がそろっており, この段階の墓地としては異色の存在であるといえる。福岡内陸部, 嘉穂地方, 筑後地方にはランク IIc 以上の墳墓はみられない。

2. 弥生時代中期前半

① 福岡・早良平野

ランク IIa の吉武樋渡墳丘墓の K75 号甕棺墓が最も高ランクの墓である。次いでランク IIb の吉武樋渡 K61・K77 号甕棺墓が存在する。

② 糸島地方

ランク IIb の久米遺跡の K6 号甕棺墓が最も高ランクの墓である。その他にランク III 以上の墓は存在しない。

③ 唐津地方

最も高ランクの墓はランク I の宇木汲田 12 号甕棺墓である。それに次ぐランクの墓はランク IIb の宇木汲田 92 号墓である。

④ 福岡内陸部

この地方の中期前半段階の最も高ランクの墓はランク IIa の隈・西小田 109 号甕棺墓である。それ以外にはランク III 以上の墓はみられない。

⑤ 嘉穂地方

中期前半段階の嘉穂地方にはランク III 以上の墓はみられない。

⑥ 筑後地方

ランク III 以上の墓は存在しない。

⑦ 佐賀平野

ランク IIa の吉野ヶ里 SJ1002 号甕棺墓が最も高ランクの墓である。その他のランクの墳墓としてはランク IIb の吉野ヶ里 SJ1006 号甕棺墓, ランク III の吉野ヶ里 SJ0495 号・SJ1378 号甕棺墓が存在する。

ランク I の墳墓は唐津地方にのみ認められる。福岡・早良平野, 福岡内陸地方, 佐賀平野ではランク IIa の墳墓が, 糸島地方では IIb の墳墓が最も高ランクの墓である。嘉穂地方, 筑後地方には前期末～中期初頭段階と同様ランク III 以上の墳墓はみられない。

3. 弥生時代中期後半

① 福岡・早良平野

最も高位の墓はランク Ia の須玖岡本 D 地点の甕棺墓である。それに次ぐランクの墓としては, ランク IIc の吉武樋渡 K62 号甕棺墓, ランク IV の吉武樋渡 K5 号・K64 号甕棺墓, 須玖岡本

7号・12号甕棺墓，門田辻田24号・27号甕棺墓が存在する。

② 糸島地方

ランクIaの三雲南小路1号墓が最も高ランクの墓である。その他のランクIV以上の墓としてはランクIbの三雲南小路2号墓が存在する。

③ 唐津地方

ランクIIIの田島遺跡K6号甕棺墓が最も高位の墓である。それに次ぐランクの墓はランクIVの宇木汲田80号・91号・106号甕棺墓である。

④ 福岡内陸部

この地方の中期後半段階で最も高ランクの墓は，ランクIIbの東小田峯10号甕棺墓である。その他のランクIV以上の墓としてはランクIIcの隈・西小田23号甕棺墓があげられる。

⑤ 嘉穂地方

ランクIIaの立岩遺跡10号甕棺墓が最も高ランクの墓である。それに次ぐランクの墓としてはランクIIcの立岩28号・34号・35号・39号甕棺墓が存在する。

⑥ 筑後地方

ランクIV以上の墓は存在しない。

⑦ 佐賀平野

最も高いランクの墓はランクIIIの二塚山遺跡K15号甕棺墓である。その他にランクIV以上の墓は存在しない。

ランクIaの墳墓は福岡・早良平野，糸島地方にみられる。嘉穂地方ではランクIIaの墳墓が，福岡内陸部ではランクIIbの墳墓が，唐津地方・佐賀平野ではランクIIIの墳墓が最も高ランクの墓である。筑後地方にはランクIV以上の墳墓は認められない。

4. 弥生時代後期前半

① 福岡・早良平野

後期前半段階の福岡・早良平野ではランクIV以上の墓は存在しない。

② 糸島地方

ランクIaの井原鑓溝遺跡の甕棺墓が最も高位の墓である。その他のランクIV以上の墓はランクIIの飯氏遺跡II区7号甕棺墓である。

③ 唐津地方

この時期の墓ではランクIbの桜馬場遺跡の甕棺墓が最も高ランクの墓である。それに次ぐランクの墓はランクIIIbの宇木汲田遺跡44号甕棺墓である。

④ 福岡内陸部

ランクIVの道場山遺跡K96号甕棺墓が最も高位の墓である。その他にランクIV以上の墓はみられない。

⑤　嘉穂地方

ランク IV 以上の墓はみられない。

⑥　筑後地方

ランク IV 以上の墓はみられない。

⑦　佐賀平野

ランク Ic の三津永田遺跡 K104 号甕棺墓，二塚山遺跡 46 号甕棺墓が最も高ランクの墓である。それに次ぐランクの墓はランク II の二塚山 76 号甕棺墓，ランク IIIa の柚比本村 SJ1112 甕棺墓である。

　ランク Ia の墳墓は糸島地方にのみ存在する。唐津地方ではランク Ib の墳墓が，佐賀平野ではランク Ic の墳墓が，福岡内陸部ではランク IV の墳墓が最も高ランクの墳墓である。福岡・早良平野，嘉穂地方，筑後地方ではランク IV 以上の墳墓はみられない。

5. 弥生時代後期後半

①　福岡・早良平野

ランク IIb 以上の墓は存在しない。

②　糸島地方

ランク Ia の平原遺跡 1 号墓が存在する。

③　唐津地方

この時期の唐津地方にランク IIb 以上の墓は存在しない。

④　福岡内陸部

後期後半段階のランク IIb 以上の墓はみられない。

⑤　嘉穂地方

ランク IIb 以上の墓は存在しない。

⑥　筑後地方

ランク Ic の良積遺跡 K14 号・K28 号甕棺墓が存在する。これに次ぐランクの墓では，ランク IIa の良積 K16 号甕棺墓，ランク IIb の良積 K20 号甕棺墓が存在する。

⑦　佐賀平野

後期後半段階の佐賀平野にはランク IIb 以上の墓はみられない。

　後期前半段階と同様ランク Ia の墳墓は糸島地方にのみ存在する。その他の地域では筑後地方にランク Ic の墳墓がみられるが，福岡・早良平野，唐津地方，福岡内陸部，嘉穂地方，佐賀平野ではランク IIb 以上の墳墓は存在しない。

　以上の検討を通して，北部九州内の小地域ごとの高ランク墓の消長について述べてきたが，ここで明らかになったのはそれぞれの地域間での墳墓にみられる階層関係は固定的なものではなく，相

対的に変化するということである。従来の研究では須玖岡本遺跡，三雲南小路遺跡に代表される弥生時代中期後半段階の福岡・早良平野，糸島地方の両地方を頂点とする地域間関係が強調されてきたが，このような地域間関係は前期末～中期初頭段階から弥生後期にいたるまで一貫して存続したわけではない。中期後半に他の墳墓をはるかに凌駕する内容の副葬品を持つ須玖岡本遺跡が存在した福岡・早良平野では，後期初頭段階になると一転してこのような厚葬墓は姿を消し，その後弥生時代終末期まで再びあらわれることはない。これに対して，須玖岡本遺跡と並ぶ，中期後半を代表する厚葬墓である三雲南小路遺跡が存在する糸島地方においては，後期前半段階には井原鑓溝遺跡，後期後半段階には平原遺跡と厚葬墓が連続して営まれているというように，地域間の関係も流動的に変化している。

第 5 節　結　語

　副葬品の構成を検討した結果，突帯文期から弥生時代前期後半期までの時期には，墳墓間に顕著な差異は生じていないことが明らかになった。またこの段階では副葬品をもつ墳墓ともたない墳墓との間に，墳墓の外部構造や墓地内における空間的分布の点でも差異は認められないことが確認された。このような状況が大きく変化するのが，弥生時代前期末から中期初頭にかけての時期である。この段階になって，副葬品に金属器が含まれるようになり，副葬品からみた墳墓間のランク差も増大する。中期後半段階になると，須玖岡本 D 地点や三雲南小路 1 号・2 号墓のように 20～30 面以上という多量の鏡を副葬した墳墓が出現する。さらに周辺の地域にも立岩 10 号甕棺墓や東小田峯 10 号墓のように鏡を副葬した墳墓がみられる。これらの墳墓は須玖岡本，三雲南小路を頂点とする明確な階層構造のなかに位置付けられ，副葬品のセット関係が秩序だったものであったことが明らかである。具体的には，須玖岡本や三雲南小路のような厚葬墓の副葬品には鉄製武器や工具などの鉄器が含まれないのに対して，立岩 10 号甕棺墓や東小田峯 10 号墓，隈・西小田 13 地点 23 号墓などの周辺地域の首長墓には鏡と鉄製武器というセット関係が認められる。

　墳墓の副葬品と外部構造との関係の検討も行ったが，それによって以下のことが明らかになった。弥生時代中期初頭の吉武高木遺跡では，豊富な副葬品を持つ墳墓が墓地内で他の墳墓とは分離された墓域を形成する点，それらの墳墓が同時期の他の甕棺墓に比較して大型の甕棺を使用していること，木棺墓の場合は標石で墓の上部を覆っている点など副葬品以外の他の要素においても一般の墳墓との間に差異がみられる。中期中頃から後半の墳丘墓である吉野ヶ里 ST1001 墳丘墓や吉武樋渡墳丘墓では，墳丘内の墳墓に銅剣や鉄剣などの金属器が集中して副葬されている。中期後半の須玖岡本 D 地点や三雲南小路 1 号・2 号墓，後期後半の平原 1 号墓は，他の墳墓から独立した墓域を形成し，さらに墓域内には 1 基もしくは 2 基の墳墓のみが埋葬されている。また豊富な副葬品をもつ墳墓は他の墳墓よりも墓壙が大きいという傾向が認められる。このように墳墓の副葬品の内容と墳墓の外部構造は明らかに相関している。高ランクの墳墓は利用可能なさまざまな要素によって，他の墳墓との差異や格差を強調している。

このように副葬品のセット関係や墳墓の外部構造にみられる，秩序的な墳墓間の階層構造は弥生時代後期になると様相を一変する。「奴」の領域である福岡・早良平野では後期以降須玖岡本遺跡のような厚葬墓は出現しないのに対して，「伊都」の領域である糸島地方では，中期後半の三雲南小路遺跡，後期前半の井原鑓溝遺跡，後期後半の平原遺跡と断続的ではあるものの，厚葬墓が存在し続ける。そこに相対的な「奴」の優位性の低下が認められる。しかしこのような地域間関係の変化は生産力や人口の減少といった経済的な要因によるものとは考えられない。弥生時代中期後半から後期にかけて，奴の中心地域である春日丘陵一帯では，青銅器や鉄器，ガラス工房跡が確認されており，それらの金属器，ガラス製品の生産に用いられた鋳型も同時期の他の地域と比較すると集中的に出土している。厚葬墓が消滅する弥生時代後期の段階においても，奴は金属器やガラス製品生産の中心地域であり，したがって厚葬墓の断絶という現象は経済的な要因ではなく，他の要因によって説明されなければならない。

　副葬品が豊富な墳墓に限らず，後期初頭になると多くの墓地が縮小するのは北部九州全般に認められる傾向である。このような墓制の動態について，溝口孝司は北部九州の弥生時代社会における首長権は基本的に不安定かつ流動的なものであり，安定した首長層の析出は後期後半段階になってようやく認められると指摘している（溝口，1999，2000）。溝口が描くこのような弥生社会像は従来のそれとは大きく異なるものであり，副葬品の埋納というイデオロギーにみられる変化が，どのように社会構造の変化に結び付くのかといった，さらなる検討を要する問題を含んでいる。このような問題については第6章で詳しく論じることにしたい。

付表1　墳墓出土の副葬品

番号	遺跡	遺構	甕棺型式	時期	出土遺物
1	金隈	K103	KIb	前期後半	ゴホウラ製貝輪2, 磨製石鏃1
2	比恵6次	SK28	汲田	中期前半	細形銅剣1
3	中・寺尾	K2	KIb	前期後半	壺1, 磨製石鏃1
4	中・寺尾	K13	KIb	前期後半	壺1
5	中・寺尾	K17	KIb	前期後半	壺1, 磨製石鏃2
6	中・寺尾	K19	KIb	前期後半	壺1
7	中・寺尾	K23	KIb	前期後半	壺1
8	中・寺尾	D1	KIb	前期後半	壺1
9	中・寺尾	D2	KIb	前期後半	壺1
10	中・寺尾	D3	KIb	前期後半	壺1
11	中・寺尾	D6	金海	前期末～中期初頭	壺1
12	中・寺尾	D11	金海	前期末～中期初頭	壺1
13	中・寺尾	D12	金海	前期末～中期初頭	壺1
14	中・寺尾	D13	KIb	前期後半	壺1
15	中・寺尾	D14	KIb	前期後半	壺1
16	中・寺尾	D18	KIb	前期後半	壺1
17	松ヶ上	1号	KIb?	前期後半	管玉1
18	下月隈天神森	3号	板付I	前期前半	壺2
19	下月隈天神森	4号	板付IIa	前期前半	壺3
20	下月隈天神森	7号	板付IIa	前期前半	壺1
21	下月隈天神森	9号	板付I	前期前半	壺1
22	下月隈天神森	11号	板付I	前期前半	壺1
23	下月隈天神森	12号	板付I	前期前半	壺1
24	下月隈天神森	14号	板付I	前期前半	壺1
25	下月隈天神森	15号	板付IIa	前期前半	壺1
26	下月隈天神森	16号	板付IIa	前期前半	壺1
27	下月隈天神森	17号	板付I	前期前半	壺1
28	下月隈天神森	18号	板付I	前期前半	壺1
29	下月隈天神森	19号	板付I	前期前半	壺1
30	下月隈天神森	20号	板付I	前期前半	壺1
31	下月隈天神森	21号	板付I	前期前半	壺1
32	下月隈天神森	24号	板付I	前期前半	壺1
33	下月隈天神森	25号	板付I	前期前半	壺1
34	下月隈天神森	26号	板付I	前期前半	壺1
35	下月隈天神森	27号	板付I	前期前半	壺1
36	下月隈天神森	28号	板付I	前期前半	壺1
37	下月隈天神森	30号	板付I	前期前半	壺1
38	下月隈天神森	30号	板付I	前期前半	壺1
39	下月隈天神森	32号	板付I	前期前半	壺1
40	下月隈天神森	33号	板付IIa	前期前半	壺1
41	下月隈天神森	34号	板付I	前期前半	壺2
42	御陵前ノ橡	SJ05	板付IIa	前期前半	壺2
43	御陵前ノ橡	SJ07	板付IIa	前期前半	壺1
44	御陵前ノ橡	SJ09	板付IIa	前期前半	壺1
45	御陵前ノ橡	SJ12	板付IIa	前期前半	壺1
46	御陵前ノ橡	SJ15	板付IIa	前期前半	壺1
47	須玖岡本	D地点	立岩	中期後半	夔鳳鏡1, 重圏四乳葉鏡2, 方格四乳葉文鏡1, 重

第 5 章　副葬品の検討

番号	遺　跡	遺　構	甕棺型式	時　期	出土遺物
					圏精白鏡 2, 重圏清白鏡 3, 内行花文清白鏡 4 (5), 重圏日光鏡 3, 内行花文星雲鏡 5 (6), 細形銅矛 4, 多樋式銅剣 1, 中細形銅剣 1, 中細形銅戈 1, 中細形銅矛 1, ガラス璧片 2, ガラス勾玉 1, ガラス管玉 12
48	須玖岡本 1 次	15 号	須玖	中期中葉	細形銅剣 1
49	須玖岡本 7 次	7 号	立岩	中期後半	鉄剣 1
50	須玖岡本 7 次	12 号	立岩	中期後半	鉄矛 1
51	門田	59 号	汲田	中期前半	ゴホウラ製貝輪 1
52	門田辻田	24 号	立岩	中期後半	鉄剣 1, 鉄戈 1
53	門田辻田	27 号	立岩	中期後半	鉄剣 2, 鉄戈 1
54	宇木汲田	6 号	須玖	中期中葉	細形銅剣 1
55	宇木汲田	11 号	須玖	中期中葉	細形銅剣 1, 勾玉 1
56	宇木汲田	12 号	汲田	中期前半	多鈕細文鏡 1, 細形銅剣 1
57	宇木汲田	15 号	須玖	中期中葉	勾玉 1
58	宇木汲田	17 号	汲田	中期前半	細形銅戈 1
59	宇木汲田	18 号	金海	前期末〜中期初頭	細形銅剣 1
60	宇木汲田	19 号	金海	前期末〜中期初頭	管玉 8
61	宇木汲田	24 号	須玖	中期中葉	勾玉 1
62	宇木汲田	25 号	須玖	中期中葉	管玉 3
63	宇木汲田	26 号	立岩	中期後半	管玉 27
64	宇木汲田	32 号	城ノ越	中期初頭	細形銅剣 1
65	宇木汲田	36 号	立岩	中期後半	勾玉 1
66	宇木汲田	37 号	須玖	中期中葉	中細形銅矛 1
67	宇木汲田	38 号	須玖	中期中葉	銅釧 5, 勾玉 2, 管玉 45
68	宇木汲田	41 号	須玖	中期中葉	中細形銅矛 1, 管玉 1
69	宇木汲田	43 号	須玖	中期中葉	管玉 9
70	宇木汲田	44 号	桜馬場	後期初頭	ガラス小玉 2
71	宇木汲田	45 号	須玖	中期中葉	管玉 83
72	宇木汲田	46 号	立岩	中期後半	管玉 13
73	宇木汲田	47 号	須玖	中期中葉	勾玉 1
74	宇木汲田	58 号	汲田	中期前半	細形銅戈 1
75	宇木汲田	59 号	城ノ越	中期初頭	管玉 2
76	宇木汲田	60 号	城ノ越	中期初頭	管玉 5
77	宇木汲田	61 号	金海	前期末〜中期初頭	細形銅剣 1
78	宇木汲田	64 号	汲田	中期前半	銅釧 18, 管玉 15
79	宇木汲田	73 号	汲田	中期前半	管玉 17
80	宇木汲田	75 号	城ノ越	中期初頭	管玉 5
81	宇木汲田	76 号	汲田	中期前半	勾玉 1, 管玉 9
82	宇木汲田	80 号	立岩	中期後半	ガラス小玉 44 以上
83	宇木汲田	81 号	汲田	中期前半	管玉 13
84	宇木汲田	87 号	KIb	前期後半	管玉 14
85	宇木汲田	91 号	立岩	中期後半	ガラス小玉 2
86	宇木汲田	92 号	汲田	中期前半	ガラス丸玉 1
87	宇木汲田	94 号	金海	前期末〜中期初頭	管玉 5
88	宇木汲田	95 号	汲田	中期前半	管玉 6
89	宇木汲田	106 号	立岩	中期後半	ガラス管玉 1
90	宇木汲田	111 号	金海	前期末〜中期初頭	管玉 1
91	宇木汲田	112 号	須玖	中期中葉	銅釧 17, 勾玉 1, 管玉 3

番号	遺跡	遺構	甕棺型式	時期	出土遺物
92	宇木汲田	114号	桜馬場	後期初頭	管玉1
93	宇木汲田	119号	汲田	中期前半	勾玉1, 管玉26
94	宇木汲田	124号	汲田	中期前半	管玉8
95	宇木汲田	129号	汲田	中期前半	細形銅剣1
96	桜馬場	*	桜馬場?	後期初頭	方格規矩四神鏡1, 方格規矩渦文鏡1, 有鉤銅釧26, 巴形銅器3, 鉄刀1, ガラス小玉
97	久里大牟田	*	立岩	中期後半	中細形銅矛1, 中細形銅戈1, 碧玉製管玉9
98	柏崎松本	2号	桜馬場	後期初頭	ヤリガンナ1, 鉄鏃1
99	柏崎松本	3号	立岩	中期後半	硬玉製勾玉1, 碧玉製管玉8, ガラス小玉1
100	田島	K1	三津	後期前半	ガラス小玉1
101	田島	K6	立岩	中期後半	内行花文日光鏡1
102	大友1次	1号	KIb?	前期後半	イモガイ製貝輪10
103	有田86次	3号	金海	前期末～中期初頭	壺1
104	有田177次	ST001	立岩	中期後半	異体字銘帯鏡1
105	有田177次	ST002	桜馬場	後期初頭	小型倣製鏡1
106	吉武1次2区	K04	金海	前期末～中期初頭	壺1, 磨製石鏃1
107	吉武1次2区	K46	金海	前期末～中期初頭	壺1
108	吉武1次2区	SK12	KIb	前期後半	壺1
109	吉武1次4区	K60	金海	前期末～中期初頭	壺1
110	吉武4・5次I区	K104	金海	前期末～中期初頭	甕1
111	吉武4・5次I区	K119	金海	中期初頭	壺1
112	吉武4・5次I区	K131	不明	中期初頭	壺1
113	吉武4・5次I区	K67	立岩	中期末	素環頭鉄刀1
114	吉武高木	K100	金海	前期末～中期初頭	細形銅剣1
115	吉武高木	K109	金海	前期末～中期初頭	碧玉製管玉10
116	吉武高木	K110	金海	前期末～中期初頭	銅釧2, 硬玉製勾玉1, 碧玉製管玉74
117	吉武高木	K111	金海	前期末～中期初頭	碧玉製管玉92
118	吉武高木	K115	金海	前期末～中期初頭	細形銅剣1
119	吉武高木	K116	金海	前期末～中期初頭	細形銅剣1, 壺1
120	吉武高木	K117	金海	中期初頭	細形銅剣1, 翡翠製勾玉1, 碧玉製管玉42, ガラス小玉1, 壺1
121	吉武高木	K125	KIb	前期後半	磨製石鏃1
122	吉武高木	M1	城ノ越	中期初頭	細形銅剣1, 碧玉製管玉20, 壺1
123	吉武高木	M2	城ノ越	中期初頭	細形銅剣1, 翡翠製勾玉1, 碧玉製管玉133, 壺1
124	吉武高木	M3	城ノ越	中期初頭	細形銅剣2, 細形銅矛1, 細形銅戈1, 多鈕細文鏡1, 翡翠製勾玉1, 碧玉製管玉95, 壺1
125	吉武高木	M4	城ノ越	中期初頭	細形銅剣1, 壺1
126	吉武大石	K45	金海	前期末～中期初頭	細形銅剣1, 細形銅矛1
127	吉武大石	K51	金海	前期末～中期初頭	細形銅剣1, 管玉11
128	吉武大石	K67	金海	前期末～中期初頭	細形銅矛1
129	吉武大石	K140	金海	前期末～中期初頭	細形銅剣1
130	吉武大石	M4	城ノ越	中期初頭	壺1
131	吉武大石	M6	金海	前期末～中期初頭	壺1
132	吉武樋渡	K5	立岩	中期後半	鉄剣1, 鉄鏃1
133	吉武樋渡	K61	須玖	中期中葉	鉄剣1
134	吉武樋渡	K62	立岩	中期後半	素環頭太刀1, 重圏文星雲鏡1
135	吉武樋渡	K64	立岩	中期後半	素環頭刀子1

番号	遺跡	遺構	甕棺型式	時期	出土遺物
136	吉武樋渡	K75	須玖	中期中葉	細形銅剣1, 青銅製把頭飾1
137	吉武樋渡	K77	須玖	中期中葉	細形銅剣1
138	丸尾台	*	立岩	中期後半	内行花文日光鏡3, 鉄刀1
139	三国の鼻	10号	板付IIa	前期前半	壺1
140	三国の鼻	18号	板付IIa	前期前半	壺1
141	三国の鼻	19号	板付I	前期前半	壺1, 管玉1
142	三国の鼻	20号	板付IIa	前期前半	壺1, 管玉3
143	三国の鼻	21号	板付I	前期前半	壺1
144	三国の鼻	25号	板付I	前期前半	壺1
145	三国の鼻	26号	板付I	前期前半	壺1
146	剣塚	3号	板付I	前期前半	壺1
147	剣塚	4号	板付IIa	前期前半	壺1, 管玉7
148	剣塚	K1	KIa	前期前半	壺1
149	剣塚	K14	KIa	前期前半	壺1
150	剣塚	K15	KIa	前期前半	壺1
151	剣塚	K16	KIa	前期前半	壺1
152	道場山1地点	K48	立岩	中期後半	イモガイ製貝輪17
153	道場山1地点	K96	桜馬場	後期初頭	イモガイ製貝輪2
154	道場山1地点	K100	立岩	中期後半	鉄戈1
155	道場山2地点	M1	板付I	前期前半	壺1
156	道場山2地点	M2	板付I	前期前半	壺1
157	道場山2地点	D1	板付IIa	前期前半	壺1
158	東小田峯	10号	立岩	中期後半	内行花文清白鏡1, 内行花文日光鏡1, 鉄剣1, 鉄戈1, ガラス璧2, 鉄鑷子1
159	東小田峯	376号	須玖	中期中葉	細形銅剣1
160	隈・西小田3地点	109号	汲田	中期前半	細形銅剣1, ゴホウラ製貝輪8
161	隈・西小田5地点	64号	汲田	中期前半	貝輪1
162	隈・西小田10地点	224号	立岩	中期後半	ゴホウラ製貝輪1
163	隈・西小田13地点	9号	立岩	中期後半	鉄剣1
164	隈・西小田13地点	23号	立岩	中期後半	重圏昭明鏡1, 鉄剣1, 鉄戈1, ゴホウラ製貝輪41
165	良積	K13	日佐原	後期後半	壺1
166	良積	K14	日佐原	後期後半	方格規矩鳥文鏡1, 管玉1
167	良積	K16	日佐原	後期後半	ヤリガンナ2, 管玉14, 勾玉1, ガラス小玉2
168	良積	K18	日佐原	後期後半	高坏2, 管玉1
169	良積	K19	日佐原	後期後半	甕2
170	良積	K20	日佐原	後期後半	鉄鎌17, ヤリガンナ2, 鉄鏃3, 鉢1, 管玉4, 勾玉1
171	良積	K28	日佐原	後期後半	小型倣製鏡1
172	良積	K29	日佐原	後期後半	ガラス勾玉2
173	新町	4号	板付I	前期前半	壺2
174	新町	5号	板付I	前期前半	壺1
175	新町	6号	板付I	前期前半	壺1
176	新町	8号	突帯文	突帯文	壺1
177	新町	9号	板付I	前期前半	壺1
178	新町	10号	板付I	前期前半	壺1
179	新町	11号	板付I	前期前半	壺1
180	新町	12号	板付I	前期前半	壺1
181	新町	13号	突帯文	突帯文	壺1
182	新町	14号	板付I	前期前半	壺1

番号	遺跡	遺構	甕棺型式	時期	出土遺物
183	新町	15号	板付I	前期前半	壺1
184	新町	16号	突帯文	突帯文	壺1
185	新町	17号	板付I	前期前半	壺1
186	新町	20号	突帯文	突帯文	壺1
187	新町	22号	板付I	前期前半	壺1
188	新町	23号	突帯文	突帯文	壺1
189	新町	24号	突帯文	突帯文	壺1
190	新町	25号	突帯文	突帯文	壺1, 高坏1
191	新町	27号	突帯文	突帯文	壺1
192	新町	34号	突帯文	突帯文	壺1
193	新町	35号	突帯文	突帯文	壺1
194	新町	38号	突帯文	突帯文	壺1
195	新町	39号	突帯文	突帯文	壺1
196	新町	45号	突帯文	突帯文	壺1
197	新町	48号	板付I	前期前半	壺1
198	新町	49号	板付I	前期前半	壺1
199	久米	K6	汲田	中期前半	細形銅剣1, 碧玉製管玉6
200	久米	K23	城ノ越	中期初頭	細形銅戈1
201	三雲南小路	1号	立岩	中期後半	重圏彩画鏡1, 四乳雷文鏡1, 内行花文清白鏡11, 内行花文鏡15以上, 重圏斜角雷文帯精白鏡1, 重圏清白鏡2, 細形銅矛1, 中細形銅矛1, 有柄中細形銅剣1, 中細形銅戈1, 金銅四葉座飾金具8, ガラス璧8, ガラス勾玉3, ガラス管玉60以上
202	三雲南小路	2号	立岩	中期後半	星雲文鏡1, 内行花文昭明鏡4, 重圏昭明鏡1, 内行花文日光鏡16以上, ガラス製垂飾1, 硬玉製勾玉1, ガラス勾玉12
203	三雲石橋	7号	KIa?	前期前半	磨製石剣1
204	長野宮ノ前	1号	突帯文	突帯文	甕1
205	長野宮ノ前	39号	突帯文	突帯文	壺1
206	周船寺	1号	板付IIa	前期前半	碧玉製管玉2
207	飯氏II区	7号	三津	後期前半	雲雷文内行花文鏡1
208	大坪	5号	板付IIa	前期前半	碧玉製管玉15
209	大坪	13号	KIa	前期前半	硬玉製勾玉1, 硬玉製丸玉1
210	立岩	2号	立岩	中期後半	鉄鏃1, 磨製石鏃2
211	立岩	4号	立岩	中期後半	碧玉製管玉2
212	立岩	10号	立岩	中期後半	内行花文日有喜鏡2, 重圏精白鏡1, 重圏清白鏡1, 内行花文清白鏡1, 重圏姚皎鏡1, 中細形銅矛1, 鉄剣1, 鉄ヤリガンナ1, 砥石2
213	立岩	28号	立岩	中期後半	重圏昭明鏡1, 素環頭刀子1, 玉類555, 塞杯状ガラス器5
214	立岩	34号	立岩	中期後半	内行花文日光鏡1, 鉄戈1, 貝輪14
215	立岩	35号	立岩	中期後半	内行花文清白鏡1, 鉄戈1, 鉄剣1, 玉類30〜40
216	立岩	36号	立岩	中期後半	鉄矛1, 刀子1, 鉄ヤリガンナ1
217	立岩	39号	立岩	中期後半	重圏銘帯鏡1, 鉄剣1
218	立岩	41号	立岩	中期後半	鉄剣1, ガラス管玉4
219	田久保松ヶ浦	SK201	板付I	前期前半	壺, 磨製石鏃3, 磨製石剣1
220	田久保松ヶ浦	SK203	板付I	前期前半	壺1, 磨製石鏃2
221	田久保松ヶ浦	SK206	板付I	前期前半	壺1, 磨製石鏃1, 磨製石剣1
222	田久保松ヶ浦	SK208	板付I	前期前半	壺1, 扁平片刃石斧

番号	遺跡	遺構	甕棺型式	時期	出土遺物
223	田久保松ヶ浦	SK210	板付Ⅰ	前期前半	壺1, 磨製石鏃4
224	田久保松ヶ浦	SK218	板付Ⅰ	前期前半	壺1, 磨製石鏃2
225	久原	SK1	板付Ⅰ	前期前半	壺1
226	久原	SK5	板付Ⅰ	前期前半	壺1
227	二塚山	15号	立岩	中期後半	内行花文清白鏡1
228	二塚山	46号	三津	後期前半	鉄矛1, 渦文鏡1
229	二塚山	59号	汲田	中期前半	イモガイ製貝輪4
230	二塚山	71号	須玖	中期中葉	ゴホウラ製貝輪8
231	二塚山	76号	三津	後期前半	内行花文昭明鏡1
232	柚比本村	SJ1112	桜馬場	後期初頭	鉄剣1, ガラス勾玉1
233	柚比本村	SJ1114	須玖	中期中葉	中細形銅剣1
234	柚比本村	SJ1124	汲田	中期前半	中細形銅剣1, 青銅製十字形把頭飾1
235	柚比本村	SJ1135	汲田	中期前半	中細形銅剣1
236	柚比本村	SJ1137	汲田	中期前半	細形銅剣1, 玉飾漆鞘1
237	柚比本村	SJ1140	汲田	中期前半	中細形銅剣1, 青銅製十字形把頭飾1
238	柚比本村	SJ1148	汲田	中期前半	細形銅剣1
239	三津永田	104号	三津	後期前半	細線式獣帯鏡1, 素環頭鉄剣1
240	三津永田	石蓋甕棺	三津	後期前半	内行花文明光鏡1
241	切通	4号	汲田	中期前半	細形銅剣1, ゴホウラ製貝輪10
242	吉野ヶ里 ST1001	SJ1002	須玖	中期中葉	有柄細形銅剣1, ガラス管玉79
243	吉野ヶ里 ST1001	SJ1005	須玖	中期中葉	細形銅剣1
244	吉野ヶ里 ST1001	SJ1006	汲田	中期前半	細形銅剣1
245	吉野ヶ里 ST1001	SJ1007	須玖	中期中葉	細形銅剣1, 青銅製把頭飾1
246	吉野ヶ里 ST1001	SJ1009	須玖	中期中葉	細形銅剣1
247	吉野ヶ里志波屋四の坪	SJ0100	汲田	中期前半	ゴホウラ製貝輪5
248	吉野ヶ里志波屋四の坪	SJ0154	桜馬場	後期初頭	素環頭刀子1
249	吉野ヶ里志波屋四の坪	SJ0289	須玖	中期中葉	ゴホウラ製貝輪1
250	吉野ヶ里志波屋四の坪	SJ0297	汲田	中期前半	イモガイ製貝輪3
251	吉野ヶ里志波屋四の坪	SJ0495	汲田	中期前半	イモガイ製貝輪9
252	吉野ヶ里志波屋四の坪	SJ1378	須玖	中期中葉	ゴホウラ製貝輪1
253	吉野ヶ里丘陵地区Ⅱ区	SJ0135	桜馬場	後期初頭	イモガイ製貝輪1
254	吉野ヶ里丘陵地区Ⅱ区	SJ0307	立岩	中期後半	板状鉄斧1
255	吉野ヶ里丘陵地区Ⅱ区	SJ384	須玖	中期中葉	ゴホウラ製貝輪8
256	本村籠	SJ58	城ノ越	中期初頭	多鈕細文鏡1, 碧玉製管玉18, 銅ヤリガンナ1
257	久保泉丸山	SA016	突帯文	突帯文	壺2, 甕2, 鉢1
258	久保泉丸山	SA017	突帯文	突帯文	壺3
259	久保泉丸山	SA019	突帯文	突帯文	壺2
260	久保泉丸山	SA021	突帯文	突帯文	壺1, 浅鉢1
261	久保泉丸山	SA022	突帯文	突帯文	甕1, 浅鉢2, 高坏1
262	久保泉丸山	SA024	突帯文	突帯文	壺2, 甕2
263	久保泉丸山	SA025	突帯文	突帯文	壺1
264	久保泉丸山	SA026	突帯文	突帯文	壺3, 高坏1
265	久保泉丸山	SA027	突帯文	突帯文	壺1
266	久保泉丸山	SA028	突帯文	突帯文	浅鉢1
267	久保泉丸山	SA030	突帯文	突帯文	高坏1
268	久保泉丸山	SA031	突帯文	突帯文	壺1, 浅鉢1, 甕1
269	久保泉丸山	SA036	突帯文	突帯文	壺1, 甕1
270	久保泉丸山	SA046	突帯文	突帯文	壺2, 甕2

番号	遺跡	遺構	甕棺型式	時期	出土遺物
271	久保泉丸山	SA048	板付I・IIa並行	前期前半	壺2
272	久保泉丸山	SA051	突帯文	突帯文	壺1
273	久保泉丸山	SA052	板付I・IIa並行	前期前半	壺2
274	久保泉丸山	SA053	突帯文	突帯文	甕2
275	久保泉丸山	SA055	突帯文	突帯文	浅鉢1
276	久保泉丸山	SA059	前期後半	前期後半	壺2, 甕1
277	久保泉丸山	SA060	突帯文	突帯文	壺1
278	久保泉丸山	SA064	突帯文	突帯文	壺2
279	久保泉丸山	SA065	板付I・IIa並行	前期前半	壺1
280	久保泉丸山	SA066	板付I・IIa並行	前期前半	壺2
281	久保泉丸山	SA067	板付I・IIa並行	前期前半	壺1
282	久保泉丸山	SA068	突帯文	突帯文	壺1
283	久保泉丸山	SA069	板付I・IIa並行	前期前半	壺3, 浅鉢1
284	久保泉丸山	SA070	板付I・IIa並行	前期前半	壺1, 甕1
285	久保泉丸山	SA071	板付I・IIa並行	前期前半	壺1
286	久保泉丸山	SA072	突帯文	突帯文	甕2, 高坏1
287	久保泉丸山	SA073	突帯文	突帯文	壺1
288	久保泉丸山	SA075	突帯文	突帯文	甕1
289	久保泉丸山	SA085	突帯文	突帯文	壺1, 甕1
290	久保泉丸山	SA092	突帯文	突帯文	壺1
291	久保泉丸山	SA101	突帯文	突帯文	壺1, 甕2
292	久保泉丸山	SA105	突帯文	突帯文	甕1
293	久保泉丸山	SA106	突帯文	突帯文	甕1, 鉢1
294	久保泉丸山	SA109	板付I・IIa並行	前期前半	壺1
295	久保泉丸山	SA114	板付I・IIa並行	前期前半	壺3
296	久保泉丸山	SA130	突帯文	突帯文	壺1, 甕1, 鉢1
297	東山田一本杉	SJ052	KIb	前期後半	碧玉製管玉1
298	東山田一本杉	SJ078	金海	前期末～中期初頭	ガラス小玉1
299	礫石A	SJ40	KIb	前期後半	碧玉製管玉1
300	礫石B	SA26	板付I・IIa並行	前期前半	壺1, 碧玉製管玉1
301	礫石B	SA27	板付I・IIa並行	前期前半	壺1
302	礫石B	SA29	板付I・IIa並行	前期前半	壺2
303	礫石B	SA30	板付I・IIa並行	前期前半	壺1
304	礫石B	SA32	板付I・IIa並行	前期前半	壺1
305	礫石B	SA33	板付I・IIa並行	前期前半	壺4, 鉢1
306	礫石B	SA43	板付I・IIa並行	前期前半	壺1
307	礫石B	SJ14	三津	後期前半	小型倣製鏡1
308	宇久松原	2号	板付IIa	前期前半	壺1
309	宇久松原	5号	KIa	前期前半	壺1
310	塔ノ首	2号石棺墓	*	後期前半	銅釧1, 管玉1, ガラス小玉1,400個程度, 水晶製棗玉1, 壺1, 鉢2
311	塔ノ首	3号石棺墓	*	後期前半	広形銅矛2, 銅釧7, 碧玉製管玉1, ガラス小玉8,200個程度, 土器
312	塔ノ首	4号石棺墓	*	後期前半	方格規矩鏡1, ガラス小玉7, 鉄斧1, 土器
313	木坂	1号石棺墓	*	後期後半	広形銅矛1 (5), ガラス小玉180, ガラス棗玉1, 壺1
314	木坂	4号石棺墓	*	後期後半	鉄鎌1, 碧玉製管玉2, ガラス小玉12, 壺2, 甕1
315	木坂	5号石棺墓	*	後期後半～終末	小型倣製鏡4, 広形銅矛1, 双頭管状銅器1, 有孔十

番号	遺跡	遺構	甕棺型式	時期	出土遺物
316	木坂	7号石棺墓	*	後期前半	字形銅器1, 笠頭形銅器1, 角形銅器1, ガラス小玉20, 水晶製切子玉1, 鉄鏃1, 鉄剣1, 鉄製刀子1, 壺2, 鉢1
317	ハロウA地点	5号石棺墓	*	後期後半～終末	細形銅剣1, 鉄剣1, 鐔金具1, 高坏1, 壺3, 鉢2
318	ハロウB地点	2号石棺墓	*	後期終末	広形銅矛1, 滑石製管玉1, ガラス小玉208, 土器3

※317行 出土遺物: 広形銅矛1, ガラス小玉18, 土器6

第6章

社会・文化変化の解釈

第1節　社会進化論の視座

　1859年に出版されたチャールズ・ダーウィンの著書『種の起源』は，自然科学のみならず，社会科学系の学問にも大きな影響をもたらした。ダーウィンの"進化論"によって社会や文化の変化をいくつかの発展段階に分類し，ある段階から次の段階への発展として認識する視座が生じたのである。このような流れを受けて，L.H.モーガンは1877年に『古代社会』のなかで技術，政治組織，親族組織，親族呼称法などの発達プロセスを「野蛮」，「未開」，「文明」という3つの時期に区分した。さらに野蛮と未開段階は「前期」，「中期」，「後期」の3つの段階に細分され，最初の前期野蛮時代の段階にとどまっている民族は現存しないとしたが，それ以外のすべての段階について実在する民族を実例としてあげている。E.B.タイラーも1871年の著作『原始文化』のなかで，やはり「野蛮」，「未開」，「文明」という分類を示している。タイラーは野蛮期を石器の使用や野生の食物を食べていたこと，未開期を金属器の使用や農耕の開始，文明期を文書の発展で特徴づけた。このようなモーガンやタイラーの社会進化モデルは"古典進化論"や"単系進化説"と呼ばれるものだが，その特徴は社会や文化の発展はいかなる民族においても同じような内容をもつ特定の段階を経て進行するものであり，個別の社会や民族ごとに発達の速度が異なる場合はあるものの，発達のプロセスは単一の直線上をたどるという考え方にある。

　ダーウィンやヘーゲル，モーガンなどの影響を受けて，フリードリヒ・エンゲルスは原初の乱婚状態から母系制が出現し，さらには父系制へと移行して，文明期に単婚という婚姻形態に至ると主張した。また社会組織の発達プロセスについては，技術が発達しておらず生産性の低い段階では社会の富が限られたものであり，社会内部での階層，階級差はそれほど顕著なものではなかったが，技術の進歩によって生産性が向上するにしたがって富の格差や階級間の対立が生じ，社会を統制するための組織として国家が出現したと述べた。このようなエンゲルスの主張は社会進化を技術や経済との関連のなかで捉えたものであり，その発展段階論(マルクス主義的発展段階論)は歴史学や考古学に大きな影響を与えた。

　特に日本考古学ではマルクス主義的発展段階論は弥生時代から古墳時代への発展を論じるうえで主たる理論的枠組みとして作用してきた。近藤義郎は弥生時代の社会構造を「単位集団」と「共同体」という概念を用いて論じている(近藤，1959)。この段階では基本的には単位集団は複数の住居趾

からなる集落跡を指しており，さらに単位集団の集合によって一つの共同体が形成されていたと考えている。ただし近藤は岡山県津山市沼遺跡と福岡市比恵遺跡を例にあげ，前者は谷水田を経営したために各集落が分散してそれぞれの相対的な自立性が高かったため単位集団がそのまま経営・生産の単位であったのに対して，後者は広大な沖積平野での耕地の開発維持が一経営単位の力を超えていたため個別の単位集団が一つに集合したという相違があると指摘している。そして沼遺跡に代表されるような分散した集落形態は人口の増大という問題を「分村」という形で処理した結果であり，一方，比恵遺跡に代表されるような集合性の高い集落形態は大規模な治水工事の必要性から個別の経営単位が集合した結果であると想定した。このような単位集団の集合化は一部の地域では弥生時代中期段階に始まったが，後期段階になって主要な平野地域に大遺跡が形成され，そのような大遺跡が共同体の中枢的な役割を果たしたと述べている (ibid.)。

さらに1983年にも福岡県宝台遺跡，岡山県沼遺跡，兵庫県会下山遺跡，岡山県貝殻山遺跡などの集落遺跡を検討して弥生時代の集団構成について考察を行った(近藤，1983)。このなかで，1959年発表の論考で共同体と規定した単位集団の集合を集合体と呼称し，血縁・共有という集団性の前提は，一方は婚姻により，他方は共同労働・利用の不断の存在によって保証されると指摘した (ibid., p. 99)。そして，単位集団の自立性は同じ他集団との血縁的・共同体的関係とその共有の下で保証されていたのであって，それらの単位集団は近隣の諸集団とともに一つの血縁的共同体を形成していたとし (ibid., p. 102)，集合体を構成する単位集団の自立性に対する共同体規制の存在を想定した。

近藤は単位集団や共同体の概念を用いることによって，水田による稲作農耕の進展という技術的進歩を集落構造の変遷に関連づけて弥生時代社会の発展過程を論じることを試みたが，このような弥生時代社会の変遷に関する見解は，その後の研究に大きな影響を与えることになった。

都出比呂志は「農業共同体」と「世帯共同体」という概念を提示した。「農業共同体」とは個々の農民の小経営が耕地の開発や小規模な河川の水利灌漑の協業を基軸として結合する協業体である。「世帯共同体」は数棟の竪穴住居が一棟の倉庫を共有して耕地の経営に携わる小経営の基礎単位であり，農業共同体は世帯共同体的な小集団が相互に結びついた結合体であると述べた(都出，1989)。

橋口達也は北部九州地域で弥生時代前期末から中期前半段階に丘陵上の集落跡が増加する現象を，人口増加により新たな可耕地への進出・分村の必要性が高まったことから，谷水田をひかえた丘陵上への進出が行われた結果であると解釈した(橋口，1987b)。そして福岡県小郡市の三国丘陵では弥生時代前期後半から遺跡が増加するが，これらの集落は中期初頭を境として廃絶し，その後集落が営まれないことを指摘し，このような現象が福岡県筑紫野市野黒坂遺跡，福岡県太宰府市吉ケ浦遺跡，福岡県穂波町彼岸原丘陵，福岡県飯塚市立岩遺跡周辺の丘陵でも同様にみられ，北部九州における普遍的な現象であったと述べた (ibid., pp. 715–6)。また磨製石剣や磨製石鏃の切先が人骨に遺存している事例を検討して，弥生時代前期後半から中期前半にかけての丘陵部への進出にともない集落間の戦闘行為が激化したと指摘した (ibid.)。

さらに弥生時代中期後半段階で丘陵部の集落が廃絶し，低地へと移動する現象の背景として，中期後半には土地開発と戦闘のなかで権限を強化した首長層が再編・強化された共同体を指揮・指導

して，それまで開発不能であった低湿地の灌漑・排水を可能にしていったことによると論じた (ibid., p. 744)。そして中期後半段階での低地の可耕地開発は一定の水系ごとのまとまりをもつ共同体の共通の利益追求であって，共同体内部での衝突がひき起こされる必然性は既に消滅していたと考えられるとし，このことは中期後半以降剣や戈の切先の出土例が激減することからも確実であるとした (ibid., pp. 744–5)。

都出比呂志は日本における国家形成過程の研究に対してエンゲルスの学説が与えてきた影響は強いものであったと指摘し，その問題点として母系制から父系制社会への移行，共同労働から個別労働への移行という段階論の無批判な使用をあげている(都出, 1991)。都出はその上で，前方後円墳成立以後の社会は首長，中間層，一般成員などの階層関係と古墳の墳形や規模の差という目に見える形の身分制的秩序が存在し，このような階層関係が収奪をともなう階級関係でもあったと指摘した。さらに官人組織や軍事編成の考察から強制力をもった権力機構の成立が確認できるとし，また中央政権が鉄を中心とした必需物資流通機構の掌握によって各地の首長たちに覇権を及ぼし，自給関係に基礎をおく共同体的な基礎単位の自立構造を解体したと主張した。そしてこれらの諸特徴から3世紀末以降の倭の社会は国家段階に達していたと認識し，3世紀末〜6世紀後葉の政治的秩序を「前方後円墳体制」と呼称することを提唱した (ibid., p. 38)。

これに対して，岩永省三はマルクス，エンゲルスの著作における共同体・所有・生産様式・国家に関する理論の展開を検討し，国家形成過程を論じる上での理論的問題点について論じている(岩永, 1991)。その上で岩永は都出の説に対して，都出が示した国家成立の指標は実質的にエンゲルスの指標と大差がないという点を指摘し，また都出の示した指標が出揃うのは5世紀からであり3世紀末からの古墳時代全体を古代国家に含めるのは，国家の出現期を遡上させるための布石であると批判している(岩永, 1991, 1992)。

このように，エンゲルスの学説に基づく発展段階論的なアプローチに対しては，批判的な見解と肯定的な見解とが存在するが，この問題はどちらか一方が正しいという二者択一的なものではないと考える。結局のところ個別の歴史的な過程を重視するか，それとも通文化的な一般性を重視するかという相違ではないだろうか。むしろここではエンゲルスの発展段階論において，社会の諸段階が生産様式という形で技術 (technology) の側面から捉えられていることを重視したい。

新進化主義に基づく社会進化モデルとしては，エルマン・サーヴィスが『未開社会の組織』のなかで示したバンド社会→部族社会→首長制社会という3つの段階 (Service, 1971a) がよく知られており，考古学においても盛んに引用されている。サーヴィスは首長制社会の特徴として，世襲的な首長の存在，バンド・部族社会よりも人口が緻密でありより複雑性の高い社会組織を有すること，経済・社会・宗教的諸活動を調整するセンターの存在をあげている。さらに首長の世襲化にともない，出自観念が部族段階の他者とともに共通の祖先からの共通出自をひくというものから，長男の長男のライン，次男の長男のライン，次男の次男のラインという円錐形の系譜になると指摘している。そして首長の役割として，各地の居住集団の地域的特殊化と生産協同の企画における技能のプール化によって生産された生産品の再分配を強調している (ibid., pp. 125–6)。

しかしながら，サーヴィスは1971年に著した『文化進化論』のなかで，現存する少数民族の社会は相当な変化を被っていることを指摘した上で，自らが設定したバンド，部族，首長制，原始国家という段階が現在の民族誌によって設定されたものであり過去の社会を考察する場合には必ずしも適当でないことを認めている。その上で，バンドと部族という区別をやめて単一のタイプ「平等社会」，首長制と原始国家を含む段階である「階層社会」，そしてそれに続く段階として「古代文明」ないしは「古典的帝国」という区分に修正した（Service, 1971b）。

　またこの著書のなかで，文化変化を「進化」（evolution），「内旋」（involution），「革命」（revolution）という3つのタイプに分けて説明している。すなわち進化とは定向的な尺度をもつ形態の進歩そのものについての視点であるのに対して，内旋とは現在の構造をつくろうことによってあらたな問題を解決しながらその構造を維持しようとするところの革新の一形態で，特定の環境条件に適応する適応的特殊化である。したがって，内旋はある特定の環境では進歩であっても別の環境下では進歩ではない可能性をもつという点で相対的であるが，進化はより一般的な段階によって測られるものであるという違いがある。つまり文化はさまざまな環境に対して異なった適応戦略を取るため，その多様性は著しいものであるが，一般的にみれば狩猟採集段階，農耕段階といった共通の段階によって位置付けることができるということになろう。サーヴィスは文化変化の大部分は内旋という形を取ると指摘している（Service, 1971b: p. 28）。

　サーヴィスの分類が示した指標，特に首長制社会の指標のなかには弥生時代の北部九州の社会構造を考察する上で参考となるものがある。例えば生産をコントロールするセンターの存在や生産物の再配分などは青銅器の生産と流通に関わる問題に非常に有効な視点を提供しているといえるだろう。

　古典的進化論では進化は単系的・直線的なものと考えられてきた。サーヴィスは，先進形態は通常つぎの先進段階を生み出すものでなく，つぎの段階はそれとは別の系統からはじまるという「進歩の系統発生的不連続」と進歩の継続・段階が同一の地域内であらわれるとは考えられないという「進歩の地域的不連続」を指摘している（Service, 1971b: p. 58）。このような不連続性が生じる理由として，適応はある程度まで行きつくと頭打ちになり，完全に適応しきった場合，一般的進歩という点では進歩は止まってしまい，特殊化した種は安定化（進化の停止）に向かい特殊化の低い種にかぎってあらたな前進が起こるという安定化の原理をあげている（ibid., p. 54-7）。したがって，進化の可能性という点からみた場合，後進性は潜在力を有していると考えることができる。

第2節　文化生態学とシステム論による解釈

　レスリー・ホワイトは文化の内部に技術（technological），社会（sociological），観念（ideological）という3つの部分体系を区別した。そしてこれら3つの部分体系は相互に関連しており，技術体系が進化すればその影響が他の部分体系に及び，互いに正のフィードバックの関係を作り出すと指摘している（White, 1949, 1959）。

ジュリアン・スチュワードはチグリス・ユーフラテス川やナイル川流域，アメリカ大陸において，農耕が出現して都市が発達するプロセスの比較を行っている。その結果，初期の農耕村落から征服帝国へという一連の発展過程に類似性，規則性を見いだした（Steward, 1955）。スチュワードは自らの立場を，ダーウィン以来の一系的な進化説（unilinear evolution）に対して「多系進化説」（multilinear evolution）であると主張し，ホワイトやゴードン・チャイルドの理論は個別の文化ではなく世界文化を対象としていることから「普遍進化説」（universal evolution）と呼んだ（ibid.）。スチュワードは人間の社会や文化は環境に対して働きかける必要をもっており，環境を無視することはできないと考え，その上で社会進化の要因を文化と環境の相互作用に求めたが，このような見解は必ずしも環境がすべてを決定するという単純な環境決定論を意味するものではないことに留意する必要がある。スチュワードは環境要因に対する人間の多様な反応の形態を認めており，その点で社会構造や文化が発達するプロセスは「多系」的であると主張している。このような，文化は人間の環境に対する適応手段のひとつであるというスチュワードの見解や，彼が提唱した環境と人間と文化との間の諸関係を考察する「文化生態学」（cultural ecology）的アプローチは考古学研究にも大きな影響を与え，とくに北米を中心としたプロセス考古学においては，システム論とともに主要な理論的枠組みとして，積極的に導入された。

1. 開放系動的平衡システム

システム論は1960年代のニューアーケオロジーの流れのなかで，それまでの考古学の理論的パラダイムの中心であった社会進化論的モデルにかわって積極的に導入された。これらのシステム論はベルタランフィの一般システム論に基づくものである。ベルタランフィの一般システム論は，もともと生物の生命活動をモデルとしている。具体的には外界との間でインプット/アウトプットを行いながら自己を維持していくというモデルである。したがって，このシステム論は開放系の動的平衡モデルであり，理論的にはシステムの自己維持とシステム-サブシステムの階層性の概念が中核をなしている（Bertalanffy, 1968）。このように考古学の分野にシステム論を導入することによって，社会や文化の変化について論じる際に集団間の文化要素の伝播といった要因だけでなく生態学的な環境要因も考慮されるようになった。さらに社会を生業，観念，埋葬といったさまざまな異なる領域のサブシステムの総体とみなすことができるようになり，これによって社会や文化の変化をこれらのサブシステムの相互関係の変化として捉えることも可能になった。

欧米，とくにアメリカの研究でみられるシステム論の特徴としてはおおまかに以下の点をあげることができる。

① 社会や文化を構成するさまざまな要素をサブシステムとして認識する。ビンフォードは文化システムを技術的（technomic），社会技術的（socio-technic），思想技術的（ideo-technic）という3つのサブシステムに分類したが（Binford, 1962），これらのサブシステムとシステムは要素-複合，部分-全体の関係，すなわち階層関係を持っている。したがってサブシステムの変化は社会システムの変化を促すことになる。

② システム，あるいはサブシステムは，システムが外部からの影響をフィードバックする過程で変化する。このような外部からのフィードバックにはシステムの作動を促進するポジティブフィードバックと作動を抑制するネガティブフィードバックがある。これを社会システムで考えると，社会を取り巻く環境からの影響に対してシステムの平衡状態を保とうとする結果，外界の変化に対する適応行動がおこることによって生業や交易といったさまざまな活動が変化し，その結果社会全体が変化していくということになる (Binford, 1962: Flannery, 1968)。

しかしながら，開放系動的平衡システムでは，システムが常に平衡状態を保つ機能，すなわちホメオスタシス(恒常性の維持)についてはうまく説明できるが，システムの変化，組織化，機能分化といった問題についてはうまく当てはまるとはいいがたい面がある。浅野一郎が，ビンフォードのシステム論においては，「システム全体における変化に関しては適応によるものとしてしか表わされていない」と指摘しているように(浅野, 1982)，開放系動的平衡システムに基づく説明では変化は環境に対する適応に一元化される傾向が強い。社会システムの変容や文化変化が生じるプロセスについての合理的説明は必ずしも十分ではなかったといえるだろう。

2. 自己組織化の問題

すでに述べたように，開放系動的平衡システムでは変化や組織化といったシステム変容のプロセスを十分に説明できない。不可逆的な変化のプロセスこそが問題であるとの認識がなされるようになり，安定や平衡状態を保つ機構よりも非平衡状態からの秩序の形成や組織化に関心が払われるようになった。自己組織化システムはフォン・ベーアの個体発生の研究，ハーケンの協同的な自己組織化現象の研究 (Haken, 1978)，アイゲンの生命の起源に関する研究 (Eigen, 1992)，プリゴジンらの非平衡系熱力学の研究 (Nicolis and Prigogine, 1989) などのさまざまな研究にみられる諸理論によって形成されている。したがって，ベルタランフィのシステム論のように「一般システム論」として統一的に体系化されているわけではない。これらさまざまな研究者の自己組織化システムに共通する概念として河本英夫は次のようなものをあげている(河本, 1995)。

(i) 動的非平衡システム

自己組織化システムにおいては，システムの構成要素間の関係よりも生成を重視する。したがってシステムは，生成プロセスを繰り返す動的非平衡として表現される。

(ii) ベルタランフィのシステム論では階層間の関係性が論じられるが，自己組織化システムでは階層の形成プロセスそのものが問題とされる。

動的非平衡システムとは開放系として物質代謝，エネルギー代謝(インプット，アウトプット)を行いながら自己形成し，しかもシステムの形成を通じて周辺条件を変化させていく機構を有するシステムである (ibid., p. 65-6)。具体的には昆虫の変態や結晶の生成などがモデルとなる。

このような自己組織化システムが存在するためには，①非平衡の開放系，②システムの境界の変化，③システム内の未決定要因(ゆらぎ)が必要条件となる。③で示したシステム内の未決定要因をプリゴジンは新たな創造の可能性，すなわち「ゆらぎ」という概念で説明している (Prigogine and

Stangers, 1984)。システムが内包するゆらぎが秩序形成を行うためには，システムは平衡状態から十分にへだたった状態，すなわち非平衡状態であることが必要である。しかもシステムとして存在し続けるために，非平衡状態が保たれ続けなければならない。したがってシステムは基本的に外界とのインプット，アウトプットを行う非平衡の開放系でなければならず，さらにシステム自身の作動によって環境との関係，すなわちシステムの境界が変化するのである。プリゴジンは化学反応や昆虫集団における自己集合過程，都市化などの事例によって「ゆらぎを通しての秩序」について論じている（ibid.）。

3. オートポイエーシス・システム

従来の考古学研究でみられるシステム論はベルタランフィの一般システム論を理論的な枠組みとするものであるが，オートポイエーシス・システムはこのようなシステム論とは異なった理論的な枠組みをもつシステム論である。オートポイエーシス・システムはマトゥラーナとヴァレラによって神経システムをモデルとして提唱されたシステム論である（Maturana and Varela, 1980）。当初生命システムのシステム論として提示されたオートポイエーシス・システムは，ドイツの社会学者ルーマンによって「社会システム論」として再構築，一般化され（Luhmann, 1984），神経生理学や社会学のみならず，法社会学，精神医学，認知心理学など幅広い分野に適用されつつある。

オートポイエーシスの特徴を端的に示すとするならば，システムそのものからの視点に基づく立論という点があげられるだろう。マトゥラーナとヴァレラはオートポイエーシス・システムを次のように定義している。

> オートポイエティック・マシンとは，構成素が構成素を産出するという産出（変形および破壊）過程のネットワークとして，有機的に構成（単位体として規定）された機械である。このとき構成素は，次のような特徴をもつ。(i) 変換と相互作用を通じて，自己を産出するプロセス（関係）のネットワークを，絶えず再生産し実現する，(ii) ネットワーク（機械）を空間に具体的に単位体として構成し，またその空間内において構成素は，ネットワークが実現する位相的領域を特定することによって自らが存在する（Maturana and Varela, 1980: p. 70）。

開放系動的平衡システム論や自己組織化システム論では，システムは観察者の視点から描かれ表現されている。これに対してオートポイエーシスでは，視点はシステムの内側に置かれている。この特徴はオートポイエーシスの主要な概念のなかにも明確に表わされている。上記のマトゥラーナとヴァレラの定義を基に，オートポイエーシス・システムの主要な概念として以下をあげることができる。

① システムの自律性

オートポイエーシス・システムはシステム作動のプロセスのなかでどのようにその形態を変えようとも，あらゆる変化をシステムの構成の維持へと統御する。

② システムの個体性

オートポイエーシス・システムは絶えず産出を行いネットワークを保つことによって，観察者との相互作用とは無関係に同一性を保持する。

③　境界の自己決定

オートポイエーシス・システムは自己産出のプロセスのなかで自らの境界を決定する。

④　システムに対する入力，出力の不在

オートポイエーシス・システムは構成素が構成素を産出するという形で自己準拠的に閉じたネットワークを形成する。したがって，このシステムにはシステムに対する入力も出力もない。

この4つがオートポイエーシス・システムにおいて最も特徴的な概念である。①のシステムの自律性とは外的な刺激や環境条件のもとで自己を保持する機能を示している。これは一般システム論のホメオスタシスとほぼ同じ概念といえるだろう。②のシステムの個体性はシステム自身の作動によってシステムの自己同一性を保つということを示している。③の境界の自己決定とは，システムが作動することによってシステム自身の作動領域が環境から区別されるということを示している。

この3つの概念は従来の一般システム論や自己組織化システムでも理解することが可能である。しかしながら，④のシステムに対する入力，出力の不在という概念はオートポイエーシス・システムに特徴的なものである。外界からのインプット，アウトプットという概念が存在しないということは，システムが外部の環境から影響を受けても，常に外部からの環境要因に対応する形で作動するわけではないということをあらわしている。そのためベルタランフィの一般システム論とは異なり，システムの変化を外的要因のポジティブフィードバック，ネガティブフィードバックという概念に一元化する必要性がない。またこのことはシステム自体の作動要因に外的/内的という区別が存在しないということを意味する。したがってオートポイエーシス・システムは，作動（産出関係）に関しては一貫して閉じているが，環境（作用関係）に対しては外/内部という区別なしに開かれているといえる。また異なるシステム間での構成素の共有による連結は，システム-サブシステムのような階層関係をもつものではない。システム間の連結という概念は上-下，部分-全体のような階層的な構造ではなく，共通の構成素を介して2つの異なるシステムが相互浸透するという構造をとる。このようなシステムの連結という概念を用いることで，異なるシステムが連結・融合したり，協働することによって新たなシステムが生じるケースを考えることが可能になる。

このような特徴をもつオートポイエーシス・システムの概念を導入することで，社会システムの変化をつぎのように考えることができる。オートポイエーシス・システムではシステムの作動要因に外的/内的という区別が存在しないので，社会システムの変化の背景として外的要因のみでなく，社会システム内部の要因を考慮の対象とすることができる。したがって，外部との接触によって引き起こされる社会システムの変化と外部との接触をともなわない内的な変化の両方を視野に入れることが可能である。

これまでのシステム論では社会システムの変化を，常に何らかの外的要因に対する反応や適応という概念で説明する必要があった。例えば農耕社会の成立にともなう社会システムの変容を考えるとき，農耕社会の進展にともなって人口圧の上昇や水利権をめぐる集団間の利害の対立などの環境

の変化が生じ，このような環境変動に適応しようとすることによって社会システムの変容が起こり，しだいに階級的な社会へと移行していくという解釈が行われてきた。このような解釈に対しては主にポストプロセスの立場の研究者から環境決定論的であるとか，人間の主体的意思に基づく行動をあまりに軽視しすぎているという批判がなされてきた。しかしオートポイエーシス・システムでは人間の行動を外的要因に対する適応としてのみ捉える必要はなく，システムの変容の要因として人間の主体的意思に基づく行為をも考慮することが可能である。

オートポイエーシス・システムでは，システムは自らを産出するような構成素を産出したときに成立する。この規定に当てはまる限り構成素は何であってもかまわない。この考え方に立つとき，埋葬システムは種々の埋葬施設や埋葬にともなう行為を構成素として社会関係を再生産するシステムとみなすことができる。また埋葬システムの変容は，外的要因のみでなくシステム内部の構成素の変化や異なるシステム間の構成素の共有による連結によっても引き起こされると考えられる。

実際に甕棺が埋葬されるプロセスについて考えてみると以下のようになる。埋葬を行う場合，まず①墓域の選定が行われ，②つぎに死者を納める甕棺のサイズや，丹塗り，あるいは黒塗りといった処理を施すか否かなどの棺に関する選択が行われる。さらに③埋葬に際してどのようなものをどれだけ副葬するかという選択が行われ，そして最後に④実際に棺を埋置するときに朱やベンガラなどの赤色顔料を散布するかどうかという選択が行われる。これら①から④までの行為は相互に事前の行為に規定される形で生成され，そして同時につぎの行為の条件となっている。例えば墓域の選定するときに単独で分離/独立した墓域を選んだ場合は，通常よりも大きなサイズの甕棺を使用し，副葬品として銅鏡や青銅製品などを収め，埋葬に際して棺内に朱やベンガラを散布するというように，それぞれの行為は相互に連なる形で生成されているのである。埋葬システムはこれら種々の行為の連関によって構成されており，個々の埋葬行為はそれぞれ文化的な意味づけがなされたものであったはずである。そして，このような一連の行為によって，死者の地位という社会システムにおける個人の位置が表象されたとみることができるのである。

4. ルーマンの社会システム論

ニクラス・ルーマンはオートポイエーシス・システムの概念を取り入れて，独自の社会システム論を構築している。ルーマンの社会システム論に特徴的な概念は「複雑性」と「相互浸透」である。

複雑性はシステムを構成する要素間の関係の複合性であり，構成要素が増えるにしたがって飛躍的に増加する。つまり社会システムが大きくなれば必然的にシステム内部の複雑性が増すということになる。このように複雑性が増加した場合，システムは機能分化することによって複雑性を縮減しようとする。

相互浸透はシステム間の関係を考慮する場合に必要な概念である。すでに述べたようにオートポイエーシス・システムではシステムの構造は部分-全体という関係を取らない。そのため，2つのシステムが協同して作動する場合もシステム-サブシステムという構造での作動を想定しない。ルーマンはこの場合2つのシステムは相互に他に対して環境であるという関係で作動していると考えてい

る。このようなシステム間の関係をルーマンはつぎのように表現している。

> あるシステムと他のシステムとが互いに他方の環境となっているばあいに，あるシステムが，他方のシステムが新たに編成されるために，そのシステム自体の複合性を提供するばあいを浸透（penetration）と名づけることにしたい（Luhmann, 1984: p. 336）。

ルーマンは社会システムをコミュニケーションによって構成されるシステムと規定している。コミュニケーション・システムという概念を用いた研究は考古学においても認められる。田中良之は縄文時代後期の土器の属性にみられる相関関係の分析を行い，広い地域にわたって文様などに共通性が認められることを指摘した。そしてこのような現象の背景に土器の製作にかかわる情報と観念が共有されたコミュニケーション・システムの存在を想定している（田中，1982: 田中・松永，1984）。山本典幸はコミュニケーション・システムの構造を概念化することを試みている。山本は縄文土器の形態や文様といった属性には象徴表現としての意味があるとし，このような土器属性を非言語記号と捉えている。そしてこれらの諸属性が広範な地域に分布し共有される現象を，コミュニケーション・システムを通じた土器属性の広がりであり，象徴秩序に基づくコミュニケーション・システムにおけるコミュニケーション行為の結果であると考えた。さらに土器の属性が伝達されるパターンを9つに類型化し，土器の属性に認められる類似性を情報の送り手と受け手の間に存在するコミュニケーション・システムによる意味の伝達によるものであると解釈している（山本，2000）。

山本の研究は，これまで漠然と用いられてきたコミュニケーション概念を明確に規定し，さまざまな形態のコミュニケーション行為をモデル化している点で，従来の研究から一歩踏み込んだものである。しかしながら，山本のコミュニケーションとコミュニケーション・システムの概念では，社会構造や文化の変化よりもその一般化・普遍化の問題が重視されているようであり，システムを通じた変化の説明，具体的にはコミュニケーション・システムを通しての地域差や型式変化についての説明は不十分であるように感じられる。

以上の研究にみられるように，コミュニケーションは情報の伝達としての機能が強調されることが一般的であるのに対して，ルーマンのコミュニケーション概念はやや異なったものである。ルーマンはコミュニケーションを単なる情報伝達という意味合いで用いてはいないからである。ルーマンは当初社会システムの構成要素は行為であるとしており，この段階ではコミュニケーションは行為のなかのカテゴリーの一つであった。しかしその後社会システムの構成要素をコミュニケーションへと変更した。つまりコミュニケーションを行為の一カテゴリーとして捉えるという認識から，コミュニケーションによって行為が規定される，すなわちコミュニケーションが行為を生成するコードとして作用するという認識へと転換したのである。

ルーマンはコミュニケーションと行為の関係について「コミュニケーションは，直接には観察されえないのであり，コミュニケーションは推定されることによってしか接近されえない」（Luhmann, 1984: p. 259）と述べている。抽象的でわかりにくい表現であるが，「コミュニケーションは，直接的に観察されえない」ということは，コミュニケーションが社会システムにおいて実体的に存在す

る場合，実際には伝達行為という形態をとるということを示しており，「推定されることによってしか接近されえない」というのは，コミュニケーションによって伝達される情報が送り手と受け手の間で必ずしも同一のものであるとは限らないということを示していると考えられる。したがってルーマンの用いるコミュニケーション概念は，情報伝達のみならずさまざまな行為が含まれる概念であるといえるだろう。

　ルーマンはコミュニケーションには本質的に不確定性が存在することを指摘している。なぜならコミュニケーションには通常複数の選択可能な意味が含まれているからである。ここでAという人間とBという人間がコミュニケートする場合を想定してみよう。AがBに発したメッセージには a, b, c, d, … と複数の解釈が可能な意味が含まれている。Aはaの意味でメッセージを発したとしても，Bがその通りに解釈するとは限らない。Bは a, b, c, d, … の複数の選択可能な意味のなかからどれか一つを選んでAにメッセージを返すのである。したがってBが発するメッセージはAにとって流動的なものとなり，Aの行為がBの選択によって変化するということになる。つまりコミュニケーションによって形成される行為の連関は一定方向に進行するのではなく，可変的なものなのである。Aが何か飲もうという誘いの意味で「のどが渇きませんか？」と問いかけた場合，Bは単純にのどが渇いたかどうかという質問に対する返答として「はい，渇いてます」，あるいは「いいえ，渇いていません」と答えるかもしれないし，Aの期待する意味への返答として「じゃあどこかでお茶でも飲みましょうか」と答えるかもしれない。

　ルーマンが指摘したコミュニケーションが有する不確定性という視点は，文化や社会の変化を考える上で重要である。なぜなら，現実の社会においては，ここで示した例のように，さまざまな情報伝達が送り手と受け手の間で異なった理解のされかたをする場合が多くみられるからである。このような理解の不一致という現象は文化変化のもつ特徴のある一面，すなわち機能的な理由に基づかない変化や意図せざる結果による変化といった面を考察する場合に有効であると考える。コミュニケーションのもつ不確定性のために，ある行為とその行為によって生み出される行為との関係は可塑性に富んだものになる。このように，コミュニケーションによって生成される行為の流動性により，行為の連環が常に一定のものとはならないのである。

　社会システムがコミュニケーションを構成要素とするシステムであるとするならば，このシステムはコミュニケーションの連なり，つまり一つのコミュニケーションが次のコミュニケーションを生成し連環をなすことによって成立しているといえる。そしてコミュニケーションの連なりは，具体的にはある行為が次の行為を産出する行為の連続として実現することになる。したがって，コミュニケーションはつぎのコミュニケーションを生成する原因であると同時に，別のコミュニケーションによって生成された産出物であるということが理解できる。つまりシステムを構成する要素であるコミュニケーションは常に別のコミュニケーションの影響を受けつつ，他のコミュニケーションに影響を与える再帰的，あるいは自己言及的なネットワークを構築するのである。このことによって，システムが自己同一性を保ちつつ変化するというプロセスを合理的に説明できる。

　埋葬という行為は，他の活動に比較して観念的であり，その行為自体に象徴性が込められている

といえる。またしばしば埋葬という行為を通して，実在の社会関係の再生産や強化・強調が行われる。したがって，埋葬行為は意味や象徴の送り手と受け手が存在するコミュニケーション行為である。そしてこのようなコミュニケーションは単なる意味・象徴といった情報の受け渡しにとどまらず，さまざまな社会関係の再構築に大きな役割を果たしており，さらに再構築された社会関係自体が次のコミュニケーションに影響を与えるという相互作用が認められるのである。埋葬行為はこのような特徴を有していることから，埋葬行為を考察する際にルーマンのコミュニケーション概念や社会システム概念は有効であるといえるだろう。また土器の文様などの物質文化における象徴化の問題を論じるときにも興味深い視点を与えている。

5. 小　結

　社会や文化が時間の経過とともに発達してきたという考え方は18世紀になって一般化するようになったが，この段階では人間理性の向上にともなって文化や社会が進歩してきたという精神的観念論が一般的であった。19世紀になると葛藤と競争が文化・社会の向上をもたらしたとする「社会ダーウィニズム」的な考え方が広まった。

　古典的進化論に基づく社会進化論では文化や社会構造の変化の要因は技術の発展によるものと考えるのが一般的であった。このような考え方の源流はL.H.モーガンやE.B.タイラーにあり，考古学の分野ではチャイルドの研究にみられるものである。

　これに対して，人間の文化や社会と環境との関わりを重視する文化生態学の立場は変化の要因として環境のもたらす影響を重視する。確かに人間の社会・文化にみられる多様性は，異なる環境下でのさまざまな適応戦略の違いにかなりの程度起因すると考えられそうである。

　しかしこのことは直ちに環境が唯一の変化要因であるという「環境決定論」を全面的に支持するわけではない。文化は同じような環境下で著しい多様性をみせることもあれば，逆に全く異なる環境下で驚くほどの類似性を示す場合もあるからである。このように文化には多様性がみられる一方で共通する要素も認められるために，文化の個別性や歴史性を重視する立場と共通性・一般性を重視する立場は対立してきた。そしてこのような対立は考古学の分野では，文化の一般性を強調するプロセス考古学と個別性・歴史性を強調するポストプロセス考古学との対立として表面化した。生態学的なアプローチをとる研究では環境要因を重視するが，環境要因は常に同程度の影響力で人間に作用するわけではない。同程度の環境要因であっても，文化のもつ技術レベルの程度によってそのおよぼす影響は異なるであろうし，適応戦略としてあらわれる行動も異なるはずである。またプロセス考古学の研究では，人間が適応戦略をとるときの主体的意志や志向性といった文化における観念の領域を軽視しているという批判がポストプロセス側から行われたが，確かにそのような傾向が認められる感は否めない。

　人間は当然のことながら，周囲の環境によって規定される物理的な制約を超えて活動することはできない。したがって，一定の環境下で取りうる行動はある程度類似したものになるであろうし，そのような行動を普遍的に一般化することも可能であろう。しかしながら同時に，歴史上の数々の

文化において，そして現存するさまざまな文化間で同一環境下で驚くほどの多様性が認められることも確認されている。このように文化にみられる個別・特殊性と一般性は，実際には，どちらか一方のみを重視しなければならないようなオルタナティブな関係ではない。必要とされるのはさまざまな文化が共通する要素をもちながら，一方で個別に特殊化するプロセスを解明することであろう。

サーヴィスは特定社会の文化の進化は，現実には，自然的および社会文化的環境との対応関係から出てくる諸問題をその社会がどのように解決していくかという適応過程としてあらわれると述べ，また環境は複雑多岐，問題は無数で，それに対する解決のしかたもさまざまで，すべての場合について唯一の決定要因がひとしく力をふるうということはありえないと指摘している（Service, 1971b: p. 48）。サーヴィスも述べているように環境によってある程度（場合によってはかなりの程度）制限を受けるものの，環境条件に適応する行動は取り得るいくつかの解決策のなかから選択されると考えられるからである。

日本の縄文から弥生への変化を考える際，安定化の原理と後進性＝潜在力という視点は有効であると考える。つまり日本において急速に稲作農耕が広まった要因には，すでに完成した水田稲作農耕の技術体系をまとまった形で導入することができたからであり，それが可能になったのは日本列島に水田による稲作農耕の技術体系が存在していなかったためとみることも可能である。そしてそのような技術体系は，縄文晩期以来の既存の社会システムを完全に破壊したわけではない。新たな技術体系は従来のシステムを破壊したというよりは，むしろ既存のシステムでは空白であった領域を埋めたり，あるいは従来の要素を置換することによって導入されたと考えられるのである。つまり縄文から弥生への変化はドラスティックなものというよりは，ゆるやかで漸進的なものであったといえるだろう。

第3節　弥生時代の社会変動の様相

弥生時代の開始に先立つ縄文晩期の段階で変化の要因は蓄積されていた。松本直子は縄文晩期の北部九州の土器が色調や器壁の厚さなどの点で朝鮮半島の無文土器の影響を受けていたことを指摘している（松本，1995, 1996, 2000）。もちろん水田による稲作農耕の導入のインパクトは大きなものであった。しかも導入されたのは灌漑技術や青銅器・鉄器，環濠集落といったすでにかなりの程度完成された状態の農耕文化である。技術全般に与えた影響を単純に比較すれば，縄文晩期の段階における土器の属性レベルにみられるような変化は小さなものであったとさえいえるかもしれない。しかし社会システムのなかに生じた初期段階の小さなゆらぎはしだいに増幅されて，弥生時代開始期の大きな変化を引き起こしたのである。したがって，縄文から弥生への変化は既存の社会・文化システムが破壊される過程としてではなく，むしろすでに存在していたシステムの構成要素が置換されていく過程として捉えられるべきである。

弥生時代中期後半段階の北部九州における地域集団間の関係を考える場合，サーヴィスが首長制社会における生産物の再分配について論じた部分が参考になる。

部族的組織しかもたない地域集団でも，首長制社会に編入される過程で姿をかえていく。首長制社会はある意味でピラミッド形もしくは円錐形の構造をしており，全体のハイラーキカルな性格は，小さな地域組織のなかにも反映されるようになる。地域親族集団は，副次的なミニチュア首長制社会になる。つまり，それは物品を集めてさらに高位の首長に送りとどけ，さらにまた配下の人びとに再分配すべくこれらの物品をうけとる副次的首長を必要とするのだ (Service, 1971a: p. 132)。

中園聡は北部九州弥生時代中期後半の墳墓とその副葬品の分析を通して，これと類似した指摘を行っている(中園, 1991a)。中園はこの時期の北部九州の首長墓に見られるランク差が地理的に，福岡平野・糸島地方，すなわち「奴」や「伊都」を中心とした同心円状の構造を持つことを明らかにし，諸集団間に明確な序列関係が存在したことを指摘している。そしてこのような序列関係の背後に，北部九州のエリート間に墳墓に関する価値体系の共通認識が存在し，「奴」や「伊都」といった中心地域の埋葬に関する秩序を周辺地域のエリート層が積極的に取り入れ受容した結果であると解釈している。さらに，周辺地域のエリートのこのような受容は，各地域集団内における身分秩序や支配の安定をはかるための社会戦略であったと述べている。

中園が論じたような，北部九州の地域集団間の埋葬や副葬品に関する秩序の共有と明確な階層化という現象は，鏡や青銅器が分配されていたとの見解と照らし合わせてみると興味深い。奴や伊都などの中心地域は青銅器生産の中心地であり，また楽浪郡を通じた漢帝国との交渉の窓口でもあった。漢あるいは朝鮮半島との交流によって得られた銅鏡をはじめとする舶載の製品について，奴と伊都が一元的に管理しそれを他の諸集団に再分配することによって，各地域集団の首長層からの支持を得ていたのではないだろうか。

しかし一方で，弥生時代後期の段階になると鏡の大量副葬に代表される厚葬墓が，奴の領域である福岡・早良平野では見られなくなる。このことは上述した中期後半段階の地域間の秩序と階層的な関係が，安定した不変のものではなかったということを示している。このような現象は，弥生時代の北部九州地域では，隔絶した個人が存在するという階層的な社会構造が不安定であったことのあらわれという指摘がある(北條, 1999: 溝口, 1999, 2000)。首長権の継続が必ずしも安定的ではなかったことは，三雲南小路遺跡以降に井原鑓溝遺跡，平原遺跡と厚葬墓が営まれた糸島地方においても，これらの墳墓が連続的ではなく断続的に存在したことからも裏付けられる。

ただしこのような首長権の継承の不安定さは，弥生社会が階級的に未分化な社会であることを示すものであると判断するのは早計である。首長権の継承の不安定さは，あくまでも厚葬墓の存在という観点からみた場合のことである。墓地は社会関係を映し出す鏡のようなものであり，だからこそ墓制からの社会構造へのアプローチは有効な考古学的研究方法なのであるが，ホダーが指摘するように (Hodder, 1987)，社会構造が墓制にパラレルに反映されているという保証はどこにもない。須玖岡本や三雲南小路などの厚葬墓の存在は鏡や金属器といった貴重品を大量に消費してしまうことで，権威の象徴であるそれらの品々が集団の共有財産ではなく，あくまでも個人の所有物である

ということを強調した行為の表象と考えることも可能である。また威信財の大量副葬という行為を通して所与の社会関係を再確認し，再構築しなければならなかったという見方も成り立つであろう。もしそうであれば，厚葬墓はむしろ隔絶した個人の存在が不安定であったがために形成されたものであり，その後の厚葬墓の断絶や断続的にしか存在しないという事実は，逆に首長権の継続が安定化したことのあらわれであるとみることもできるであろう。

　弥生時代開始期以降，社会システムの複雑性は増大し，それにともなって社会システム内部での機能分化も生じていた。そして第4章，第5章で繰り返し述べてきたように，弥生時代中期以降の埋葬行為は階層的な社会関係を強調し，再構築し，さらには強化しようとする戦略的な行為とみなすことができる。分化した社会階層は必ずしも安定的なものではなかったにも関わらず，複雑性を増大させる方向へと動き出した社会システムの自己組織化の動きは不可逆的なものであり，弥生時代を通じて後退することはなかったのである。弥生時代にみられる社会システムや文化の変化は，経済的・技術的な構造や外的な環境によってのみ規定される静的なものではなく，行為の主体者である人間の戦略的意図をも組み込んだ動的なものだったのである。

あとがき

　本書では弥生時代における北部九州地域の墓制の分析によって，縄文から弥生への社会・文化変化と，弥生時代を通じて社会システムが複雑化・階層化していくプロセスについて考察することを試みた。

　第1章では甕棺葬が成立する過程を論じた。その結果，弥生時代開始期に朝鮮半島の無文土器文化との接触によって新たに生じた器種である大型壺が，縄文時代後晩期以来の埋甕という埋葬習慣と融合することによって土器棺として使用され甕棺が成立したこと，出現当初は乳幼児用の埋葬に用いられていた甕棺が弥生時代前期後半には大型化し成人の埋葬にも使用されるようになったことを指摘した。そしてこのような甕棺葬の成立過程は，弥生文化の成立に際して，縄文後晩期の文化的な伝統をもった既存の集団が，自らの文化的背景で新たな文化要素を解釈し，取り入れたことを示していると結論づけた。同様の現象は第2章で行った小型壺の製作技法にみられる地域性の検討や，第3章で論じた支石墓の下部構造の変遷においても認められた。

　弥生時代中期以降の社会構造の階層化という問題については，第4章で行った墓地空間構造の分析と第5章で行った副葬品の検討を通して考察した。第4章では，区画墓，墳丘墓，列埋葬墓を対象として論を進めたが，墳丘墓内に埋葬されている墳墓に鏡や青銅器，鉄器などの金属器の副葬が集中する傾向が認められることを指摘した。一方で中期前半を中心とする時期に盛行する列埋葬墓は，複数の埋葬小群が集合して列を形成することで集団の共同性が強調されたと考えられること，そして列を構成する埋葬小群の性格は，弥生時代開始期から存在する方形区画を有する区画墓と同質の，血縁関係を軸とするものであった可能性が高いと考えられることを指摘した。

　第5章の副葬品の分析では，副葬品の構成の時期的な変遷について論じた。その結果，副葬品に金属器が含まれるようになる弥生時代前期末〜中期初頭以前の段階では，基本的に副葬品の構成によって階層性が示されることはないが，中期初頭以降は副葬品の構成に明確な階層構造が生じることが明らかとなった。とくに，漢鏡が多量に副葬された須玖岡本D地点や三雲南小路1号・2号墓に代表される厚葬墓が出現する中期後半段階には，副葬品のセット関係に各地域の首長間の階層関係が明瞭に認められ，鏡の数や青銅器の種類，ガラス製品の有無といった副葬品の内容にはっきりとした規定が存在した可能性があることを指摘した。

　第6章では，第1章から第5章で行った分析を通して明らかとなった以上の事例について考察を行った。縄文から弥生への変化や弥生時代を通じての複雑化・階層化のプロセスを，社会システム

の変化という視点で捉えたとき，このような変化は，他の文化からの新たな文化要素の受容という外的な要因，農耕社会の進展にともなう地域集団内部での階層化の進展と集団間での矛盾の増大という内的な要因，そして首長層による既存の社会関係の強化という戦略的行為といった複数の要因が相互に複雑に作用した結果生じた，社会システムが複雑性を増大させる方向へと自己組織化していく過程であると解釈できる。

　本書で示したこのような解釈は，墓制という社会システムの一領域の研究から導き出されたものであるが，社会・文化変化についてより詳細に論じるためには，ここで行った研究を集落構造や生業形態といった他の広範な領域の研究によってさらに総合化する必要があることはいうまでもない。また墓制研究のみに限定した場合でも，同時期の朝鮮半島の墓制を含めた東アジア全体の視点のなかで比較検討を行う必要性や，解釈を行う際の理論的な枠組みをさらに高める必要性も痛感している。

　このように多くの問題を積み残したが，これらの問題は筆者の今後の研究課題として追求していきたい。本書の研究によって，弥生時代における社会・文化変化の動態に対して，わずかながらでも意味のある視点を提示することができたのであれば，一定の目的は果たしたことになると考える。

文　献

赤川正秀　1997　『高樋塚添遺跡』I　大刀洗町文化財調査報告書 12
安楽　勉　1997　「長崎県」『東アジアにおける支石墓の総合的研究』pp. 107–28
有光教一　1959　『朝鮮磨製石剣の研究』考古学談話会　京都
浅田一郎　1982　「考古学におけるシステム論：考古学的システムの可能性をめぐって」『早稲田大学大学院文学研究科紀要』別冊第 9 集　pp. 139–47
Bertalanffy, L.　1968　*General System Theory: Foundations, Development, Applications.* George Braziller.（長野敬・大田邦昌訳　1973　『一般システム理論』みすず書房　東京）
Binford, L.R.　1962　Archaeology as Anthropology. *American Antiquity* 28–2: 217–25.
Bourdieu, P.　1979　*La Distinction.*（石井洋二郎訳　1990　『ディスタンクシオン』藤原書店　東京）
文化財保護委員会　1956　『志登支石墓群』文化財保護委員会　東京
筑紫野市教育委員会　1990　『永岡遺跡』II　筑紫野市文化財調査報告 26
筑紫野市教育委員会　1993　『隈・西小田地区遺跡群』
崔夢龍　1978　「全南地方所在支石墓の型式と分類」『歴史学報』78　pp. 1–50
Eigen, M.　1992　*Steps towards Life: A perspective on Evolution.* Oxford University Press.
Flannery, K.V.　1968　Archaeological systems theory and Early Mesoamerica. in Meggers (ed.), *Anthropological Theory in the Americas,* pp. 67–78.
藤尾慎一郎　1984　「弥生時代前期の刻目突帯文系土器――「亀ノ甲タイプ」の再検討――」『九州考古学』59 pp. 35–46
藤尾慎一郎　1987a　「板付 I 式甕形土器の成立とその背景」『史淵』124　pp. 1–28
藤尾慎一郎　1987b　「稲作受容期の甕形土器研究」『岡崎敬先生退官記念論集 東アジアの考古と歴史』中　pp. 294–323
藤尾慎一郎　1990　「西部九州の刻目突帯文土器」『国立歴史民俗博物館研究報告』26　pp. 1–75
藤田亮策　1937　「大邱大鳳町支石墓調査」『昭和十一年度古蹟調査報告』
藤田亮策　1948　『朝鮮考古学研究』高桐書店　京都
藤田亮策　1952　「支石墓雑記」『考古学雑誌』38–4　pp. 326–36
福田義彦　1986　『黒土原遺跡』佐賀市文化財調査報告書 19
福岡県飯塚市立岩遺蹟調査委員会　1977　『立岩遺蹟』
福岡県立朝倉高等学校史学部　1969a　「夜須町大字東小田字峯堂の甕棺」『埋もれていた朝倉文化』pp. 24–6
福岡県立朝倉高等学校史学部　1969b　「夜須町吹田甕棺群遺跡第 3 次調査」『埋もれていた朝倉文化』pp. 42–50
福岡市教育委員会　1974　『浄泉寺遺跡』福岡市西区片江所在遺跡調査報告
福岡市教育委員会　1999　『吉武遺跡群』XI　福岡市埋蔵文化財調査報告書 600
Giddens, A.　1979　*Central Problems in Social Theory: Action, Structure and Contradiction in Social Analysis.* Macmillan Press.（友枝敏雄他訳　1989　『社会理論の最前線』）ハーベスト社　東京
後藤　直　1991　「日本への影響：弥生時代開始期の無文土器」『日韓交渉の考古学』pp. 31–5
Haken, H.　1978　*Synergetics: An introduction.* Springer-Verlag.（牧島邦夫・小森尚志訳　1980　『協同現象の数理』東海大学出版会　東京）
濱田信也・酒井仁夫　1971　『中・寺尾遺跡』大野町の文化財 3
濱田信也・新原正典　1976　『福岡南バイパス関係埋蔵文化財調査報告』4
濱田信也・新原正典　1977　『福岡南バイパス関係埋蔵文化財調査報告』5

原田大六　　1952　「福岡県石ヶ崎の支石墓を含む原始墓地」『考古学雑誌』38-4　pp. 1-33
原田大六　　1991　『平原弥生古墳』葦書房　福岡
春成秀爾　　1973　「弥生時代はいかにしてはじまったか」『考古学研究』20-1　pp. 5-24
春成秀爾　　1984　「弥生時代九州の居住規定」『国立歴史民俗博物館研究報告』3　pp. 1-40
春成秀爾　　1990　『弥生時代の始まり』東京大学出版会　東京
原　俊一・白木英敏・秋成雅博　1999　『田久保松ヶ浦』宗像市文化財調査報告書 47
橋口達也　　1979　「甕棺の編年的研究」『九州縦貫自動車道関係埋蔵文化財調査報告』31（中）pp. 133-203
橋口達也　　1983　「曲り田甕棺の編年的位置」『石崎曲り田遺跡』I　今宿バイパス関係埋蔵文化財調査報告 8 pp. 164-6
橋口達也　　1983　『石崎曲り田遺跡』I　今宿バイパス関係埋蔵文化財調査報告 8
橋口達也　　1985　「日本における稲作の開始と発展」『石崎曲り田遺跡』III　今宿バイパス関係埋蔵文化財調査報告 11　pp. 5-103
橋口達也　　1987a　『新町遺跡』志摩町文化財調査報告書 7
橋口達也　　1987b　「聚落立地の変遷と土地開発」『岡崎敬先生退官記念論集 東アジアの考古と歴史』中　pp. 703-54
橋口達也　　1988　『新町遺跡』II　志摩町文化財調査報告書 8
橋口達也　　1990　「永岡遺跡出土の甕棺および甕棺墓」『永岡遺跡』II　筑紫野市文化財調査報告書 26　pp. 156-73
橋口達也　　1992a　「大形棺成立以前の甕棺の編年」『九州歴史資料館論集』17　pp. 19-40
橋口達也　　1992b　「弥生時代の戦い――武器の折損・研ぎ直し――」『九州歴史資料館論集』17　pp. 41-61
橋口達也　　1995a　『大坪遺跡』I　二丈町文化財調査報告書 10
橋口達也　　1995b　「弥生時代の戦い」『考古学研究』42-1　pp. 54-77
速水信弘　　1989a　「甕棺墓」『考古学ジャーナル』302　pp. 4-10
速水信弘　　1989b　「いわゆる「二列埋葬墓地」について」『津古・空前遺跡』pp. 69-74
林　謙作　　1990　「素山上層式の再検討――M・Y・Iの主題による変奏曲――」『伊東信雄先生追悼考古学古代史論攷』pp. 105-62
東中川忠美　1986　『久保泉丸山遺跡』九州横断自動車道関係埋蔵文化財発掘調査報告書 5
平井　勝　　1995　「遠賀川系土器の成立」『展望考古学』pp. 67-74
Hodder, I.　1987　*Reading the Past*. Cambridge University Press.
本間元樹　　1991　「支石墓と渡来人」『児嶋隆人先生喜寿記念論集 古文化論攷』pp. 219-62
北條芳隆　　1999　「墳墓とイデオロギー」『季刊考古学』67　pp. 19-23
今井淳一　　1991　「能登の中世土師器編年と多変量解析」『考古学における計量分析――計量考古学への道――』pp. 135-46
岩永省三　　1980　「弥生時代青銅器型式分類編年再考――剣矛戈を中心として――」『九州考古学』55　pp. 1-22
岩永省三　　1991　「日本における階級社会形成に関する学説史的検討序説」『古文化談叢』24　pp. 135-68
岩永省三　　1992　「日本における階級社会形成に関する学説史的検討序説」『古文化談叢』27　pp. 105-23
岩崎二郎　　1980　「北部九州における支石墓の出現と展開」『鏡山猛先生古稀記念古文化論攷』pp. 215-40
岩崎二郎　　1987　「支石墓」『弥生文化の研究』8　pp. 91-7
井沢洋一　　1985　『有田・小田部』6　福岡市埋蔵文化財調査報告書 113
鏡山　猛　　1941　「原始箱式石棺の姿相」（1）『史淵』25　pp. 131-64
鏡山　猛　　1942　「原始箱式石棺の姿相」（2）『史淵』27　pp. 43-84
金関丈夫　　1955　「人種の問題」『日本考古学講座』4　pp. 238-52
金関丈夫　　1971　「人種論」『新版考古学講座』10　pp. 183-207
金関丈夫・坪井清足・金関　恕　1961　「佐賀県三津永田遺跡」『日本農耕文化の生成』pp. 157-71
金関丈夫・金関　恕・原口正三　1961　「佐賀県切通遺跡」『日本農耕文化の生成』pp. 173-7
片岡宏二　　1986　『三国の鼻遺跡』「小郡市文化財調査報告書 31
川道　寛　　1996　「長崎県北松浦郡宇久松原遺跡の調査」『考古学ジャーナル』411　pp. 31-3
河本英夫　　1995　『オートポイエーシス――第三世代システム――』青土社　東京
川述昭人　　1978　『九州縦貫自動車道関係埋蔵文化財調査報告』25

川述昭人　1985　『権現塚北遺跡』瀬高町文化財調査報告書3
榧本杜人　1952　「大邱大鳳町支石墓群について」『考古学雑誌』38-4　pp. 34–51
金　貞姫　1990　「韓半島における支石墓研究の最近動向とその成果」『アジアの巨石文化——ドルメン・支石墓考——』pp. 227–56
金　載元・尹　武炳　1967　『韓国支石墓研究』国立博物館古蹟調査報告第6冊
小林達雄　1977　「型式，様式，形式」『日本原始美術体系』I　pp. 166–9
小林行雄　1932a　「安満B類土器考——北九州第二系弥生式土器への関連を論ず——」『考古学』3-4　pp. 111–20
小林行雄　1932b　「吉田土器及び遠賀川土器とその伝播」『考古学』3-5　pp. 159–65
小林行雄　1933　「先史考古学に於ける様式問題」『考古学』4-8
小林行雄　1957　「初期大和政権の勢力圏」『史林』40-4　pp. 1–25
国立歴史民俗博物館　1994　『国立歴史民俗博物館研究報告』56　共同研究日本出土鏡データ集成2
近藤喬一　1969　「朝鮮・日本における初期金属器文化の系譜と展開——銅矛を中心として——」『史林』52-1　pp. 75–115
近藤喬一　1974　「武器から祭器へ」『古代史発掘』5　pp. 69–77
近藤義郎　1959　「共同体と単位集団」『考古学研究』6-1　pp. 13–20
近藤義郎　1968　「前方後円墳の成立と変遷」『考古学研究』15-1　pp. 24–32
近藤義郎　1983　『前方後円墳の時代』岩波書店　東京
甲元真之　1973a　「朝鮮支石墓の編年」『朝鮮学報』66　pp. 1–36
甲元真之　1973b　「東北アジアの磨製石剣」『古代文化』25-4　pp. 140–9
甲元真之　1973c　「西朝鮮の支石墓(上)」『古代文化』25-9　pp. 305–18
甲元真之　1973d　「西朝鮮の支石墓(下)」『古代文化』25-12　pp. 412–21
甲元真之　1980　「朝鮮支石墓の再検討」『鏡山猛先生古稀記念古文化論攷』pp. 241–67
甲元真之　1990　「多鈕鏡の再検討」『古文化談叢』22　pp. 17–45
甲元真之　1997　「朝鮮半島の支石墓」『東アジアにおける支石墓の総合的研究』pp. 25–51
黒沢　浩　2000　「青銅器伝来」『大塚初重先生頌寿記念考古学論集』pp. 645–72
桑原憲彰　1979　「熊本県の支石墓」『考古学ジャーナル』161　pp. 31–5
京都帝国大学文学部考古学教室　1930　『筑前須玖史前遺跡の研究』
九州大学文学部考古学研究室　1997a　「長崎県天久保支石墓の調査」『東アジアにおける支石墓の総合的研究』pp. 151–94
九州大学文学部考古学研究室　1997b　「佐賀県森田支石墓の調査」『東アジアにおける支石墓の総合的研究』pp. 195–222
Luhmann, N. 1984 *Soziale Systeme: Grundriß einer allgemeinen Theorie*. Suhrkamp Verlag.（佐藤勉監訳　1993『社会システム論』上，1995『社会システム論』下　恒星社厚生閣　東京）
松本直子　1995　「土器の地域性に関する認知考古学的研究——縄文時代後晩期九州の地理勾配の検討を通して——」『鹿児島考古』29　pp. 20–9
松本直子　1996　「認知考古学的視点からみた土器様式の空間的変異——縄文時代後晩期黒色磨研土器様式を素材として——」『考古学研究』42-4　pp. 61–84
松本直子　1997　「認知考古学の理論的基盤」『HOMINIDS』1　pp. 3–20
松本直子　2000　『認知考古学の理論と実践的研究』九州大学出版会　福岡
松村道博　1994　『飯氏遺跡群』2　福岡市埋蔵文化財調査報告書390
松村道博　1995　『雀居遺跡』3　福岡市埋蔵文化財調査報告書407
松村道博・佐藤一郎・白井克也　1996　『下月隈天神森遺跡』III　福岡市埋蔵文化財調査報告書457
松尾　宏　1994　『栗山遺跡』II　甘木市文化財調査報告書28
松尾禎作　1955　『佐賀県下の支石墓』
松下孝幸　1981　「2. 大友遺跡出土人骨の研究（1）　大友遺跡出土の弥生時代人骨」『大友遺跡』pp. 223–53
Maturana, H.R. and Varela, F.J.　1980　*Autopoiesis and Cognition*. D. Reidel Publishing Company.（河本英夫訳　1991『オートポイエーシス——生命システムとは何か——』国文社　東京）
三上次男　1961　『満鮮原始墳墓の研究』吉川弘文館　東京

宮島　喬　1994　『文化的再生産の社会学──ブルデュー理論からの展開──』藤原書店　東京
宮崎貴夫　1983　「宇久松原遺跡」『長崎県埋蔵文化財調査集報』IV
溝口孝司　1995a　「福岡県筑紫野市永岡遺跡の研究：いわゆる二列埋葬墓地の一例の社会考古学的再検討」『古文化談叢』34　pp. 159–92
溝口孝司　1995b　「福岡県甘木市栗山遺跡C群墓域の研究：北部九州弥生時代中期後半墓地の一例の社会考古学的検討」『日本考古学』2　pp. 69–94
溝口孝司　1997　「二列埋葬墓地の終焉：弥生時代中期（弥生III期）北部九州における墓地空間構成原理の変容の社会考古学的研究」『古文化談叢』38　pp. 1–40
溝口孝司　1999　「墳墓に表わされた政治関係」『季刊考古学』67　pp. 49–53
溝口孝司　2000　「墓地と埋葬行為の変遷──古墳時代の開始の社会的背景の理解のために──」『古墳時代像を見直す──成立過程と社会変革──』pp. 201–73
森貞次郎　1958　「長崎県狸山支石墓」『九州考古学』5・6
森貞次郎　1961　「長崎県南高来郡原山支石墓群（予備調査）」『日本考古学年報』9
森貞次郎　1962　「島原半島の考古学的調査第二次概報（昭和36年度）5. 原山遺跡」『九州考古学』14　pp. 7–10
森貞次郎　1966　「九州」『日本の考古学』III　弥生時代　pp. 32–80
森貞次郎　1968　「弥生時代における細形銅剣の流入について」『日本民族と南方文化』pp. 127–61
森貞次郎　1969　「日本における初期の支石墓」『金載元博士回甲記念論叢』pp. 973–92
森貞次郎　1976　『北部九州の古代文化』明文社　東京
森貞次郎・岡崎　敬　1960　「島原半島（原山・山ノ寺・礫石原）及び唐津市（女山）の考古学的調査 1. 島原半島・原山遺跡」『九州考古学』10　pp. 6–7
森貞次郎・岡崎　敬　1961　「福岡県板付遺跡」『日本農耕文化の生成』pp. 37–77
森田孝志　1981　『押川遺跡』佐賀県文化財調査報告書60
向田雅彦　1990　『永岡遺跡』II　筑紫野市文化財調査報告書26
中橋孝博・永井昌文　1987　「福岡県志摩町新町遺跡出土の縄文・弥生移行期の人骨」『新町遺跡』志摩町文化財調査報告書7　pp. 87–105
中島直幸　1982　「初期稲作期の凸帯文土器──唐津市菜畑遺跡の土器編年を中心に──」『森貞次郎先生古稀記念古文化論集』上巻　pp. 297–354
中島直幸・田島龍太　1982　『菜畑遺跡』唐津市文化財調査報告書5
中間研志　1978　『九州縦貫自動車道関係埋蔵文化財調査報告』24（下）
中山平次郎　1917　「銅鉾・銅剣の新資料」『考古学雑誌』7-7　pp. 21–31
中山平次郎　1923　「筑後国三井郡小郡村大字大板井の巨石」『考古学雑誌』13-10　pp. 631–48
中山平次郎　1927　「クリス形鉄剣及前漢式鏡の新資料」『考古学雑誌』17-7　pp. 449–72
中山平次郎　1932　「福岡地方に分布せる二系統の弥生式土器」『考古学雑誌』22-6　pp. 329–56
中園　聡　1991a　「墳墓にあらわれた意味」『古文化談叢』25　pp. 51–92
中園　聡　1991b　「甕棺型式の再検討──"属性分析"と数量分類法による型式分類──」『九州考古学』66　pp. 1–28
中園　聡　1993　「多変量解析による須玖式広口壺の型式分類」『古文化談叢』30（中）　pp. 801–9
中園　聡　1994　「弥生時代開始期の壺形土器──土器作りのモーターハビットと認知構造──」『日本考古学』1　pp. 87–101
Nicolis, G. and Prigogine, I. 1989 *Exploring Complexity*. Freeman & Co.（安孫子誠也・北原和夫訳　1993　『複雑性の探究』みすず書房　東京）
二宮忠司　1989　『田村遺跡』VI　福岡市埋蔵文化財調査報告書200
二宮忠司・大庭友子・横山邦継・力武卓治　1998　『吉武遺跡群』X　福岡市埋蔵文化財調査報告580
西谷　正　1980　「日朝原始墳墓の諸問題」『東アジア世界における日本古代史講座』1　pp. 181–6
大野城市教育委員会　1977　『中・寺尾遺跡』大野城市文化財調査報告書1
岡部裕俊　1989　『長野川流域の遺跡群』I
岡村秀典　1984　「前漢鏡の編年と様式」『史林』67-5　pp. 1–42
岡村秀典　1993　「後漢鏡の編年」『国立歴史民俗博物館研究報告』55　pp. 39–83

岡村秀典　1999　『三角縁神獣鏡の時代』吉川弘文館　東京
岡内三真　1973　「朝鮮出土の銅戈」『古代文化』25-9　pp. 279-94, 304
岡崎　敬　1971　「日本考古学の方法」『古代の日本』9　pp. 30-53
O'shea, J.M.　1984　Mortuary Variability: An Archaeological Investigation. Academic Press.
乙益重隆　1961　「熊本県斎藤山遺跡」『日本農耕文化の生成』pp. 119-31
乙益重隆　1990　「日本における支石墓研究の歴史」『アジアの巨石文化——ドルメン・支石墓考——』pp. 183-205
朴　廣春　1991a　「釜山・金海地域の古墳出土土器の編年的研究」上『古代文化』43-2　pp. 93-103
朴　廣春　1991b　「釜山・金海地域の古墳出土土器の編年的研究」下『古代文化』43-3　pp. 171-81
Prigogine, I. and Stengers, I.　1984　Order out of Chaos: Man's New Dialogue with Nature. Bantam Books（伏見康治・伏見　譲・松枝秀明訳　1987　『混沌からの秩序』みすず書房　東京）
力武卓也・横山邦継　1996　『吉武遺跡群』VIII　福岡市埋蔵文化財調査報告書 461
佐賀県教育委員会　1977　『四本黒木遺跡発掘調査報告書』
佐賀県教育委員会　1979　『二塚山』佐賀東部中核工業団地建設に伴う埋蔵文化財発掘調査報告書
佐賀県教育委員会　1994　『吉野ヶ里』
佐原　真　1983　「弥生土器入門」『弥生土器』I　pp. 1-24
酒井仁夫　1981　『今川遺跡』津屋崎町文化財調査報告書 4
坂本經堯　1959　『藤尾支石墓』
坂本嘉弘　1994　「埋甕から甕棺へ——九州縄文埋甕考——」『古文化談叢』32　pp. 1-28
坂田邦洋　1978　「長崎県・小川内支石墓発掘調査報告」『古文化談叢』5　pp. 155-73
佐々木隆彦　1982　『栗山遺跡』
佐藤正義　1991　「第二節　弥生時代」『夜須町史』pp. 154-208
澤田康夫　1984　『松木遺跡』I　那珂川町文化財調査報告書 11
澤下孝信　1995　「考古学における社会論への一視座——中園聡氏の批判に応えて——」『日本考古学』2　pp. 181-9
Service, E.R.　1971a　Primitive Social Organization: An Evolutionary Perspective. 2nd Edition. Random House.（松園万亀雄訳　1979　『未開の社会組織——進化論的考察——』弘文堂　東京）
Service, E.R.　1971b　Cultural Evolutionism: Theory in Practice. Holt, Rinehart & Winston.（松園万亀雄・小川正恭訳　1977　『文化進化論——理論と応用——』社会思想社　東京）
七田忠昭　1983　『船石遺跡』上峰村文化財調査報告書
下條信行　1991　「北部九州弥生中期の「国」家間構造と立岩遺跡」『児嶋隆人先生喜寿記念論集 古文化論叢』pp. 77-106
下村　智　1995　『雀居遺跡』2　福岡市埋蔵文化財調査報告書 406
石　光濬　1979　「我国西北地方支石墓に関する研究」『考古民俗論文集』7
Steword.J.　1955　Theory of Culture Change: the methodology of multilinear evolution. University of Illinois Press.（米山俊直ほか訳　1979　『文化変化の理論——多系進化の方法論——』弘文堂　東京）
菅波正人　1992　『比恵遺跡群』11　福岡市埋蔵文化財調査報告書 289
菅波正人　1993　『比恵遺跡群』12　福岡市埋蔵文化財調査報告書 325
杉原荘介・原口正三　1961　「佐賀県桜馬場遺跡」『日本農耕文化の生成』pp. 133-56
田平徳栄　1989　『礫石遺跡』九州横断自動車道関係埋蔵文化財発掘調査報告書 9
高橋健自　1922　「日本青銅文化の起原」『考古学雑誌』13-12　pp. 772-86
Tainter, J.　1980.　Behavior and status in a Middle Woodland mortuary population from the Illinois valley. American Antiquity 45-2: 308-13.
髙木暢亮　1998　「甕棺葬の成立過程」『歴史』90　pp. 74-100
髙木暢亮　1999　「埋葬に示された社会的関係——弥生時代北部九州の墓地を対象として——」『人類史研究』11　pp. 47-63
髙木暢亮　2002　「考古学の理論的枠組みとしてのシステム理論の可能性」『人類史研究』13　pp. 41-6
高倉洋彰　1973　「墳墓からみた弥生時代社会の発展過程」『考古学研究』20 (2)　pp. 7-24
高倉洋彰　1975　「弥生時代の集団組成」『九州考古学の諸問題』pp. 213-42

高倉洋彰　1976　「弥生時代副葬遺物の性格」『九州歴史資料館研究論集』2　pp. 1-23
高倉洋彰　1980　「北部九州における弥生時代社会の形成」『考古学研究』26-4　pp. 38-45
高倉洋彰　1981　『弥生時代社会の研究』寧楽社　東京
高倉洋彰　1990　『日本金属器出現期の研究』学生社　東京
高野晋司　1981　『国指定史跡原山支石墓群　環境整備事業報告書』
田村晃一　1985　「その後の支石墓研究」『三上次男博士喜寿記念論文集（考古編）』pp. 151-170
田村晃一　1990　「東北アジアの支石墓」『アジアの巨石文化——ドルメン・支石墓考——』pp. 257-303
田中良之　1982　「磨消縄文土器伝播のプロセス——中九州を中心として——」『森貞次郎博士古稀記念古文化論集』上巻　pp. 59-96
田中良之　1995　『古墳時代親族構造の研究——人骨が語る古代社会——』柏書房　東京
田中良之・土肥直美　1988　「二列埋葬墓の婚後居住規定」『日本民族・文化の生成: 永井昌文教授退官記念論文集』pp. 397-417
田中良之・松永幸男　1984　「広域土器分布圏の諸相——縄文時代後期西日本における類似様式の並立——」『古文化談叢』14　pp. 81-117
立石泰久　1990　『西石動遺跡』九州横断自動車道関係埋蔵文化財調査報告書 12
寺沢　薫　1990　「青銅器の副葬と王墓の形成」『古代学研究』121　pp. 1-35
飛高憲雄ほか　1975　『蒲田遺跡』福岡市埋蔵文化財調査報告書第 33 集
富岡謙蔵　1918a　「九州北部に於ける銅剣銅鉾及び弥生式土器と伴出する古鏡の年代に就いて」『考古学雑誌』8-9　pp. 501-24
富岡謙蔵　1918b　「九州北部出土の古鏡に就いて——『九州北部に於ける銅剣銅鉾及び弥生式土器と伴出する古鏡の年代に就いて』の補遺——」（1974 年『古鏡の研究』臨川書店　京都, pp. 237-55 に再録）
都出比呂志　1983　「弥生土器における地域色の性格」『信濃』35-4　pp. 245-57
都出比呂志　1989　『日本農耕社会の成立過程』岩波書店　東京
都出比呂志　1991　「日本古代の国家形成論序説——前方後円墳体制の提唱——」『日本史研究』343　pp. 5-39
上野佳也　1980　「情報の流れとしての縄文土器型式の伝播」『民族学研究』44-4　pp. 335-65
上野佳也　1983　『縄文人のこころ』日本書籍　東京
梅原末治　1930　「須玖岡本発見の古鏡に就いて」『筑前須玖史前遺跡の研究』pp. 79-115
梅原末治　1931　「筑前国井原発見鏡片の復原」『史林』16-3　pp. 29-49
宇野隆夫　1977　「多鈕鏡の研究」『史林』60-1　pp. 86-117
渡辺正気　1982a　「葉山尻支石墓」『末盧国』pp. 228-34
渡辺正気　1982b　「五反田支石墓」『末盧国』pp. 235-8
White. L.　1949　*The Science of Culture*. Grove Press.
White. L.　1959　*The Evolution of Culture*. McGraw-Hill.
八尋　実　1980　『四本黒木遺跡』神崎町文化財調査報告書 6
山本典幸　2000　『縄文時代の地域生活史』ミュゼ　東京
山崎純男　1980　「弥生文化成立期における土器の編年的研究——板付遺跡を中心としてみた福岡・早良平野の場合——」『鏡山猛先生古稀記念古文化論攷』pp. 117-92
柳田康雄　1981a　『三雲遺蹟』I　福岡県文化財調査報告書 58
柳田康雄　1981b　『三雲遺蹟』II　福岡県文化財調査報告書 60
柳田康雄　1981c　「土壙墓・甕棺墓出土遺物」『三雲遺蹟』福岡県文化財調査報告書 60　pp. 133-4
柳田康雄　1985　『三雲遺跡——南小路地区編——』福岡県文化財調査報告書 69
家根祥多　1984　「縄文土器から弥生土器へ」『縄文から弥生へ』pp. 49-78
家根祥多　1993　「遠賀川式土器の成立をめぐって——西日本における農耕社会の成立——」『論苑考古学』pp. 267-329
任世権　1976　「韓半島支石墓の総合的検討」『白山学報』20　pp. 69-120
呼子町教育委員会　1981　『大友遺跡』呼子町文化財調査報告書 1
吉留秀敏　1989　「比恵遺跡群の弥生時代墳丘墓——北部九州における弥生時代区画墓の一例——」『九州考古学』63　pp. 1-22

索　引

あ

アイゲン，M.　242
青柳種信　177, 187, 188
赤井手遺跡　203
浅野一郎　242
姉遺跡　194
安満遺跡　7
天久保遺跡　125
有明海沿岸地域　8, 14
有田遺跡　32
暗黙知　97

い

飯氏遺跡　6, 7, 158, 166, 170, 171, 173, 213, 224
飯氏馬場遺跡　32
石ヶ崎遺跡　136
石丸太郎　125
板付遺跡　8
板付Ⅰ式　2, 3, 4, 8, 16, 27, 28, 29, 31, 32, 44, 47, 51, 52, 54, 55, 56, 57, 58, 60, 61, 63, 64, 65, 66, 70, 71, 72, 73, 75, 84, 85, 91, 93, 125, 159, 160
板付Ⅰ・Ⅱa式並行　4, 31, 105
板付田端遺跡　99, 148, 155, 177, 183, 219
板付Ⅱa式　4, 5, 16, 21, 24, 28, 29, 31, 32, 33, 34, 41, 47, 51, 52, 54, 56, 57, 59, 60, 61, 62, 63, 64, 65, 66, 71, 72, 125, 159, 160, 164
板付Ⅱc式　8, 29, 32, 34
板付Ⅱb式　4, 21, 24, 25, 28, 29, 32
井原鑓溝遺跡　177, 187, 193, 195, 201, 213, 214, 224, 226, 227, 250
一般システム論　241, 242, 243, 244
今川遺跡　193
イモガイ製貝輪　145, 181
岩崎二郎　96
岩永省三　239
尹武炳　100

う

ヴァレラ，F.J.　243

上野佳也　73, 98
宇木汲田遺跡　121, 173, 177, 184, 195, 211, 215, 222, 225
宇久松原遺跡　32, 124
埋甕　72
梅ノ木支石墓　134
梅原末治　177, 189

え

描かれざる設計図　96
会下山遺跡　238
エラボレーション　178
エンゲルス，F.　237, 239

お

大板井遺跡　99
オオツタノハ製貝輪　124
大坪遺跡　70
大友遺跡　115, 117, 137
岡崎敬　8
岡村秀典　191, 195, 212
小川内支石墓　125
オートポイエーシス・システム　243, 244, 245
乙益重隆　99
遠賀川式　7, 8

か

貝殻山遺跡　238
開放系動的平衡システム　241, 242, 243
鏡山猛　99
金関丈夫　98
金隈遺跡　177, 219
蒲田遺跡　140
甕棺　2, 4, 6, 32, 33, 36, 37, 60, 62, 64, 66, 68, 72, 92, 93, 97, 105, 107, 109, 110, 115, 131, 134, 136, 177, 183, 210, 245
甕棺墓　1, 2, 3, 30, 68, 70, 71, 72, 103, 107, 108, 109, 113, 115, 121, 123, 124, 125, 131, 137, 140, 145, 148, 149, 155, 156, 157, 158, 159, 160, 161, 162, 163, 165,

166, 167, 170, 172, 174, 175, 177, 178, 183, 184, 185, 186, 188, 195, 201, 202, 208, 210, 212, 213, 214, 215, 224, 226
榧本杜人　99
ガラス小玉　184, 190, 201
ガラス璧　149, 177, 178, 187, 188, 203, 208, 209, 210, 212
ガラス勾玉　187, 188, 190, 202
河本英夫　242

き
木坂遺跡　190, 194
刻目突帯文土器　8
北牟田遺跡　29
ギデンズ，A.　97
夔鳳鏡　186, 187, 195
供献小壺　6, 7, 30, 31, 32, 33, 103, 160
共同体　237, 238
虺竜文鏡　190, 201
金海式　2, 6, 45, 174, 183
金載元　100
金貞姫　99

く
区画墓　139, 145, 155, 156, 175
久保泉丸山遺跡　2, 4, 104, 178
隈・西小田遺跡　156, 211, 221
久米遺跡　211, 222, 223
栗山遺跡　145, 157
黒髪式　131
黒沢浩　214
黒土原遺跡　109
黒塗り　62, 63, 64, 247
汲田式　149, 174

け
KIa式　1, 2, 4, 5, 32, 33, 34, 36, 41, 44, 47, 51, 52, 55, 56, 57, 59, 60, 62, 64, 65, 66, 71, 72, 162, 164
KIc式　2, 6, 162, 163, 166
KIc（古）式　6, 7, 32, 33, 41, 42, 45, 47, 51, 52, 55, 56, 59, 60, 62, 64, 65, 66, 71
KIa（新）式　6, 32, 33, 45, 47, 51, 52, 55, 57, 59, 60, 62, 64, 65, 66, 71
K Ib式　4, 32, 41, 44, 51, 52, 55, 56, 59, 60, 62, 64, 65, 66, 70, 71, 162, 164
K IIa式　7, 33, 41, 47, 52, 55, 57, 59, 60, 62, 64, 65, 66, 71
玄界灘沿岸地域　4, 8, 14, 32, 76, 84, 85, 91, 104, 134
『原始文化』　237

剣塚遺跡　4, 32, 107, 140, 155–156

こ
黄石里支石墓群　99
構造主義　97
厚葬墓　175, 205, 210, 213–214, 215, 226, 227, 250
甲元真之　99, 102
小型倣製鏡　190, 203
黒色磨研　74, 75, 79, 80, 81, 82, 87, 88, 89, 90, 91, 92, 94, 95, 113, 121, 123, 125
『古代社会』　237
五反田支石墓群　117
後藤直　74
小林達雄　96
小林行雄　7, 96
ゴホウラ製貝輪　115, 181, 219
コミュニケーション　246, 247, 248
コミュニケーション・システム　246
御陵前ノ橡遺跡　31
権現塚北遺跡　145, 171
婚後居住規定　157
近藤義郎　237

さ
再帰性　97
斎藤山遺跡　195
差異の強調　173, 175
崔夢龍　100
彩文　63, 93
サーヴィス，E.　239, 240, 249
桜馬場遺跡　188, 193, 195, 201, 213, 224
雀居遺跡　12, 16, 27, 28
澤下孝信　96

し
歯冠計測値　156
自己組織化システム　242, 243, 244
支石墓　2, 3, 4, 25, 68, 70, 71, 91, 92, 96, 99, 100, 102, 103, 105, 107, 108, 109, 110, 113, 115, 117, 121, 124, 125, 128, 131, 134, 137, 140, 178, 179
四反田遺跡　136
四螭鏡　155
志登支石墓群　99, 113, 115
四乳羽状地文鏡　195, 201
篠原新建遺跡　33
四本黒木遺跡　158, 165, 166, 170, 172, 173
下月隈天神森遺跡　4, 31, 158, 160, 162, 170, 172, 173
社会関係　174, 175, 210, 245, 248, 251
社会システム論　243, 245

重圏彩画鏡　188, 195, 201
重圏精白鏡　186, 187
重圏清白鏡　187, 188
重圏姚皎鏡　188
主成分分析　37, 203, 205, 208, 209
首長制社会　239, 240
『種の起源』237
上紫浦里支石墓群　99
浄泉寺遺跡　29
城ノ越式　7, 8, 29, 33, 164
進化　240
新町遺跡　3, 31, 109, 136, 137, 157

す
数量化 III 類　203, 205, 208, 209, 210
須玖永田　203
須玖岡本遺跡　172, 175, 177, 193, 226, 227
須玖岡本遺跡 D 地点　99, 177, 186, 187, 195, 205, 210, 212, 215, 221, 224, 226
須玖五反田遺跡　202
須玖坂本遺跡　202
須玖式　148, 174, 195
須玖 II 式　157
スチュワード，J.　241

せ
星雲文鏡　195, 201
石蓋土壙　109, 134, 136, 137
石光滋　102
世帯共同体　172, 238
前方後円墳体制　239
戦略的行為　174

そ
相互浸透　245
草葉文鏡　187, 201
素環頭太刀　149, 155, 173, 190
素山上層式　96

た
第一系土器　7
岱谷里支石墓群　99
第二系土器　7
大鳳洞支石墓群　99
タイラー，E.B.　237, 248
大陸系磨製石器　8, 178
ダーウィン，C.　237
田島遺跡　224
高倉洋彰　177, 185, 195

高樋塚添遺跡　171
宝台遺跡　238
多系進化説　241
多鈕細文鏡　173, 184, 194, 195, 203, 210, 211, 214
立岩遺跡　188, 195, 215, 238
立岩式　149, 166, 173
縦方向ミガキ　74, 75, 76, 77, 78, 79, 80, 83, 84, 85, 87, 88, 90, 91, 93, 94, 95, 96
田中良之　73, 98, 156
狸山支石墓　125
多変量解析　37, 203
田村遺跡　3
田村晃一　99, 103
単位集団　237, 238
単系進化説　237

ち
地域性　73, 74, 79, 88, 90, 91, 92, 98
チャイルド，G.　241, 248

つ
通婚圏　73
都出比呂志　73, 238, 239
礫石 A 遺跡　2, 6, 107, 108
礫石 B 遺跡　3, 31, 107
壺棺　60

て
テインター，J.　177
適応戦略　248
鉄戈　149, 188, 195
鉄剣　149, 173, 178, 185, 187, 190, 195, 226
鉄矛　178, 188
伝播　73, 98

と
頭蓋非計測的小変異　156
撐石　99, 100
動的非平衡システム　242
塔ノ首遺跡　190
土壙墓　72, 100, 107, 108, 109, 110, 113, 115, 117, 125, 137, 140, 145, 148, 149, 155, 156, 160, 162, 165, 166, 167, 169, 178, 202, 208
突帯文期　8, 16, 62, 108, 117, 178, 179, 185, 210, 226
突帯文(古)式　2, 3, 25, 30, 41, 47, 51, 54, 55, 56, 58, 59, 60, 62, 63, 65, 66, 70, 71, 72, 75, 103, 113
突帯文(新)式　3, 4, 27, 31, 47, 51, 54, 56, 58, 59, 60, 63, 64, 65, 66, 70, 71, 75, 117
突帯文土器　4, 8, 17, 18, 19, 20, 22, 27

突帯文土器期　8, 12, 27, 131
土肥直美　156
渡来集団　179
鳥居龍蔵　99, 100
ドルメン　99

な
内行花文四葉鏡　155
内行花文昭明鏡　148, 187
内行花文清白鏡　149, 177, 187
内行花文日光鏡　149, 187
内行花文日有喜鏡　187
内旋　240
永岡遺跡　157, 158, 166, 167, 169, 170, 173
中島直幸　13
中園聡　74, 96, 178, 210, 222, 250
中・寺尾遺跡　4, 140, 155
長野宮ノ前遺跡　2, 30, 110, 113, 140, 155, 172
中広形銅矛　190, 194
中細形銅戈　188
中細形銅剣　187, 194
中細形銅矛　187, 188, 194
中山平次郎　7, 99, 149, 177, 183
菜畑遺跡　8, 12, 17, 18, 25, 27, 28

に
西石動遺跡　7
西谷正　96
丹塗り　3, 62, 63, 64, 74, 76, 77, 78, 79, 84, 85, 86, 87, 90, 91, 92, 93, 94, 97, 113, 121, 128, 222, 245
丹塗磨研　75, 76
丹塗磨研小壺　91, 93, 96
二列埋葬墓　145, 156
任世權　100
認知構造　98

ぬ
沼遺跡　238
沼尻遺跡　148

ね
ネガティブフィードバック　242, 244

の
農業共同体　177, 238
野黒坂遺跡　238

は
ハーケン, H.　242

箱式石棺墓　115, 124, 145, 165, 188, 202
橋口達也　1, 73, 109, 158, 178, 238
発展段階論　237, 239
ハビトゥス　96, 97
林謙作　96
葉山尻支石墓群　99, 115
速水信也　157
原田大六　155, 191
原山遺跡　123
春成秀爾　73, 156
範型　96
蟠螭文鏡　195, 201
バンド社会　239

ひ
比恵遺跡　12, 21, 28, 29, 149, 238
東小田峯遺跡　148, 149, 195, 210, 219
東山田一本杉遺跡　202, 223
翡翠製勾玉　184, 214
平井勝　74
平原遺跡　155, 190, 201, 213, 219, 226, 227, 250
広形銅矛　190, 194
ビンフォード, L.　241, 242

ふ
不確定性　247
複雑性　245
藤尾支石墓群　131
藤尾慎一郎　8, 29, 73
藤田亮策　99
部族社会　239
二塚山遺跡　225
船石遺跡　108
プリゴジン, I.　242, 243
ブルデュー, P.　96, 97
プロセス考古学　248
プロトタイプ　79, 91, 92, 93, 94, 96
『文化進化論』　240
文化生態学　241, 248
墳丘墓　139, 155, 156, 173, 174, 175, 176, 180, 181, 183, 185, 219

へ
碧玉製管玉　125, 184, 190, 214
ベルタランフィ, L.　241, 242, 243, 244

ほ
方格規矩四神鏡　155, 177, 189, 190, 201, 202
北條芳隆　156, 175

ポジティブフィードバック 242, 244
ポストプロセス考古学 248
細形銅戈 177, 182, 184, 194, 214
細形銅剣 149, 173, 174, 175, 178, 182, 183, 184, 185, 194, 203, 210, 211, 214
細形銅矛 177, 182, 184, 187, 188, 194, 214
ホダー, I. 250
ホメオスタシス 242
ホワイト, L. 240, 241
本村籠遺跡 223
本間元樹 137

ま
曲り田遺跡 194
磨製石剣 178, 180, 203, 208, 210, 238
磨製石鏃 113, 156, 178, 180, 181, 182, 203, 208, 210, 219, 238
松尾禎作 99
松木遺跡138街区 158, 162, 163, 164, 170, 171, 173
松本直子 249
マトゥラーナ, H.R. 243
マルクス, K. 239
マルクス主義的発展段階論 237

み
『未開社会の組織』 239
三上次男 100
三国の鼻遺跡 3, 4, 31, 158, 160, 162, 163, 171, 172, 173
三雲遺跡イフ地区 190, 193
三雲柿木遺跡 8
三雲南小路遺跡 155, 173, 174, 177, 186 187, 193, 195, 205, 210, 214, 215, 226, 227, 250
溝口孝司 157, 170, 173, 175, 227
三津永田遺跡 225
宮島喬 97

む
無文土器 73, 91, 92, 93, 96, 249

も
モーガン, L.H. 237, 248
木製農耕具 8, 178
モーターハビット 96
木棺墓 72, 107, 109, 110, 113, 137, 140, 149, 156, 157, 158, 159, 160, 161, 162, 163, 167, 169, 172, 174, 178, 179, 184, 194, 202, 208, 214
森田支石墓群 121, 172
森貞次郎 1, 8, 96, 99, 103, 125, 134, 158
門田遺跡 157

や
柳田康雄 2, 155
家根祥多 73
山崎純男 8
山ノ寺式 8, 13, 14, 25
山本典幸 73, 246
弥生時代開始期 68, 73, 74, 98, 134, 249
弥生時代早期 72, 113, 115, 125, 140, 155, 194
ヤリガンナ 187, 190, 195, 203

ゆ
夜臼Ⅰ式 8, 25
夜臼式 2, 3, 8
夜臼Ⅱa式 8, 16, 20, 21, 27
夜臼Ⅱb式 8, 16, 27
柚比本村遺跡 225

よ
横方向ミガキ 78, 79, 81, 82, 86, 88, 89, 90, 91, 92, 94, 95, 96
吉ヶ浦遺跡 238
吉田遺跡 7
吉武大石遺跡 6, 214, 222
吉武高木遺跡 6, 29, 32, 33, 155, 173, 194, 195, 203, 211, 214, 222, 226
吉武樋渡遺跡 107, 140, 155, 173, 177, 211, 215
良積遺跡 190, 222, 225
吉留秀敏 139, 140
吉野ヶ里遺跡 149, 155, 173, 185, 194, 211, 219

ら
楽浪郡 201

り
『柳園古器略考』 187

る
ルーマン, N. 243, 245, 246, 247, 248

わ
割竹形木棺 155, 191, 221

著者紹介

髙木 暢亮（たかき・のぶあき）

1973年　兵庫県生まれ。
1996年　九州大学文学部史学科卒業。
2001年　東北大学大学院文学研究科博士後期課程修了。博士（文学）。
現　在　東北大学埋蔵文化財調査研究センター助手。

北部九州における弥生時代墓制の研究
（ほくぶきゅうしゅう）　（やよいじだいぼせい　けんきゅう）

2003年2月28日　初版発行

著　者　髙木　暢亮
発行者　福留　久大
発行所　（財）九州大学出版会
〒812-0053　福岡市東区箱崎7-1-146
九州大学構内
電話　092-641-0515（直通）
振替　01710-6-3677
印刷・製本　研究社印刷株式会社

© 2003 Printed in Japan　　　ISBN4-87378-766-1

認知考古学の理論と実践的研究
―― 縄文から弥生への社会・文化変化のプロセス ――

松本直子 著　　　　　　　　　　　B5判・264頁（カラー口絵4頁）　7,000円

認知考古学は，プロセス考古学とポストプロセス考古学の対立を超える21世紀の新パラダイムとなる可能性をもつ。本書は，伝播論や型式学などの考古学における普遍的かつ基本的問題に関わる理論的枠組みを認知的視点から再構築することをめざす著書が，認知考古学とは何かを日本考古学の資料を用いて世に問う本格的理論と実践の著である。

（2002年，第9回雄山閣考古学賞特別賞受賞）

福岡平野の古環境と遺跡立地
―― 環境としての遺跡との共存のために ――

小林　茂・磯　望・佐伯弘次・高倉洋彰 編

B5判・312頁（カラー口絵4頁）・8,000円

地質学，地形学，考古学，文献史学，歴史地理学の専門家の共同作業により，福岡平野の古環境の変遷と，そこで展開された人間活動の歴史を多面的に示すとともに，重要遺跡の多い福岡平野の遺跡の発掘・保存へ向け有用なデータを提供する。

（表示価格は本体価格）　　　　　　　　　　　　　　　　　　　　九州大学出版会